## 权威·前沿·原创

皮书系列为
"十二五""十三五""十四五"时期国家重点出版物出版专项规划项目

# YELLOW BOOK

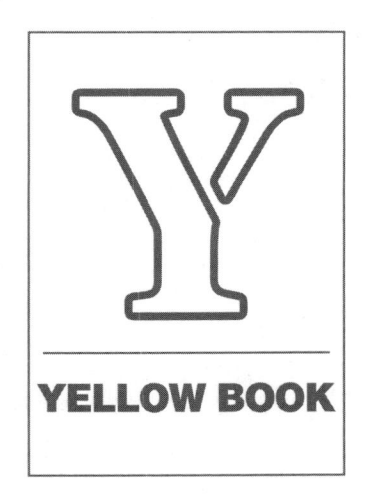

**智库成果出版与传播平台**

中国社会科学院创新工程学术出版资助项目

中东黄皮书
YELLOW BOOK OF THE MIDDLE EAST

# 中东发展报告 No.24（2021~2022）
ANNUAL REPORT ON DEVELOPMENT IN THE MIDDLE EAST No.24 (2021-2022)

## 中东国家的发展规划及其前景
The Development Plan and Prospect of the Middle East Countries

主　编 / 王林聪
副主编 / 刘　冬

社会科学文献出版社
SOCIAL SCIENCES ACADEMIC PRESS (CHINA)

图书在版编目(CIP)数据

中东发展报告. No.24, 2021~2022：中东国家的发展规划及其前景 / 王林聪主编. --北京：社会科学文献出版社，2022.10
（中东黄皮书）
ISBN 978-7-5228-1011-9

Ⅰ.①中… Ⅱ.①王… Ⅲ.①社会发展-研究报告-中东-2021-2022②中外关系-研究-中东-2021-2022 Ⅳ.①D737.069②D822.337

中国版本图书馆 CIP 数据核字（2022）第 232572 号

中东黄皮书
中东发展报告 No.24（2021~2022）
——中东国家的发展规划及其前景

主　　编 / 王林聪
副 主 编 / 刘　冬

出 版 人 / 王利民
组稿编辑 / 祝得彬
责任编辑 / 郭红婷
责任印制 / 王京美

出　　版 / 社会科学文献出版社·当代世界出版分社（010）59367004
　　　　　　地址：北京市北三环中路甲 29 号院华龙大厦　邮编：100029
　　　　　　网址：www.ssap.com.cn
发　　行 / 社会科学文献出版社（010）59367028
印　　装 / 三河市东方印刷有限公司

规　　格 / 开 本：787mm×1092mm　1/16
　　　　　　印 张：25.75　字 数：387 千字
版　　次 / 2022 年 10 月第 1 版　2022 年 10 月第 1 次印刷
书　　号 / ISBN 978-7-5228-1011-9
定　　价 / 168.00 元

读者服务电话：4008918866

版权所有 翻印必究

## 《中东发展报告 No.24（2021~2022）：中东国家的发展规划及其前景》编委会

主　编　王林聪

副主编　刘　冬

编　委　（按姓氏拼音排序）
　　　　成　红　李新烽　刘　冬　陆　瑾　唐志超
　　　　仝　菲　王　凤　王　建　王金岩　王林聪
　　　　魏　敏　邢厚媛　杨　光　余国庆

# 主要编撰者简介

**王林聪** 历史学博士，中国社会科学院西亚非洲研究所副所长、研究员，中国非洲研究院副院长。中国社会科学院大学国际政治经济学院教授、博士生导师。中国中东学会副会长兼秘书长，中国社会科学院海湾研究中心副主任。享受国务院政府特殊津贴专家。主要从事中东历史、政治和国际关系研究。现主持中国社会科学院登峰战略优势学科"当代中东研究"项目和国家社会科学基金专项研究项目。主要学术代表作有《中东国家民主化问题研究》（专著，中国社会科学出版社，2007）、《中国与埃及友好关系》（研究报告，社会科学文献出版社，2019），论文有《中东安全问题及其治理》（《世界经济与政治》2017年第12期）等。

**刘冬** 经济学博士，中国社会科学院西亚非洲研究所经济研究室副主任、副研究员。主要从事中东经济发展、产油国石油政策研究。主要代表作有《石油卡特尔的行为逻辑》（社会科学文献出版社，2015），论文有《境外工业园建设与中阿产能合作》（《西亚非洲》2017年第6期）和《货物贸易视角下中海自贸区建立的实证分析》（《西亚非洲》2014年第3期）等。

# 摘　要

2021年以来，大国竞争日趋激烈，世纪疫情和地区冲突交织叠加，世界进入新的动荡变革期，不稳定性和不确定性显著上升。大国竞争是中东地区的常态，在大国竞争背景下，中东局势和中东地区发展呈现出许多新变化。

首先，中东地区的大国竞争趋于激烈，中东在全球战略竞争中的地位进一步凸显。乌克兰危机外溢，美俄博弈延伸到中东地区，美国出于维护其全球霸权地位的考虑，重新调整了中东政策，强化在中东地区的大国竞争。与此同时，中东地区国家的战略自主性增强，加大了对地区问题乃至国际事务的参与度，"小多边"和"灵活多边"以及次区域整合等成为中东格局的新样态。

其次，地区国家间关系趋于缓和，出现了从中东剧变以来的"动荡波"向现阶段谋求稳定和发展的"缓和潮"过渡的新态势。具体表现为：土耳其与以色列、沙特、阿联酋、埃及等国关系的缓和，以色列与阿联酋、巴林、摩洛哥、苏丹等阿拉伯国家关系的缓和，沙特等逊尼派联盟与伊朗领导的什叶派阵营之间关系的缓和。但是，中东国家之间关系的"缓和"不等于"和解"，这种"缓和"能否持久还存在不确定性。与此同时，巴以、叙利亚、也门以及利比亚等热点问题并未降温，根本性矛盾和分歧并未缓解，冲突频仍，中东安全困境严峻，地区局势走向仍充满变数。

再次，中东国家加快发展规划的实施，探索创新发展、自主发展的新路径，力求破解民生难题，改变发展困境，走上可持续发展道路。一方面，在

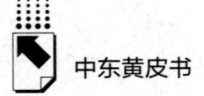

新冠肺炎疫情、气候变化、粮食危机等全球性问题的影响下，中东国家发展遭遇严峻挑战，受战乱困扰的国家重建进程困难重重，并未取得实质进展。另一方面，一些中东国家通过实施发展规划，提高了国家实力和地位，在变乱交织的中东地区逐渐崛起，并在一定程度上改变着中东地区的面貌，成为重塑中东秩序的重要"地区力量"。

在新的历史条件下，中东国家发展规划与"一带一路"倡议的对接取得新进展。中东国家还积极回应中国提出的"全球发展倡议"和"全球安全倡议"，加快了全面合作的步伐。共克时艰、共促发展、共筑安全成为中国和中东国家的共同愿景，进一步推动中国和中东国家关系迈上新阶段。

从长远来看，中东国家之间关系逐步缓和、中东国家加快实施发展规划以及中东国家战略自主性增强，给中东地区发展和稳定带来新机遇，也在塑造一个不同于以往的"新中东"。

**关键词：** 中东　国家发展规划　战略自主性　安全形势

# 目 录

## Ⅰ 总报告

Y.1 中东国家发展规划与中东地区发展前景…………… 王林聪 / 001

## Ⅱ 分报告

Y.2 2021~2022年中东安全形势与展望 …………… 唐志超 / 028
Y.3 2021~2022年中东政治形势及展望 …………… 朱泉钢 / 043
Y.4 2021~2022年中东经济发展及前景 …………… 姜英梅 / 059
Y.5 2021~2022年中东国际关系形势与展望 ………… 余国庆 / 079

## Ⅲ 国别报告

Y.6 土耳其《2023年愿景》：路径、成效和中土合作前景
………………………………………… 魏 敏 李炜懿 / 095

Y.7 伊朗《2025年愿景》发展规划及前景：成就与差距
................................................陆 瑾 肖锐昂 / 114

Y.8 沙特阿拉伯的发展规划及前景：经济压力下的突围
..........................................................刘 冬 / 131

Y.9 阿联酋发展规划的实施、进展及趋势............仝 菲 / 147

Y.10 以色列发展规划与前景：科技创新引领国家发展
..................................................马一鸣 余国庆 / 164

Y.11 埃及《2030年愿景》及前景：不平衡的执行........朱泉钢 / 178

Y.12 摩洛哥发展规划及前景：迈向可持续发展新模式
..................................................张玉友 孙德刚 / 194

Y.13 阿尔及利亚的发展规划及前景：推动多元发展，
促进经济复苏....................................王金岩 / 216

## Ⅳ 热点问题

Y.14 转折中的延续：2021年中东地区反恐态势
..................................................张金平 张 帆 / 233

Y.15 伊核问题的新变化及走向............肖锐昂 陆 瑾 / 255

Y.16 伊拉克：在困境中艰难前行....................魏 亮 / 269

Y.17 海合会国家气候治理行动与前景............李子昕 / 286

## Ⅴ 对外经济合作

Y.18 西亚对外贸易................................徐 强 / 306

Y.19　西亚外国直接投资 ………………………………… 周　密 / 328

## Ⅵ　文献资料

Y.20　2021年国内外中东研究新进展 ……………………… 刘林智 / 344
Y.21　2021年中东地区大事记 ………………………………… 成　红 / 362

Abstract ……………………………………………………………… / 377
Contents ……………………………………………………………… / 380

# 总 报 告
## General Report

# Y.1
# 中东国家发展规划与中东地区发展前景

王林聪*

**摘　要：** 中东国家发展规划是在新的历史条件下探索自主发展道路的尝试，它既是回应联合国《2030年可持续发展议程》倡议的自主选择，也是力求摆脱中东剧变旋涡和发展困境的战略应对。新时期中东国家发展规划具有一定的针对性、创新性和前瞻性。然而，在变乱交织的中东地区，不同国家因国情和治理状况等差异，发展规划的实施及其成效存在明显差别。一些国家通过实施发展规划，提升了国家实力和地位，成为重塑中东的重要"地区力量"，并在一定程度上改变着中东地区的面貌。从长远看，中东国家发展规划的实施，有利于推进国家经济和社会转型，推动中东地区的整体发展，进而塑造一个不同以往的"新中东"。

---

\* 王林聪，中国社会科学院西亚非洲研究所研究员、副所长，中国非洲研究院副院长；中国中东学会副会长兼秘书长，中国社会科学院海湾研究中心副主任，主要研究领域为中东政治、社会和国际关系。

中东黄皮书

**关键词：** 中东国家　国家发展规划　战略自主性

进入21世纪以来，在《联合国千年宣言》和联合国《2030年可持续发展议程》①的指引下，中东国家为应对世界大变局和中东剧变，纷纷制定和实施中长期发展规划，其目标在于摆脱发展困境，破解民生难题，推动经济和社会转型，巩固政权和统治根基，实现经济可持续发展和社会稳定，提高国家的整体实力和发展水平。随着中东各国发展规划的制定和实施，中东国家的社会经济面貌发生了不同程度的变化，对中东国家乃至地区发展都产生了深远影响。目前，中东各国发展规划的实施仍在推进，观察和分析现阶段中东国家发展规划和实施状况是十分必要的，有助于从整体上认识和把握中东地区的发展进程，推进中东国家之间以及中东国家与世界各地的全面合作。因此，本文旨在考察中东国家中长期发展战略规划的制定和特点，分析其实施的进展、成就和问题，并对其前景进行展望。

## 一　中东国家发展面临的问题与困境

国家发展规划是一定时期内国家发展目标和具体任务的反映，是根据该国历史背景和现实需求做出的战略部署。早在独立初期，中东各国就纷纷制定国家发展战略规划，目的在于捍卫国家独立主权，推动社会经济的发展和进步。进入21世纪以来，中东国家面临不同程度的发展困境。一方面，经历了阿富汗战争和伊拉克战争之后，中东局势出现了深刻变化，特别是美国等西方国家加大干预，中东地区原有的平衡被打破，纷争迭起，动荡加剧，

---

① 2015年9月，联合国发展峰会批准通过了《2030年可持续发展议程》，提出了涵盖经济、社会、环境三大领域的17项可持续发展目标（Sustainable Development Goals，SDGs）及169项具体目标，要求世界各国到2030年实现经济增长、社会包容与环境美好的三位一体协调发展。联合国呼吁各国采取行动，努力实现可持续发展目标，包括消除贫困和饥饿、减少不平等、建设和平正义及包容的社会、促进人权与两性平等、可持续及具有包容性的经济增长、应对气候变化等。

干涉主义、恐怖主义、极端主义成为该地区重大安全威胁，安全危机上升，安全困境突出。另一方面，席卷该地区的"阿拉伯之春"加剧了其动荡程度，战乱频仍，治理危机加深，发展问题突出，形成了剧变"长波效应"。伴随一些国家的政权更迭，中东地区安全赤字、发展赤字和治理赤字相互交织，陷入了严峻的发展困境和安全困境。如何摆脱剧变旋涡成为中东各国共同关切的问题，这是各国制定发展规划的重要前提，也是各国实施发展规划的特殊背景和历史条件。

第一，经济发展模式遭遇挑战。独立初期，中东国家以经济国有化为主要国策发展经济战略。[①] 此后，中东国家根据自身的资源禀赋和发展状况调整其经济和社会发展战略。在经济发展战略上先后经历了三个阶段，即进口替代阶段（20世纪60~70年代）、过渡调整阶段（20世纪80年代）和出口导向阶段（20世纪90年代至21世纪10年代前期）。不同发展战略的选择都有特殊的时代背景、特定的自然禀赋、经济起点、政治和社会条件的限制，以及所要应对的问题和实现的目标。其中，20世纪90年代之后，受美国等西方国家的影响，中东国家纷纷进行新自由主义经济改革，包括贸易自由化、产权私有化、金融开放化，力图提高工业部门的生产效率和全球竞争力，鼓励出口，实现收支平衡。但是，这种发展战略在实际中面临诸多问题。一是经济不平等加剧，贫富分化严重，中下层民众的生活压力增大。二是结构性经济问题突出，投资效率虽有提高，但国内外投资规模下降；服务业水平较高，但制造业能力偏弱；能源出口能力强，但制造业出口能力偏弱。三是私有化并未彻底激活市场活力。可见，这一时期，中东国家的经济

---

① 早在20世纪80年代，中国学者就对当时中东国家经济发展模式和特点进行分析，并根据各国资源禀赋状况将中东国家经济发展战略概括为三种类型，即进口替代型（也称为"内向型"，如土耳其、伊朗、埃及、阿尔及利亚、叙利亚、伊拉克等）、高收入石油输出国型（海合会国家）和一般农矿初级产品出口型（突尼斯、摩洛哥、约旦、黎巴嫩、也门、阿富汗等），并指出其经济体制模式的国家干预经济生活等特点。当时，中东各国的发展战略"无不包括工业化"，"绝大多数国家已经把主攻方向转至制造业"，但"在制造业主攻方向上，有内向还是外向的区别，或进口替代和面向出口的区别"。参见张俊彦主编《中东国家经济发展战略研究》，北京大学出版社，1987，第5~12、15页。

结构调整并没有带来充分的市场竞争，反而带来了严重的裙带资本主义，降低了市场活力，影响了经济增长潜力，导致中东国家民生问题突出，社会动荡加剧，陷入了严峻的发展困境。因此，以新自由主义为指导思想的中东国家经济改革和结构调整，就随着2008年国际金融危机爆发和2010年的中东剧变发生而宣告失败，新的发展规划的制定和实施势在必行，以解决发展困境问题。

第二，人的发展境况面临困境。从20世纪下半叶开始，中东地区人口激增，远远高于经济发展的速度，不仅严重消耗国家资源、降低了资本累积率，稀释或抵消了中东地区经济发展的成就，而且给该地区国家带来巨大社会压力，降低了人的发展境况水平。从1950年到2000年，中东地区人口从9200万人骤增到3.49亿人，年均人口增长率高达2%。[1] 其中，人口出生率的居高不下、人口死亡率的显著下降是中东地区人口激增的主要原因。例如，2018年全球人口增长率约为1.1%，而埃及的人口增长率高达2%。更为严重的是，中东地区青年人口数量庞大，增长迅速，进一步加大了中东国家经济社会的负荷。中东地区经历着巨大的"青年潮"，近2/3的中东国家人口年龄在30岁以下，将近一半的人口年龄为15~30岁。[2] 中东地区人口增长过快带来了一系列问题。

一是中东地区民众的健康状况发展不平衡，营养健康问题较严重。世界粮食计划署指出，在中东地区，贫困人口面临严重的营养不良问题。在也门、伊拉克和苏丹，营养不良人口大约占其总人口的25%。由于饮食习惯，中东地区的肥胖问题十分严重，2015年，埃及是全球成人肥胖率最高的国家。1990~2010年，心脏病是中东致死率最高的疾病，而肥胖和饮食是引发心脏病的最重要原因。二是中东国家民众受教育状况存在诸多问题。一方

---

[1] Patrick Clawson, "Demography in the Middle East", The Washington Institute for Near East Policy, March 2009, https://www.washingtoninstitute.org/policy-analysis/view/demography-in-the-middle-east-population-growth-slowing-womens-situation-un.

[2] United Nations Development Program, *Arab Human Development Report 2016*, New York: United Nations Publications, 2016, p. 5.

面，民众受教育的整体水平在提高，但并未有效转化为人力资本方面的进步。有关数据显示，中东国家教育投入并不算低，但其效果有限，原因包括人均教育预算偏低、教育投入效率不高、大量难民难以接受教育等。另一方面，教育中的性别不平等问题突出，女性相较男性处于劣势地位。中东地区国民的整体识字率不低，像黎巴嫩、沙特、阿曼的识字率都在95%以上，阿尔及利亚、摩洛哥和埃及的识字率分别为81%、74%和71%，而那些不识字的人主要是女性。调查显示，如果一个中东国家家庭只能在男孩和女孩中选一个孩子入学，他们几乎都会选择男孩。[①] 此外，许多中东国家的教育体系缺乏系统性。不少国家都采用"本土加国际"的混合教育模式。然而，由于缺乏系统的目标设置、制度安排和文化融合，这些国家的教育体系并未有效形成合力，影响了整体的教育质量和民众的受教育状况。三是青年失业问题尤为严重。2018年，中东地区的青年失业率高达30%，其中失业问题最为严重的几个国家是巴勒斯坦、沙特、约旦和突尼斯。青年失业问题中，女性青年的失业率比男性青年高出80%，再次显示出中东地区严重的性别不平等问题。[②] 中东青年失业率高涉及教育培养体系与劳动力市场需求之间的脱节、对青年的职业规划训练不够、政府难以创造和提供民众满意的工作机会等。失业率高带来一系列问题，包括从农村向城市的移民以及向海湾富国的移民，这往往给移民接收地带来新的就业压力。2010年中东剧变以来的情况表明，青年失业问题是社会动荡的深层原因。

第三，发展环境持续恶化。自然环境不仅是人类赖以生存的基础，而且是国家发展稳定的条件。中东地区面临严峻的环境问题，包括水资源短缺、耕地枯竭、空气污染、生物多样性锐减、海洋资源减少和生态系统退化等问题。首先，中东国家普遍面临缺水问题且多数国家缺水严重。根据联合国粮

---

① "Improving Education Levels for Women in the Middle East", The Borgen Project, September 9, 2015, https://borgenproject.org/women-in-the-middle-east/.

② Nader Kabbani, "Youth Employment in the Middle East and North Africa: Revisiting and Reframing the Challenge", Brookings, February 26, 2019, https://www.brookings.edu/research/youth-employment-in-the-middle-east-and-north-africa-revisiting-and-reframing-the-challenge/.

农组织的标准,年人均水资源低于500立方米为极度缺水,低于1000立方米为重度缺水,低于2000立方米为中度缺水,低于3000立方米为轻度缺水。中东地区有13个国家属于极度缺水,包括科威特、阿联酋、卡塔尔、沙特、也门、巴林、利比亚、约旦、巴勒斯坦、以色列、阿尔及利亚、阿曼和突尼斯;有4个国家重度缺水,包括埃及、黎巴嫩、摩洛哥和叙利亚;伊朗是中度缺水国;仅有伊拉克和土耳其属于轻度缺水,但水资源短缺问题也日趋严重。水资源短缺带来诸多问题:一是严重制约了地区国家经济发展,降低粮食产量,不利于农业部门的进步;二是直接危及国家和社会稳定,甚至引发地区纷争和冲突,如近年颇为紧张的埃及、苏丹和埃塞俄比亚之间的尼罗河水争端问题就是突出的表现。其次,土地资源遭受破坏,土地荒漠化情况严重。受气候变化、政治冲突和土地使用不善、快速城市化等影响,中东地区的土地荒漠化和土地退化现象严重。由于降水量较少和地表气温高,中东地区的土壤侵蚀、盐碱化和沙尘暴等加剧了土地荒漠化。频繁且长期的地区战争也破坏了生态环境。例如,在叙利亚战争中,武器爆炸产生大量有毒物质,对土地造成长期污染,此外,战争还造成叙利亚森林减少15%。[1]土地退化导致生物多样性和生态系统恶化、生产力降低、水资源短缺加剧和耕地减少。在中东地区,有近40%的耕地需要灌溉才能耕种。由于持续的荒漠化,伊拉克每年损失约250平方公里的耕地;由于过度放牧,约旦80%的牧场缺乏肥力。[2] 土地遭到破坏还危及中东国家的粮食安全,并最终威胁到政治和社会稳定。再次,污染问题日趋严重。根据《全球环境展望(2016)》的研究,中东地区的垃圾管理不善已成为日益严重的环境问题。快速的城市化、生活水平提高、冲突和难民等影响垃圾的处理与管理。在海湾和黎凡特地区,城市垃圾每年增长约3%,进一步增大了国家垃圾管理的压力。一些中东国家制定了关于垃圾管理的综合性法律框架,但是由于缺乏

---

[1] 王林聪等:《中东地区形势分析与展望》,载谢伏瞻主编《中国社会科学院国际形势报告(2020)》,社会科学文献出版社,2020,第147页。
[2] Iyad Abumoghli, Adele Goncalves, "Environmental Challenges in the MENA Region", *UN Environment Programme*（*UNEP*）, 2020.

基础设施支持、监测管理信息和资金技术条件而效果有限。据统计，埃及、叙利亚、也门（农村地区）每天大约有35%、26%和95%的固体垃圾未得到有效处理。① 在一些中东国家，为了节省资金，将大量垃圾直接焚烧或填埋，造成空气、土地和地下水的污染。最后，气候变化问题愈加凸显。全球变暖导致中东地区气温升高、降雨减少和海平面上升，中东是全球受气候变化影响最大的地区之一。根据2015年《巴黎协定》规定，人类到2100年要将全球变暖限制在远低于2摄氏度的水平。相关研究指出，到2050年，中东地区的温度将至少升高4摄氏度。中东地区将因气候变化而出现严重的降水减少，例如约旦在21世纪末降水可能会减少30%。到21世纪末，全球海平面将会上升至少30厘米，而一些中东国家的城市因海平面上升而受到严重威胁，尤其是北非的阿尔及尔、班加西和亚历山大等。② 自然环境的持续恶化，限制了中东国家的发展，也从根本上影响着中东国家民众的生活质量。

第四，中东地区外来干涉不断，内部矛盾丛生，导致冲突迭起、战乱频仍，整个地区面临严峻的安全困境。正如有的学者指出，中东发展最大的障碍就是战争。③ 在长达半个多世纪的时间里，几乎所有的中东国家都在不同程度上参与或被卷入战争。在21世纪短短的20多年，中东地区经历了阿富汗战争、伊拉克战争、利比亚战争、也门战争等，且战火仍未熄灭，再加上各种形势的暴恐袭击、族群冲突和教派纷争等，直接破坏了许多地区和国家发展的安全环境，对国家发展规划的制定和实施产生重大影响。

可见，21世纪以来，中东国家不仅遭遇经济发展模式困境，而且面临日益严峻的自然环境恶化、外来干涉的加剧以及跌宕起伏的地区冲突，由此制约着人的发展境况的改善，发展困境和安全困境相互交织、共同作用也对

---

① Iyad Abumoghli, Adele Goncalves, "Environmental Challenges in the MENA Region", *UNEP*, 2020.
② Frederic Wehrey, Ninar Fawal, "Cascading Climate Effects in the Middle East and North Africa: Adapting through Inclusive Governance", Carnegie Endowment for International Peace, February 24, 2022, https://carnegieendowment.org/2022/02/24/cascading-climate-effects-in-middle-east-and-north-africa-adapting-through-inclusive-governance-pub-86510.
③ 张俊彦主编《中东国家经济发展战略研究》，北京大学出版社，1987，第20页。

中东国家稳定和政权稳定构成巨大冲击，由此引发的中东剧变已持续十余年。除了以色列、土耳其、沙特、阿联酋等国外，大部分中东国家深陷"剧变长波"旋涡，在全球竞争格局中处于边缘化地位。因此，破解发展困境和安全困局逐渐提上日程，并成为中东各国调整发展规划和布局的共同诉求。

## 二 中东国家发展规划的制定：内涵和特点

面对日益严峻的全球性问题以及地区动荡和发展问题，中东国家若要摆脱困境，需要着眼全局并加以改变。因此，制定和实施中长期发展规划既是解决民生难题之紧迫、巩固政权之需要，也是推动转型发展、调整发展理念和战略、解决深层次问题、探索自主发展新路之必然选择，以便实现可持续、稳定和繁荣发展的目标。

21世纪初期，许多中东国家响应联合国倡议开始制定符合自身发展愿景的中长期发展规划。伊朗于2005年颁布了国家20年发展战略指南《2025年愿景》，巴林于2007年颁布《2030年愿景》，卡塔尔于2009年提出《2030年愿景》并随后又公布《2011~2016年国家发展战略》。2010年中东剧变是中东历史发展的分水岭，在"剧变"不断持续和蔓延的情势下，许多国家当政者越来越意识到破解发展问题、解决民生难题的重要性和紧迫性，从而加快调整、制定和实施新的发展规划的步伐，以便真正实现可持续发展，确保政权稳定。于是，绝大多数中东国家先后提出了更为全面的中长期发展规划（见表1），步入了一个"规划的时代"。例如，阿联酋于2010年提出《阿联酋2021年愿景》，接着2017年又制定了《阿联酋2071年百年愿景》；伊拉克于2010年提出《伊拉克国家发展计划（2010~2014年）》；科威特于2010年制定《新科威特2035年愿景》；突尼斯于2012年提出《新突尼斯发展战略》，2014年又制定了《国家可持续发展战略（2014~2020年）》；土耳其于2012年发布《2023年政治愿景》和《2071年千年目标》，2013年又提出了《2053年展望》；约旦于2014年颁布《2015~2025年发展计划》；摩洛哥于2015年提出《摩洛哥可持续发展战略》；黎巴嫩于2015年启动"黎巴嫩国家可持续发展"路线图；埃及于2016年颁布《2030年愿景》；沙特于2016年颁布《2030年愿景》；阿曼于2016年出台《阿曼2040年愿景》；2017年以色列塞缪尔-尼曼国家政策研究院发布《以色列大战略：思考和指南》；2021年阿尔及利亚提出"新阿尔及利亚"规划。一些国家虽没有提出整体性的国家发展战略，但提出了有关特定议题的中长期发展规划，例如苏丹于2012年提出的《过渡时期减贫战略皮书》等。利比亚、也门、叙利亚等国仍深陷战乱和冲突，国家四分五裂，重建进程举步维艰，如何结束战乱是它们的首要任务，因此尚无现实条件制定和实施全面的发展规划。

表1　中东部分国家的中长期发展规划

| 国　　家 | 发展规划名称 | 提出时间 |
| --- | --- | --- |
| 阿尔及利亚 | "新阿尔及利亚"规划 | 2021年 |
| 阿联酋 | 2021年愿景、2071年百年愿景 | 2010年、2017年 |
| 阿　曼 | 2040年愿景 | 2016年 |
| 埃　及 | 2030年愿景 | 2016年 |
| 巴　林 | 2030年愿景 | 2007年 |
| 卡塔尔 | 2030年愿景 | 2009年 |
| 科威特 | 2035年愿景 | 2010年 |
| 黎巴嫩 | "国家可持续发展"路线图 | 2015年 |
| 摩洛哥 | 可持续发展战略 | 2015年 |
| 沙　特 | 2030年愿景 | 2016年 |
| 土耳其 | 2023年政治愿景、2071年千年目标、2053年展望 | 2012年、2013年 |
| 伊拉克 | 国家发展计划（2010~2014年） | 2010年 |
| 伊　朗 | 2025年愿景 | 2005年 |
| 以色列 | 以色列大战略：思考和指南 | 2017年 |
| 约　旦 | 2015~2025年发展计划 | 2014年 |

中东国家发展规划主要围绕改变单一经济结构实行多元化经济，推动再工业化，解决就业难题，改变收入差距等严重不平等状况，增强可持续发展能力，提高国际市场竞争力和整体发展水平。从发展规划的制定及其主要内

涵来看，有以下一些特点。

第一，发展规划的制定吸纳各方意见，具有一定的全面性。在中长期发展规划提出的过程中，许多中东国家采取了多方参与方式，既有政府的顶层设计和规划，又有社会力量的参与，广泛听取民意，尽可能反映各界的诉求，甚至吸纳了一些国际社会力量的参与。海湾阿拉伯国家往往花费重金聘请国际咨询公司和专家制定本国的中长期发展规划。以埃及为例，该国《2030年愿景》从提出到设计体现了多方参与的特征。一方面，充分动员社会力量参与战略规划制定。从2014年初埃及《2030年愿景》制定团队就着手准备，在持续两年的时间里，该团队组织了约150场专门的工作坊和公开会议，包括社区对话会议，与私有部门、民间组织和国际组织的代表讨论规划内容等。[1] 许多专家、学者和利益相关方主动参与规划讨论，有助于战略规划团队汇聚各种观点，体现各方利益和诉求。与此同时，一些国际组织也重视并参与规划的制定。例如，国际劳工组织对埃及《2030年愿景》中有关劳工和体面生活等相关内容的设计做出了贡献；联合国妇女组织与埃及相关妇女团体接触，在规划中增加了有关性别平等等内容；联合国开发计划署和联合国经济与社会发展项目对埃及同时实现国家发展目标及联合国可持续发展目标等提供了必要的支持。

第二，发展规划立足于本国实际，具有一定的针对性。中东各国资源禀赋和境况的差异决定了各国发展规划的差别性。一方面，中东各国根据资源禀赋和历史文化传统制定符合本国实际的发展规划。埃及拥有5000年的历史文化和丰富的人力资源，因此埃及《2030年愿景》开宗明义地指出，愿景得益于古埃及文明成就的启发，并将现在与未来紧密联系在一起，旨在恢复埃及在历史上的地区领导角色。[2] 沙特拥有丰富的石油资源且地理位置重要，沙特国王拥有伊斯兰教两圣地（麦加和麦地那）守护者的特殊职责。

---

[1] Andrea Minelli, "Egypt's Transition Journey towards Its Vision 2030 Plan", *Performance Magazine*, April 15, 2020, https://www.performancemagazine.org/egypt-transition-vision-2030/.

[2] Ministry of Planning, Monitoring and Administrative Reform of Egypt, *Sustainable Development Strategy: Egypt's Vision 2030*, Cairo: MPMAR, 2016, pp. 7-8.

因此，沙特《2030年愿景》的序言中强调，其愿景的三大支柱是阿拉伯和伊斯兰世界的"心脏"、全球投资的动力源和连接欧亚非三大洲的全球枢纽。伊斯兰属性和革命性是伊朗政权的重要特征，因此，伊朗《2025年愿景》的概述中强调了"伊朗届时要具有伊斯兰和革命性的身份，并在伊斯兰世界拥有感召力"的目标。另一方面，国家发展条件与发展问题决定了经济社会发展规划的内涵和目标，从而形成了不同类型的发展选择。

一是沙特、阿联酋、卡塔尔、阿曼、科威特、伊朗等油气资源丰富的国家担心全球去化石能源进程以及经济结构单一等问题，因此这些国家的发展规划高度重视经济多元化和知识创新驱动。沙特《2030年愿景》明确提出了"去石油化和经济多样化"发展目标；《阿联酋2021年愿景》提出了可持续发展、经济多元化、知识驱动型的经济模式；伊朗《2025年愿景》也强调经济发展的知识和科技驱动。

二是埃及、约旦、突尼斯等油气资源较少的国家需要建立健康有活力的经济体系，核心是以大型工程项目和工业化拉动就业，以新技术为重要驱动力，解决不平等发展的问题。在埃及《2030年愿景》经济发展支柱的77个经济发展项目和计划中，主要是大型工程项目、工业发展项目、科技驱动计划等。创造就业、解决不平等发展问题一直是埃及国家治理的核心，也是穆巴拉克政权倒台的重要原因，因此，在埃及《2030年愿景》中，社会正义被放在了一个突出的位置，显示出塞西政府高度重视发展的共享性和公正性。

三是以色列和土耳其这类经济基础较好、发展相对平衡的国家更加重视经济发展的可持续性。土耳其强调加大科技投入，如到2023年研发投入增加到国内生产总值的3%，实现经济的提质升级。以色列强调为知识型产业持续快速增长创造条件[①]，并降低贫富差距，最终推动经济的可持续发展。

第三，发展规划契合新的发展理念，具有一定的前瞻性。协调发展、绿色发展、开放发展越来越成为全球发展的新理念，这集中反映在联合国千年发展目标和《2030年可持续发展议程》中，涉及社会、经济、环境以及和

---

① 虞卫东：《以色列中长期发展战略解析》，《新丝路学刊》2019年第3期，第67页。

平、正义与高效等内容。中东国家的发展规划反映了新的时代要求。一是突出协调发展的理念。几乎所有中东国家的发展规划都不仅仅关注经济增长问题，更强调经济、政治和社会领域的协调发展。例如，沙特《2030年愿景》的目标是"社会欣欣向荣、经济繁荣兴旺、国家理想远大"，土耳其《2023年愿景》对政治、经济、社会、外交等领域的预期成就做了阐释，约旦《2015~2025年发展计划》的宗旨也涉及政治、经济和社会方面①。二是强调绿色发展的理念。在中东国家的发展规划中，对于环境保护问题予以更多重视。埃及《2030年愿景》专门强调了环境维度，且环境维度与经济维度和社会维度同等重要。摩洛哥的可持续发展战略中，强调向绿色和包容性经济转型。阿联酋专门提出《2015~2030年绿色议程》，并确立了41个绿色发展指标。实际上，绿色经济转型和气候治理已经纳入海合会各国的国家发展规划，成为国家中长期战略，并不断提高可再生资源和绿色能源的使用比例，改善生态涵养水平，以期实现可持续发展。三是强调开放发展理念。中东国家的发展规划高度重视利用外部有利条件，坚持以开放促发展。伊朗《2025年愿景》强调，伊朗既要追求独立发展，也要依靠与伊斯兰世界的合作。土耳其在其发展愿景中指出，坚持加入欧盟，同时要发展与中东其他国家和中亚国家的合作关系，②推动土耳其国家发展。

第四，发展规划普遍重视科技的支撑力，具有一定的创新性。中东国家发展规划的制定普遍着眼于将科技创新作为经济社会发展的驱动力，抓住第四次工业革命浪潮的机遇，实现创新发展。许多国家出台了振兴科技、加快数字化转型方案，希望建立知识型经济，以推动实现经济多元化和现代化。③科技创新在以色列国家发展规划中具有突出地位，是该国作为发达国家的重要标志，也是其国家发展的优势所在。这个拥有900多万人口的国家

---

① 李茜：《约旦可持续发展战略及2025愿景规划解读》，《外国问题研究》2017年第3期，第49页。
② 昝涛：《当代土耳其的发展愿景——兼谈"一带一路"下的中土合作》，载易鹏等主编《"一带一路"节点国家态度研究：下一个黄金时代》，中国青年出版社，2018，第71~124页。
③ The World Bank, *A New Economy: For the Middle East and North Africa*, October 2018, p. 2.

有被称为"第二硅谷"的高新技术产业集群，在世界科技创新领域有着不可替代的地位。阿联酋数字经济的最终目标是建设"未来之城"，谋求在2030年成为人工智能领域的全球领导者。沙特的数字经济发展规划提出了在完善互联网基础设施、建立数字平台、推动创新、培养人才、开放市场等方面的具体目标。[①] 埃及政府加大政府投入力度，启动"数字埃及"计划，不断扩大互联网基础设施建设，努力为数字经济产业创造良好的营商环境，推动数字化转型。

## 三 中东国家发展规划的实施：成效和问题

中东国家在提出中长期发展规划之后，高度重视规划的具体实施，以期实现规划所要达到的目标。然而，受国际、地区以及国内诸多因素的影响和制约，不同国家在发展规划的具体实施过程中遇到不同的问题和挑战，实施规划的执行力差异较大，即使同一国家在其不同的经济和社会发展领域，执行状况也不尽相同。因此，各国发展规划的实施既取得了一定的进展和成效，也遇到许多复杂的问题或挫折。

### （一）中东国家中长期发展规划的实施和进展

首先，强调政府的主导作用，重视政府与社会、内部与外部的协调。国家中长期发展规划通常是政府行为的体现，国家决策层指定专门的机构负责领导、协调发展规划的执行，彰显对规划执行的顶层设计和统筹管理。例如，埃及《2030年愿景》的实施主要由计划与经济发展部负责。沙特《2030年愿景》主要由经济和发展事务委员会负责。同时，多数中东国家将中长期发展规划的理念、目标和手段融入政府相关部门和经济领域的发展战略规划，以确保其顺利完成。土耳其《2023年愿景》出台后，土耳其各政府部门和产业部门又制定了具体的发展规划，包括行业愿景、行动计划和项

---

① 姜英梅：《世界经济体系下的中东经济地位》，《中东研究》2020年第1期，第177页。

目清单。土耳其近年发展迅速的国防工业部门就在2019年提出了第11个发展规划，目标是2019~2023年武器国产化比例从65%提高到75%，国防工业收入从67亿美元增长到269亿美元，国防出口从20亿美元增加到102亿美元，国防工业吸纳就业从4.47万人增加到7.9万人。① 规划中还详细阐释了实现国防工业2023年愿景的行动方案，尤其是强调政府对土耳其国防工业的财政支持。伊朗《2025年愿景》推出后，教育部门颁布《伊朗国家教育发展愿景目标（2005~2025年）》，文化部门出台了《国家科学总体规划》，并且发布了旨在实现经济目标的《宪法44条总政策执行法》，以及应对西方制裁影响的《抵抗型经济政策总纲领》，等等。与此同时，在国家发展规划的实施过程中，各国政府还调动并发挥企业、非政府组织、社会精英和民众的积极作用。

其次，有步骤、分阶段推进国家发展规划的实施和执行。土耳其《2023年愿景》提出后，颁布了两个五年发展计划，"十五计划"（2014~2018年）的核心目标是建立有利的发展环境，而"十一五计划"（2019~2023年）的重点则是经济质变、福利进步和国际地位提升。埃及《2030年愿景》十分明确地把规划执行分成了三个阶段，短期目标（2016~2018年）是恢复国内稳定和恢复国家权力；中期目标（2018~2020年）是恢复地区大国地位和激活社会潜力；长期目标（2020~2023年）是发挥埃及比较优势，成为国际体系中的关键国家。②

再次，开拓国际合作渠道，加大对外合作力度，推进发展规划的实施。中东国家执行中长期战略规划的过程中极其重视外交和外部力量的作用。土耳其奉行积极进取的外交政策，以实现《2023年愿景》提出的提高国际地位和影响力的目标。③ 埃及高度重视外交战略对实现《2023年愿景》的支

---

① 《土耳其制定2019~2023年国防工业发展计划》，DSTI，July 11, 2019，http://www.dsti.net/Information/News/115897。
② Ministry of Planning, Monitoring and Administrative Reform of Egypt, *Sustainable Development Strategy: Egypt's Vision 2030*, Cairo: MPMAR, 2016, pp. 6-7.
③ 董漫远：《土耳其进取性地缘政治外交析论》，《西亚非洲》2022年第2期，第143~144页。

撑作用，深化与海湾阿拉伯国家合作委员会的战略合作，维持与美国的盟友关系、与欧盟的传统友好关系，还积极发展与其他非洲国家的联系，积极拓展与俄罗斯的安全合作关系，深化与中国的经济联系。[1] 从而保证《2023年愿景》的执行有一个良好的国际环境和合作空间。

特别值得关注的是，许多中东国家发展规划制定和实施与"一带一路"倡议的提出在一定程度上形成了时空上的共时性、在理念上的共识性。相互需求、共谋发展成为中国与中东国家的共同愿景，共建、共商和共享原则为双方发展规划对接注入了强劲动力，从而成为中东各国实施发展规划的一个突出亮点。一方面，中国与中东国家在经济结构上有着较强的互补性。中国非常重视中东国家的能源、制造业市场和区位优势，中东国家需要中国的产品、能源市场、技术、资金和经验。另一方面，中东国家对加强与中国的合作抱有更大期待，显示了越来越强烈的加强自身发展规划与"一带一路"倡议对接的意愿，并将其付诸行动。埃及总统塞西在2014~2019年连续六年访华，表现出对中埃关系的高度重视，他多次强调，要实现埃及《2030年愿景》与"一带一路"倡议的对接。2017年沙特国王萨勒曼访华，2019年沙特王储穆罕默德访华，沙特政府多次明确表示"愿同中国加强合作"，2021年4月沙特王储穆罕默德和习近平主席通话时专门强调愿"推进沙特'2030愿景'同'一带一路'倡议的战略对接"。[2] 土耳其总统埃尔多安先后于2012年、2015年和2019年三次访华，并高度肯定"一带一路"倡议的重要性，中土两国政府在2015年签署了对接"一带一路"倡议与"中间走廊"计划的谅解备忘录。即使受到新冠肺炎疫情的消极影响，中国与中东国家的战略对接依旧进展良好。2021年，中国和中东国家共建"一带一路"进展顺利，成果显著。一是政策沟通和民心相通稳步推进。双方高层

---

[1] Riham Bahi, "Egypt as a Leading Nation: Regional Imperatives and Domestic Constraints", in J. Braveboy-Wagner, eds., *Diplomatic Strategies of Nations in the Global South*, New York: Palgrave Macmillan, pp. 155-179.

[2] 《习近平同沙特王储穆罕默德通电话》，中华人民共和国外交部网站，2021年4月20日，https://www.mfa.gov.cn/web/gjhdq_676201/gj_676203/yz_676205/1206_676860/xgxw_676866/202104/t20210420_9181573.shtml。

沟通频繁，政策沟通积极有效。其中，首脑外交加强了双方的顶层沟通、顶层联系和顶层设计。双方携手抗疫，推进"健康丝路"共建，在新冠疫苗领域的合作，据不完全统计，截至2022年4月17日，中国已向中东国家援助和出口超1亿剂疫苗，并同阿联酋、埃及等国开展联合灌装生产疫苗合作。① 二是设施联通克服困难，展现新亮点。虽然受疫情持续影响，中国在2021年对"一带一路"沿线国家新签对外承包工程项目合同额同比下降5.2%，然而，中国企业在中东国家工程承包仍不乏亮点，如中建埃及分公司承建的埃及新行政首都中央商务区项目、葛洲坝集团承建的卡塔尔供水E标中两座蓄水池项目等。2021年新签大型承包项目有华为数字能源与山东电建三公司签约沙特红海新城1300MWh储能项目（全球规模最大的储能项目）、中建国际、中建一局承建伊拉克纳西里耶国际机场EPC工程（中标额约23.39亿元人民币）等。三是贸易畅通和资金融通强势反弹，展现出巨大的合作潜力。根据商务部统计数据，2021年，中国与中东国家贸易额、进口额、出口额均大幅增长，并均超过疫情前水平，分别达到3560亿美元、1896亿美元和2061亿美元，同比分别增长36%、49%和26%（其中，2021年中国和阿拉伯国家贸易额达3300亿美元，同比增长37%，中国继续稳居阿拉伯国家第一大贸易伙伴国地位）。中国对中东国家直接投资大幅增长。2021年，中国对阿拉伯国家的投资增长了9%，达170亿美元。② 由此可见，中东国家主动对接"一带一路"倡议，为其中长期发展规划的实施注入了新动力和活力。截至2022年5月，中国已同20个中东国家签署"一带一路"合作文件，并同许多国家达成具体合作规划，深化发展战略对接，中国和中东国家在传统经贸、能源等领域的合作深入开展，拓展创新合作内涵，在公共卫生、数字经济、5G网络、航空航天、人工智能、绿色低碳等

---

① 《中国疫苗助力阿拉伯民众抗疫度斋月》，新华网，2022年4月17日，http://www.news.cn/world/2022-04/17/c_1128568133.htm，最后访问日期：2022年6月1日。
② 《中国在阿拉伯世界投资2139亿美元，其中21%在沙特》，中华人民共和国驻沙特阿拉伯王国大使馆经济商务处网站，2022年5月5日，http://sa.mofcom.gov.cn/article/jmxw/202205/20220503309620.shtml，最后访问日期：2022年6月1日。

高新领域也积极合作。"一带一路"建设在中东国家的重要进展从一个侧面反映了中东国家开拓国际合作新空间、推动发展规划实施取得了实质性的成就。

### (二)中东国家发展规划实施的成效和问题

如前所述,中东国家的自然条件、经济、政治、社会、文化和历史差别较大,各国制定和实施发展规划在时空交集方面并不具有同步性和共时性,不同国家面临的问题各不相同,从而决定了各国发展规划无论是内容还是目标都存在差异性,即使同一国家其规划实施在不同领域的执行也差异悬殊,因此很难笼统给予全面的评价。但是,中东各国同处于长期动荡频仍的中东地区,面对许多相同的问题和挑战,例如外来干涉、恐怖主义、气候变化、青年人口膨胀等,许多国家所处发展阶段较为接近,其发展困境和安全困境也具有相似性,因此如何解决相同或相近的问题就不同程度地反映在各国的发展规划和具体实施中。

从整体上看,目前绝大多数中东国家发展规划的实施已初见成效,并在不同程度上改变着这些国家的境况,也部分地改变着中东地区的面貌。

第一,随着中东国家发展规划的实施,许多国家在吸取以往教训的基础上,越来越认同"科技创新"、"发展至上"和"可持续发展"的目标定位,明显加快了经济转型与经济和社会协调发展的步伐。许多中东国家在绿色发展、清洁能源、高科技等领域以及贫困治理等方面取得了进步,在智慧城市建设等方面跨出历史性步伐。注重科技前沿和创新驱动,以数字化转型为方式推动数字经济发展已成为许多国家的共识。在数字经济转型和发展方面,海合会国家逐渐走到中东国家的前列。数字经济已经成为经济增长的引擎,沙特、阿联酋和科威特在5G下载速度方面居全球前10位,步入全球先进行列。海湾国家已将5G发展纳入其经济多元化计划,寻求成为全球数字经济业务、技术和制造业中心。阿联酋的数字产业已占其年度经济总产出的10%,拥有该地区最先进的数字基础设施,在联合国电子政务发展指数(EGDI)的在线服务指数(OSI)中居阿拉伯世界第1位、全球第8位。阿

联酋也是中东产油国中第一个提出净零排放战略的国家。阿联酋首座核电站巴拉卡核电站已于2020年8月投入运营，4个反应堆总装机容量达到5600兆瓦，全面投入运营后可满足阿联酋1/4的电力需求。在迪拜市区以南的沙漠腹地，总投资达500亿阿联酋迪拉姆的马克图姆太阳能公园正在建设。2022年和2023年埃及、阿联酋将分别主办《联合国气候变化框架公约》第27、28次缔约方大会，显示了中东国家对气候变化治理的重视程度，这在中东地区发展史上可谓显著的进步。

第二，随着中东国家发展规划的实施，许多国家加快了变革的步伐，逐渐翻开了历史发展新的一页。例如，以沙特《2030年愿景》建设"活力社会"为标志，海湾阿拉伯国家走上新一轮革新求变之路。以往的发展和改革政策更多地聚焦产业政策，新一轮的变革则触及海湾阿拉伯国家的宗教和社会等领域。渴望改革成为沙特变革的动力，年轻群体对变革寄予较大的希望。这些改革集中反映在两个方面：一是对宗教机构的权力进行了限制，二是推动了以妇女赋权为中心的社会改革。其中，女性群体权利的增加成为人们关注的亮点。女性开始在劳动力市场上发挥新的作用，约有25%的沙特女性进入了劳动力市场（2018年，这一比例仅为15%），在全国范围内获得流动的机会也有所增加；与此相对，20~24岁的男性群体在劳动力市场的参与比例从40%上升为55%。[1] 为改善营商环境，阿联酋对司法制度进行了自1971年建国以来最大规模的改革，加强对女性和外国投资者权益的保护。

第三，随着中东国家发展规划的实施，中东国家逐渐进入一个既重视规划又注重治理的时期。一方面，中东国家越来越重视发展规划的执行和治理效果，政府的主导作用更加突出，这既是应对日益复杂的全球性问题、地区性问题以及新冠肺炎疫情等挑战的需要，也是在市场条件下强调政府治理能

---

[1] 哈迪尔·阿布德·阿勒阿齐姆：《沙特的经济转型："2030愿景"是否已开花结果?》，Al Jazeera，2022年2月22日，https://chinese.aljazeera.net/economy/2022/2/22/%e6%b2%99%e7%89%b9%e7%9a%84%e7%bb%8f%e6%b5%8e%e8%bd%ac%e5%9e%8b2030%e6%84%bf%e6%99%af%e6%98%af%e5%90%a6%e5%b7%b2%e5%bc%80%e8%8a%b1%e7%bb%93%e6%9e%9c，最后访问日期：2022年2月22日。

力的需要。阿联酋以"强势政府、经济繁荣、世俗主义"为特点，受到其他中东国家的关注，甚至迪拜经济多元化的发展经验也为许多中东国家所青睐。从发展规划的实施进展看，阿联酋、卡塔尔、埃及、以色列、土耳其等国发展规划执行较好。根据埃及政府2021年公布的《2021年埃及：国别自愿陈述》，埃及《2030年愿景》执行情况整体较好。[①] 埃及政府特别强调，在新冠肺炎疫情冲击严重的2020年，全球大多数国家的经济是负增长，但埃及经济获得了3.1%的正增长，其发展成就引人注目。

另一方面，各国的发展规划实施进展差异较大，有的国家受国内问题的干扰，发展规划的实施难以有效推进。例如，黎巴嫩近年来货币贬值、通货膨胀、失业率、物价飞涨等问题十分严重。2021年7月，时任黎巴嫩看守总理迪亚卜称"黎巴嫩濒临崩溃"。[②] 在这种情况下，黎巴嫩国家发展规划的实施已完全停滞。同样，即使是改革力度持续加大的沙特，其经济结构的调整仍进展有限。从实际情况看，沙特仍然高度依赖石油行业，2020年的石油和天然气净出口仍占该国出口总量的近70%，但出口总额占其国内生产总值（GDP）的26%，油气收入占政府总预算的比重也从2016年的64%下降至2020年的53%。此外，许多国家的发展规划在不同领域执行情况的差别也较大。例如，沙特《2030年愿景》的4个目标中，私有化进程发展最为明显，市场化和国际化进展有限，而去石油化推进最为缓慢。在埃及《2030年愿景》的3个维度中，经济发展维度取得了一定的进展，但社会维度和环境维度的发展则极为缓慢。土耳其《2023年愿景》的实施过程中，虽然在基础设施建设尤其是能源枢纽建设、运输能力提高方面有着明显进步，但土耳其民众最关注的通胀问题呈现加速恶化的态势，造成民众实际生活水平下降，引起普通民众的不满，对社会稳定形成了巨大压力。伊朗《2025年愿景》的实施过程中，虽然在科教文卫领域进步显著，但是经济长

---

[①] Ministry of Planning and Economic Development of Egypt, *Egypt's 2021: Voluntary National Review*, Cairo: MPED, 2021, pp.24-77.
[②] 《黎巴嫩怎么了？除了出现严重的食物、药物短缺，还面临电荒、燃油荒》，2021年7月18日，https://finance.ifeng.com/c/87y5UCISc1e。

期处于发展困境,由于受到美国不断加码的极限制裁,再加上经济领域行业内部的低效,伊朗发展规划的实施情况与设定目标相差甚远。可见,同一个中东国家发展规划的重点领域之间的发展成效同样差异不小。

由此可见,中东国家虽然高度重视发展规划的实施,并在具体实践中取得了一定的成就,但其进展和成效仍然有限,还需要相当长时间才能达到预期的目标。一方面,经济发展结构调整、经济多元化、可持续发展绝非一夕之功。例如,沙特等产油国很难在短期内改变依赖石油出口收入的食利经济属性。埃及的经济发展仍严重依赖于苏伊士运河、旅游、侨汇等收入,再工业化进展有限。另一方面,在世界经济发展中,中东地区边缘化地位短期内难以改变。根据世界银行对近三年全球各地区经济增长的研究,中东地区2019~2021年的经济增长率分别为0.9%、-3.7%和3.4%,只是略好于拉美和加勒比地区的0.8%、-6.4%和6.7%,但仍低于东亚、南亚、非洲、中亚、北美和欧洲地区。[1]考虑到新冠肺炎疫情的影响,以及中东地区长期以来的低增长率,虽然发展战略规划对于经济增长的促进作用值得肯定,但中东国家经济发展的结构性难题很难在短期内解决。究其原因,主要有以下方面。

一是新自由主义经济政策带来的经济发展困境。新自由主义经济政策试图通过种种手段激活市场活力。然而,许多中东国家执行新自由主义经济政策的效果被"裙带资本主义"和"地租资本主义"所扭曲。受此影响,中东国家的大型公司规模大、负债多、盈利不高,更依赖补贴,其吸纳就业的能力也跟其规模不成比例。[2]同时,中东国家的非正式经济部门发达,虽然可以大量吸纳就业,却往往很难获取融资,且缺乏补贴,因此,非正式经济部门的发展空间并不大,经济发展活力并没有被激活。

二是尖锐的社会矛盾带来的社会发展困境凸显了治理的复杂性。中东大

---

[1] The World Bank, *Global Economic Prospects*, June 2022, Washington, D. C.: The World Bank, 2022, p. 4.
[2] Ishac Diwan et al., "Pyramid Capitalism: Cronyism, Regulation, and Firm Productivity in Egypt", *The Review of International Organizations*, Vol. 15, 2020, pp. 211-246.

多数国家的社会矛盾十分复杂，既有族群、教派矛盾，又有富裕阶层、中产阶层和底层之间的社会矛盾，还有性别和代际矛盾。因此，经济发展规划往往很难兼顾各个群体。特别是在许多资源稀缺的中东国家，这种不公平等社会问题颇为尖锐，很容易演变为大规模民众抗议、暴力冲突甚至内战。可见，中东国家的治理复杂性影响着中东国家发展规划的执行效果。

三是中东国家长期面临外来干涉和地区安全问题，严重阻碍和干扰了中东国家发展规划的执行力和执行效果。中东地区长期处于全球政治经济体系的边缘位置，却又是遭遇干预最为突出的地区，经济和社会发展环境脆弱而多变。2000年以来，中东地区经历多次重大事件的冲击，并深受其害。2001年的"9·11"事件，2003年的伊拉克战争，数次加沙战争，2008~2009年的全球金融危机，始于2010年的中东剧变，利比亚战争、叙利亚战争和也门战争，极端组织"伊斯兰国"的崛起和衰落（2014~2017年），伊朗和美国（及其盟友）之间的长期纷争和对抗，以及自2020年持续至今的新冠肺炎疫情，均对中东地区的政治、社会和经济发展造成严重的消极影响。中东国家长期面临内外安全困境，即内部势力的离心倾向和外部力量的干预倾向，导致中东国家深陷"双重不安全困境"。[①] 近年，中东地区的民兵武装崛起和恐怖主义猖獗、联盟重组和地缘政治冲突加剧、传统战争和非传统战争此起彼伏，中东安全形势明显恶化。根据斯德哥尔摩国际和平研究所的数据，2011~2015年和2016~2020年，中东地区相较前一个五年的武器进口额分别增长61%和25%，为全球武器进口增速最快的地区。[②] 中东国家军事开支激增，消耗国家本可用于经济发展的资源，反过来阻碍了生产资料的有效应用，进而阻碍了中东国家发展规划的有效执行。

2022年2月乌克兰危机爆发，全球经济受此影响出现衰退，中东在前

---

[①] Adham Saouli, *The Arab State: Dilemmas of Late Formation*, London: Routledge, 2012.
[②] Aude Fleurant et al., *Trends in International Arms Transfers 2015*, Stockholm: SIPRI, 2016, p. 1; Pieter D. Wezeman et al., *Trends in International Arms Transfers 2020*, Stockholm: SIPRI, 2021, p. 1.

两个季度仅实现了微弱的经济增长，分别为0.9%和0.2%。① 然而，即使是这一经济成就，也是同全球国际油价的上涨密切相关，并不是中东地区传统经济结构的内生性好转驱动的。因此，有研究指出，根据联合国《2030年可持续发展议程》中提出的17个发展指标，中东国家近年只在减贫和推广负担得起的清洁能源两个方面有明显进步，其他方面要么进步不大，要么反而有所下降，② 这反映出中东国家发展任务的艰巨性。

## 四 中东地区发展的前景展望

近年来，中东国家推动发展规划的实施既是应对民生问题、经济结构调整和改革、破解发展困境、实现可持续发展的需要，又是加快探索适合本国国情的发展方式和发展道路的战略选择，对于该地区国家长远发展和稳定而言，国家发展规划的意义重大，影响深远，不仅改变着中东国家的地位和面貌，而且影响着中东地区的格局，并在一定程度上塑造着"新中东"。

### （一）重塑中东的"地区力量"

以美欧为首的域外大国长期以来是主导中东格局及其变化的关键要素。域外大国干涉导致中东局势跌宕起伏，域外力量阻碍着地区国家的正常发展。然而，近年来，"地区力量"的作用有所上升，包括国家行为体和非国家行为体等。其中，就前者而论，地区大国的崛起成为重塑中东地区的重要力量，地区大国以实施中长期发展规划为助推器，在加快自身发展的同时也在改变地区的格局。特别是在中东剧变以及大国战略竞争背景下，中东国家加快发展规划的实施步伐，给中东地区和国家带来了历史性变化。

---

① The World Bank, *Global Economic Prospects*, June 2022, Washington, D.C.: The World Bank, 2022, p. 4.
② Edgar Göll, André Uhl and Jakob Zwiers, "Sustainable Development in the MENA Region", Istituto Affari Internazionali, March 28, 2019, https://www.iai.it/en/pubblicazioni/sustainable-development-mena-region.

首先，中东国家之间分化加快，强弱对比更为悬殊。一方面，在中东剧变大潮中，"弱国群体"明显增多，既包括深陷战乱接近或超过10年的"脆弱国家"，诸如利比亚、叙利亚、也门、阿富汗等国，又包括动荡迭起而充满变数的"转型国家"，诸如突尼斯、黎巴嫩、伊拉克、阿尔及利亚等，这些国家仍难以恢复到原有的发展水平。埃及开始摆脱剧变旋涡和扭转颓势，逐渐走上复兴之路。另一方面，一些国家走上了快速发展之路，在变乱交织的中东地区逐渐崛起，既包括阿联酋、卡塔尔、科威特，又包括土耳其、以色列、沙特等，这些国家有一个共同特点，就是顺应世界发展潮流，主动制定并积极实施中长期发展规划，显示了较强的自主性、规划力和领导力，通过实施灵活的内外政策，初步实现社会经济的快速发展，提升了在中东地区的地位和影响。

其次，随着一些国家综合实力提高，其战略自主意识逐渐增强，加大了对地区问题乃至国际事务的参与度，成为重塑中东的"地区力量"。在中东地区，土耳其和沙特是G20成员，有着举足轻重的影响力。土耳其的战略目标是不仅要将土耳其打造成连接亚欧大陆的"桥梁国家"，而且要成为这一区域的"中枢国家"，其《2030年愿景》展现了埃尔多安总统的战略抱负，反映在对外政策上的激进主义和积极作为。例如，土耳其政府高调介入利比亚纷争，2020年出兵力挺利比亚民族团结政府；其后，又高调介入纳卡冲突，显示其地区大国影响力。2022年2月乌克兰危机发生后，土耳其扮演俄乌调停者角色，再次展现其独特的作用以及国际影响力。这种战略雄心和积极作为在海湾新生代年轻领导人身上体现得尤为明显，沙特王储穆罕默德·本·萨勒曼、阿联酋总统穆罕默德·本·扎耶德·阿勒纳哈扬等一批锐意改革者掌权后，开始实施宏伟的发展规划，加快发展步伐，提高综合国力和地区影响力，频频在地区事务中扮演重要角色，显示了较强的战略自主意愿。

再次，大国竞争的加剧又为中东地区国家强化其战略自主、重塑中东秩序提供了机遇和空间。近年来，美国为推动大国战略竞争，加快在中东地区的战略收缩。2021年8月美国从阿富汗仓皇撤军，客观上给中东国家强化其战略自主提供了空间。2022年2月，乌克兰危机发生后，美国重新评估中东的战略价值，调整其中东政策，巩固与传统盟友以色列、沙特、埃及、阿联酋、约旦等的关系，打造亲美的小多边机制，包括"内盖夫论坛"（美国、以色列、巴林、埃及、阿联酋、摩洛哥）和中东版的"四方机制"（美国、以色列、阿联酋和印度）等，美国希望借助其盟友在中东地区进行大国博弈，矛头指向俄罗斯、中国、伊朗等。但是，美国全球战略的重心仍在亚太和欧洲。在这种背景下，域外大国博弈实际上抬升了中东国家的地位，许多中东国家与大国从容周旋，甚至采取两面下注的灵活策略，确保其战略自主性。

与此同时，中东地区国家越来越意识到发展和繁荣有赖于共同安全，于是，地区国家间关系的缓和成为一个新动向，出现了从"动荡潮"向"缓和潮"过渡的迹象，也为中东发展创造新机遇。沙特、伊朗、阿联酋、埃及和土耳其等地区国家正通过对话及磋商解决其矛盾和分歧，从尖锐的阵营对垒逐渐走向缓和，进而改善双边关系。

可以说，在新的历史条件下，中东国家逐渐成为塑造中东地区的重要力量，其作用呈现上升的势头，这是半个多世纪以来中东地区发展的显著变化，在一定程度上改变了以往域外力量完全主宰中东局势的态势。当然，对于中东国家的战略自主性不能夸大，所谓的战略自主是相对而言，仍有一定的局限性，并未完全改变大国主导中东的局面，远未达到中东应当由中东人做主的"主导地位"。但是，从长远看，这将是决定未来"新中东"的无法忽视的"地区力量"。

## （二）中东地区发展仍面临严峻挑战，其前景存在不确定性

当今世界正处于大国竞争的特殊时期，世界的不确定性异常突出。全球安全问题和发展问题凸显。2022年2月8日，联合国开发计划署发布《人类安全特别报告》，指出全球发展进步不会自动给人们带来更大的安全感，全球每7人中就有6人被不安全感所困扰，人类安全感降至历史低位。[1] 中

---

[1] UNDP, *New Threats to Human Security in the Anthropocene: Demanding Greater Solidarity* (*Overview*), New York: The United Nations Development Programme, 2022, pp. 3-4.

东是世界的重要组成部分，一直是全球安全的短板和发展的洼地。这些因素内外互动和联动极大地制约了中东国家发展规划的实施。乌克兰危机爆发后，在多重危机影响下，世界正面临巨大的风险和挑战。新冠肺炎疫情叠加乌克兰危机，在一定程度上成为国际格局变化的加速器和放大器，也改变了原有的国际行为体的合作方式。世界大国之间在全球安全治理领域的合作不断减少，竞争和对抗不断增加。中东大变局还将在动荡与阵痛中以"由变生乱""由乱向治"的态势延续若干年，还未见其停步止息的迹象。而新冠肺炎疫情加重了中东国家治理危机，放大了这些国家治理痼疾和发展短板，成为当今中东转型动荡期面对的巨大挑战。[①]

当前，中东还处于漫长的转型过渡期，各种复杂因素的干扰和破坏给中东国家发展规划的顺利实施和地区的整体发展带来诸多挑战。一是战乱国家的重建举步维艰，叙利亚、也门、利比亚等热点问题的"热度"虽有所降低，但形势依然严峻，巴以问题持续发酵，冲突不断，恢复伊朗核问题全面协议的谈判并未取得实质性突破，伊朗与美国围绕解除制裁和信守承诺等问题仍僵持不下，更重要的是美国拜登政府继续在中东地区"拉帮结派"，始终没有改变对伊朗的敌视和孤立政策，阻碍中东国家之间迈向实质性和解。二是非传统安全问题尖锐复杂。一方面，"伊斯兰国"等极端组织得到喘息，又在兴风作浪，制造暴恐事件，扰乱社会治安；另一方面，乌克兰危机、新冠肺炎疫情、气候变化、粮食安全等多重问题叠加，全球通货膨胀急剧上升，一些中东国家通货膨胀屡创新高，土耳其、伊朗、埃及等经济复苏缓慢。其中，乌克兰危机对中东经济的直接影响尤为突出。中东地区对进口粮食的依赖性高，该地区平均80%的小麦须通过进口满足，其中大部分来自俄乌两国。根据联合国粮食及农业组织的数据，全世界至少有50个国家的至少30%的小麦进口依赖俄罗斯和乌克兰，中东地区包括黎巴嫩、埃及、利比亚、阿曼、沙特、也门、突尼斯、伊朗、约旦和摩洛哥等多国都在上述国家之列，其中埃及是世界上最大的小麦进口国，每年进口多达1300万吨

---

[①] 余建华：《中东局势演进刍议》，《国际关系研究》2021年第6期，第43、50页。

小麦，也门、利比亚、黎巴嫩等国又深陷政治混乱，难以保证粮食供给，粮食危机更加严重。①预计2022年中东地区经济除石油输出国外将会普遍下滑，对政权和社会稳定构成威胁。三是伴随大国竞争的加剧，国际社会对巴以问题、战乱国家的重建问题、难民问题等中东地区发展问题的关注度下降，解决力度有所减弱，这意味着该地区在相当长时间内仍然很难走出困境。因此，当前世界发展的不确定性和中东地区面临的新问题和新挑战，必将制约中东国家推进发展规划的全面实施，也给中东地区的发展和稳定带来不确定性。

展望未来，中东国家将继续积极执行中长期发展规划，并致力于推进改革，探寻从根本上改变发展困境的路径，以维持政权安全和促进国家可持续发展。中东国家发展规划实施中的差异性、变动性将更加明显，这是各国资源禀赋、面临的问题和治理能力差异所决定的。但是，中东国家越来越重视发展与安全、环境的关联度，并积极创造条件推动发展规划的全面实施，提高国家的发展能力和水平。中东国家普遍重视将"中国倡议"（"一带一路"倡议、"全球发展倡议"和"全球安全倡议"）作为其实施发展规划和破解发展难题的可靠力量。中国始终支持中东国家和中东人民独立自主探索自身发展道路。"一带一路"倡议与中东国家发展规划对接，提高了中东国家发展规划的执行成效。2021年9月，习近平主席在联合国大会一般性辩论中提出"全球发展倡议"，包括坚持发展优先、坚持以人民为中心、坚持普惠包容、坚持创新驱动、坚持人与自然和谐共生和坚持行动导向。②2022年4月，习近平主席在博鳌亚洲论坛开幕式上提出"全球安全倡议"，包括坚持新安全观、尊重各国主权、遵守联合国基础的国际规范、重视各国合理安全

---

① Caitlin Welsh, "The Impact of Russia's Invasion of Ukraine in the Middle East and North Africa", Center for Strategic and International Studies, May 18, 2022, https://www.csis.org/analysis/impact-russias-invasion-ukraine-middle-east-and-north-africa.
② 《习近平出席第七十六届联合国大会一般性辩论并发表重要讲话》，《人民日报》2021年9月22日，第1版。

关切、和平对话解决争端、统筹维护传统和非传统安全。[①] 中国提出的"全球发展倡议"和"全球安全倡议"得到了中东国家的积极回应，对于解决中东国家的发展困境和安全困境具有重要意义，既为加强中国与中东发展规划战略对接提供了新动力，也为中东地区发展、稳定开辟了广阔的前景。因此，在新的历史条件下，随着中东国家发展规划的全面实施，许多中东国家综合实力提高，战略自主性不断增强，以自主求安全、以团结谋发展、以合作促复兴的诉求更为明显，加大了对地区问题乃至国际事务的参与度，这些不仅改变着中东国家的地位，而且在一定程度上重塑中东秩序，催生着一个不同以往的"新中东"。

---

[①] 习近平：《携手迎接挑战，合作开创未来——在博鳌亚洲论坛 2022 年年会开幕式上的主旨演讲》，《人民日报》2022 年 4 月 22 日，第 2 版。

# 分 报 告
Sub Report

## Y.2
## 2021~2022年中东安全形势与展望

唐志超[*]

**摘　要：** 2021年以来，动荡的中东出现了局势缓和的积极态势。叙利亚、利比亚和也门三场主要地区冲突有所降温，土耳其主动与地区国家缓和矛盾，海合会国家实现内部和解，伊朗与沙特展开对话，伊朗核问题重启谈判。地区局势呈现缓和态势是由内外多种因素推动的，能否可持续仍存在不确定性。为应对美国加速撤离而出现的地区安全真空，地区国家正加快重组联盟，多个小多边安全机制涌现。乌克兰危机的影响外溢至中东，地区国家面临疫情、粮食、能源、金融和流血冲突等多重安全危机叠加局面，严重危及地区国家的政治、经济、社会稳定，同时也给伊朗核问题和叙利亚问题等地区危机的解决带来了新的不确定因素。

---

[*] 唐志超，中国社会科学院大学教授，中国社会科学院西亚非洲研究所研究员，中国社会科学院西亚非洲研究所政治研究室主任、中东发展与治理研究中心主任，主要从事中东政治、中东国际关系问题研究。

**关键词：** 中东　安全局势　地区国家关系　美国

## 一　地区安全局势呈现缓和势头

自 2021 年以来中东安全形势总的特点是动荡中出现缓和，地区主要国家关系间关系由紧张到和解构成地区局势发展的鲜明特点。

地区局势出现局部和间歇性缓和，构成 2021 年以来中东安全形势发展的最大亮点。这一缓和主要表现在 2021 年美国拜登政府上台后加快结束两场战争。2021 年 8 月，拜登政府宣布从阿富汗完成撤军，并与伊拉克政府达成于 2021 年底结束在伊作战任务的协议。美国与伊朗在军事安全领域的激烈对抗有所减弱，双方还重启伊朗核问题谈判，美国释放有意重返《联合全面行动计划》的明确信号，到 2022 年 4 月底，各方已在维也纳举行 8 轮会谈。美伊均公开表示，距达成协议目标已非常接近。在国际斡旋下，利比亚停火协议得以维系。2022 年 4 月，在联合国调停下，也门冲突有关各方同意实现为期 2 个月的停火，同时也门领导层改组，哈迪总统下台；沙特政府提出新的也门谈判倡议，这给也门走向冲突解决带来一丝曙光。叙利亚自 2021 年以来未爆发大规模军事冲突，阿联酋、沙特等海湾国家纷纷改善与叙利亚的关系，叙利亚正逐步重返阿拉伯世界。2021 年 9 月，叙利亚国防部长访问约旦。2021 年 10 月，叙利亚总统巴沙尔致电约旦国王阿卜杜拉二世，讨论加强两国合作事宜。2021 年 11 月，阿联酋外交与国际合作部部长阿卜杜拉率团访问叙利亚，呼吁让叙利亚重新加入阿拉伯国家联盟。2021 年 12 月，巴林十年来首次向叙利亚派驻大使。2022 年 1 月，阿曼外交大臣访问叙利亚。2022 年 3 月，叙利亚总统巴沙尔访问阿联酋，这是巴沙尔总统十一年来首次出访阿拉伯国家。2022 年 4 月，沙特电视台十年来首次播出叙利亚电视剧，显示出两国关系也出现缓和。持续四年的海合会内部危机终于出现转机。2021 年 1 月，卡塔尔与沙特、阿联酋等国达成和解协议，持续四年的海合会危机告一段落。年内，卡塔尔埃米尔与沙特王储穆罕默德实现了互访。土耳其主动调整地区进攻性外交，改善与阿联酋、埃及、沙特和以色列的关系。2021年5月，土耳其外长恰武什奥卢访问沙特。2022年4月，土耳其宣布将卡舒吉案移交沙特，结束了两国围绕卡舒吉案引起的不愉快。随后，4月底埃尔多安访沙，这是埃尔多安五年来首次访沙，双方决定开启两国关系新时代。① 土耳其与阿联酋关系也得到改善。2021年11月，阿联酋阿布扎比王储穆罕默德访土，与埃尔多安会晤并达成多项经贸、能源和金融等领域的合作协议。2022年2月，埃尔多安总统回访阿联酋，这是埃尔多安九年来首次访阿，双方持续多年的冷战暂时平息。多年冷淡的土以关系也出现转机。2022年3月，以色列总统赫尔佐格访土，成为2008年以来访问土耳其的以色列最高级别领导人，象征着土以关系解冻。此外，2022年4月，土耳其外长恰武什奥卢表示，土方正在为实现与埃及关系正常化采取措施。东地中海近年来紧张局势也由此出现缓和。以色列与阿联酋等海湾国家关系持续改善，双方在经贸、军事、安全、能源等领域全面开展合作。2021年12月和2022年1月，以色列总理和总统先后访问阿联酋，这是以色列历史上访问阿联酋的最高级别官员。2022年2月，阿联酋联邦最高委员会三名成员访问以色列，这是自2020年《亚伯拉罕协定》签署以来首个访问以色列的阿联酋官方代表团。2022年3月，在以色列内盖夫举行的一次阿以六国峰会吸引了全球关注，美国、埃及、阿联酋、巴林、摩洛哥和以色列六国外长举行了会晤。沙特与伊朗在中断外交关系五年后首次开启双边对话，相互释放善意。至2022年4月底，双方在伊拉克调解下已举行五轮对话，紧张关系有所缓和。

美国政府的中东政策调整以及地区国家的内外政策变化是地区局势出现缓和的主要驱动因素。在美国方面，拜登政府上台后中东政策发生一系列变化，其中三方面因素推动了地区国家局势的缓和进程。一是拜登加快了从中东的战略收缩，在停止两场战争、减少军事存在的同时，在地区安

---

① 《埃尔多安：土耳其与沙特致力于开启两国关系新时代》，新华网，2022年4月30日，http://www.news.cn/world/2022-04/30/c_1128610603.htm，最后访问日期：2022年6月30日。

全与稳定上推行"可控的稳定"原则，不希望中东生乱或动荡扩大，强调以外交手段解决问题，加大了斡旋调解力度，为此美国积极介入利比亚、也门、巴以等地区热点和争端。二是拜登政府转变特朗普政府的对伊朗政策，希望重返伊朗核协议，恢复与伊朗的谈判，并要求地区盟友在伊核问题上配合美方，缓解海湾紧张局势，这刺激沙特、阿联酋等国调整对伊政策，同伊朗开展接触与对话并加快组建地区联盟。三是拜登政府强调民主和人权，推行"价值观外交"，并向地区国家施压。这一政策既使地区国家远离美国，也促使它们抱团取暖。

土耳其、沙特和伊朗调整对外政策，既有美国的因素，也与其对外政策严重战略透支以及国内政治发展密切相关。土耳其就是典型例子。2023年土耳其将举行总统和议会选举，经济形势持续恶化，土耳其的进攻性地区外交引起与多国摩擦并损害其同地区国家的经济合作，埃尔多安与特朗普的"蜜月"结束并与拜登新政府关系冷淡，这一系列因素推动埃尔多安调整激进的地区政策。沙特、阿联酋对伊朗政策的调整更多是为了适应美国对伊政策的变化。拜登在也门战争问题上向沙特施压并将胡塞武装从外国恐怖组织名单上剔除给海湾国家安全带来很大压力。伊朗总统莱希上台后，将地区外交作为对外政策的优先，强调改善与地区国家尤其是邻国的关系，"我向地区内所有国家，尤其是邻国伸出'友谊和兄弟之手'"。①

## 二 中东地区长期动荡的局面仍将持续

虽然2021年以来中东局势出现了缓和态势，但中东地区局势总体上仍动荡不宁。地区热点问题持续难解，叙利亚、利比亚、也门三场战争僵持不下，巴以冲突频繁，伊拉克局势持续紧张，黎巴嫩、苏丹等新的地区安全问题凸显，受乌克兰危机影响，地区经济社会危机加剧，恐怖主义威胁依然严峻。

---

① "Ayatollah Raisi at the Swearing", The President of the Islamic Republic of Iran, August 5, 2021, https：//president.ir/en/130300, accessed April 27, 2022.

第一，过去一年中东地区虽未发生大规模军事冲突，但低烈度、小规模冲突依然持续不断。巴以持续对抗，以色列新上任的贝内特政府继续对巴勒斯坦当局以及巴以和谈采取强硬立场，以色列没收耶路撒冷巴勒斯坦人房屋和宣布新的定居点建设计划激起全球范围的抗议。2021年5月，以色列大规模袭击加沙地带，造成近200人死亡，上千名巴勒斯坦人受伤，这是2014年以来巴以间爆发的最大规模冲突。① 2022年3月，巴以冲突再起，围绕阿克萨清真寺双方爆发大规模流血冲突，导致数十人死亡。② 多个阿拉伯国家和伊斯兰国家谴责以色列。2021年底以来利比亚局势因各方分歧而有所紧张，良好势头有所减缓，大选被推迟，未来不确定性上升。2022年2月，利比亚东部的国民代表大会决定成立新的临时政府。获得国际承认的总理德拜巴坚决反对并拒绝下台。联合国副秘书长警告，利比亚可能再次陷入被两个平行政府分裂的政治僵局，并使过去两年取得的成果发生逆转。③ 叙利亚战争进入第11个年头，仍然不时爆发小规模冲突，叙利亚政府、土耳其和库尔德人三方割据现状未发生多大改变，政治进程停滞不前，经济重建困难重重，难民回归数量有限。也门战争规模持续扩大，马里卜省等地大规模战事不断。胡塞武装持续不断对沙特境内的重要目标如军事目标、机场、石油设施等发动弹道导弹和无人机袭击，给沙特带来巨大经济损失和心理压力。据2021年12月沙特领导的联军公布的数据，过去七年胡塞武装共对沙特发动400次弹道导弹袭击、850多次无人机袭击。④ 2022年1月，胡塞武装还对阿联酋首都阿布扎比发动弹道导弹袭击，引起地区震动。伊拉克局势

---

① 《新华社记者直击加沙苦难："我很痛心"》，新华网，2021年5月18日，http：//www.xinhuanet.com/world/2021-05/18/c_1127461372.htm，最后访问日期：2022年6月30日。
② 《爆发的条件已成熟：巴以紧张局势在斋月升级》，Al Jazeera，2022年4月14日，https：//chinese.aljazeera.net/middle-east/question-of-palestine/2022/4/14/爆发的条件已成熟巴以紧张局势在斋月升级，最后访问日期：2022年6月30日。
③ 《利比亚紧张局势升级，可能出现"平行政府"》，联合国中文网站，2022年3月16日，https：//news.un.org/zh/story/2022/03/1100622，最后访问日期：2022年4月28日。
④ "12 Hurt in Foiled Yemeni Houthi Drone Attack on Saudi Airport", Jordan Times, January 10, 2022, https：//www.jordantimes.com/news/region/12-hurt-foiled-yemeni-houthi-drone-attack-saudi-airport, accessed April 28, 2022.

紧张，外部势力在伊拉克博弈以及伊拉克内部派别的斗争持续激化。伊拉克在2021年10月大选后的数月时间里难以完成政府组建。2022年3月，伊朗对伊拉克库尔德地区首府埃尔比勒发动导弹袭击，伊朗强调打击目标是以色列在该地的"战略中心"。2022年4月，土耳其又对伊拉克库尔德地区发动代号为"爪锁"的大规模军事行动，以打击盘踞在伊拉克北部的土耳其"库尔德工人党"武装。黎巴嫩局势不稳定加剧，疫情、政治、经济和安全危机同时爆发。突尼斯政治发展出现变数，引发外界对其政局不稳的担忧。2021年突尼斯总统赛义德采取特别措施，解除总理职务并暂停议会活动。2022年3月，赛义德总统又宣布解散议会，称突尼斯境内"有人妄图发起一场政变"。总统与反对派对抗持续升级，突尼斯局势进一步恶化，风险显著增大。苏丹不稳定加剧，2021年10月再次爆发军事政变，苏丹、埃塞俄比亚两国危机进一步加剧"非洲之角"的动荡，"非洲之角"的"巴尔干化"特征明显。

第二，"基地"组织和"伊斯兰国"（ISIS）利用疫情、美国战略收缩、乌克兰危机等因素酝酿卷土重来，在伊拉克和叙利亚的活动有死灰复燃的迹象，继续以"令人不安"的规模和速度扩张。[1] 在伊拉克，"ISIS"在2021年下半年继续"以稳定的速度发动袭击"，并在伊拉克西部进行重建。在叙利亚，"ISIS"在2021年1~11月制造了287次恐怖袭击事件。2022年1月，"ISIS"还对叙利亚哈塞克省一个关押数千名恐怖分子的监狱发动进攻，导致数十名恐怖分子和140多名叙利亚民主联军成员死亡，数百名恐怖分子逃脱。[2] 这是该组织自2019年失败以来发动的最大规模袭击活动，并自称这是该组织近年来的"重大战略突破"。[3] 这场袭击显示该组织正在伊拉克

---

[1] "Battle against Da'esh, A 'Long-term Game', Voronkov Tells Security Council", UN, February 9, 2022, https：//news. un. org/en/story/2022/02/1111602, accessed April 28, 2022.

[2] Louisa Loveluck and Sarah Cahlan, "Prison Break：ISIS Fighters Launched a Brazen Attack to Free Their Comrades", Washington Post, February 3, 2022, https：//www.washingtonpost.com/world/2022/02/03/syria-hasakah-isis-prison-attack/, accessed April 28, 2022.

[3] Charlie Winter and Abdullah Alrhmoun, "A Prison Attack and the Death of Its Leader：Weighing Up the Islamic State's Trajectory in Syria", CTCSENTINEL, February 2022, https：//ctc. westpoint. edu/a-prison-attack-and-the-death-of-its-leader-weighing-up-the-islamic-states-trajectory-in-syria/, accessed April 28, 2022.

和叙利亚进行"缓慢而静悄悄的重建"。① 联合国反恐怖主义中心报告称，截至2021年12月底"ISIS"在伊拉克和叙利亚还盘踞着6000~10000名武装分子，拥有2500万~5000万美元资产。② 乌克兰危机发生后，该组织明显加大袭击力度。2022年4月，该组织在伊拉克和叙利亚发动的袭击次数明显多于2~3月。③ 此外，也门面临的恐怖形势依然严峻，但内战因素导致外界缺乏关注。

海湾地区安全问题依然尖锐。近年来海湾地区局势持续紧张，引发外界关注。海湾集中了该地区几乎所有类型的矛盾与冲突，并成为地区新旧矛盾新的爆发点。海湾地区矛盾与冲突是多元复合的，不仅传统安全问题突出，非传统安全问题也格外尖锐，包括美国与伊朗的长期敌对、沙特与伊朗的冲突、也门战争、伊拉克动荡、沙特与卡塔尔等国的矛盾、极端主义和恐怖主义泛滥、大规模杀伤性武器扩散、地区领导人继承危机等。近年来海湾安全问题之所以凸显，核心矛盾在于伊朗与区域内外国家（美国、以色列、沙特、阿联酋）的关系持续紧张，这在特朗普执政时期表现得尤其突出。海湾安全形势持续恶化主要体现在几个方面：伊朗与美国的持续对抗不断升级；伊朗与沙特、阿联酋和以色列在也门、伊拉克、巴林等地的较量；也门战争持续多年并严重外溢到整个地区；卡塔尔与沙特、阿联酋和巴林三国关系恶化，海合会爆发自建立以来的最严重危机；伊拉克安全形势不断恶化，伊朗与美国在伊拉克博弈严重破坏了其局势稳定；极端主义和恐怖主义威胁持续存在；核和弹道导弹扩散，无人机使用泛滥成灾；波斯湾航道安全持续

---

① Mohammed Hassan, Samer al-Ahmed, "A Closer Look at the ISIS Attack on Syria's al-Sina Prison", Middle East Institute, February 14, 2022, https：//www.mei.edu/publications/closer-look-isis-attack-syrias-al-sina-prison; Charles Lister, "The Attack on al-Sina Prison Points to a Broader ISIS Resurgence", Middle East Institute, January 24, 2022, https：//www.mei.edu/blog/attack-al-sina-prison-points-broader-isis-resurgence, accessed April 26, 2022.

② Tim Lister, "The Leader of ISIS Died This Week, But the Terror Group Remains a Formidable Force, UN Finds", CNN, February 4, 2022, https：//www.cnn.com/2022/02/04/world/isis-strength-un-report-intl/index.html, accessed April 26, 2022.

③ "SOHR：ISIL Attacks Warn of a Re-emergence in Northeast Syria", April 30, 2022, https：//www.syriahr.com/en/249457/, accessed May 10, 2022.

面临挑战，威胁航道安全的劫持和爆炸事件不断发生；伊朗与美国、以色列和沙特之间的网络战持续升级。这些矛盾的根源是伊朗与外部世界的矛盾，其中核心是美伊矛盾，而沙特、阿联酋、以色列与伊朗的对抗加剧则增添了新的不稳定因素。另外，海湾安全出现问题也是因为影响海湾安全的结构性因素发生巨大变化。美国的收缩政策、对地区安全承诺的降低以及地区国家在政治和安全上的自主性不断增强，致使海湾安全结构发生了重大改变，地区安全秩序酝酿巨变。虽然近来地区局势出现了一些缓和迹象，但海湾局势的缓和并非实质性的，带有暂时性、反复性和不确定性特点。美伊接触、伊核谈判恢复、结束也门战争、伊拉克局势实现稳定、沙特与伊朗和解皆非一夕之功。美国与伊朗的矛盾不会因伊核协议达成而消除。即使重新达成伊核协议，拜登政府能否履行以及协议未来的可持续性都存在疑问。以色列对伊朗的强硬政策以及可能的军事打击构成了影响海湾稳定的重要变量。沙特与伊朗的矛盾上升已成为地区最大安全隐患。从根本性来讲，在美国战略收缩背景下，随着伊朗、沙特、阿联酋等地区性大国的兴起，海湾维护安全与稳定需要建立新的集体性安全框架，重建新的地区安全秩序，而在当前建立新的地区安全构架还不现实。

## 三　乌克兰危机给中东地区安全带来多重挑战

乌克兰危机不仅对欧洲安全构成了重大威胁，还外溢至中东地区，对中东安全造成多方面影响。

首先，乌克兰危机带来国际油价、粮价持续大幅上涨，埃及、土耳其、黎巴嫩等国可能爆发粮食危机、能源危机和经济危机，并危及政治和社会稳定。乌克兰危机严重影响中东国家粮食安全。俄乌是"世界粮仓"，两国小麦出口量占全球小麦出口量的30%，玉米出口量占全球玉米出口量的近20%，葵花籽油出口量的全球占比近80%。从全球范围来看，粮食安全方面最脆弱的国家是中东国家和北非国家，中东国家粮食、食用油和肉类主要依赖进口，对从俄乌两国进口十分依赖。地区面临最大粮食安全风险的国家有约旦、也门、以色列和黎巴嫩。也门31%的谷物从乌克兰进口，黎巴嫩47%的谷物从俄罗斯进口。利比亚90%的谷物消费依赖进口，其谷物进口的55%来自乌克兰（40%）和俄罗斯（15%）。①乌克兰约一半小麦出口到中东地区。埃及、土耳其、阿尔及利亚、伊朗四国分别居全球小麦进口国第一、二、五、七位。摩洛哥、也门、沙特、苏丹、突尼斯、阿联酋也是小麦重要进口国。土耳其、伊朗、伊拉克、埃及、黎巴嫩、沙特等中东国家是全球葵花籽油前十大进口国。埃及小麦进口的85%来自俄罗斯（61%）和乌克兰（24%），土耳其小麦进口的78%来自俄罗斯（64.6%）和乌克兰（13.4%）。作为全球最大的小麦进口国，2020年埃及进口1290万吨小麦，其中从俄罗斯进口890万吨，从乌克兰进口近300万吨。②黎巴嫩、利比亚、也门小麦进口来自乌克兰的比重分别为50%、43%、22%。俄乌葵花籽油出口分别占伊拉克的87.8%、埃及的73%、土耳其的70%、伊朗的37.1%。沙特是乌克兰肉类的第一大进口国（占18.4%），阿联酋自乌克兰肉类进口比重为8.3%。乌克兰危机不仅造成全球粮油价格暴涨，还存在两国供应中断的切实风险。芝加哥期货交易所的小麦期货价格一度达到13年来的最高点。乌克兰危机推高埃及、土耳其、利比亚、也门、黎巴嫩等国的粮价，进一步加剧这些国家的粮食危机，并可能酿成经济危机和社会动荡。乌克兰危机使埃及粮价飙升，小麦价格几乎一夜之间上涨了44%，葵花籽油价格上涨了32%。截至2022年3月，埃及的小麦战略储备仅能维持约4个月③，葵花籽油的供需缺口为35万吨。1977年、2011年，因粮食价格上涨，面包价

---

① Line Weil and Georg Zachmann, "The Impact of the War in Ukraine on Food Security", The Bruegel Newletter, March 21, 2022, https：//www.bruegel.org/2022/03/the‐impact‐of‐the‐war‐in‐ukraine‐on‐food‐security/, accessed April 28, 2022.
② Mohamed Sabry, "As Ukraine Crisis Heats up, Egypt Fears for Wheat Supply", Al-Monitor, February 4, 2022, https：//www.al‐monitor.com/originals/2022/02/ukraine‐crisis‐heats‐egypt‐fears‐wheat‐supply#ixzz7SD7eOLy8, accessed April 28, 2022.
③ Ayah Aman, "War in Ukraine Pushes Egypt to Ramp up Wheat Production", Al-Monitor, March 26, 2022, https：//www.al‐monitor.com/originals/2022/03/war‐ukraine‐pushes‐egypt‐ramp‐wheat‐production#ixzz7SDBrYYZ8, accessed April 28, 2022.

格飙升，埃及两次爆发"面包骚乱"，后者导致穆巴拉克政权被推翻。乌克兰危机爆发后，埃及粮食价格飞涨，出现了抢购和囤积粮食情况。塞西总统亲自主持内阁紧急会议，研究制定应对方案，要求加强小麦、大米、糖、油、肉类和石油等战略物资储备，确保市场供应和价格稳定。联合国粮食计划署警告中东国家可能因食品价格上涨而引发饥荒。① 土耳其与俄罗斯、乌克兰的经济合作比较密切，乌克兰危机将使本已陷入危机的土耳其经济雪上加霜，可能影响埃尔多安总统在2023年大选中竞选连任。俄罗斯是土耳其最大的经济贸易伙伴之一。2019年土俄双边贸易额达263亿美元，相互投资均超过100亿美元。② 2021年土俄贸易额为347亿美元，土乌贸易额为74亿美元。土耳其在旅游、粮油、能源、建筑业等方面严重依赖俄罗斯和乌克兰。土耳其是俄罗斯农产品的最大进口国之一，2021年自俄罗斯农产品进口额为43亿美元。土耳其葵花籽油进口的65.5%来自俄罗斯，4.2%来自乌克兰。③ 土耳其油气资源匮乏，石油和天然气对外依赖程度分别为93%和99%。④ 俄罗斯是土耳其最大的油气供应国。2019年，俄罗斯石油和天然气占土耳其石油、天然气进口份额分别为33%和33.6%。俄罗斯天然气西输的南线"土耳其溪"经过土耳其进入东南欧。俄罗斯是土耳其建筑业最大的海外市场。至2020年底，土耳其建筑承包商在俄罗斯已完成1972个项目，总价值超过7750

---

① "War in Ukraine Pushes Middle East and North Africa Deeper into Hunger as Food Prices Reach Alarming Highs", World Food Programme, March 31, 2022, https：//www.wfp.org/news/ukraine-pushes-middle-east-and-north-africa-deeper-hunger-food-prices-reach-alarming-highs, accessed April 28, 2022.

② "Relations between Turkey and the Russian Federation", Republic of Türkiye Ministry of Foreign Affairs, https：//www.mfa.gov.tr/relations-between-turkey-and-the-russian-federation.en.mfa, accessed April 29, 2022.

③ Hikmet Adal, "Russia-Ukraine War: How Will It Affect Turkey's Economy?", Bianet, February 25, 2022, https：//bianet.org/english/economy/258257-russia-ukraine-war-how-will-it-affect-turkey-s-economy, accessed April 29, 2022.

④ "Turkey 2021 Energy Policy Review", IEA Country Report, March 2021, https：//www.iea.org/reports/turkey-2021, accessed April 29, 2022.

亿美元。① 土耳其唯一的核电站也正由俄罗斯建造。土耳其与乌克兰2019年的贸易额为48亿美元，有近600家土耳其公司在乌克兰投资经营。② 乌克兰危机使中东地区旅游业遭受重创。俄罗斯和乌克兰是埃及、土耳其、以色列和阿联酋等中东旅游国的主要客源地。2020年7月至2021年7月，赴埃及国际游客中，乌克兰排名第一（120万人次），俄罗斯排名第二（70万人次）。俄乌游客占土耳其国际游客数量的27%。过去三年，土耳其接待俄乌两国游客高达2000万人次。俄罗斯是土耳其第一大国际游客来源地。2019年土耳其接待俄罗斯游客700万人次、乌克兰游客160万人次。2021年土耳其接待2470万人次外国游客，其中俄罗斯470万人次、乌克兰206万人次。2019年，以色列接待俄罗斯和乌克兰游客约60万人次。

其次，乌克兰危机影响地区冲突和热点问题的解决，给地区安全稳定带来负面影响。乌克兰危机对伊核问题产生消极影响，伊核问题谈判因乌克兰危机被按下"暂停键"。欧盟外交与安全政策高级代表博雷利明确称："由于外部因素，维也纳头脑需要暂停。""最终文本基本上已经准备好，已经摆在桌面上。"③ 乌克兰危机使美西方加快解决伊核问题的迫切性上升，希望腾出手来集中对付俄罗斯。而俄罗斯支持伊核问题谈判意愿明显下降，并提出同意继续参加伊核问题谈判的新条件。俄方直言不讳地指出，由于西方对俄制裁"直接影响"了伊核协议框架下的俄罗斯利益，"因此，必须考虑到制裁"，"这是一个不容忽视的新方面，必须加以考虑"。④ 俄罗斯外长拉

---

① "Relations between Turkey and the Russian Federation", Republic of Türkiye Ministry of Foreign Affairs, https://www.mfa.gov.tr/relations-between-turkey-and-the-russian-federation.en.mfa, accessed April 29, 2022.
② "Relations between Turkey and Ukraine", Republic of Türkiye Ministry of Foreign Affairs, https://www.mfa.gov.tr/relations-between-turkey-and-ukraine.en.mfa, accessed April 29, 2022.
③ "External Factors Force Pause in Iran Nuclear Talks: EU's Borrell", Al Arabiya News, March 11, 2022, https://english.alarabiya.net/News/middle-east/2022/03/11/External-factors-force-pause-in-Iran-nuclear-talks-EU-s-Borrell, accessed April 29, 2022.
④ "No Link between Ukraine War and Iran Nuclear Talks, Says Iran's Foreign Minister", Al Arabiya News, March 15, 2022, https://english.alarabiya.net/News/middle-east/2022/03/15/Iran-FM-thanks-Russia-for-efforts-in-nuclear-talks-stresses-Tehran-Moscow-ties, accessed April 29, 2022.

夫罗夫也公开表示必须豁免对俄制裁,"从俄罗斯的利益角度看,最近出现了一些问题,这可能使全面协议谈判出现新的复杂化。因为西方就乌克兰问题对俄实施了制裁,莫斯科已要求我们的美国同仁……最低为国务卿级别向我们提供书面保证,目前由美国发起的制裁程序不会以任何方式损害我们与伊朗开展全面的贸易、经济和投资合作以及军事技术合作"。① 而伊朗则乘机在谈判上提高要价。这一系列变化导致本已接近尾声的维也纳谈判进程再度被搁置。俄罗斯对乌军事行动也对叙利亚问题产生多方面影响,可能挤占俄罗斯在叙利亚的军事资源,若俄罗斯在乌克兰战事上久拖不决,可能从叙利亚抽调兵力,支持俄罗斯的叙利亚雇佣军已被派往冲突地区。这可能削弱叙利亚政府军力量以及削弱俄罗斯－伊朗－叙利亚的同盟,伊朗的影响力可能上升。与此同时,土耳其、以色列和西方国家可能乘机加大对叙利亚政府以及伊朗的打压。在利比亚问题上,俄罗斯支持东部军阀哈夫塔尔,如俄美对抗进一步加剧,俄罗斯可能在利比亚问题上给西方施压。未来西方国家可能会加强与哈夫塔尔将军接触,促其远离俄罗斯。

最后,乌克兰危机使大国在中东战略竞争复杂化。就俄罗斯与中东关系看,俄罗斯对乌军事行动将对俄罗斯与地区国家关系造成一定冲击,对俄罗斯在地区的声誉、威望造成一定负面影响,同时西方的制裁还可能危及俄罗斯与中东国家在军事、经贸、能源、科技等领域的合作。从俄罗斯与美西方在中东的竞争看,俄罗斯重返中东的努力可能会受到一定挫折。美西方在中东对俄罗斯遏制力度将加大,地区国家将面临来自西方要求"选边站"的强大压力。拜登打电话给卡塔尔、阿联酋和沙特领导人,希望地区国家在能源问题上配合美国,打压俄罗斯。美国国务卿布林肯亲自游说中东国家在联合国安理会、联合国大会和人权理事会上投票支持西方。迫于美国压力,不少中东国家在联合国大会上投票支持美国的提案。

---

① "Moscow Seeks US Guarantees before Backing Iran Nuclear Deal: Lavrov", Al Arabiya News, March 5, 2022, https://english.alarabiya.net/News/middle-east/2022/03/05/Moscow-seeks-US-guarantees-before-backing-Iran-nuclear-deal-Lavrov, accessed April 29, 2022.

## 四　前景展望

未来一段时间，中东地区将继续保持动荡中有缓和的总体态势。鉴于当前中东局势发展的不确定性，并不排除爆发新的地区冲突或新的地区热点的可能。其中，三个方面的问题对中东安全和地缘政治可能产生的影响最值得关注。

首先，伊朗核问题谈判能否取得重大突破？至2022年4月，美伊间接谈判就伊核问题本身基本已达成一致，双方主要围绕美国取消对伊朗伊斯兰革命卫队的"外国恐怖主义组织"的认定及实施的制裁展开激烈博弈。美国政府坚持认为，是否取消对伊朗伊斯兰革命卫队的制裁与核问题无关，伊朗是节外生枝。伊朗则坚持要求取消制裁，并强调不会放弃就伊朗伊斯兰革命卫队前领导人苏莱曼尼被美军暗杀而对美方开展报复的权利。考虑到中期选举以及基于同中俄竞争的战略考量，拜登政府对重返伊核协议的迫切性高于伊朗。而外部环境对伊朗则较为有利，伊朗志在必得并迫使拜登做出更大让步。新的伊核协议无论能否达成，都将对地区安全产生重大影响。若不能达成，美国和伊朗恐将重回特朗普时期的对抗与冲突之路，加剧地区局势紧张。伊朗核发展步伐也将加快，美国面临核扩散风险压力增大。若达成协议，虽然美伊之间的矛盾将缓解，但伊朗与地区国家沙特、阿联酋和以色列的矛盾将进一步加深，尤其是以色列与伊朗爆发军事冲突的风险随之陡增。

其次，乌克兰危机将成为影响地区政治和经济稳定的最大因素。当前乌克兰危机对中东最直接的影响是粮食危机、通货膨胀上升。埃及和黎巴嫩已显示出经济危机迹象。若战争持续下去，中东国家的粮食危机和经济危机将进一步加剧，冲击地区国家的政局稳定。此外，乌克兰危机对叙利亚战争等地区冲突的更深层次影响也将显现出来。

最后，中东地区地缘政治和国际关系加速重组冲击传统地区安全格局，并给地区安全和稳定带来深远影响。2021年以来，中东国际关系重组明显加速，多边互动频繁，其中多个小多边机制的建立和扩展值得关注。第一个是所谓中东版"四方机制"。2021年10月,由美国牵头发起了美国、印度、阿联酋和以色列四国组成的四方多边经济论坛,该论坛被视为中东版"四方机制"。① 以色列《耶路撒冷邮报》将该论坛成立视为一场"静悄悄的革命"。② 该论坛不仅是经济论坛,也有向政治和安全论坛转型的可能,带有在北印度洋和波斯湾对冲中国和伊朗影响力的双重指向。值得一提的是,美国正式通过区域合作机制形式将印度引入中东安全框架,将给中东和海湾安全带来重要影响。第二个小多边机制是在美国推动下以色列与中东建交国加速构建新型关系,并突破了传统阿以邦交模式,有向新型政治-经济伙伴关系模式发展的趋势。2021年3月,在美国推动下,美国、以色列、阿联酋、埃及、摩洛哥和巴林六国外长在以色列举行了"内盖夫峰会"。第三个小多边机制是埃及、伊拉克、约旦三国合作。继2020年安曼峰会后,2021年6月埃及总统塞西、约旦国王阿卜杜拉二世与伊拉克总理穆斯塔法·卡迪米再次在巴格达举行峰会,三国决心增强战略伙伴关系,加强经济和安全合作,"通过合作和协调,三国将努力就叙利亚、利比亚、也门和巴勒斯坦问题形成共同愿景"。③ 其中,塞西总统对伊拉克的访问是30年来埃及总统首次访问伊拉克,具有里程碑意义,发出了重新激活埃及和伊拉克这两个传统中东权力中心的强烈信号。第四个小多边机制是"东地中海天然气论坛"(EMGF)。该论坛由埃及倡导,于2019年成立,是一个由东地中海天然气生产、消费和过境国组成的论坛,成员国有8个(埃及、塞浦路斯、以色列、巴勒斯坦、约旦、希腊、意大利、法国),观察员有3个(美国、欧盟和世界银行)。

---

① Nishakant Ojha, " India-Israel-UAE-US: New Quad ", Khaleej Times, January 31, 2022, https://www.khaleejtimes.com/kt-engage/india-israel-uae-us-new-quad, accessed May 2, 2022.
② Seth J. Frantzman, "The Israel-UAE-India-US Partnership Is a Quiet Revolution", The Jerusalem Post, October 19, 2021, https://www.jpost.com/international/the-israel-uae-india-us-partnership-is-a-quiet-revolution-analysis-682452, accessed May 2, 2022.
③ "Iraq, Egypt and Jordan Hold Tripartite Summit in Baghdad", Arabnews, June 27, 2021, https://www.arabnews.com/node/1883996/middle-east; "Egypt, Iraq, Jordan Summit Promises Strategic Partnership Bringing Security, Prosperity", Egypt Today, June 27, 2021, https://www.egypttoday.com/Article/1/105427/Egypt-Iraq-Jordan-summit-promises-strategic-partnership-bringing-security-prosperity, accessed May 2, 2022.

至2021年11月，该论坛已举行6届部长级会议。该论坛也被视为应对伊朗和土耳其在该地区扩张的工具。① 值得注意的是，这些小多边机制中，有的带有美国因素，也有地区国家的自主行动。随着战略东移加速，美国在中东组建多个小多边机制，以维系和支撑美国在地区的霸权地位。特朗普时期酝酿组建的"中东战略联盟"虽未获得成功，但也取得不小成效，其中包括中东版"四方机制"的建立，以色列与阿联酋和巴林全面关系的快速发展，埃及加入海湾地区安全构架②和海湾国家加入红海地区安全构架③，等等。

---

① Rauf Baker, "The EastMed Gas and Philia Forums: Reimagining Cooperation in the Mediterranean", The Washington Institute for Near East Policy, March 18, 2021, https://www.washingtoninstitute.org/policy-analysis/eastmed-gas-and-philia-forums-reimagining-cooperation-mediterranean, accessed May 2, 2022.

② 2021年4月，埃及宣布加入美国领导的海上联合部队（CMF），成为第34个成员。海上联合部队为"9·11"事件后美国海军在中东组建的地区安全机制，主要任务是确保从苏伊士运河到霍尔木兹海峡附近海域的主要航道安全。参见"Egypt Joins Gulf Region's Combined Maritime Forces Led by US", Times of News, April 15, 2021, https://israel.timesofnews.com/political/egypt-joins-gulf-regions-combined-maritime-forces-led-by-us.html, accessed May 2, 2022。2022年4月，美军宣布在原有的海上联合部队三支多国特混舰队（CTF-150、CTF-151、CTF-152）基础上组建新的多国特混舰队（CTF-153）。

③ 2021年11月，巴林、阿联酋首次与以色列海军在红海举行联合军事演习。"UAE, Bahrain, Israel and US Forces Conduct Red Sea Military Exercise", Al Arabiya News, November 11, 2021, https://english.alarabiya.net/News/gulf/2021/11/11/UAE-Bahrain-Israel-and-US-forces-conduct-Red-Sea-military-exercise, accessed May 2, 2022.

# Y.3
# 2021~2022年中东政治形势及展望

朱泉钢*

**摘　要：** 2021年以来，受剧变长波和新冠肺炎疫情影响，中东地区的政治动荡整体加剧，共和制国家动荡持续，君主制国家动荡明显增加。叙利亚、利比亚和也门三个战乱国家的战场形势逐渐稳定，但仍有较强的脆弱性，且三国政治和解进程举步维艰。多个中东国家举行全国性议会选举和总统选举，显示出相关国家的基本权力结构并未发生根本变化，但其中不乏一些具有变革意义的特点。短期来看，不少中东国家的政治不稳定风险仍然较高；长期来看，提高国家治理体系和治理能力的现代化水平是中东国家实现长治久安的根本之道。

**关键词：** 中东　政治动荡　战乱国家　选举政治　政治治理

　　新冠肺炎疫情进一步加剧了中东地区本就严峻的治理危机，2021年，中东地区的政治形势整体有所恶化，部分国家的政治动荡加剧，战乱国家的政治和解进程步履维艰。一些中东国家举行全国性大选，折射出这些国家的基本权力结构并未发生根本变化，但也显示了某些积极变革的动向。

## 一　中东政治动荡整体加剧

　　2010年底开始的中东剧变暴露出中东地区严重的治理危机问题，这些

---

\* 朱泉钢，法学博士，中国社会科学院西亚非洲研究所助理研究员，中国社会科学院西亚非洲研究所中东发展与治理研究中心副主任，主要从事中东政治、中东国际关系问题研究。

危机的深层次结构问题并没有得到有效解决。2020年，因发生新冠肺炎疫情，地区国家的政治压力虽然有所缓解，但疫情加深了地区国家的治理危机，并导致中东国家的政治动荡在2021年明显加剧。

### （一）新冠肺炎疫情加剧中东国家的治理危机

新冠肺炎疫情引发中东地区近十年来的第4次严重经济危机，破坏了中东国家的治理能力。2010年以来，中东地区发生4次重大事件，即2010~2011年的阿拉伯剧变、2014~2016年的国际油价下跌、2019年的大规模民众抗议、2020年的新冠肺炎疫情，这4次事件带来4次重大经济危机。到2021年底，疫情给中东地区带来2000多亿美元的经济损失。疫情不仅导致中东国家的政府不得不将部分精力从发展经济转向抗疫工作，而且致使多数中东国家的通胀压力、财政压力和债务压力明显加大，极大地破坏了中东国家的治理能力。

中东国家治理能力的整体下降加剧了本就严重的地区治理危机问题。在疫情之前，中东国家的治理危机就十分严峻，包括经济结构不合理，经济发展陷入瓶颈；经济增长缓慢，贫困和粮食不安全问题突出；腐败和裙带关系盛行，社会缺乏公平正义；失业率居高不下，尤其是青年失业问题严重；政府合法性持续下降，大规模民众抗议频发。疫情进一步恶化了中东国家的治理危机，世界银行的研究指出，疫情除了使中东地区的穷人生活质量继续下降，还造成不少中产家庭陷入贫困，1200万~1500万人成为所谓的"新穷人"。[1]

中东国家民众的生活水平严重下降，导致他们对政府的不满加剧，引发部分国家的政治动荡。整体来看，中东地区发生政治动荡的国家往往具有财政状况不佳和国家能力脆弱的特征。

### （二）部分共和制国家动荡加剧

2021年，中东多个共和制国家爆发大规模民众抗议，虽然不同国家的

---

[1] Johannes G. Hoogeveen and Gladys Lopez-Acevedo, ed., *Distributional Impacts of COVID-19 in the Middle East and North Africa Region*, Washington, D.C.: The World Bank, 2021, p.237.

具体抗议原因有所区别，但是整体上都与民众对政府治理能力低下以及与此相关的治理体系缺陷的不满有关。

一些共和制国家继续动荡。伊拉克、黎巴嫩、苏丹的大规模民众抗议始于疫情之前，2020 年，疫情曾经暂时中止了这几个国家的民众抗议。然而，由于这些国家的治理问题并没有从根本上解决，随着疫情逐渐稳定，民众重新举行大规模抗议活动。一是黎巴嫩处于崩溃边缘。2021 年，黎巴嫩物价飞涨、通胀严重、物资短缺，75%的人处于贫困状态，食品价格在 2021 年骤增 350%，而政治精英缺乏责任感并相互推诿，国家机构处于瘫痪状态。黎巴嫩 2021 年的民众抗议数量较 2020 年小幅上升，主要抗议高失业率、货币贬值、收入不平等、公共物品供给不足、政治腐败、裙带主义和教派主义等问题。值得注意的是，黎巴嫩的暴力冲突显著增多，政治不稳定问题加剧。[1] 二是伊拉克政治抗议此起彼伏。以 2021 年 10 月的伊拉克全国议会大选为界，在此之前，伊拉克民众主要抗议公共物品供给不足、失业率高、政府腐败、教派主义政治体系等；在此之后，主要是对选举结果不满的部分政治势力动员支持力量进行政治抗议。2021 年 11 月 7 日，有伊拉克民兵组织为了表达对选举结果的不满，使用两架武器化的消费级无人机袭击伊拉克总理官邸，其中一架被摧毁，另一架则成功投放炸弹，加剧了政治紧张局势。三是苏丹政变引发新一轮抗议。2021 年 10 月 25 日，苏丹发生军事政变，军方软禁总理哈姆杜克，解散过渡时期的权力机构主权委员会，并宣布国家进入紧急状态。随后，苏丹首都喀土穆等地爆发"百万人游行"抗议活动，抗议军事政变，呼吁军方"还政于民"。11 月下旬，苏丹军方与过渡政府实现妥协并达成协议，但苏丹深层次的军民之争、经济危机和地方治理危机依旧严峻并相互叠加，导致各地民众抗议层出不穷。

之前相对稳定的两个中东共和制国家的动荡加剧。一是西方所谓的"阿拉伯剧变样板国"突尼斯陷入政治动荡。2021 年 7 月 25 日，突尼斯总

---

[1] Timothy Lay, Roudabeh Kishi, Clionadh Raleigh, and Sam Jones, ed., *10 Conflicts to Worry about in 2022*, Wisconsin：ACLED, 2022, p. 25.

统赛义德宣布解除总理迈希希的职务，暂停议会活动，由总统暂时领导政府直至任命新总理。这一事件是突尼斯国内治理危机的集中爆发。阿拉伯剧变之后，突尼斯经济持续恶化，截至2020年底，突尼斯失业率为17%，青年失业率高达36%。此外，突尼斯政府应对新冠肺炎疫情不力，彼时，全国疫苗接种率仅为6%，突尼斯是全世界新冠肺炎死亡率第二高的国家。[1] 然而，突尼斯的政治精英并未积极协作，共同应对危机，而是深陷权力斗争和教俗之争。最终，代表世俗主义力量的总统在安全部门、司法部门和普通民众的支持下，解除了代表伊斯兰主义利益的总理职务。此后，赛义德总统持续加强权力，并在2022年2月和3月宣布关闭国家最高司法机构——最高司法委员会并解散议会。总统的举动引发持续的民众抗议，虽然目前突尼斯政治形势并未失序，但不满的政治力量逐渐增多，潜藏着较大的不稳定风险。二是伊朗的大规模民众抗议增多。2021年7月，伊朗胡齐斯坦省爆发大规模民众抗议，抗议水资源短缺问题；2021年11月至2022年2月，伊斯法罕省、恰哈马哈勒-巴赫蒂亚里省数万人涌上街头，抗议河流干旱导致的水危机；2022年1~3月，多个伊朗公共部门的雇员走上街头，抗议生活成本过高和收入过低。[2] 虽然抗议者表面上要求改善基本生活问题，但背后是民众对国家治理体制和能力的不满。

（三）一些君主制国家出现动荡

长期以来，中东君主制国家凭借传统合法性、地租经济体系、笼络社会精英、保持与美国的良好关系等，政权整体上比较稳定。近年，中东君主制国家的"传统社会契约"逐渐松动，再加上新冠肺炎疫情的冲击，一些君主制国家在2021年出现政治动荡。

---

[1] Sarah Feuer, "Political Crisis in Tunisia: U. S. Response Options", The Washington Institute for Near East Policy, July 27, 2021, https://www.washingtoninstitute.org/policy-analysis/political-crisis-tunisia-us-response-options, accessed April 20, 2022.

[2] "Global Protest Tracker", Carnegie Endowment for International Peace, April 1, 2022, https://carnegieendowment.org/publications/interactive/protest-tracker, accessed April 20, 2022.

2021年4月初，约旦国王阿卜杜拉二世的同父异母弟弟、前王储哈姆扎亲王领导的政变被挫败，暴露出约旦王室内部的矛盾，以及疫情对约旦国家治理的消极影响。国王一方面迅速压制王室内部争端，以恢复王室形象，另一方面提出政治改革方案，以平息民众不满。2021年10月，约旦的改革委员会向国王提交了关于政党和选举的改革报告，但公众反应冷淡。这主要是因为约旦民众更加关心经济低迷、高失业率和高物价等经济问题，并且他们认为政治改革倡议不过是约旦"危机—改革委员会—改革倡议—有限实施改革—再次发生危机"的又一次循环。① 事实上，约旦政治危机更多地暴露出国家长期的治理困境问题。

2021年5月底，阿曼多地爆发民众抗议活动。受新冠肺炎疫情和国际油价下跌双重影响，阿曼经济状况持续恶化。2020年，阿曼经济总量下降6.8%，财政赤字占国内生产总值的比重高达81%，青年失业率达到10%。阿曼经济下滑导致一些私营公司趁机解雇员工，部分失业青年在索哈尔等地举行大规模抗议，要求政府有效应对失业问题、改革经济结构、保障社会福利、提高全国协商会议权力等。阿曼政府承诺创造3.2万个就业岗位，提供额外的社会福利，抗议很快得到平息。② 阿曼苏丹海赛姆致力于下放权力和精简政府机构，试图激活阿曼经济的活力，但是阿曼经济过度依赖油气资源、私有经济发展不足、社会福利过高等深层次的结构性问题很难迅速解决。

由于议员持续对内阁大臣进行违宪质询，科威特内阁在2021年1月和11月两次辞职，暴露出科威特持续的政治危机。2021年12月28日，科威特宣布成立新政府，这是科威特一年内的第三届政府，王室做出让步，在15名内阁成员中起用4名议员，并且有4位部长年龄不到40岁，展现出民

---

① Curtis Ryan, "A New Cycle of Reform in Jordan", Arab Center Washington DC, October 21, 2021, https://arabcenterdc.org/resource/a-new-cycle-of-reform-in-jordan/, accessed April 15, 2022.

② Rafiah Al Talei, "Oman's Protesters Seek Jobs and Reform", Arab Gulf States Institute in Washington, June 11, 2021, https://agsiw.org/omans-protesters-seek-jobs-and-reform/, accessed April 14, 2022.

族和解的精神和改革的形象。然而，科威特新内阁仍然主要代表统治家族、商业精英、部落势力的利益，这也是科威特的社会结构和政治体制决定的。①科威特深层次的问题是国家治理问题，包括经济对油气资源的过度依赖、政府财政压力加大、公共服务供给能力下降、社会关系紧张加剧等，解决这些问题并不容易。

## 二 战乱国家政治和解步履维艰

阿拉伯剧变之后，叙利亚、也门和利比亚陷入战乱。2022年4月初，也门战争的主要交战方实现暂时停火，尚未进入正式的政治谈判阶段。叙利亚和利比亚虽然整体上结束了暴力冲突，但政治和解进程进展缓慢。

### （一）利比亚政治和解出现倒退

2020年，在国际社会的支持下，利比亚政治和解进程显著推进，各方同意在2021年12月24日举行全国总统和议会大选。2021年2月，利比亚选举产生了过渡政府总理和总统委员会，国际社会对利比亚政治和解进程充满期待。然而，原定的全国大选并未如期举行，2022年初利比亚再次出现两个平行政府，政治和解进程明显倒退。

民族团结过渡政府组建后，利比亚全国高级选举委员会（HNEC）开始为拟议的全国大选安排流程。由于没有充足的时间准备新宪法和新选举法，位于利比亚东部的国民代表大会议长萨利赫在没有获得议会正式投票的情况下，通过法令颁布了选举法，宣布于2021年12月24日举行总统选举，并在总统选举一个月后举行国民代表大会选举。随后，利比亚国民军总司令哈夫塔尔、前总统卡扎菲的儿子赛义夫、过渡政府总理德拜巴宣布参选总统，而三人的候选资格均存在问题。在选举前夕，利比亚出现了动乱和紧张的迹

---

① Bader Al-Saif, "Old Playbook for New Kuwaiti Government Signals Further Stasis", Arab Gulf States Institute in Washington, January 10, 2022, https：//agsiw.org/old-playbook-for-new-kuwaiti-government-signals-further-stasis/, accessed April 15, 2022.

象。就在原定总统选举日前两天,国民代表大会的选举委员会宣布,根据技术、司法和安全报告,选举无法如期举行。2022年1月,萨利赫表示,德拜巴的任期已于2021年12月24日结束。德拜巴立即予以拒绝,并声称他将继续担任民族团结过渡政府的总理,直到举行新的选举。2022年2月10日,东部的国民代表大会任命前内政部长法西·巴沙加为新总理,利比亚又一次出现了两个政府对峙的局面。

利比亚再次出现两个平行政府,加大了利比亚局势的不确定性①,其背后反映的是利比亚的深层次矛盾。一是东西部势力的权力斗争。卡扎菲政府倒台后,利比亚西部的黎波里塔尼亚势力和东部的昔兰尼加势力斗争激烈。德拜巴代表西部利益,出任过渡政府总理期间,通过为西部民众提供大量公共物品而赢得民众支持,这引起了东部人士的不满。代表利比亚东部势力利益的国民代表大会议长萨利赫、国民军总司令哈夫塔尔和巴沙加逐渐接近,试图共同对抗德拜巴。二是利比亚缺乏具有足够代表性和合法性的国家机构。内战爆发之后,利比亚一直没有产生一个兼具国内合法性和国际合法性的政府,因此诸多利益冲突难以通过政治协商有效解决,包括国家治理模式、军事指挥安排、石油资源分配、宗教作用地位、外交伙伴关系等。三是外部势力对利比亚问题的深度干预。利比亚内战爆发之后,逐渐沦为外部势力深度介入的代理人战争。根据2021年4月通过的联合国安理会第2570号决议,所有外国军队和雇佣军应从利比亚撤出,然而决议并未得到有效遵守,外部势力仍在利比亚广泛存在。德拜巴背后的最重要支持者是土耳其,而巴沙加的主要支持者是埃及、俄罗斯、阿联酋和法国,这也是这几个国家迅速承认巴沙加总理地位的原因。

## (二)叙利亚政治和解陷入停滞

叙利亚内战已经历时十年,除了政府与反政府力量之间的斗争,还有美国、俄罗斯、土耳其、伊朗、以色列、海湾君主国等外部势力的直接或间接

---

① Bilgehan Öztürk, *Libya*: *A Tale of Two Prime Ministers*, Ankara: SETA, 2022, p. 12.

卷入。2021年，叙利亚战场形势变化不大，但政治和解进程并没有明显推进。

战争给叙利亚带来灾难性后果，叙利亚国家和民众所受伤害仍在继续。一是人道主义灾难严重。叙利亚战前约2200万人口，10年来，战争造成35万人被杀，另有680万人沦为难民，690万人在国内流离失所。截至2022年2月，叙利亚境内有1460万人需要人道主义援助，其中约500万人为极端需要人道主义援助。此外，有超过1200万人处于粮食不安全状态，比2019年增加了51%，还有50万名儿童营养不良。二是经济形势不断恶化。叙利亚的货币在2021年贬值近80%，2022年初通货膨胀率接近140%，贫困率达到了空前的90%。更为严重的是，战争造成叙利亚一半以上的基础设施遭到破坏或无法使用，叙利亚国家重建预计需要2500亿~4000亿美元资金。三是新冠肺炎疫情破坏巨大。战争不仅摧毁了大量医院和造成大量医生逃往国外，而且使政府缺乏足够精力应对疫情，叙利亚成为中东地区受疫情影响最严重的国家之一。截至2022年3月，叙利亚共报告3100多例新冠肺炎死亡病例，而只有7.4%的人完成疫苗接种。[1]

2021年以来，叙利亚形势具有三个特征。一是地面战场形势变化不大。由于土耳其与俄罗斯以及美国与俄罗斯的战略协调，叙利亚地面战场形势整体稳定。巴沙尔政府控制着全国63%的土地，主要是西部、中部和南部地区；美国支持的叙利亚民主军控制着28%的土地，集中在东部的库尔德人聚居区；在西北部地区，盘踞着土耳其支持的叙利亚国民军和一些"圣战"组织。二是巴沙尔政府的国际合法性逐渐增强。2021年5月，叙利亚举行总统大选，现任总统巴沙尔获得了95.1%的支持率，再次当选总统。由于巴沙尔政府在叙利亚冲突中占据优势，国际社会尤其是阿拉伯世界逐渐接受其合法性。2021年10月，巴沙尔总统与约旦国王进行10年来的第一次通话；2022年3月，巴沙尔访问阿联酋。这两个事件标志着阿拉伯世界逐渐

---

[1] Charles Lister, *Freeze and Build: A Strategic Approach to Syria Policy*, Washington D. C.: MEI, 2021, p. 6.

承认巴沙尔政权的合法性。三是政治和解进程进展缓慢。2021年1月和10月，叙利亚宪法委员会日内瓦会议分别举行第五轮和第六轮会议，但均无果而终。联合国叙利亚问题特使吉尔·佩德森在2022年2月表示，"由于乌克兰危机加剧，推动叙利亚政治和解进程所需的国际努力越发困难"。① 可见，叙利亚政治和解进程的前景不容乐观。

### （三）也门内战拐点渐显

也门政治转型失败后，国家陷入内战，并因外部势力的深度干预而长期持续。从2020年初开始，胡塞武装与反胡塞集团（主要是前副总统穆赫辛领导的武装，以及当地的阿拜达部落武装和穆拉德部落武装，他们得到沙特和阿联酋的支持）围绕马里卜省展开激战。2021年以来，马里卜局势一波三折，主要冲突方寻求停战的意愿增强。

2021年以来，内战进一步恶化了也门的经济形势和加剧了人道主义危机。一是也门经济继续恶化。与全球经济在2021年普遍复苏的情况不同，也门经济在2021年则下降2%，这主要是因为战争影响、经济分裂、投入稀缺和大宗商品价格上涨等。胡塞武装控制区和政府控制区分裂为两个相互隔离的经济区，两地汇款手续费高达100%。此外，政府控制区货币持续贬值，民众财富严重缩水，生活极其艰难。目前，也门贫困率高达75%。二是人道主义形势继续恶化。联合国长期将也门视为世界上人道主义形势最糟糕的国家。2021年底，也门冲突已造成37.7万人死亡，其中60%死于饥饿、缺乏医疗条件和饮水不安全等，约80%的人需要人道主义援助。三是多种疾病肆虐。也门遭受了严重的霍乱疫情，自2016年以来有250万例疑似病例，并造成约4000人死亡。此外，也门向世界卫生组织报告了1万多

---

① "United Nations Special Envoy for Syria Geir O. Pedersen Briefing to the Security Council on Syria, 25 February 2022", Reliefweb, Feburary 25, 2022, https://reliefweb.int/report/syrian-arab-republic/united-nations-special-envoy-syria-geir-o-pedersen-briefing-security-11, accessed April 24, 2022.

例新冠肺炎病例。① 由于战争导致无法进行准确的统计，也门新冠肺炎患者的实际数量可能高得多。

2021年以来，胡塞武装与反胡塞集团继续围绕马里卜省展开激战，局势胶着。马里卜省是也门政府名义上控制的最后一个北部省份，具有重要的地理位置，并富含油气资源，也被视为影响也门未来权力格局的关键地区，因此，敌对双方争夺激烈。2021年9月底，胡塞武装攻下贝达省，得以从西部和南部两个方向进攻马里卜，胡塞武装在马里卜的优势增大，但也付出了惨痛代价。随着胡塞武装势力继续向东部的舍卜沃省渗透，阿联酋不愿再置之不理②，于2022年1月从红海沿岸调来"巨人旅"，不仅将胡塞武装赶出舍卜沃省，而且对马里卜省的胡塞武装形成巨大压力，这导致胡塞武装向阿联酋境内发射无人机和导弹进行威慑。

随着战场上的僵局和平衡再次恢复，也门内战主要冲突方的和解意愿增强。在联合国的斡旋下，主要冲突方达成协议，于2022年4月2日晚开始执行为期两个月的停火，这也是沙特军事干预也门六年来，也门首次实现全国范围的停火。鉴于也门冲突的复杂性和反复性，停火未必给也门迅速带来最终和平，但是这标志着也门冲突各方从暴力冲突转向政治谈判的意愿增强。

## 三 中东国家的选举折射政治延续与变化

2021年，多个中东国家举行全国大选，包括议会选举和总统选举。这些选举的结果显示出相关国家的基本权力结构并未发生根本变化，但其中不乏一些具有变革意义的特点。

---

① Kali Robinson, "Yemen's Tragedy: War, Stalemate, and Suffering", Council on Foreign Relations, April 8, 2022, https://www.cfr.org/backgrounder/yemen-crisis, accessed April 25, 2022.
② Gregory D. Johnsen, "The UAE's Three Strategic Interests in Yemen", Arab Gulf States Institute in Washington, February 4, 2022, https://agsiw.org/the-uaes-three-strategic-interests-in-yemen/, accessed April 27, 2022.

### (一)以色列议会选举：右翼占优势和八党联盟执政

2020年12月底，以色列联合政府预算案未能通过，导致以色列议会解散。2021年3月23日，以色列举行了两年之内的第四次议会大选。最终，前总理内塔尼亚胡领导的利库德集团获得30席，贝内特领导的统一右翼党获得7席，从利库德集团分裂出来的新希望党获得6席，"以色列是我们的家园党"获得7席，两个犹太极端正统派——沙斯党和联合托拉犹太教党分别获得9席和7席，极右翼的宗教犹太复国主义联盟获得6席。中间派方面，拉皮德领导的未来党获得17席，蓝白联盟获得8席。左翼方面，工党获得7席，梅雷茨党获得6席，代表阿拉伯以色列人的联合名单和阿拉伯联合名单分别获得6席和4席。[1]

以色列此次选举具有以下特点：一是以色列政治整体格局变化不大，右翼政党仍有明显的优势地位。以色列整体右倾的社会生态也反映在近年的选举结果中，2021年大选也不例外。此次大选中，在总共120个议席中，右翼政党获得72席，中间派获得25席，左翼政党仅获得23席。二是以色列投票率有所下降，但在中东仍属较高水平。以色列大选的投票率为67.4%，相较2020年大选下降了4%，主要有两个原因，即民众的选举疲劳和阿拉伯人的抵制。[2] 三是八党联盟组成以色列新政府，阿拉伯政党首次成为政府执政成员。为了防止内塔尼亚胡再次执政，以色列8个看似政策取向差异极大的政党组成执政联盟，新政府跨越左翼、中翼、右翼，还首次包括了阿拉伯人政党。由于这些政党之间显著的偏好差异，政府稳定性存在隐患。

### (二)阿尔及利亚：投票率极低和主导党地位下降

2021年6月12日，阿尔及利亚举行国民议会选举，600多个政党和800

---

[1] "Government: Political Parties in Israel", Israel Science and Technology Directory, https://www.science.co.il/gov/Parties.php, accessed April 26, 2022.
[2] Ofer Kenig, COVID-19 and the 2021 Elections in Israel: Challenges and Opportunities, Stockholm: International IDEA, 2021, pp. 11-12.

多名独立候选人参与角逐407个国民议会席位。最终，执政党民族解放阵线和民族民主联盟分别获得98席和58席，成为议会第一大党和第三大党，争取和平运动获得65席、未来阵线获得48席、建设运动党获得39席。

阿尔及利亚的此次国民议会选举具有以下特点：一是投票率再创新低，表明民众对政治体系的高度不信任。此次选举遭到反对派的大力抵制，这是因为他们并不相信既有体制下的大选能为国家带来有意义的变化。此次选举的投票率只有23%，是阿尔及利亚投票率的历史新低。二是阿尔及利亚不同政党之间的权力对比发生变化，但是其基本权力结构并未发生根本变化。民族解放阵线和民族民主联盟所获席位数仍然靠前，但分别比上次选举减少了63席和42席，相较其他政党的相对优势显著下降。三是政府在选举中加大了对青年人的关注，甚至创造条件支持年轻的候选人。全国独立选举局（ANIE）明确声明支持年轻人参加选举，新选举法规定，每个竞选名单上至少一半的候选人年龄在40岁以下，并且至少1/3的候选人要拥有大学学历。[1]

### （三）摩洛哥：政党生态剧变

2021年9月8日，摩洛哥举行众议院选举，选举产生395名议员。最终，全国自由人士联盟获得102席、真实性与现代党获得87席、独立党获得81席。而长期执政的公正与发展党仅获得13席。

此次摩洛哥大选的特征体现在三方面。一是投票率整体较高，但不同地区的差别较大。此次议会选举的投票率为50.18%，是近四次大选中最高的一次。但不同地区的投票率差别较大，农村和沙漠地区的投票率相对较高，而城市地区的投票率要低很多。二是政党生态重新洗牌，其核心标志是伊斯兰主义政党力量的下降。在此次选举中，连续两次胜选的伊斯兰主义政党——公正与发展党得票数极低，原因主要有二：王室在2016年就为终结

---

[1] Marina Ottaway, "Algeria: The Enduring Failure of Politics", Wilson Center, October 13, 2021, https://www.wilsoncenter.org/article/algeria-enduring-failure-politics, accessed March 20, 2022.

公正与发展党的执政地位布局，有意识地扶植其他亲王室政党；公正与发展党近年的执政绩效较差，2020年摩洛哥经济衰退7%。三是摩洛哥政党体系仍然深受国家政体性质的制约以及"行政君主制"的政府形式影响。在摩洛哥的政治体制中，国王具有否决性权力，政党政治空间有限。[①] 长期以来，国王能够对各政党采取施压控制和"分而治之"的策略，此次，国王再次通过相关策略，成功抵消公正与发展党的优势地位。

### （四）伊拉克：政党权力对比变化和青年政党崛起

2021年10月10日，伊拉克举行了2003年以来的第五次全国议会大选。共有3249名来自167个政党、政治实体的候选人或独立候选人竞选329个席位。根据伊拉克选举委员会公布的最终选举结果，什叶派宗教领袖萨德尔领导的"萨德尔运动"获得73个席位，国民议会议长哈勒布希领导的逊尼派政治团体"前进党"获37席，前总理马利基领导的"法制国家联盟"获33席，库尔德斯坦民主党获得31席，剩下的政党得票均不足20席。[②]

在此次选举中，伊拉克政党政治发展的特点体现在三方面。一是选举投票率不高，民众对国家政治体系信任度较低。此次选举的投票率只有36%，显示出民众并不相信能够通过自己的选票改变国家政治状况的态度。二是此次选举延续了伊拉克2003年以来的"族群-教派政党体系"。在此次选举中，政党的聚合仍然是以族群-教派为核心的。得票最多的政党仍然是传统的族群-教派性质的政党。三是政党间的权力对比尤其是什叶派内部的权力分配发生深刻变化。其中，"萨德尔运动"的席位比2018年大选时增加19席，获得优先组阁权；而亲伊朗的民兵型政党"法塔赫"联盟获得17席，相较2018年大选减少了30席。四是青年政党的崛起值得关注，虽然并不具

---

① Inmaculada Szmolka, "Bipolarisation of the Moroccan Political Party Arena?: Refuting This Idea through an Analysis of the Party Aystem", *The Journal of North African Studies*, Vol. 26, No. 1, 2021, pp. 76-77.

② Shawn Yuan, "Iraq Announces Final Results of October Parliament Election", Al Jazeera, November 30, 2021, https://www.aljazeera.com/news/2021/11/30/iraq-announces-final-results-of-the-october-legislative-election, accessed July 6, 2022.

备改变体系的意义。在新的政党中，从"十月抗议"运动中产生的伊穆迪达党（Imtidad）获得9席，库尔德改革团体"新生代运动党"获得9席，显示出伊拉克青年人的力量。①

### （五）卡塔尔：历史上首次议会选举

2021年10月2日，卡塔尔举行了历史上首次协商会议选举，该机构是国家最高立法和咨议机构。协商会议成立于卡塔尔建国的第二年（1972年），但之前所有成员均由卡塔尔埃米尔直接任命，其作用十分有限。

此次选举意味着卡塔尔政治改革的有限展开。一方面，政府试图通过议会选举进一步增强政权合法性。近年来，卡塔尔致力于推进政治改革和社会改革，包括举行市政选举、为女性赋权、君主禅让、废除外籍劳工保人制度等。② 此次议会选举是卡塔尔进一步推进政治改革的举措，在议会的45个议席中，其中1/3仍由埃米尔任命，其余2/3由选举产生。另一方面，政权基本的权力结构并未发生明显变化。协商会议的主要职责是批准政府决定和预算，进行咨政建言，并不对王室权力进行认可、执行和监督，埃米尔仍然是国家权力的中心。此外，此次选区的划分是以部落为基本单元，这意味着部落仍然是卡塔尔权力分配的基础，而当选的议员主要是商业精英和前政府要员等政权的支持者。

### （六）伊朗：延续性和挑战性并存

2021年6月18日，伊朗举行总统大选。保守派人士易卜拉欣·莱希当选伊朗第13届总统。

此次总统选举既表现出延续性，又显示出挑战性。一方面，伊朗政治发展表现出延续性。伊朗政治体制的"伊斯兰"和"共和"的二元属性仍在

---

① Lahib Higel, "Iraq's Surprise Election Results", Crisi Group, November 16, 2021, https://www.crisisgroup.org/middle-east-north-africa/gulf-and-arabian-peninsula/iraq/iraqs-surprise-election-results2, accessed March 25, 2022.

② 丁隆：《卡塔尔议会选举：海湾政治转型的里程碑》，《世界知识》2021年第18期，第61页。

延续，即精神领袖为国家最高权威，在权力体系中具有中心地位，而总统和议会由选举产生，负责国家日常事务。此外，伊朗近年的保守派势力增强的趋势持续，此次莱希当选总统标志着保守派控制了军队、司法、立法和行政。另一方面，伊朗政治体制面临挑战。此次总统大选，5930万名合格选民中只有2890万人参加投票，投票率为48.7%，是史上最低。此外，莱希获得1780万张选票，意味着其民众支持相对有限。① 考虑到近年不断爆发的大规模民众抗议，伊朗不少民众对现状的不满十分明显。

莱希出任总统后，对内的主要任务是重振经济，摆脱困境，回应民众改善民生的迫切愿望，同时逐步积累政治资本；对外则奉行务实、缓和、平衡的外交政策，为经济发展创造有利的外部环境。

## 四 前景展望

展望未来，中东国家政治发展可能呈现出以下三个趋势。第一，部分国家政治动荡将加剧。一方面，中东国家仍处在剧变长波之中。20世纪70年代以后，中东国家普遍采取新自由主义改革，不仅没能激活国家的经济发展活力，而且造成国家权威供给能力不断衰退。这也是中东剧变长波的深层次原因，短期内并无缓解迹象。另一方面，新冠肺炎疫情进一步恶化中东国家的治理危机。新冠肺炎疫情不仅在宏观上增大了中东国家的通胀、财政和债务压力，而且在微观上拉高了民众的失业率和贫困率，民众不满情绪升高。那些财政状况较差的国家，包括苏丹、伊拉克、巴勒斯坦、黎巴嫩、约旦、阿曼、突尼斯、埃及、伊朗等面临的政治压力将增大。

第二，政府解决民众的民生诉求愈加迫切。近年来，中东国家的民众对西式民主的不信任感提高，在民生问题上的诉求逐渐压倒了对民主问题的关注。根据知名民意调研机构阿拉伯晴雨表2021年的研究，2018~2019年，

---

① Patrick Clawson, "Raisi Did Not Win, Reformers Lost", The Washington Institute for Near East Policy, June 22, 2021, https://www.washingtoninstitute.org/policy-analysis/raisi-did-not-win-reformers-lost, accessed March 25, 2022.

12个阿拉伯国家中只有7个国家的70%以上民众认为民主制度最优；而2010~2011年，10个阿拉伯国家中有8个国家的70%以上民众认为民主制度最优。① 与此同时，多数中东国家的民众认为，经济问题是国家面临的最大挑战，解决经济问题应当是政府的首要关注。

第三，政治发展中呈现的新动向将持续。一是青年参与政治的较高积极性和能动性将持续。在近年中东多国的抗议中，青年都是主力。2021年伊拉克议会选举中，青年政党呈现出崛起之势。此外，多数中东国家的政府也显示出对青年参政的重视。二是战乱国家的政治和解进程将加速。叙利亚、利比亚和也门的战场形势逐渐稳定，表明这些国家的主要利益攸关方逐渐接受政治和解，这无疑是积极的信号。然而，这三个国家的形势仍存在较大的脆弱性和不确定性，需要内外力量形成合力，推动政治和解进程。

总之，在中短期时间内，中东国家的首要任务是应对逐渐恶化的政治动荡问题。长期来讲，中东国家仍要不断提高国家政治治理能力，解决经济发展和民生问题，推动社会团结和公平正义，才能实现国家的长治久安。

---

① Abdul-Wahab Kayyali, *Arab Public Opinion on Domestic Conditions Findings from the Sixth Wave of Arab Barometer*, Princeton：Arab Barometer, 2021.

# Y.4
# 2021~2022年中东经济发展及前景

姜英梅*

**摘　要：** 由于强劲的国内需求、全球经济复苏势头以及国际油价上涨，2021年中东经济增长意外上扬，并在2022年初保持了增长势头。得益于疫苗接种率高和油价上涨，石油出口国的经济增长明显好于石油进口国。但是，高企的通货膨胀率以及2022年初的疫情反弹导致经济增速放缓。乌克兰危机通过全球和直接渠道对中东地区产生重大影响，由于资源禀赋不同，对各个国家集团的影响也不尽相同。石油进口国受到大宗商品价格上涨和金融状况收紧的打击，通货膨胀加剧，外部和财政账户恶化。相比之下，石油出口国将受益于更高的能源价格，远远抵消了紧缩的金融条件和较低的旅游收入的影响。未来中东经济前景面临高度不确定性，下行风险占主导地位，且复苏前景极不均衡。

**关键词：** 中东经济　经济复苏　国际油价

　　2021年中东经济形势好于预期，主要是因为国内外需求强劲、国际石油价格上涨、一些地区迅速推出疫苗，以及在疫情发生后及时采取财政措施。但是，中东地区通货膨胀急剧上升，各国的货币政策空间缩小，一些国家的财政政策受到更高的公共债务限制。2022年开始，"奥密克戎"变异毒株席卷了整个中东地区，大多数国家的新冠肺炎确诊病例出现了暂时的高

---

\* 姜英梅，中国社会科学院西亚非洲研究所副研究员，主要研究方向为中东经济发展问题。

峰，但死亡人数有所减少，政府并没有实施广泛的限制措施。2022年初乌克兰危机爆发，中东经济环境面临巨大的阻力和不确定性，尤其是对大宗商品进口国而言，大宗商品价格更高、波动更大，通胀压力不断上升。发达经济体货币政策正常化速度快于预期，从而对国际资本流入中东产生影响。由于石油收入增加，中东石油和天然气出口国的前景有所改善。

## 一 2021年中东经济发展环境利好因素较多

在全球经济持续复苏、国际油价大幅上涨等多种利好因素推动下，2021年中东经济反弹并实现中速增长。

### （一）全球经济持续复苏

2021年，新冠病毒变异毒株"德尔塔"迅速传播，病毒不断变种给疫情的持续时间带来了更多不确定性，各国进行政策选择的难度加大，且面临多方面的挑战，包括就业增长疲软、通货膨胀上升、粮食安全问题、人力资本积累倒退、气候变化等，而当局的政策余地则较为有限。全球经济持续复苏，国际贸易和国际投资强劲反弹，成为经济对外依赖度高的中东地区的主要外部利好因素。

尽管新冠肺炎疫情仍在持续，但2021年全球经济增长率达到6.1%（见表1），国际贸易和全球外国直接投资（FDI）流动出现回升，服务业活动和工业生产数据出现上扬。2021年全球经济增长率相较2022年1月的预测值上调0.2个百分点。[①] 上调2021年全球增长率的原因是发达经济体及新兴市场和发展中经济体经济提速。联合国贸易和发展会议2022年1月的《全球投资监测趋势》显示，2021年全球外国直接投资流动强劲反弹77%，达到1.65万亿美元，远超2020年的9290亿美元，超过了疫情前的水平。[②]

---

[①] IMF, *World Economic Outlook*, April 2022, p.6.
[②] UNCTAD, *Investment Trends Monitor*, January 2022, p.1.

联合国贸易和发展会议2022年2月的《全球贸易最新情况》显示,2021年全球贸易额达到创纪录的28.5万亿美元,同比增长25%,比2019年增长了13%;世界货物贸易保持强劲,服务贸易最终恢复到疫情前的水平。[1] 中东地区主要经贸伙伴——欧洲和美国,以及中国等亚太新兴经济体的经济实现中高速增长,成为拉动中东经济反弹的强劲外部需求(见表1)。由于各国获取疫苗能力和早期政策支持力度不同,各国经济走势分化的状况继续存在。

表1 世界主要经济体经济增长率

单位：%

| 实际GDP,年百分比变化 | 2020年 | 2021年 | 2022年（预测值） | 2023年（预测值） |
| --- | --- | --- | --- | --- |
| 世界产出 | -3.1 | 6.1 | 3.6 | 3.6 |
| 发达经济体 | -4.5 | 5.2 | 3.3 | 2.4 |
| 美国 | -3.4 | 5.7 | 3.7 | 2.3 |
| 欧元区 | -6.4 | 5.3 | 2.8 | 2.3 |
| 新兴市场和发展中经济体 | -2.0 | 6.8 | 3.8 | 4.4 |
| 亚洲 | -0.9 | 7.3 | 5.4 | 5.6 |
| 欧洲 | -1.8 | 6.7 | -2.9 | 1.3 |
| 拉丁美洲和加勒比 | -6.9 | 6.8 | 2.5 | 2.5 |
| 中东 | -3.2 | 5.8 | 5.0 | 3.6 |
| 撒哈拉以南非洲 | -1.7 | 4.5 | 3.8 | 4.0 |

资料来源：IMF, *World Economic Outlook*, April 2022, p.6。

## （二）国际油价大幅上涨

尽管疫情在全球持续蔓延,但受全球经济复苏态势以及原油供应相对不足等多种因素影响,2021年国际原油价格大幅上涨。截至2021年12月31日收盘,国际油价当天显著下跌,纽约商品交易所2022年2月交货的轻质

---

[1] "Global Trade Hits Record High of ＄28.5 Trillion in 2021", UNCTAD, February 17, 2022, https://unctad.org/news/global-trade-hits-record-high-285-trillion-2021-likely-be-subdued-2022, accessed March 25, 2022.

原油期货价格收于每桶75.21美元，2022年3月交货的伦敦布伦特原油期货价格收于每桶77.78美元。然而，从2021年全年来看，纽约油价一年涨幅超过55%，创下12年来最大年涨幅；布伦特油价一年上涨超过50%，创下5年来最大年涨幅。国际货币基金组织报告指出2021年国际平均油价达到69.1美元/桶，同比上升67.3%（见图1）。有专家称，国际油价大幅上涨的原因主要是需求增加与石油供应相对不足，而对疫情担忧的缓解也引发了市场的乐观情绪。国际油价大幅上涨大大利好于中东地区石油出口国，并通过侨汇、援助、外国直接投资等方式对石油进口国产生溢出效应。

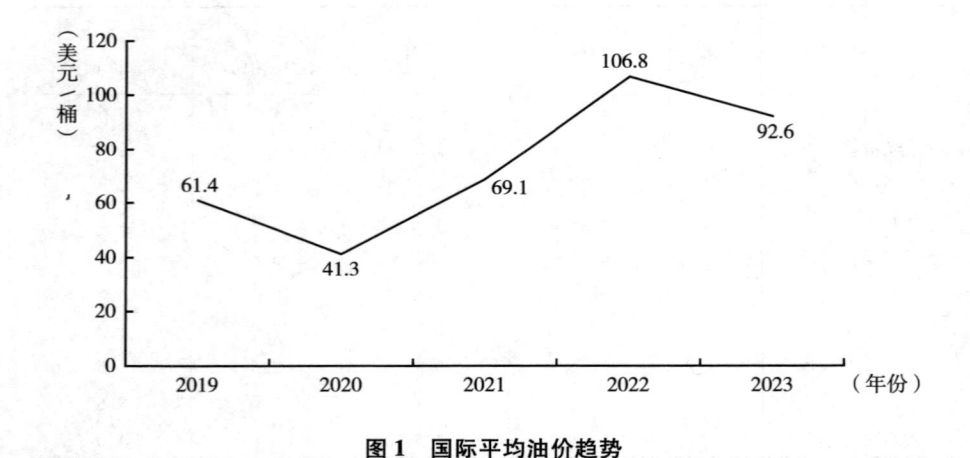

图1 国际平均油价趋势

资料来源：IMF, *World Economic Outlook*, April 2022, p.7。

## （三）国内需求强劲

2021年下半年，中东经济活动反弹增强，主要是由强劲的国内需求尤其是消费驱动的。这得益于持续活跃的侨汇流入（埃及、摩洛哥等国）以及石油出口国非石油GDP的复苏。2021年流向中东中低收入国家的侨汇达到620亿美元，同比上升9.7%。侨汇来源主要是欧盟国家（法国和西班牙）和本地区的海合会国家。2021年，埃及侨汇流入330亿美元，同比上升12.6%；摩洛哥侨汇流入93亿美元，同比上升25%。在欧元区增长推动下，流向马格里布地区（阿尔及利亚、摩洛哥和突尼斯）的侨汇激增15.2%。① 但是，约旦、吉布提和黎巴嫩的侨汇流入在不同程度上下降。对于发展中的中东国家来说，侨汇长期以来是官方发展援助、外国直接投资以及投资组合权益和债务流动中最大的外部资金来源。2021年，流向西亚地区的外国直接投资大幅上涨49%，达到900亿美元。由于跨境并购交易增加，沙特成为外国直接投资流入最多的西亚国家，达到230亿美元，是2020年的4倍多。流入北非地区的外国直接投资下降13%，降至90亿美元。② 2022年2月，专业服务机构安永发布的一份报告显示，2021年中东并购交易十分活跃，并购数量达到366个，与2020年的192个相比呈现显著增长；并购交易额达990亿美元，较上年增长16%。③ 阿联酋、沙特和埃及位居前三。并购活动回暖是"后疫情"时期市场环境改善的结果。此外，石油和天然气价格的回升以及公共卫生条件的改善也有助于提振该地区的经济前景。包括主权财富基金和国家石油公司在内的政府相关实体是2021年该地区并购市场的关键参与者，私募股权（PE）参与该地区交易的情况也有所好转。受此影响，中东经济复苏态势在日常生活中也有所体现，大多数国家的交通、旅游业、基础设施建设等均比较活跃。例如，埃及推出第二轮经济改革计划，首都开罗许多地方正在开展基础设施项目建设，在建高楼和基础设施工程很多。沙特出台了一系列吸引外资新战略，营造与经济特区相适应的环境和条件。

### （四）国内抗疫政策效应显现

2021年全球疫情仍在持续。在中东地区，尽管放松了限制措施，但感染率和致死率都有所下降，这说明疫苗的推广正在取得进展。不过，中东总

---

① The World Bank, *Migration and Development Brief 35*, November 2021, p. 48.
② UNCTAD, *Investment Trends Monitor*, January 2022, p. 3.
③ 《2021年西亚北非地区并购交易额达990亿美元》，中华人民共和国驻科威特大使馆经济商务处网站，2022年2月20日，http://kw.mofcom.gov.cn/article/jmxw/202202/20220203281244.shtml，最后访问日期：2022年4月29日。

体疫苗接种率仍然较低且极不均衡，反映出供应和采购瓶颈以及后勤保障方面的问题。该地区较富裕的国家——一些石油出口国和新兴市场的疫苗接种率较高，低收入国家和冲突与脆弱国家的疫苗接种率很低。

中东各国政府实施了广泛的疫情应对措施，在保护生计和弱势群体以及缓解经济、银行和企业部分风险方面发挥了关键作用。2021年，面对新一轮疫情，大多数国家根据其财政空间延长了紧急措施（例如阿尔及利亚、巴林、摩洛哥和阿联酋），一些国家推出了新措施（例如阿曼实施支持中小企业和弱势家庭的措施、苏丹实施新现金转移措施），一些国家仍保留紧急支出措施和线下流动性支持（例如埃及保留了一些税收减免措施）。因此，大部分国家的财政状况有所改善。2021年，中东大多数国家调整了一些货币政策和宏观金融政策。在汇率灵活的国家，央行收紧了货币政策，以应对更高的通胀压力。为应对疫情而采取的宏观金融政策支持措施在一些国家（如巴林、科威特、阿曼、阿联酋）仍然有效，但在其他国家（如伊朗、伊拉克、摩洛哥、沙特阿拉伯）基本上已被取消；其他措施也得到了推广（例如海合会国家的信贷补贴、信贷担保和贷款还款延期），一些国家出台了新政策（例如科威特的银行贷款还款延期和中小企业政府担保计划）。

## 二 2021年中东地区经济中速增长

受益于外需强劲、油价上涨和有利于商业的改革加速推动，以及中东石油产量的提高和非石油行业的持续复苏，2021年，中东地区经济增长好于预期。国际货币基金组织2022年4月的《中东和中亚地区经济展望》报告将中东地区经济增长率向上修正为5.8%（见表2）。世界银行报告认为，中东经济复苏脆弱且不均衡，每个国家的经济发展取决于其对石油价格波动的风险敞口以及在应对疫情方面的表现，2021年中东经济表现平平，仅实现3.3%的温和复苏。[1]

---

[1] The World Bank, *MENA Economic Update*, April 2022, p. 12.

## （一）中东地区国家经济复苏差异性较大

中东石油出口国将引领中东地区经济增长，2021年增速为6.8%。[①] 油价的回升和沙特"2030愿景"下的各项计划的实施促使沙特石油和非石油部门取得了重大发展，沙特2021年的经济增长率为3.2%。在石油部门和服务业的推动下，伊朗经济从2020年中期开始逐步复苏，2021年的经济增长率达到4%。然而，水和能源短缺导致伊朗的农业和工业部门收缩，居高不下的通胀率也影响其政府支出效应。伊拉克是中东地区对石油依赖程度最高的国家之一，2021年经济逐渐从2020年石油价格下跌和疫情导致的双重冲击中复苏，经济增长率达到5.9%，石油和非石油经济状况都得到改善。利比亚经济长期受到国内冲突的影响，2020年经济大规模收缩（经济萎缩59.7%），2021年石油行业以及整体经济都经历了重大反弹（经济增长率高达177.3%），2021年还是其长达十年冲突的转折点，国内局势缓和有利于经济发展。

石油进口国经济复苏相对缓慢，GDP增长率为3.1%。[②] 在疫情冲击下，埃及宏观经济环境表现出较强韧性，宏观经济改革持续推进，经济增长相对强劲，外汇储备也因此进入稳定期。在2020年经济萎缩6.3%后，2021年摩洛哥经济增长反弹至7.2%，农业发展良好和部分制成品出口强劲反弹对经济增长的贡献最大，但旅游等服务业仍然表现不佳。2021年土耳其经济增长率高达11%，是G20中增长率最高的成员。在防控措施逐步解除带来的消费、投资和进出口增长提振下，土耳其大多数产业实现了复苏。与此同时，2021年土耳其物价上涨幅度大，达到了两位数增长（19.6%）。2021年以色列经历了新冠病毒变异毒株"德尔塔"和"奥密克戎"两波疫情，但经济增长依然强劲（8.2%），原因包括高科技产业拉动以及与一些中东国家实现关系正常化。[③]

---

[①] IMF, *Regional Economic Outlook*: *Middle East and Central Asia*, April 2022, p. 28.
[②] IMF, *Regional Economic Outlook*: *Middle East and Central Asia*, April 2022, p. 28.
[③] 国际货币基金组织和世界银行均未将以色列和土耳其列为中东地区经济体，但是，由于地理和地缘的原因，在本文陈述中将两国归为中东国家。

中东地区整体经济形势好转并不能掩盖各国经济的巨大差异性和脆弱性，一些较小的经济体将无法完全恢复到疫情前的实际产出，疫苗接种率低和地缘政治风险是拖累一些国家经济增长的因素，包括地区"表现不佳"的黎巴嫩、利比亚、叙利亚、巴勒斯坦和也门。也门受国内冲突影响，经济萎缩 2%，苏丹仅实现 0.5%的经济增长，世界银行预测黎巴嫩 2021 年经济继续萎缩 10.5%[1]，国际货币基金组织和世界银行均未对叙利亚经济指标做出预测。

表 2　中东宏观经济指标

单位：%

| 国家和地区 | 实际 GDP 增长率 | | | 通货膨胀率 | | | 经常账户余额占 GDP 比重 | | |
|---|---|---|---|---|---|---|---|---|---|
| | 2020 年 | 2021 年 | 2022 年 | 2020 年 | 2021 年 | 2022 年 | 2020 年 | 2021 年 | 2022 年 |
| 中东 | -3.3 | 5.8 | 5.0 | 11.1 | 14.8 | 13.9 | -2.6 | 3.6 | 9.5 |
| 石油出口国 | -4.4 | 6.8 | 5.4 | 9.3 | 11.5 | 10.5 | -2.0 | 5.5 | 12.3 |
| 　阿尔及利亚 | -4.9 | 4.0 | 2.4 | 2.4 | 7.2 | 8.7 | -12.7 | -2.8 | 2.9 |
| 　巴林 | -4.9 | 2.2 | 3.3 | -2.3 | -0.6 | 3.5 | -9.3 | 6.7 | 10.8 |
| 　伊朗 | 1.8 | 4.0 | 3.0 | 36.4 | 40.1 | 32.3 | -0.1 | 2.0 | 3.5 |
| 　伊拉克 | -15.7 | 5.9 | 9.5 | 0.6 | 0.6 | 6.9 | -10.8 | 5.9 | 15.8 |
| 　科威特 | -8.9 | 1.3 | 8.2 | 2.1 | 3.4 | 4.8 | 3.2 | 16.1 | 31.3 |
| 　利比亚 | -59.7 | 177.3 | 3.5 | 2.8 | 3.7 | 3.7 | -20.7 | 21.6 | 27.9 |
| 　阿曼 | -2.8 | 2.0 | 5.6 | -0.9 | 1.5 | 3.7 | -12.0 | -3.7 | 5.9 |
| 　卡塔尔 | -3.6 | 1.5 | 3.4 | -2.7 | 2.3 | 3.5 | -2.0 | 14.7 | 19.9 |
| 　沙特 | -4.1 | 3.2 | 7.6 | 3.4 | 3.1 | 2.5 | -3.1 | 6.6 | 19.5 |
| 　阿联酋 | -6.1 | 2.3 | 4.2 | -2.1 | 0.2 | 3.7 | 5.9 | 11.7 | 18.5 |
| 　也门 | -8.5 | -2.0 | 1.0 | 23.1 | 63.8 | 59.7 | — | — | — |
| 石油进口国 | -0.8 | 3.1 | 4.0 | 15.5 | 23.0 | 22.6 | -4.8 | -5.3 | -6.1 |
| 　埃及 | 3.6 | 3.3 | 5.9 | 5.1 | 5.2 | 10.4 | -3.1 | -4.6 | -4.3 |
| 　约旦 | -1.6 | 2.0 | 2.4 | 0.4 | 1.3 | 2.8 | -8.1 | -10.1 | -5.9 |
| 　黎巴嫩 | -22.0 | — | — | 84.9 | — | — | -14.2 | — | — |
| 　摩洛哥 | -6.3 | 7.2 | 1.1 | 0.6 | 1.4 | 4.4 | -1.5 | -2.9 | -6.0 |
| 　突尼斯 | -9.3 | 3.1 | 2.2 | 5.6 | 5.7 | 7.7 | -5.9 | -6.2 | -10.1 |
| 　巴勒斯坦 | -11.3 | 6.0 | 4.0 | -0.7 | 1.2 | 2.8 | -12.3 | -12.7 | -12.8 |
| 　吉布提 | 1.0 | 4.0 | 3.0 | 1.8 | 1.2 | 3.8 | 10.7 | -1.0 | -4.7 |
| 　苏丹 | -3.6 | 0.5 | 0.3 | 163.3 | 359.1 | 245.1 | -17.5 | -5.9 | -6.6 |
| 　以色列 | -2.2 | 8.2 | 5.0 | -0.6 | 1.5 | 3.5 | 5.4 | 4.6 | 3.2 |
| 　土耳其 | 1.8 | 11.0 | 2.7 | 12.3 | 19.6 | 60.5 | -4.9 | -1.8 | -5.7 |

资料来源：IMF, *Regional Economic Outlook: Middle East and Central Asia*, April 2022, Statistical Appendix, pp. 3-26。

[1] The World Bank, *MENA Economic Update*, April 2022, p. 13.

## （二）中东地区宏观经济指标

中东地区财政赤字占GDP的比重将从2020年的7.9%大幅收窄至3%。能源价格高企和碳氢化合物产量上升将增加石油出口国的财政收入，而经济活动的回暖将增加石油进口国的财政收入。中东原油产量从2020年的2339万桶/日增加到2021年的24554万桶/日，原油出口量从1672万桶/日增加到1747万桶/日，伊朗和利比亚是中东原油产量增量的主要贡献者。[①] 2021年国际平均油价为69.1美元/桶，高于或接近许多石油出口国的财政平衡油价（见表3）。

表3 中东石油出口国财政平衡油价

单位：美元/桶

| 国 别 | 2020年 | 2021年 | 2022年 |
| --- | --- | --- | --- |
| 阿尔及利亚 | 88.5 | 111.1 | 162.1 |
| 巴 林 | 119.2 | 128.9 | 127.5 |
| 伊 朗 | 241.9 | 306.4 | 268.9 |
| 伊拉克 | 55.2 | 61.4 | 75.9 |
| 科威特 | 79.8 | 68.6 | 52.5 |
| 利比亚 | 141.7 | 51.9 | 68.6 |
| 阿 曼 | 87.9 | 71.6 | 73.0 |
| 卡塔尔 | 54.3 | 55.1 | 56.0 |
| 沙 特 | 76.6 | 85.1 | 79.2 |
| 阿联酋 | 60.1 | 69.2 | 76.1 |

资料来源：IMF, *Regional Economic Outlook: Middle East and Central Asia*, April 2022, Statistical Appendix, p.8。

此外，大多数中东国家政府削减了与疫情相关的支出，以限制总体支出。中东国家政府债务占GDP比重有所下降，从2020年的56.2%下降至2021年的53.8%，预计2022年将进一步降至44.7%，低于60%的国际警戒

---

[①] IMF, *Regional Economic Outlook: Middle East and Central Asia*, April 2022, Statistical Appendix, pp.6-7.

线。但石油进口国政府债务占GDP的比重高达98.2%。许多中东国家的政府债务占GDP的比重超过60%（见图2），伊拉克和卡塔尔的政府债务占比接近60%的国际警戒线。2021年，大多数中东国家外债占GDP比例超过20%的国际警戒线，阿尔及利亚（2%）、伊朗（0.7%）、巴勒斯坦（10.3%）除外。黎巴嫩外债负担最重，2020年外债占GDP比重高达564.3%，巴林的外债占GDP比重为226.8%，苏丹的外债占GDP比重为178.8%，卡塔尔的外债占GDP比重为161.5%。① 较高的政府债务进一步缩小了政府财政空间，因此财政状况较弱、债务负担较高的国家应该加大财政整顿力度，以应对结构性脆弱。

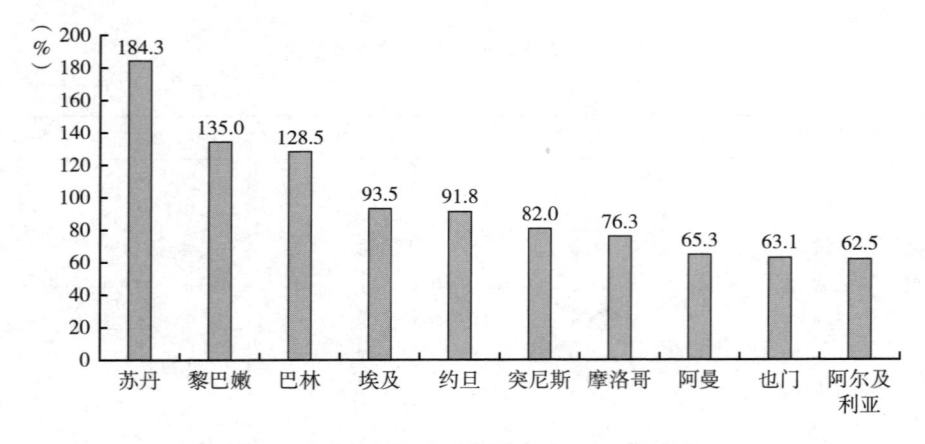

**图2　中东部分国家政府债务占GDP的比重**

资料来源：IMF, *Regional Economic Outlook*: *Middle East and Central Asia*, April 2022, Statistical Appendix, p.17。

高通货膨胀的病症继续加重，深刻影响中东地区民众尤其是贫困人口的生活水平。中东通货膨胀率从2020年的11.1%上升到2021年的14.8%，是新兴市场和发展中经济体中通胀率最高的地区（见表4）。石油出口国通胀率从2020年的9.3%上升到2021年的11.5%，其中伊朗2021年的通胀率高达

---

① IMF, *Regional Economic Outlook*: *Middle East and Central Asia*, April 2022, Statistical Appendix, p.17, p.24.

40.1%，也门2021年的通胀率高达63.8%，其余国家的通胀率均为个位数。石油进口国的通胀率从2020年的15.5%上升到2021年的23.0%，苏丹2021年的通胀率高达359.1%，黎巴嫩镑自2019年8月以来贬值了90%（国际货币基金组织未给出其通胀率数据），土耳其的通胀率也达到19.6%。中东通胀率激增主要是外部因素推动的，尤其是较高的食品价格。尽管国际能源价格大幅上涨，但因为能源补贴和/或依赖长期天然气合同，只有一小部分国家经历了国内能源价格的传导。汇率贬值的转嫁也导致一些国家（阿尔及利亚、伊朗、土耳其和黎巴嫩）的通货膨胀率飙升。在一些国家，国内供应链约束和更强劲的国内需求加大了通胀压力。全球价格上涨的转嫁迹象在海合会国家开始显现，通货膨胀率从一个较低的基数缓慢上升，这是非石油复苏引起的，也反映出粮食在海合会国家国内消费中所占份额较低，而且管理价格和补贴普遍存在。

表4 世界各地区通货膨胀率

| 地　区 | 2020年 | 2021年 | 2022年 |
| --- | --- | --- | --- |
| 发达经济体 | 0.7 | 3.1 | 5.7 |
| 新兴市场和发展中经济体 | 5.2 | 5.9 | 8.7 |
| 亚洲 | 3.1 | 2.2 | 3.5 |
| 欧洲 | 5.3 | 9.5 | 27.1 |
| 拉丁美洲和加勒比 | 6.4 | 9.8 | 11.2 |
| 撒哈拉以南非洲 | 10.2 | 11.0 | 12.2 |
| 中东 | 11.1 | 14.8 | 13.9 |

资料来源：IMF，*World Economic Outlook*，April 2022，p.144。

由于外部需求强劲，中东地区贸易逐渐回升。与全球贸易趋势一致，中东商品贸易已恢复到疫情前的水平，酒店需求也在增加，但几乎所有国家的酒店需求、旅游业都低于疫情前的水平。总体而言，中东国家经常账户余额占GDP比重从2020年的-2.6%赤字改善至2021年的3.6%盈余。石油出口国的经常账户余额随着油价上涨和全球经济复苏开始恢复，从

2020年的535亿美元赤字（占GDP比重为-2.0%）改善至2021年的1937亿美元盈余（占GDP比重为5.5%），此前大多数国家的经常账户余额在2020年大幅出现赤字。然而，石油进口国由于对外支出增加，经常账户赤字持续扩大，占GDP比重从2020年的-4.8%扩大至2021年的-5.3%（见表2）。受贸易回升、侨汇、外资、外国援助以及其他外来资本支撑，中东地区官方储备从2020年的9638亿美元增长至2021年的10213亿美元，但仍低于2019年的水平（10498亿美元）（见表5）。

中东地区就业疲软，不平等加剧。大多数国家的就业率仍低于疫情前的水平（例如，巴林、伊朗、沙特和突尼斯），经济增长并没有转化为更好的劳动力市场结果。平均而言，该地区许多国家的劳动力市场对更广泛的经济条件的敏感性似乎很弱，尤其是在经济增长期间，这反映出中东国家非正规性、其他结构性瓶颈以及长期失业后就业前景较低的普遍性。这表明疫情期间经历的失业可能需要一段时间来缓解。疫情导致中东不平等状况加剧。疫情对不同群体的影响不均衡，低技能工人、年轻人、女性和移民工人受到的影响最大，2020年女性和年轻人的就业率分别下降了6%和10%，高于男性和成年人整体（各约4%）。[1] 与以往的危机不同，非正规工人也未能幸免。此外，在疫情得到遏制之前，许多接触敏感度高的服务行业（如旅游业）的工作人员面临行业恢复较慢、更不均衡的前景。规模较小的公司、接触密集型行业的公司以及之前存在脆弱性的公司的情况更糟。从积极的一面来看，拥有更强数字连接能力的公司已经能够部分缓解疫情的影响。

## 三　2022年中东经济发展面临的主要影响因素

2022年伊始，尽管受到新冠病毒变异毒株"奥密克戎"的影响，包括中东在内的全球经济仍有好转，但发达经济体与新兴市场和发展中经济体的复苏出现了显著的分化趋势。面对持续的价格压力，许多国家收紧了货币政

---

[1] IMF, *Regional Economic Outlook: Middle East and Central Asia*, October 2021, p.18.

策。自2022年2月底，尚未从疫情中恢复的全球经济前景恶化，主要原因是乌克兰危机以及国际上对俄罗斯实施的制裁。总的来说，全球经济前景面临的风险已急剧增加，政策权衡取舍变得更加困难。乌克兰危机、美联储加息周期开启等外部因素将持续为中东经济复苏蒙上阴影。

### （一）乌克兰危机严重阻碍全球经济复苏

乌克兰危机导致全球经济增长放缓，推动通胀进一步上升。联合国在2022年3月的报告中指出，考虑到乌克兰危机带来的直接影响（即对基础设施的直接破坏以及贸易成本增加）、西方国家对俄罗斯制裁的影响，以及市场和消费者信心受到打击带来的影响等因素，预测2022年全球经济增长将下降1个百分点至2.6%。[①] 国际货币基金组织在2022年4月的《世界经济展望》报告中指出，全球经济将在2022年和2023年各增长3.6%，分别比1月的预测值低0.8个百分点和0.2个百分点。增速预测的下调主要反映了冲突对俄罗斯和乌克兰的直接影响以及其全球溢出效应。这种影响主要是通过大宗商品市场、贸易和金融联系渠道产生的。[②] 世界银行2022年6月的报告显示，在全球通胀高企、金融环境可能收紧以及乌克兰危机背景下，2022年全球经济增长预期从1月公布的4.1%下调至2.9%。[③]

俄罗斯是石油、天然气和化肥的主要供应国，而俄罗斯和乌克兰都是小麦和玉米的主要出口国。这些大宗商品当前和预期的供应减少已经导致其价格大幅上涨。根据联合国粮食及农业组织（FAO）公布的食品价格指数，截至2022年4月8日，食品价格比去年同期高出34%。原油价格上涨了60%左右，天然气和化肥价格翻了一番。[④] 国际货币基金组织预测2022年国际石油平均价格将达到107美元/桶；食品价格在2022年预计将增长约

---

[①] UNCTAD, *The Impact on Trade and Development of the War in Ukraine*, UNCTAD/OSG/INF/2022/1, March 2022, p. 1.
[②] IMF, *World Economic Outlook*, April 2022, p. 6.
[③] The World Bank, *Global Economic Prospect*, June 2022, p. 4.
[④] UN, *Global Impact of War in Ukraine on Food, Energy and Finance Systems*, April 13, 2022, p. 3.

14%，2023年将下降5.7%。① 欧洲、高加索和中亚、中东以及撒哈拉以南非洲所受影响最大。食品和燃料价格上涨将使全球低收入家庭受到损失。疫情相关支出导致许多国家的政策空间缩小，债务水平大幅攀升，超常规的财政支持措施预计在2022~2023年将被取消。乌克兰危机带来的影响以及全球利率的预期上升将进一步缩小许多国家的财政空间，特别是依赖石油和食品进口的新兴市场和发展中经济体。

全球经济在疫情期间遭受了一系列供给中断，而乌克兰危机进一步加剧了这种冲击，导致了不限于能源和农业部门的更大范围的供给短缺。由于全球供应链紧密融合，一国的生产扰动可能迅速波及全球。来自俄罗斯和乌克兰的一些供应品的短缺对欧洲的汽车制造商产生了影响。东欧和中亚的一些国家与俄罗斯之间有很强的直接贸易和侨汇联系。这些国家的经济活动将受到不利影响。超过400万名乌克兰难民流入邻国，特别是波兰，还有罗马尼亚、摩尔多瓦和匈牙利，这将加剧该地区的经济压力。

在乌克兰危机发生之前，大宗商品价格高涨和疫情引起的供需失衡已经导致许多经济体通胀大幅上升。一些新兴市场和发达经济体的央行（如美联储和拉美国家央行）面临压力，加快了收紧货币政策的进程。乌克兰危机带来的供给短缺将导致通胀压力大大增强，特别是通过能源、金属和食品价格上涨渠道传导的通胀压力，一些部门的供给短缺预计将持续到2023年。因此，预计新兴市场和发达经济体的高通胀将持续更长时间，食品和燃料价格上涨可能导致社会动荡风险显著增大。

乌克兰危机发生之后，新兴市场和发展中经济体的资本流出大幅增加，导致脆弱借款国和大宗商品净进口国的融资环境收紧，并对风险敞口最大国家的货币造成贬值压力。国际货币基金组织2022年4月的《全球金融稳定报告》指出，乌克兰危机通过各种渠道考验着金融体系的抗风险能力，金融稳定风险已经上升。大宗商品价格使央行面临艰难的权衡取舍，许多新兴

---

① IMF，*Regional Economic Outlook*：*Middle East and Central Asia*，April 2022，p.4.

市场和发展中经济体的处境尤其艰难，金融脆弱性保持高位。[①] 危机还加大了世界经济陷入更持久割裂状态的风险，世界可能形成采用不同技术标准、跨境支付体系和储备货币的地缘政治集团。

### （二）乌克兰危机对中东经济的直接影响

中东地区石油进口国和低收入国家因为全球大宗商品价格上涨和供应链中断、对从俄罗斯和乌克兰进口小麦和能源的依赖以及对一些国家旅游业的依赖而处于弱势。金融市场的不确定性和紧缩的金融条件可能会通过减少资本流动和提高借贷成本对债务高的国家产生重大影响。此外，欧洲经济放缓将放大对贸易和旅游业的负面影响。如果捐助者将援助转向新出现的紧急需求和直接受冲突影响的国家，低收入国家可能面临援助减少的情况。相比之下，中东地区的石油和天然气出口国将受益于能源价格上涨，抵消全球金融环境趋紧的影响。然而，它们将面临石油和天然气市场更大的波动，在某些情况下，旅游收入也会减少。

根据联合国粮食及农业组织近期数据，全球粮食价格目前处于1990年以来的最高水平。中东地区对进口粮食的依赖性高，该地区平均80%的小麦须通过进口满足，其中大部分来自俄乌两国。乌克兰危机在全球金融和大宗商品市场上产生的寒流迅速波及中东地区，石油进口国和低收入国家受到的影响尤其明显。无论是在民生层面还是政治层面，粮食问题都是社会稳定的重要影响因素。面对外部融资环境紧张，一些国家货币贬值，促使政策利率上升，政府采取外汇干预和流动性支持措施。一些政府也宣布了支持弱势群体的财政方案（包括加薪和/或新补贴）。

以中东地区人口大国埃及为例，受乌克兰危机和美联储加息影响，埃及外部压力持续增加。能源和食品价格大幅上涨，以及来自俄罗斯和乌克兰的度假人数大幅下降，将增加埃及财政压力。埃及是世界主要小麦进口国，其小麦进口的80%来自俄乌两国。根据国际食物政策研究所研究，小麦价格

---

① IMF, *Global Financial Stability Report*, April 2022, p. 2.

上涨可能会使埃及每年的小麦进口支出增加近1倍，达到57亿美元。预计埃及2022年面向民众的粮食补贴预算拨款额将额外增加150亿埃镑。① 自2022年第一季度末开始，外资持续流出埃及。埃及中央银行于3月21日宣布上调利率1%（这是埃及5年来的首次加息），允许埃镑对美元贬值，允许商业银行自行设定外汇汇率。

总之，乌克兰危机与西方对俄罗斯的制裁正通过多种直接渠道和间接渠道对中东地区国家产生影响，面临旅游收入减少、能源和食品价格上涨和融资困难等挑战。

## 四　2022年中东经济前景展望

2022年中东地区经济不均衡复苏反映出该地区经济的多样性。国际货币基金组织预计该地区的增长率将从2021的5.8%放缓至2022年的5%，与1月的预测数据相比仍将上调0.9个百分点。石油出口国增长率放缓至5.4%，石油进口国增长率将上升至4%。② 中东经常账户和财政状况都将得到较大程度改善。但是，由于食品和能源价格大幅上涨，以及汇率贬值和宽松的货币和/或财政政策，预计2022年该地区的通货膨胀率将保持在13.9%（见表5）。乌克兰危机及西方对俄罗斯的制裁将成为2022年中东地区复苏的主导因素。大多数国家将致力于控制通货膨胀，而新兴市场和中低收入国家应对冲击的宏观政策空间有限。发达经济体货币正常化的速度快于预期，加上市场波动，可能影响中东地区外资流入、借贷成本、国内利率和复苏程度。中国经济放缓也是中东地区面临的另一个不利外部环境，尤其是对石油进口国和低收入国家而言。与此同时，在疫苗接种率较低的国家，新一轮疫情仍然拖累其经济增长。因此，随着

---

① 《这个地区大国的经济正遭遇疫情和俄乌冲突双重打击》，中国国际贸易促进会浙江省委员会网站，2022年4月7日，http://www.ccpitzj.gov.cn/art/2022/4/7/art_1229557691_31394.html，最后访问日期：2022年4月30日。
② IMF, *Regional Economic Outlook: Middle East and Central Asia*, April 2022, p. 28.

次区域和国家之间的差异越来越大，中东经济复苏将失去动力，预计2023年经济增长率将下降至3.6%（见表5）。世界银行的报告指出，油价飙升令中东石油出口国受益，受此支撑，预计2022年本地区将实现2016年以来最快的经济增速（5.2%）。但受乌克兰危机和新冠病毒变异毒株持续威胁的影响，这一预测结果的不确定性增大，2023年的经济增长率预计将下滑至3.5%。①

表5 中东地区经济指标

| 经济指标 | 2000~2018年 | 2019年 | 2020年 | 2021年 | 2022年 | 2023年 |
| --- | --- | --- | --- | --- | --- | --- |
| 实际GDP增长率(%) | 4.3 | 1.7 | -3.3 | 5.8 | 5.0 | 3.6 |
| 经常账户余额占GDP比重(%) | 7.3 | 1.2 | -2.6 | 3.6 | 9.5 | 6.6 |
| 财政余额占GDP比重(%) | 1.8 | -3.0 | -7.9 | -3.0 | 1.4 | 0.1 |
| 通货膨胀率(年平均,%) | 7.2 | 7.5 | 11.1 | 14.8 | 13.9 | 10.4 |
| 官方储备(亿美元) | 8373 | 10498 | 9638 | 10213 | 13388 | 15289 |

资料来源：IMF, *Regional Economic Outlook: Middle East and Central Asia*, April 2022, p.28。

## （一）石油进口国继续复苏态势

许多国家正面临乌克兰危机带来的严重影响，主要表现为负面的贸易条件冲击、全球金融状况趋紧，以及在债务和通胀加剧的情况下宏观政策空间有限。2022年，石油进口国的经济增长率仍将达到4%（2021年为3.1%）。由于与疫情相关的财政措施陆续取消，预计该集团国家将收紧财政政策，改善政府财政状况。石油进口国政府债务占GDP的比重将下降至94.8%，外债占GDP的比重也将下降至54.0%。然而，埃及、摩洛哥、突尼斯等国的债务仍将适度增长。由于进口商品价格上涨，该集团经常账户赤字占GDP比重将扩大至6.1%。由于飙升的食品价格和能源成本，石油进口国通货膨胀

① The World Bank, *MENA Economic Update*, April 2022, p.13.

率仍将居高不下（22.6%）（见表2）。

除了埃及和约旦之外，该集团其他国家经济增长率都将出现不同程度下降，主要原因是乌克兰危机的影响，约旦、摩洛哥和埃及旅游业持续疲软，以及摩洛哥的严重干旱。随着2022财政年度上半年强劲的增长势头，埃及整个财政年度的GDP增长预计将从2021的3.3%增长至5.9%（见表2），然后在2023年冷却至5.1%。以色列和土耳其经济也将在2022年出现较大幅度下降。由于食品价格上涨、疫苗接种率低以及一些国家潜在的脆弱性和冲突，低收入国家（吉布提、苏丹等国）的前景已经恶化。从吉布提到埃塞俄比亚的贸易服务中断、埃塞俄比亚内乱以及苏丹2021年10月政变，将对这些国家的前景产生影响。此外，乌克兰危机还暴露出几个中东国家对从俄罗斯和乌克兰进口小麦的严重依赖，这进一步加剧了这些国家已有的价格压力和粮食不安全问题，导致其贫困人口增加和社会不稳定。受主客观因素影响，国际货币基金组织和世界银行均未对叙利亚和黎巴嫩2022年的经济增长做出预测。

### （二）石油出口国前景更加光明

尽管存在一些不利因素，但中东石油出口国前景良好，这主要缘于欧佩克和其他主要石油生产国（欧佩克+）协商提高石油产量、油价高于预期以及几个国家成功开展大规模疫苗接种运动。

海合会国家的增长预计将从2021的2.7%加速至2022年的6.4%，主要原因是沙特2022年的经济增长率预计上升至7.6%（见表2），其他海合会国家经济也将实现不同程度的增长，这反映出根据"欧佩克+"协议石油产量提高、基数效应以及非石油部门的复苏。[①] 尽管海合会国家的非石油GDP增长逐渐放缓，但预计2022~2023年将继续以健康的速度（3.5%~4%）增长。在中东其他石油出口国，国家特定因素将在2022年发挥作用，预计经历2021年干旱后，阿尔及利亚的降雨将恢复正常；伊拉克将在高油价的推

---

① IMF, *Regional Economic Outlook: Middle East and Central Asia*, April 2022, p.8.

动下实现9.5%的高速增长；利比亚经济将恢复3.5%的增速；预计伊朗的增长率将从2021年的4%下降到2022年的3%（下降1个百分点，反映出石油产量和对中国的出口增加，并假设美国的制裁仍然有效）。

石油出口国的通胀前景各不相同。海合会国家的通货膨胀预计将在2022年达到3.1%的峰值。相比之下，高通胀是其他石油出口国的困扰。伊朗通货膨胀率预计在2022年将略下降至32.3%，从而抵消货币贬值与宽松的货币和财政政策以及更高的输入型通货膨胀的影响。也门的冲突预计将继续严重影响其经济增长，并加剧现有的粮食短缺和燃料价格上涨情况，2022年通货膨胀率仍高达59.7%。①

油价上涨预计将改善石油出口国的财政和外部平衡。预计2022年的石油收入将比2021年平均上升5.3个百分点，达到8180亿美元（与10月相比向上修正了3200亿美元）。经常账户余额预计将提高至GDP的12.3%（与10月相比向上修正约6.8个百分点）。因此，官方储备预计将在2022年增长至1.3万亿美元（约合2350亿美元）。预计大多数石油出口国将重建财政缓冲。除阿尔及利亚、伊拉克、卡塔尔和阿联酋外，大多数石油出口国的非石油余额占GDP的比重将平均提高2.8个百分点。2022年的债务水平预计将下降至GDP的35.7%，外债占GDP比重也将下降至29.5%。②

总之，"止干戈，谋和平，促发展"已成为地区大势所趋，人心所向。2021年，受新冠肺炎疫情导致多数国家危机叠加、"阿拉伯之春"以来转型发展困境加深、美国加速从中东地区进行战略收缩等因素的影响，中东地区形势出现了地区国际关系缓和、国家自主发展增强等积极但又脆弱的变化。③在全球经济复苏、国际油价上涨的大环境下，2021年中东经济实现中速增长。关系缓和、自主发展将继续成为2022年中东地区的发展趋势，地

---

① IMF, *Regional Economic Outlook: Middle East and Central Asia*, April 2022, p. 9.
② IMF, *Regional Economic Outlook: Middle East and Central Asia*, April 2022, p. 10.
③ 刘中民：《缓和与发展的中东地区形势》，中国社会科学网，2022年1月27日，http://www.cssn.cn/gjgxx/gj_bwsf/202201/t20220127_5390743.shtml，最后访问日期：2022年4月30日。

区国家主要面临抗击新冠肺炎疫情、恢复经济、维护稳定三大任务，同时对外关系在多元化的基础上继续"向东看"，进一步加强与中国的合作。① 中东经济发展前景保持复苏势头，预计2022年增长率将为5.0%。但是，需要注意的是，中东地区没有哪个国家已经走出困境，人均GDP（衡量民众生活水平的一项指标）将很难超过疫情前的水平。新冠病毒变异毒株的威胁仍存在，乌克兰危机使得风险成倍增大，特别是首当其冲遭受食品和能源价格上涨之苦的贫困人口面临的风险。中东经济发展前景面临较大不确定性，管控这一波不确定性是本地区政策制定者面临的一大挑战。②

---

① 《缓和调试向东寻机——2022年中东形势展望》，人民网，2022年1月13日，http://world.people.com.cn/n1/2022/0113/c1002-32330924.html，最后访问日期：2022年4月30日。
② The World Bank, *MENA Economic Update*, April 2022, p. 13.

# Y.5
# 2021~2022年中东国际关系形势与展望

余国庆*

**摘　要：** 2021~2022年中东地区国际关系总的特征是：大国的中东政策进一步调整，地区国家间关系缓和明显，中东国家积极开展自主和主动外交，以应对外来因素的挑战。拜登就任总统后，对前任特朗普的中东政策进行纠偏，但实际效果有限，美国的中东战略仍然处于战略收缩过程。伊朗核问题成为美国中东政策的关注重点，但拜登政府对签署新的伊核协议的决心摇摆不定。在中东和平问题上，美国支持以色列与部分阿拉伯国家改善关系，但在推动以色列与巴勒斯坦谈判问题上无所作为。俄罗斯在中东一度的强势外交后劲不足，在叙利亚问题、伊朗核问题上有所表现，但成效有限，转而注重与土耳其、伊朗、以色列等国家改善双边关系。欧盟国家中，德国总理换主，法国总统马克龙连任，他们在中东问题上缺乏协作的动力，使得欧盟在中东热点问题上心有余而力不足。中东地区国家之间关系进一步缓和，以色列与土耳其关系大幅改善，与阿联酋等海湾阿拉伯国家的关系进一步升温，沙特与伊朗关系也总体趋缓，显示中东地区国际关系变化的内生性因素明显增强。

**关键词：** 中东　国际关系　大国中东政策　中东局势

---

\* 余国庆，中国社会科学院西亚非洲研究所研究员，主要研究方向为大国与中东关系、阿以冲突与以色列问题等。

2021年以来的中东地区国际关系总体呈现出明显的缓和局面。大国对中东的政策继续调整，但外交投入的意愿减弱，调整的效果不明显。美国拜登总统对前任特朗普的中东政策微调，但缺乏建设性投入的意愿。拜登总统在就任近一年半以后才宣布进行首次中东之行，明显比特朗普总统就任不到半年就出访中东的步伐落后，显示出中东在美国全球战略中的地位进一步降低。俄罗斯对中东地区热点问题的投入力量限于自身的实力也开始放缓，但与一些中东国家的双边关系仍然有所进展。欧盟的中东政策由于一些重要国家领导层的变更显得驻足不前。相比较而言，中东地区国家互动和关系改善明显，土耳其、以色列、沙特阿拉伯、伊朗针对地区国家的自主和主动外交明显活跃，地区国家间的关系改善明显。

## 一 2021年中东国际关系概观

始于2011年初的中东剧变已经持续了十多年，在这期间，国际体系发生了深刻变革，世界大国在中东的影响此消彼长，地区国家权力格局经历了重大调整，热点地区矛盾与冲突仍缺乏可行的解决之法。但是在2021年，无论是域外大国还是地区强国，都采取了更为积极的外交行动，推动地区国家间关系的缓和，并尝试在既有中东稳定的基础上加快新合作机制的构建。

### （一）美国的中东政策微调但乏善可陈

2021年是拜登担任美国总统的第一年，美国的中东政策在新政府的指导下相较于前任政府进行了较大幅度的修正。第一，美国高调重返伊核问题谈判，试图通过多边会谈达成一份新的伊核协议，但历程摇摆不定。在2021年4月召开的《联合全面行动计划》第18次联合委员会会议上，美国代表宣布将就伊核问题重新开展与伊朗的直接接触，随即双方开始在维也纳展开谈判。然而，随着同年6月持强硬态度的易卜拉欣·莱希出任伊朗总统，伊核协议履约进程出现更多变数，尽管美国方面在2022年2月解除了一部分对伊民用核技术的制裁，但在紧随而来的乌克兰危机的冲击下，拜登政府尝试重返伊核协议的政策目标在短时间内将难以达成。第二，美国在巴以问题上重提"两国方案"。相比于特朗普时期对以色列的单方面支持，拜登政府在外交场合上多次表示将支持通过"两国方案"解决巴以冲突，并在2021年4月启动了一项价值2.35亿美元的对巴勒斯坦人道主义援助。① 然而在一年内，巴以双方发生多次流血冲突，哈马斯与以色列军方在2021年5月还发生了激烈的交火。拜登政府在这些冲突上的低调态度反映出美国在逐渐撤出在中东影响的背景下，难以通过有效手段保证在不损害美以关系的基础上节制巴以的双边冲突，美国在巴以问题上的影响力正逐渐减弱。第三，拜登政府尝试在全球构建"民主同盟"，并在中东以"价值观"为基准划分伙伴关系。拜登上台后，先后提出"卡舒吉事件"和"亚美尼亚大屠杀"等议题，批评美国的中东地区传统盟友的所谓"侵犯人权"记录，并将此作为向土耳其、沙特阿拉伯等国施压的工具。在2021年12月9日召开的所谓"民主峰会"上，中东国家中只有伊拉克和以色列受邀参加，这一现象也表明中东地区在美国外交政策中的重要性正在快速下降。

除了上述主要政策调整，拜登政府还在一定程度上延续了前任政府的"轻足迹"政策步伐，加快从中东地区撤出军事力量，从而减轻经济负担。2021年2月，拜登宣布中止对沙特联军参与也门战争的支持，并于9月撤出了在沙特阿拉伯部署的"爱国者"防空系统。此外，在同年8月，美国还匆忙撤走了在阿富汗的全部军事力量，美军在叙利亚、伊拉克的武装力量也逐渐缩减规模。种种迹象表明，美国正加快速度从中东地区抽身。

美国的撤出给予其他域外大国参与中东事务的空间，特别是在全球新冠肺炎疫情的背景下，各大国都希望通过深化与中东地区的合作来寻找新的经济增长点。

---

① 《拜登表示支持巴以"两国方案" 美方将恢复对巴援助》，新华网，2021年4月8日，http：//www.xinhuanet.com/world/2021-04/08/c_1127304670.htm，最后访问日期：2022年4月30日。

## （二）俄罗斯对中东的政策后继乏力

2021年，俄罗斯将更多的精力放在处理本国内政和与原苏联地区国家的关系上，以求快速履行其新的宪法修正案，在拜登政府加快撤出中东的背景下，俄罗斯在这一年并没有过多地主动参与地区冲突，而是在保持多方接触的前提下稳定拓展其在中东的影响。在美国拜登政府同时向土耳其、沙特阿拉伯和叙利亚库尔德武装表达不满态度后，三方力量与俄罗斯的关系在2021年都取得了进展。沙特阿拉伯与俄罗斯于2021年8月签署了一项"发展两国联合军事合作"的军事协议，表达了其对美方坚持撤出"爱国者"防空系统的不满。在土耳其与美国关系因拜登重提"亚美尼亚大屠杀"而受损后，埃尔多安在2021年9月与普京的会谈中也表现出对扩大购买S-400系统的更大兴致。除此之外，美国扩大在中东撤军行动的宣言也刺激了库尔德人，在"叙利亚民主力量"的支持下，俄军于2021年10月底陆续进入库尔德人控制区，承担叙利亚北部的协防任务。相比于上述国家或地区，俄罗斯与伊朗关系的发展则更为迅速。2022年1月19日，伊朗总统莱希历史性地访问了莫斯科，两国达成了一项"20年合作协议"，并宣布将伊朗与欧亚经济联盟的自贸协定延期至2025年，这意味着俄伊两国合作开始突破传统的针对叙利亚问题的地缘政治合作，开始向战略性长期合作方向发展。在与埃及的交往中，俄罗斯延续了长期以来的密切军事合作进程。两国国防部长于2021年8月达成了一项新的合作协议，并在12月9日按照以往的规律举行一年一度的联合海上军演。然而，在面对埃及多次邀请俄罗斯参与调解埃及与埃塞俄比亚之间关于复兴大坝项目的冲突时，俄罗斯在包括联合国在内的多个场合保持了中立，这一态度在新一轮的巴以冲突中同样表现得格外明显。总的来看，乌克兰危机爆发前，俄罗斯没有过多卷入中东地区的新冲突，一方面在于维持过去几年在中东树立的良好国际形象，稳定其战略后方；另一方面也在于自身实力有限，在乌克兰问题与同欧美关系紧张的背景下，没有更多精力投入中东。

## （三）欧盟主要国家的中东政策缺乏协调

从总体上说，欧盟仍然视中东地区为重要的外交和合作地区，中东地区的冲突与热点问题同欧盟的政治和安全问题息息相关。大部分情况下，欧盟在中东的影响仍然需要通过各国与中东国家的双边关系体现出来。法国是对中东具有传统影响力的大国，自2017年马克龙担任法国总统（2022年连任）以来，法国在中东地区的政策表现出较高的独立自主性。通过参与伊核问题、利比亚问题、黎巴嫩重建等地区议题，法国正快速地增强其在中东的大国影响力，而这一行动进程在2021年尤为突出。马克龙先后于2021年5月、8月和12月访问中东诸国，特别是在8月28日的访问中，马克龙首次作为第三方西方大国参与了在伊拉克召开的包括伊朗在内的中东诸国高级代表会议。在美国仓促撤出阿富汗的背景下，通过主持该会议法国不仅树立了其在中东各国间广泛的威信，还使自身所关心的反恐问题、黎巴嫩重建问题和伊拉克政治进程等议题重新得到中东各国的重视。2021年12月，马克龙于年内三访中东，与阿联酋和沙特阿拉伯签署了涵盖军工、能源、电力和数字化等多领域合作的40多项协议，还明确了与沙特《2030年愿景》的对接事宜，并和阿联酋达成了包含80架"阵风"战斗机和10架直升机在内的价值170亿欧元的军火大单。[①] 虽然这一系列外交行动看似是法国马克龙政府长期以来"实用主义"中东外交的延续，但是同时也应该注意到，在美法两国因"澳英美联盟"（AUKUS）协议而关系恶化的背景下，法国表现出更为清晰的战略意图，试图甩开美国，主动发挥中东地区新秩序"塑造国"的作用，马克龙于2021年三次出访中东就是最好的佐证。

默克尔时代的德国是对中东有重要影响力的欧盟国家。2021年12月8日，默克尔正式卸任德国总理一职，朔尔茨领导的社民党、绿党和自民党联

---

[①] "France Says UAE Arms Deal Secures Supply Chain, Jobs", Reuters, December 3, 2021, https://www.reuters.com/business/aerospace-defense/france-says-uae-arms-deal-secures-supply-chain-jobs-2021-12-03/, accessed June 5, 2022.

合政府正式上台，这代表了长达17年的"默克尔时代"的终结，也标志着德国内政、外交将在新的中左翼联盟政府领导下进行全新的阐释。中东地区和德国有着长期的历史联系。欧盟成立后，德国和中东国家就形成了密切的政治、经济和安全联系。默克尔当政期间，在处理来自中东地区的难民、与土耳其关系以及在阿富汗驻军等问题上，德国的政策引起广泛的国际和国内争议。朔尔茨在上任后的几次公开讲话中展露出更为强烈的欧洲主义外交倾向，表示将一改默克尔时期对法国提出的欧盟改革冷淡的态度，加强德法轴心在欧盟内部的领导力，可以预见德国在未来将使欧盟在参与中东事务中发挥更大的作用。总之，"后默克尔"时代的德国中东政策的基本趋势是延续默克尔时期的外交基本盘，但将更多地展现出国际合作治理、难民、安全、能源、卫生甚至气候外交的色彩，在面临来自域外大国甚至盟友的政策挑战的同时，德国将以更为积极与协作的立场应对诸多来自中东的议程和挑战。

**（四）除了传统的大国势力外，以印度为代表的新兴国家近年来在中东成为越来越活跃的角色**

印度作为具有强烈大国欲望的国家，凭借优越的地理条件，成为能够兼顾印太和中东两块地缘政治板块的地区强国，在美日印澳四方合作机制的基础上，印度积极在中东拓展影响力。印度和以色列的合作历史悠久，其与阿联酋又有着密切的人员往来，因此在2020年以阿双边关系恢复后，印度便在美国的支持下积极拓展在中东的影响力。2021年10月18日，美、印、以、阿四国外长达成了建立新的合作机制的共识，四国将就亚洲经济、政治、海上安全等议题保持常态沟通与开展合作，印度外长苏杰生和以色列外长拉皮德还共同表示将重启双边自由贸易谈判。在印度积极的中东政策加持下，印、以、阿三国缔结了首个三边经济合作协议，以色列将通过在阿联酋设立的生产线向印度出口用于机器人供电的太阳能设备。可以预见，依靠以色列和阿联酋这两个国家作为跳板，印度将在未来更为深入地参与中东事务。

## （五）中国的中东外交呈现亮点

中国作为在全球拥有广泛影响力的大国，在新时代中国特色大国外交思想的指导下，通过秉持建设人类命运共同体理念，与中东地区国家在相互尊重、独立自主、和平发展、合作共赢的基础上积极发展双边、多边关系。在2021年中国与中东国家的往来中，中国继续坚持这一理念，通过以发展推动稳定的方式，积极参与中东地区安全新秩序的构建。2021年3月，王毅外长访问中东六国，提出了实现中东安全稳定的五点倡议。之后，中国与阿拉伯国家联盟共同发表《中阿数据安全合作倡议》，阿拉伯国家成为首个与中国在数据安全上开展合作的地区。中国还积极支援中东国家抗击新冠肺炎疫情的工作，与阿联酋启动灌装中国疫苗生产线的项目，并向17个中东国家援助和出口3800万支疫苗。[1] 此外，中国与伊朗达成了中伊25年全面合作协议。[2] 根据该协议，中国同意在25年内向伊朗投资4000亿美元，以换取稳定的石油供应，为其不断增长的经济提供动力，这一协议成为伊朗保证国家政治、经济稳定的重要支柱。在多边合作领域，上海合作组织实现了再一次的扩员，在2021年9月的上海合作组织杜尚别峰会上，与会元首达成了启动吸纳伊朗成为正式成员国的法律进程，并新增卡塔尔、埃及和沙特阿拉伯三国为对话伙伴国，标志着在上海合作组织精神指导下的多边安全合作机制开始正式进入中东地区，助力地区国家共同构建持久安全、相互尊重的中东新秩序。

## 二 中东地区国家和国际关系变化的特点

在域外大国中东政策的影响下，同时受全球新冠肺炎大流行的影响，中

---

[1] 《中国是中东国家长期可靠的战略伙伴——王毅国务委员兼外长在结束访问中东六国后接受媒体采访》，《人民日报》，2021年3月31日，第4版。

[2] 《中国与伊朗签署25年全面合作协议，涉政治、战略和经济合作》，观察者网，2021年3月28日，https://www.guancha.cn/internation/2021_03_28_585519_s.shtml，最后访问日期：2022年4月30日。

东地区经济增长乏力，安全保障逐渐缺失，地区主要国家开始在搁置争议与矛盾的基础上加强缓和与沟通，积极构建新的地区政治、经济秩序。综合上述中东国际关系的发展与变化，可以看到2021年的中东国际关系相较于以往呈现出新的特点与趋势。

### （一）中东地区形势总体缓和，同时仍存在局部冲突

2021~2022年的中东国际关系呈现出总体缓和的趋势，主要国家间能够有效把控分歧，避免矛盾扩大化。然而，以色列与伊朗这一对中东地区核心矛盾并没有得到缓和。此外，在地区秩序的边界，安全稳定仍然受到多重冲击。首先，巴勒斯坦问题长期不受重视，由于没有妥善解决方法，巴以双方在近一年时间里多次发生冲突。2021年5月，在哈马斯和内塔尼亚胡政府内部选举背景下，巴以新一轮军事冲突爆发，局势一度紧张。时隔一年，2022年5月，位于耶路撒冷的"伊斯兰圣地"阿克萨清真寺又遭到以色列军警的攻击，巴勒斯坦民众与以方的冲突呈现出持续化趋势，但在国际上的反响已不如一年前。其次，长期处于分治状态的利比亚在2022年再次爆发冲突，由于前总理德拜巴拒绝向议会推举的新总理候选人、前内政部长巴沙加交权，两派所控制的武装力量于2022年6月在利比亚首都的黎波里爆发军事冲突，冲突的爆发也在一定程度上给本就脆弱的利比亚政治环境带来了巨大的负面影响。最后，土耳其在俄罗斯与西方关系紧张的背景下多次尝试派遣作战部队越过土叙、土伊边境打击库尔德武装力量，这无疑给叙利亚和伊拉克的政治重建进程蒙上了一层阴霾。

### （二）以色列与地区国家关系发展迅速，在中东的影响力大大提高

2020年与阿联酋签署的《亚伯拉罕协议》开启了以色列的外交新局面，在之后的半年内，以色列又先后与巴林、苏丹、摩洛哥三个伊斯兰国家实现了关系正常化，这成为以色列拓展周边关系的基础。2021年6月，持温和外交态度的贝内特当选以色列总理，随后其便在《亚伯拉罕协议》的基础上持续强化与阿拉伯国家的关系。2021年9月贝内特在访问埃及期间与埃

方就地中海天然气问题达成了合作协议，12月2日贝内特实现了对阿联酋的历史性访问，以色列外长拉皮德也借以色列驻上述三国大使馆开馆之际与这些国家就科技创新、农业发展和经贸投资达成多项双边协议。阿联酋与以色列还于2022年5月达成了第一份阿拉伯国家与以色列的自贸协定，根据该协定，两国将免除95%的关税，这也代表着以阿关系达到了远超其他以色列-阿拉伯国家关系的新高度。除此之外，以色列与阿拉伯国家的多边合作也得到了加强，以色列、阿联酋、巴林三国在美国的支持下于2021年底和2022年初两次举行大规模海上军演。可以看出，在美国撤出中东的大背景下，以色列既不希望阿拉伯国家与伊朗关系升温过快，又出于抢占美国遗留的权力真空的考虑，突破了内塔尼亚胡时期对阿拉伯国家的强硬态度，通过灵活的外交活动，成功在中东国际关系重组过程中建立起以本国为核心，以埃及、阿联酋为主要战略跳板的新型阿以合作机制，并积极谋求中东地区新安全秩序主导国的地位。

### （三）中东国家间原有的一些固有矛盾逐渐得到缓和，部分双边关系得到修复

伊朗与阿拉伯国家的关系缓和最为明显，从2021年4月起，沙特与伊朗在伊拉克的斡旋下恢复接触，并举行了多轮对话，涉及外交、情报、军事等多个领域；沙特与伊朗两国外长还共同出席了2021年8月由伊拉克主办的"巴格达合作与伙伴关系会议"，2021年12月阿联酋国家安全事务助理阿勒纳希安更是突破性地访问伊朗并与莱希举行会晤。可以看出，在美国加快与伊朗核问题谈判的背景下，海湾阿拉伯国家不仅与美国之间的战略互信受到了损害，还不得不采取独立行动，在美伊谈判之外加快与伊朗的协商，从而在美国安全保障减弱之后避免自身受损扩大化。此外，海湾阿拉伯国家同卡塔尔、土耳其和叙利亚的关系也逐渐恢复。卡塔尔在海合会欧拉峰会上得到沙特阿拉伯等海湾四国的重新接纳，阿联酋阿布扎比王储穆罕默德在2021年11月访问土耳其期间还与土方达成了数项涵盖金融和经济领域的合

作协议，并出资 100 亿美元帮助土耳其稳定里拉汇率①，叙利亚总统巴沙尔·阿萨德也在 2022 年 3 月访问阿联酋后重新得到阿拉伯国家的接纳。可以看出，尽管在巴勒斯坦、也门和利比亚冲突仍时有发生，但是中东主权国家间关系缓和的大趋势已经形成，地区重新爆发国家间规模冲突的风险明显降低。

### （四）域外大国参与中东国际关系的主体与议题发生变化

一个多世纪以来，中东地区一直都是世界各大国争夺地缘权力和战略资源的舞台，但是在特朗普的"美国优先"政策和新冠肺炎大流行严重削弱美国综合国力的背景下，作为中东国际关系传统主导国的美国不得不将更多的战略资源转向印太地区，并通过构建所谓的全球"民主同盟"抵消美国国际地位的相对下降。与此同时，美国的相对衰落还刺激了其他具有大国意识的域外国家积极参与中东事务，希望通过填补这份权力真空来为本国增加参与中东经济合作的机会，进而提高自身综合实力。正因如此，参与中东国际关系的域外大国在拜登政府上台后的第一年表现出清晰的"迭代现象"，而这些国家普遍没有实力参与并主导中东安全进程，这也使 2021 年的域外大国对中东政策更多地围绕经济议题展开。

### （五）地区强国战略自主性增强，谋求建立新的合作关系与模式

拜登在上台伊始便将重塑大西洋联盟体系作为外交政策的重中之重，力图修复在特朗普政府时期受损的美欧关系，再加上美国在中东维护传统地区秩序的安全需求逐渐被价值需求所取代，这就使中东地区的非民主盟友关系在其盟友体系中被降级。然而，经历了中东剧变后十年冲突的地区各国几乎都面临内外交困的处境。一方面，中东经济在新冠肺炎大流行的冲击下雪上

---

① Firat Kozok, "UAE Sets Up ＄10 Billion Fund to Support Turkey as Ties Warm", Bloomberg, November 24, 2021, https://www.bloomberg.com/news/articles/2021-11-24/uae-turkey-to-sign-financial-cooperation-deals-as-ties-mend, accessed June 5, 2022.

加霜，2020年中东地区的GDP降低了4%；①另一方面，深陷多重冲突与纠纷的中东地区面临美国撤出所带来的安全失衡的风险。正是在这两方面因素的影响下，包括以色列、阿联酋在内的地区强国在2021年选择采取更为积极的外交行动，在部分继承美国中东遗产的基础上，充分发挥战略自主性，推动新的中东安全秩序的构建。

## 三 中东地区国际关系变动和展望

在地区局势总体趋于缓和的过程中，2022年的中东局势发展仍然存在不确定的因素，其中影响最大的莫过于乌克兰危机，而伊朗核问题恢复履约谈判的前景也成为影响地区国际关系发展的一大因素。2022年2月，乌克兰危机迅速引起了世界的震动，以美国为首的西方就制裁打击俄罗斯和援助乌克兰达成共识，随即对俄罗斯展开了包括限制出口、扣押海外资产、金融封锁等极为严苛的制裁，美国还对世界各国进行游说与威胁，试图将对俄制裁"全球化"。然而，随着冲突持续以及其所带来的全球权力结构重组、国际核心议题变更和经济增长重心转向，这场冲突对国际关系的冲击不再仅仅局限在欧洲，而是快速扩展到全球范围，并从多个维度对中东的国际关系产生深刻影响。

**（一）乌克兰危机对中东地区产生了巨大的溢出效应，增强了中东地区国际关系的复杂性**

乌克兰危机发生之后，西方与俄罗斯关系迅速恶化，双方的对抗与不合作扩展到中东地区，最直观的表现便是在伊核问题上。在乌克兰危机发生前，关于伊核协议履约谈判已经进入最后阶段，各方本来拟定在2022年3月初就最终协议达成一致意见，然而出于维护自身在伊朗利益的需要，俄罗斯在面临西方

---

① "GDP Growth (annual %) -Middle East & North Africa", The World Bank, https://data.worldbank.org/indicator/NY.GDP.MKTP.KD.ZG?locations=ZQ, accessed June 5, 2022.

全面资产制裁的情况下要求谈判各方允许在协议最终文本中添加"保证俄罗斯与伊朗的贸易、投资和军事技术合作不会受到来自西方制裁的任何阻碍"的条款。① 这一要求在美国看来等于在西方对俄制裁中创造一个可持续的窗口，显然无法得到美国的同意，最终谈判进程被迫中止，进行了为期一年的多轮伊核协议履约谈判遭到搁置。俄罗斯与西方矛盾还对中东地区国家间关系产生了一定的影响。伊核协议被迫中止刺激了伊朗国内保守派的政治信心，伊朗在与美国关于美伊关系正常化的后续接触中采取了更为强硬的态度，伊朗与沙特的关系正常化进程也因此一度中断。

除此之外，由于在中东剧变之后俄罗斯深度参与叙利亚内战、利比亚内战等持久性地区热点问题，在其被西方排斥出国际制度后，俄罗斯在这些地区的影响力受到限制，地区平衡被打破，部分国家和组织之间的矛盾再次被激化。除了利比亚再次爆发冲突，土耳其和以色列也先后于2022年5月、6月扩大了在叙利亚的军事行动。在此背景下，俄罗斯能否再次在这些议题上发挥积极作用成为最大的不确定性，地区冲突的和平解决再次前途未卜。

## （二）乌克兰危机的持续可能使美国重新认识和评估与一些中东盟友的关系

乌克兰危机发生后，美国急于在世界构建统一的"反俄共同体"，分别在联合国安理会和联合国大会上推动谴责俄罗斯的议程。而作为美国重要合作伙伴的阿联酋在担任联合国安理会非常任理事国期间，在该议程上投出了弃权票，在联合国大会投票表态上，伊拉克也投出了弃权票，这一结果表明，在美国加快从中东撤出的背景下，美国的海湾地区传统盟友对美国的信任与支持正在下降。

除了在国际制裁上需要海湾国家的支持，美国在能源经济上的困境也暴

---

① 《俄罗斯与伊朗的贸易、投资和军事技术合作不会受到来自西方制裁的任何阻碍》，半岛电视台中文网，2022年3月7日，https://chinese.aljazeera.net/news/political/2022/3/7/%E4%BC%8A%E6%9C%97%E6%A0%B8%E8%AE%A1%E5%88%92，最后访问日期：2022年4月30日。

露出其与海湾国家的信任危机。以美国为首的西方国家对俄罗斯采取了极为严苛的经济制裁，但与此同时，美国的制裁手段对国际能源价格产生的影响迅速对自身产生了冲击。俄罗斯是世界第二大原油出口国和天然气出口国，西方国家对俄罗斯的能源禁运刺激了国际原油价格的大幅上涨，在短时间内WTI原油和布伦特原油价格一度达到110美元/桶。而美国作为世界最大的原油消耗国，受能源价格上涨以及过度量化宽松等多方面因素影响，其国内物价也开始居高不下，2022年5月美国的消费者价格指数历史性地同比上涨了8.6%[1]，国民经济陷入滞胀风险。在此背景下，拜登政府不得不多次向海湾阿拉伯国家发出请求，希望对方增加石油产量以降低高油价压力。然而，沙特王储穆罕默德·本·萨勒曼和阿联酋阿布扎比王储穆罕默德·本·扎耶德·阿勒纳哈扬都拒接了拜登的电话，美国不得不转向缓和同委内瑞拉的关系来获取国际支持。欧佩克也直到2022年6月初才达成一致意见，承诺在未来每天增产20万桶原油以帮助美国对冲油价冲击。[2]

海湾盟友对美国的不支持态度暴露出美国在中东的影响力大幅减弱，乌克兰危机所带来的全球性问题又使美国不得不重视中东地区的重要性。从2022年3月开始，拜登政府先后派出中东政策协调员布雷特·麦格克和国务卿布林肯访问中东，试图重新协调美国与中东国家之间的关系，然而由于双方互信已经受损，美国能否恢复其在海湾国家中的影响力仍存在大量不确定性。

**（三）乌克兰危机削弱了西方与俄罗斯的整体实力，中东地区强国的战略自主性更加凸显**

由于被逐出SWIFT国际结算机制，俄罗斯的商品只能定向出口给部分

---

[1] 《美国5月CPI同比上涨8.6%》，新华网，2022年6月11日，http://www.news.cn/photo/2022-06/11/c_1128731718.htm，最后访问日期：2022年6月11日。
[2] "OPEC+ Agrees on Bigger Oil-output Hikes for Coming Months", Al Jazeera, June 2, 2022, https://www.aljazeera.com/economy/2022/6/2/opec-agrees-on-bigger-oil-output-hikes-for-coming-months, accessed June 5, 2022.

友好国家，欧洲各国也不断减少对俄罗斯天然气的依赖。俄罗斯央行的调查显示，2022年俄罗斯经济预计将下降8%，通胀率为20%，[①] 俄罗斯国民经济在制裁下遭受巨大打击。与此同时，欧盟的外交政策受到乌克兰危机的捆绑，暴露出更多的社会问题，更没有精力就中东事务展开更多的外交行动。这一趋势的变化使中东的地区强国开始采取更加积极的外交行动，发挥自身的战略自主性，推动地区问题的内部解决。

2022年3月，以色列在地区舞台上格外活跃，利用过去两年积累的地区影响力举办了由以色列、埃及、阿联酋、巴林和摩洛哥五国外长参加的斯代博克会议，以、埃、阿三国元首又在埃及实现了历史性的首脑会晤，两次会议的核心议题都是讨论如何应对乌克兰危机所带来的地区冲突风险和粮食危机。尽管峰会后三国未能发表联合公报，但是三国围绕经贸、通航和安全管理达成的几项合作已经为三国关系的后续发展奠定了基础。

除此之外，乌克兰危机的溢出效应也大大提高了土耳其的国际影响力。乌克兰危机带来了北约再一次扩员的问题，瑞典、芬兰等国先后要求加入北约寻求安全庇护，然而土耳其以瑞典长期支持叙利亚的库尔德人势力为由，坚持使用一票否决权拒绝瑞典的加入。与此同时，瑞典的安德松政府也因为弹劾危机不得不依靠长期支持库尔德人的瑞典议员阿米尼·卡卡巴维，最终，瑞典加入北约的进程陷入停滞。从此可以看出，乌克兰危机的蝴蝶效应不仅促使中东地区国家在区域内拓展影响力，还使如土耳其这种欧亚交界国开始将自身影响投射到域外地区。

**（四）乌克兰危机将进一步影响伊核问题履约谈判进展，在中东地区，应特别关注以色列对伊核问题履约谈判的态度及动向**

乌克兰危机给伊核问题谈判带来影响，延宕了各方签约。在乌克兰危机发生后，美国在伊核问题履约谈判中节外生枝，一方面要求把限制俄罗斯与

---

[①] 《俄媒：俄央行专家预测GDP将萎缩8%》，参考消息网，2022年3月12日，http://www.cankaoxiaoxi.com/finance/20220312/2472239.shtml，最后访问日期：2022年4月30日。

伊朗的核合作纳入新的谈判协议，另一方面美国拒绝把伊朗伊斯兰革命卫队从"支持恐怖主义外国恐怖组织名单"中移除，而这样做明显受到以色列的影响。以色列一直把打击伊朗伊斯兰革命卫队在中东特别是在叙利亚的影响作为其安全利益的重要关切。2022年6月3日，以色列总理贝内特在耶路撒冷会见了来访的国际原子能机构总干事格罗西。贝内特强调，"以色列虽然倾向于通过外交手段阻止伊朗发展核武器，但是如果国际社会的外交努力未能成功，以色列保留单独对伊朗采取行动的权利"。国际原子能机构总干事访问以色列引起伊朗的强烈抗议和指责。最近，以色列军方再次鼓吹不排除对伊朗核设施进行单方面定点军事打击的可能性，而以色列与伊朗任何潜在的军事冲突都有可能给中东地区国际关系带来重大的冲击。

## （五）乌克兰危机的持续化所衍生的非传统安全危机给中东国家带来更大的挑战

俄罗斯和乌克兰是世界上主要的粮食生产国及出口国，特别在小麦产业上，俄罗斯和乌克兰的小麦出口占世界小麦出口的1/4以上。乌克兰危机爆发后，乌克兰港口的农产品出口受到严重影响，而俄罗斯则因受美国制裁影响无法有效出口本国农产品，这一趋势使2022年的国际粮食市场出现严重的紧缩现象，中东地区总体上是严重依赖粮食进口的地区，中东粮食安全受到的影响难以避免。

根据联合国粮食及农业组织的数据，全世界至少有50个国家的至少30%的小麦进口依赖俄罗斯和乌克兰，中东地区的黎巴嫩、埃及、利比亚、阿曼、沙特阿拉伯、也门、突尼斯、伊朗、约旦和摩洛哥等多国都在上述国家之列，而其中埃及是世界上最大的小麦进口国，每年进口多达1300万吨小麦，也门、利比亚、黎巴嫩等国又深陷政治混乱，难以保证粮食供给，粮食危机更加严重。[①] 在这样的背景下，多国政治因粮食价格上涨而受到冲

---

① Caitlin Welsh, "The Impact of Russia's Invasion of Ukraine in the Middle East and North Africa", Center for Strategic and International Studies, May 18, 2022, https://www.csis.org/analysis/impact-russias-invasion-ukraine-middle-east-and-north-africa, accessed June 5, 2022.

击，伊朗西南部的胡齐斯坦在2022年5月就爆发了抗议粮价上涨的大规模抗议行动，埃及的政治稳定也因为经济紧张而处于风险的边缘。尽管联合国世界粮食计划署开始向危机严重的地区增加粮食援助，但是在乌克兰危机持续化、长期化的国际背景下，各国政府实际上难以有效管控粮食危机，2022年下半年，中东地区发生政治动荡和国家间冲突的风险将因为粮食问题加剧而大大提高。

总之，进入2022年以后，随着乌克兰危机的爆发和持续，中东地区国际关系变化出现了新的不确定因素。一方面，中东地区国际关系格局深受外来大国因素的影响，而大国自身受乌克兰危机的影响将出现力量此消彼长的现象，这无疑将使大国对中东的影响出现新的不平衡现象。另一方面，中东地区国家在乌克兰危机持续的背景下，将被迫调整与美国、俄罗斯、欧盟等国家的关系。在此演变过程中，中东一些热点问题的解决将不可避免受到冲击。在预期中东地区整体继续走向缓和的同时，伊核问题履约谈判能否出现各方预期的成果将成为检验中东国际关系走向的重要观测点。

# 国别报告
National Report

## Y.6 土耳其《2023年愿景》：路径、成效和中土合作前景

魏 敏　李炜懿*

**摘　要：** 土耳其正义与发展党于2011年提出土耳其《2023年愿景》，从政治、经济、社会与外交等方面设定了土耳其的百年发展目标，即摆脱土耳其的"桥梁"国家定位，扮演"中枢"国家并最终成为一支全球性力量。因此，《2023年愿景》成为土耳其国家发展的战略性指导文件。无论是国家发展五年规划还是各产业部门的发展计划均以该战略为轴心，制订了详细的分阶段实施计划；形成了以投资拉动增长的经济发展方式，以人口增长、文化教育和医疗健康为重点的社会文化繁荣方式，以及以进取性外交为特点的政策框架，不断拓展和丰富"土耳其模式"的内涵，也极大地提高了土耳其的国家影响力。中土两国努力寻求"一带一

---

\* 魏敏，中国社会科学院西亚非洲研究所研究员、中国社会科学院大学教授、博士生导师，主要研究方向为中东经济、中东国家工业化研究，以及土耳其政治、经济、社会发展研究；李炜懿，中国社会科学院国际政治经济学院硕士研究生，主要研究方向为中东经济。

路"倡议和"中间走廊"计划的对接，两国在双边贸易、投资、工程承包和金融领域的合作成果颇丰。中土同为发展中国家和制造业大国，都重视制造业、贸易、产业政策与经济增长对国家发展和进步的重要性。目前，土耳其已完成《2023年愿景》的大部分战略目标，"能源枢纽"建设布局和"2053年运输和物流建设总体规划"已经完成。在新冠肺炎疫情和乌克兰危机背景下，土耳其到了实现2023年愿景目标的最后冲刺阶段，中土两国应加深政治互信，夯实合作基础、实现优势互补，共同探索新兴经济体和发展中国家的发展之路。

**关键词：** 土耳其 《2023年愿景》 国家发展规划

2002年正义与发展党（以下简称"正发党"）执政后，不仅创造了"土耳其模式"，而且在经济领域取得了举世瞩目的成就。"土耳其模式"基于消极世俗主义理念，奉行自由主义经济发展政策，采取平衡外交思想的民主化治理道路。[①] 土耳其新的国家定位，即土耳其不仅是横跨东方、西方的"桥梁"国家，也是一个沟通亚洲、欧洲、非洲的"枢纽"国家，还将成为一个"中枢"国家。这一定位的变换表明了土耳其对自身地缘政治优势的重新认识，也凸显了土耳其想跻身世界先进国家行列，成为一支重要的全球性力量的雄心壮志。

进入21世纪后，世界经济进入新一轮增长周期。在经济全球化的推动下，发展中国家普遍迎来了新的发展机遇期。作为新兴工业化国家的土耳其在正发党前两个任期内，国内生产总值由2002年的2400亿美元增长至2011年的8388亿美元，人均国民收入由3590美元增长至11310美元，土耳其一跃成为中等收入国家，进入新兴经济体国家行列并成为二十国集团成员。10

---

① 王林聪：《"土耳其模式"的新变化及其影响》，《西亚非洲》2012年第2期，第90~92页。

年间，土耳其年均GDP增速为5.86%，2011年的增速更是高达11.2%，超过中国、印度、巴西等新兴国家经济体；2011年，土耳其外国直接投资净流入攀升至161.8亿美元，最终消费支出增长至6400.9亿美元。[1] 土耳其显著的经济增长受到国际社会更广泛的关注，也标志着正发党着力打造的"土耳其模式"取得了阶段性成效。

在国际、国内环境的双重作用下，正发党于2011年提出了"2023年愿景"这一概念，以期在土耳其共和国建国100周年之际，将土耳其建设为具有较强综合实力的全球性大国（global power）。[2] 2012年9月，正发党在第四次全国代表大会上正式发布了《2023年政治愿景》（2023 Siyasi Vizyon），阐释了该党对土耳其政治、经济、社会以及外交领域的规划方案及发展目标，内容涉及农业、能源、教育、医疗、旅游和国防等多个领域，并设立了国民收入、国际贸易、交通运输、人口素质、社会保障及科技创新等方面的具体发展目标。为了迎接建国100周年，此前土耳其一些政府部门就发布了2023年愿景规划目标，如科学技术委员会于2006年发布《2023年愿景：土耳其国家技术展望计划——语境描述和分析》，对土耳其国家科学技术发展进行了分析和研判，并指出了实现路径。正发党于2013年公布《2023年愿景》后，各产业部门和行业领域也发布了各自的"2023年愿景"规划以及行动计划，进一步丰富和完善了《2023年愿景》体系和内涵，使之成为自上而下贯穿整个国家的经济社会发展共同目标，土耳其社会各界朝着共同的百年目标大步前进。应该看到，土耳其经历了现代化建设时期，现处于产业资本阶段，当下越发走向新自由主义金融化。过度依赖外来投资的发展模式造就了土耳其的高增长模式，但并未彻底改变土耳其的产业结构，并且尚未培育出有效的内部发展动力。因此，

---

[1] "Countries and Economies, Turkey", Trading Economics, https://tradingeconomics.com/turkey/full-year-gdp-growth, accessed February 25, 2022.

[2] Başbakan Erdoğan, "2023 Hedeflerini Açıkladı", Patronlar Dünyasi, October 28, 2011, https://www.patronlardunyasi.com/haber/Basbakan-Erdogan-2023-hedelleririni-aicikladi/98480, accessed April 16, 2022.

土耳其的外资撤出风险是新兴七国中最高的①，这也成为近年来土耳其金融市场动荡的主要因素之一。

# 一　土耳其《2023年愿景》的战略目标与主要内容

《2023年愿景》涉及国家发展与治理的宏观构想，为土耳其经济社会发展指明了方向并设定了清晰的战略目标。围绕战略目标，无论是政府部门还是产业领域，乃至具体的行业发展，都发布了以《2023年愿景》为中心的一系列规划文件，全方位推动《2023年愿景》的落地和实施。

## （一）战略目标：土耳其成为全球十大经济体之一

《2023年愿景》明确提出，到2023年，土耳其要进入世界十大经济体行列，成为一支全球性力量。为实现这一战略目标，土耳其设置了相关的分项目标：第一，国内生产总值增长至2万亿美元；第二，国家人口数量达到8200万人；第三，2023年出口总额增长至5000亿美元；第四，通货膨胀率和利率保持在个位数；第五，人均国民收入提高到25000美元；第六，失业率降至5%。在宏观经济领域，首先，设立了财政政策的主要方向，包括提高财政政策透明度，进一步推动市场私有化，扩大经济规模；激发市场活力，发挥私营部门的市场先锋作用，减少国家在电力、电信、港口、公路和桥梁管理方面的干预。其次，修订税收政策以支持经济增长、投资和就业，减少未注册经济体数量，降低企业税率，调整税收及监管制度；强化国债调控能力，推行行政问责制，降低政府资本参与度。最后，设立货币政策目标，加强对价格和通胀的管控。通过推行浮动汇率制，提高国内金融行业的市场参与度。降低生产方面对进口的依赖，提高本国生产能力，尤其是中间产品和资本产品生产及出口。提高对外依存度较高行业的生产和技术能力，支持以创新、研发、高附加值和品牌为基础的产品和服务提高在出口、生产

---

① 温铁军等：《全球化与国家竞争：新兴七国比较研究》，东方出版社，2021，第139页。

和营销方面的全球竞争力。能源领域改革、出口企业发展、产业结构优化和经常账户平衡，成为土耳其实现宏观经济稳定发展的根本诉求。

（二）社会文化繁荣目标：成为地区文化中心与世界文明的生产和共享中心

《2023年愿景》提出了社会保障、社会生活领域的发展规划，从社会发展角度明确了土耳其成为世界前十大经济体在社会层面需要调整和改进的目标。为了提高国家经济发展水平，充分发挥人口优势，《2023年愿景》中提出的国家人口发展目标是到2023年人口增长至8200万人。为了促进就业、鼓励技术研发和增强中小企业市场活力，《2023年愿景》在提供劳动培训、引入风险投资、推动行业标准化等方面提出了具体实施方案。[1] 在促进就业方面，《2023年愿景》提出修改《权益法》、大力提供职业培训等手段。主要举措和目标有：第一，分析和研究各省对劳动力在技能、数量和行业方面的需求以及专业能力的国际标准，每年为40万名失业人员提供培训，使其掌握一定的技能。第二，全民终身学习参与率从2%提高到8%。第三，国家的研发支出占国内生产总值的3%。第四，发展高科技产业，从事载人飞船和卫星研究的全职研究员人数达到30万人。第五，风险投资和天使投资机构负责研发成果落地，转化为企业运营项目。《2023年愿景》还提出通过发放救助金、提供福利住房、保护婚姻关系以及建立社会服务咨询体系等措施，改善社会弱势群体的生活质量。同时，推动公共医疗体系的建设与完善，推进医疗服务的福利化，建立14个罕见疾病研究和治疗中心，推动全民健康事业发展。

在文化领域，《2023年愿景》提出了增强土耳其文化软实力目标。首先，发展旅游业，指出旅游业是土耳其重要的文化窗口。土耳其是一个美丽和高度多样化的国家，拥有壮丽的风景名胜、漫长的海岸线和千姿百态的城市。

---

[1] Investment Support and Promotion Agency of Turkey, "Vision 2023", Greek American News Agency, May 2018, https://archive.greekamericannewsagency.com/wp-content/uploads/2018/05/category1_70.pdf, accessed April 16, 2022.

伊斯坦布尔经常跻身世界十大最受游客喜欢的城市，从伊斯坦布尔起飞的航班在4个小时以内就可以覆盖50多个国家的15亿人口。2023年土耳其接待游客数量要达到5000万人次，年旅游收入达到500亿美元；土耳其饭店业床位数量由100万张增加到150万张，旅游码头数量从25个增加至65个，与此同时，还应积极发展健康、宗教、会议、体育等专项旅游项目。① 其次，土耳其的文化软实力也体现在其蓬勃发展的影视剧出口行业。2010年土耳其向40个国家和地区销售了38000小时的影视剧，价值6000万美元。土耳其电视连续剧和肥皂剧在中东与北非地区占有65%~70%的市场份额。土耳其在影视剧出口行业的目标是2023年出口到80个国家和实现5亿美元销售额。② 土耳其还积极发展民族品牌，拥有土耳其航空等越来越多的具有全球竞争力的世界知名品牌。最后，在文化教育领域，通过在国际国内创立大学、扩大留学生人数、设立尤努斯·埃姆雷文化中心扩大教育覆盖范围和提高土耳其文化影响力，使土耳其成为地区文化中心以及世界文明的生产和共享中心。

### （三）外交政策目标：加入欧盟，进一步提高土耳其国家影响力

正发党执政后积极推行平衡外交政策，在积极融入西方的同时又加强与东方的联系，积极打造"中枢"国家形象。《2023年愿景》在外交领域提出以加入欧盟为目标，实行更为开放、包容、务实的经济政策，改变"一边倒"的外交政策，实行全方位外交，大幅提高土耳其国际地位。具体目标：一是锚定欧盟成员国席位，将加入欧盟作为建国百年目标；二是积极改善土耳其与中东、中亚和南高加索国家关系，加强与中亚、中东和非洲国家的对话，在地区事务中发挥一定作用和影响，通过加强经济、贸易活动促进地区和平，进一步提高土耳其在地区事务和国际事务中的声誉和知名度。

---

① 魏敏：《旅游业发展的政府行为研究——以土耳其为例》，社会科学文献出版社，2012，第88~241页。
② Jean Pierre-Lehmann, "Turkey's 2023 Economic Goal in Global Perspective", EDAM, June 2011, https://edam.org.tr/wp-content/uploads/2011/06/Lehmann-June-2011.pdf, accessed April 26, 2022.

## 二 《2023年愿景》的实施路径

《2023年愿景》提出后，土耳其各政府部门和各产业领域以愿景目标为引领，均发布了各自的"2023年愿景"规划，形成了各部门和各行业的愿景—行动计划—项目清单三级规划体系，分阶段推进。

### （一）规划引领：以《2023年愿景》目标为轴心，各部门愿景规划迅速跟进

在《2023年愿景》的引导下，土耳其国家层面提出了国家发展五年规划的阶段性目标。在土耳其第10个五年计划（2014~2018年）中，政府提出以提高人民生活水平为目标，建立一个以基本权利和自由为基础的公平、安全、和平的国内环境。第11个五年计划（2019~2023年）则将发展重点集中于提高土耳其社会福利水平和国际地位，2023年成为世界前十大经济体。国家发展五年规划明确了农业、能源、矿业、旅游业、交通运输业、国防工业、制造业和电子信息产业是国家重点支持的八大战略性产业，以及强调有组织工业区的发展。例如，交通运输部提出了"中间走廊"计划，通过交通运输枢纽和道路桥梁建设，将土耳其国内的交通运输系统与国际交通运输系统连接起来，不仅促进贸易发展，也为进一步提高土耳其国家地位奠定基础。

### （二）有组织工业区和产业协同发展

《2023年愿景》发布后，有组织工业区（Organized Industrial Zone，OIZ）也在原有基础上进一步扩建和发展，成为土耳其经济社会发展的重要驱动力。有组织工业区是土耳其的经济特区，分为由相关功能性行业组成的单一产业区和由不同行业组成的混合型经济特区。2000年12月《有组织工业区法》（法律编号：4562）颁布后，有组织工业区开始兴建，但进展缓慢。《2023年愿景》发布后，土耳其工业和技术部将之与第10个五

年计划（2014~2018年）相结合，大力推进工业区基础设施的投资，新的道路、水和天然气管道、电网和物流设施以及"绿色"基础设施建设。同时，工业区与科研机构和学术界相结合，建立创新和培训中心，以提高工业区竞争力。目前，土耳其81个省共建有346个有组织工业区，工业区的产品出口占土耳其出口总额的1/3以上，提供了210万个就业岗位，工业区就业人数约占土耳其工业总就业人数的1/3，成为土耳其重要的经济增长极。[1]

与此同时，《2023年愿景》非常重视产业结构平衡，各部门规划目标之间的协同程度较高。《2023年愿景》提出，2023年土耳其出口总额要达到5000亿美元，出口商数量从50000家增加到100000家，至少打造10个享誉全球的土耳其国家品牌。同时，支持高附加值和中高科技产品出口，支持钢铁、汽车、纺织等重点行业的发展，实现出口市场和产品的多样化。无论是工业和技术部、还是国防部，都提出了增加生产、扩大出口的详细规划，国防部的规划涉及步枪、大炮、坦克、直升机与战斗机的研发和生产，体现了产业发展目标与国家目标的高度协同性。

### （三）投资驱动：大项目拉动经济增长

《2023年愿景》以大项目为抓手具体落实各项目标。欧亚大陆隧道、苏丹塞利姆大桥、伊斯坦布尔国际机场、跨安纳托利亚天然气管道、伊斯坦布尔海底隧道、伊斯坦布尔运河等项目纷纷完成规划并进入实施阶段。在大项目建设中，政府大力发展公私合作（PPP）模式，吸收更多私营部门参与建设。建设—运营—移交（BOT）成为最主要的建设方式。道路、桥梁、能源设施等多项大型基础设施建设工程的单项资金规模均在10亿美元以上，极大地拉动了土耳其经济增长（见表1）。与此同时，在固定资产投资便利化

---

[1] "Turkey's Organized Industrial Zones to Become More Effient, Environmentally Sustainable with Help from World Bank", The World Bank, January 25, 2021, https：//www.worldbank.org/en/news/press-release/2021/01/25/turkeys-organized-industrial-zones-to-become-more-effient-environmentally-sustainable-with-help-from-world-bank, accessed April 22, 2022.

的政策环境下，土耳其房地产业飞速发展，也为经济增长做出了较大贡献。2020年，土耳其的外国直接投资流入为78亿美元，其中房地产业贡献了44亿美元，占外国直接投资总额的56%。[1] 在房地产政策方面，政府出台了包括购房入籍等在内的多项政策，鼓励境外人员在土耳其购房置业。2022年，土耳其房地产业实现大规模增长，前3个月的销售额就创下近3年来的新高，比去年同期增长了45%。[2]

表1 《2023年愿景》提出后土耳其主要的基础设施项目情况

| 项目名称 | 施工进度 | 投资情况 | 权益归属 |
| --- | --- | --- | --- |
| 盖布泽—伊兹密尔高速公路项目（Gebze-İzmir Motorway），含伊兹米特湾悬索桥（Izmit Bay Suspension Bridge） | 2010年动工，2016年伊兹米特湾悬索桥投入使用，2019年项目完工 | 65亿美元（BOT） | 土耳其公司：Nurol占18.50%、Özaltın占15.75%、Makyol占18.50%、Yüksel占15.75%、Gocay占15.75%；意大利公司：Astaldi占15.75% |
| 欧亚大陆隧道（Eurasia Tunnel） | 2011年动工，2016年投入使用 | 12亿美元（BOT） | 土耳其与韩国合资企业ATAŞ享有25年11个月零9天的运营维护权，期满后移交土耳其交通运输部 |
| 苏丹塞利姆大桥（Yavuz Sultan Selim Bridge） | 2013年动工，2016年通车 | 35亿美元（BOT） | 土耳其IC IÇTAS-Astaldi财团享有10年2个月零20天的运营权，期满将移交给土耳其交通运输部 |
| 伊斯坦布尔国际机场（Istanbul International Airpot） | 2014年动工，2018年投入使用，2019年开始承接阿塔图尔克机场所有客运航班 | 65亿美元 | 由土耳其5家建筑公司组成的Cengiz-Kolin-Limak-Mapa-Kalyon财团负责修建，享有25年运营权 |

---

[1] "Real Estate", Investment Office, Presidency of the Republic of Turkey, https：//www.invest.gov.tr/en/sectors/pages/real-estate.aspx, accessed April 22, 2022.

[2] "Apartment Salesin Turkey for March 2022 Increased by 37.5%", Imtilak, April 18, 2022, https：//www.imtilak.net/en/news/apartment-sales-in-turkey-march-2022, accessed April 22, 2022.

续表

| 项目名称 | 施工进度 | 投资情况 | 权益归属 |
|---|---|---|---|
| 跨安纳托利亚天然气管道（Trans Anatolian Natural Gas Pipeline） | 2015年动工，2018年投入使用，2019年全面建成 | 70亿美元 | 阿塞拜疆南方天然气走廊封闭式股份公司（SGC）占51%；土耳其国家管道运营商Botas占30%；英国BP公司占12%；土耳其SOCAR能源公司占7% |
| 1915年恰纳卡莱大桥（1915 Çanakkale Bridge），亦称达达尼尔海峡大桥（Dardanelles Bridge） | 2017年动工，2022年通车 | 28亿美元（BOT） | Daelim、SK E&C、Limak、Yapi Merkezi合占25%，运营期结束后移交给土耳其政府 |
| 伊斯坦布尔海底隧道（The Great Istanbul Tunnel Project） | 尚未动工 | 预计40亿美元（BOT） | 土耳其公司Yüksel Proje Uluslararası A.S.负责调查、建设和运营，将与土耳其交通运输部协商移交事宜 |
| 伊斯坦布尔运河（Istanbul Waterway） | 2021年非主体项目动工 | 预计150亿美元（BOT） | 将由土耳其五家建筑公司Cengiz-Kolin-Limak-Mapa-Kalyon组成的财团负责修建及运营 |

资料来源：笔者根据土耳其铁路公司、土耳其投资办公室、中国驻土耳其大使馆经济商务处等网站公布的信息整理制作。

近年来，土耳其医疗私有化步伐加快，在完善城市生活配套设施的同时为私营部门带来了大量投资机会。安卡拉艾特里克综合医疗园区（Ankara Etlik Integrated Healthcare Campus）是土耳其最大的PPP项目，项目规模约为12亿美元，拥有3566个床位，占地面积高达140万平方米，是世界上最大的综合医院园区。此外，安卡拉的比尔肯特综合医疗园区（Bilkent Integrated Healthcare Campus）和阿达纳综合健康园区项目（Adana Integrated Health Campus Project）也是土耳其公共卫生领域的典范项目，以上两个项目投资规模分别为13亿美元和7亿美元，不仅可以为社会提供更完善的医疗健康保障，也极大地推动了土耳其的经济增长。[1]

---

[1] "10 Ongoing Mega Projects of Turkey in 2020", Erai Turkey, July 9, 2020, https://eraiturkey.com/news/10-ongoing-mega-projects-of-turkey-in-2020/?msclkid=30eb9c55c20611ecb4695db908f43d14, accessed April 23, 2022.

## （四）积极进取的外交政策：进一步提高国际影响力

基于《2023年愿景》的规划目标，正发党采取了积极进取的外交策略，以提高土耳其的地区影响力和国际地位。2013年，时任土耳其外长达武特奥卢发表了《土耳其的人道主义外交：目标、挑战和前景》一文，提出土耳其将采取积极的立场，选择能够改变历史进程的角色，发挥自己的权威。[①] 2016年，在第8届大使年度会议上，时任外长恰武什奥卢以土耳其的文化渊源为基础，提出了人道主义外交理念。[②] 2017年，土耳其外交部正式发布《积极进取的人道主义外交政策》（Enterprising and Humanitarian Foreign Policy）文件，深刻改变了土耳其在外交事务中的角色和地位。[③] 土耳其激进的外交政策一度使其在地区事务中四面出击。2014年，土耳其对"叙利亚自由军"实施培训计划并加大投入力度，截至2021年10月，叙利亚和土耳其控制区域内的"叙利亚自由军"主力部队规模超3万人。此外，土耳其还从该武装部队中抽调雇佣兵在阿塞拜疆和利比亚战场上参与作战。在东地中海天然气资源问题上，土耳其积极调整在利比亚、塞浦路斯的军事布局，扶持利比亚民族团结政府并开启海上划界谈判进程，极大地扩大了土耳其在东地中海的利益。[④] 2021年，土耳其外交政策回归平静，开始与阿拉伯国家积极接触，寻求外交和解。2022年2月乌克兰危机发生后，土耳

---

① Ahmet Davutoğlu, "Turkey's Humanitarian Diplomacy：Objectives, Challenges and Prospects", Taylor & Francis Online, November 2013, https：//www.tandfonline.com/doi/full/10.1080/00905992.2013.857299, accessed April 23, 2022.

② "Speech by H. E. Mevlüt Çavuşoğlu, Minister of Foreign Affairs of the Republic of Turkey at the Opening Session of the Eighth Annual Ambassadors Conference, 11 January 2016, Ankara", Ministry of Foreign Affairs, Republic of Turkey, https：//www.mfa.gov.tr/speech-by-h_e_-mevlüt-çavuşoğlu_-minister-of-foreign-affairs-of-the-republic-of-turkey-at-the-opening-session-of-the-eighth-annual-ambassadors-conference_-11-january-2016_-ankara.en.mfa, accessed April 23, 2022.

③ "Opening Speech of H. E. Mevlüt Çavuşoğlu Minister of Foreign Affairs at the 10th Ambassadors Conference", Ministry of Foreign Affairs, Republic of Turkey, August 13, 2018, https：//www.mfa.gov.tr/data/BAKAN/opening-speechd-of-h-e-mevlut-cavusoglu-bkon.pdf, accessed April 23, 2022.

④ 董漫远：《土耳其进取性地缘政治外交析论》，《西亚非洲》2022年第2期，第143~144页。

其积极斡旋并参与调停，发挥了重要作用，充分体现了土耳其的外交张力。

## 三 《2023年愿景》实施成效

土耳其的发展经验表明，在金融资本垄断阶段，在发展中国家经济增长和社会发展的道路上，不存在完美的经济增长模式或社会模式。2013年后，随着土耳其国内政治环境和外交政策的调整，土耳其经济增长也进入下行轨道。高通胀、高利率、高贸易逆差、高外债和高失业率构成"土耳其经济特征"①，这也使土耳其金融体系极易受到外部环境影响。尽管如此，经过近10年的努力，土耳其已经实现了经济社会的全面发展，基本达成了《2023年愿景》的战略目标。

### （一）宏观经济增长彰显土耳其经济韧性

除去2016年未遂军事政变、2018年里拉危机的短期冲击，土耳其宏观经济增速基本保持稳定。2015~2018年，土耳其年均GDP增速达5%，在新兴经济体中表现尚佳；中高科技制造品出口占制造品出口的比重增长至44.46%，制造业的国际竞争力开始提高，产业结构进一步优化。②

新冠肺炎疫情蔓延后，各国经济陷入更显著的停滞与衰退，在这样的情况下，土耳其正发党采取了多项措施有效控制了经济的波动幅度。2020年，在央行的参与下，土耳其政府颁布了贷款利息减免、延期纳税等福利政策，并面向特定人群出台了短期工作津贴和对家庭的无偿货币支持等福利政策。

---

① 魏敏：《土耳其里拉危机的成因及其警示》，《学术前沿》2018年第19期，第38~45页。
② Ministry of Development, "Medium Term Programme (2015-2017)", T. C. Cumhurbaşkanlığı Strateji ve Bütçe Başkanı, October 2014, pp. 12-25, https://www.sbb.gov.tr/wp-content/uploads/2018/11/Medium-Term-Programme-2015-2017.pdf, accessed April 18, 2022.

此外，土耳其还实施了扩张性货币政策，以刺激经济活力复苏。[①] 此外，得益于国家措施调整和疫苗的普及，土耳其经济开始复苏，消费者和投资者信心明显增强。2021年上半年，土耳其私人消费支出增长14.8%，同比上升8.9个百分点；公共消费支出增长2.5%，同比上升0.4个百分点。[②] 2021年，土耳其经济在世界经济持续下行的宏观环境中逆势增长，展现出强大的经济韧性，GDP增长率高达11%，成为全球经济增速最快的国家。

### （二）"能源枢纽"布局初步形成

依托地缘优势，土耳其积极打造世界能源贸易过境国的身份，其中，天然气贸易占该国能源进口的20%以上。在电力生产结构中，天然气发电长期占据土耳其电力供应的40%~50%，成为最主要的供电方式，这也使天然气在土耳其能源战略中的定位尤为突出。《2023年愿景》对能源领域的规划主要集中于三个方面，即电力供应、天然气存储能力和能源金融的发展。基于此，为了把土耳其建设为有较大影响力的能源枢纽国，投资支持和促进局促成了多个项目，其中，建成50亿立方米的天然气存储设施和建立能源证券交易所成为能源领域的重要发展目标。

为实现能源规划目标，近年来土耳其积极在海湾、北非、高加索和里海地区规划和建设了多个天然气供应管网，包括阿塞拜疆的巴库—第比利斯—杰伊汉管道、伊拉克的基尔库克—杰伊汉管道和库尔德自治区管道等。此外，土耳其还设计了跨巴尔干天然气管道、南高加索管道、土耳其—希腊—意大利管道等多条线路，用于天然气过境运输。天然气供应管网布局使土耳其逐渐具备了成为"能源枢纽"的内部能力和外部条件。2014年，土耳其与俄罗斯针对"土耳其溪"（TurkStream）项目开始合作，对扩大土耳其

---

[①] "2021 yılı Cumhurbaşkanlığı Yıllık Programı", Kamuda Stratejik Yönetim, p.6, http://www.sp.gov.tr/upload/xSPTemelBelge/files/auVV2+2021_Yili_Cumhurbaskanligi_Yillik_Programi.pdf, accessed April 17, 2022.

[②] "2022 yılı Cumhurbaşkanlığı Yıllık Programı", Kamuda Stratejik Yönetim, pp.7-8, http://www.sp.gov.tr/upload/xSPTemelBelge/files/AXe9Q+2022-Yili-Cumhurbaskanligi-Yillik-Programi-26102021.pdf, accessed April 17, 2022.

"能源枢纽"布局的规模和提高其能源地位起到极大的促进作用。该项目分为陆地工程和海底工程，陆地工程中，一条管道通过土耳其将俄罗斯和欧洲连接起来，另一条管道直接连接土耳其国内的天然气网络。据报道，当管道满负荷运转时，俄罗斯预计每年可向土耳其和欧洲输送315亿立方米天然气。① 2020年，该项目投入使用。2021年，俄罗斯天然气工业股份公司开始通过"土耳其溪"向塞尔维亚市场输送天然气，并经塞尔维亚和保加利亚将天然气输送到罗马尼亚和波黑。② 由此，土耳其架起了巴尔干与俄罗斯的能源桥梁，国家地缘重要性进一步增强。

### （三）运输能力提高与物流体系完善

为了增强土耳其交通运输承载能力与集散能力，真正成为洲际交往的"中枢"国家，交通运输部提出了"中间走廊"计划，并重点实施大型物流中心、海底隧道、跨海大桥、高速铁路和大型海港等多个基础设施项目。

《2023年愿景》着眼于海陆运输系统的联通，伊兹米特湾悬索桥、达达尼尔海峡大桥等基础设施建设项目相继启动。在陆路运输方面，公路运输在土耳其国内的物流系统中占据了近85%的份额，并随着公路网络的密集化呈持续扩张趋势。在正发党执政的20年间，土耳其全国高速公路和双车道公路的长度分别扩大到3633公里和28647公里，铁路网也已扩展到13000多公里，并计划到2053年逐步增加到28590公里。③ 在海运方面，土耳其积极建设港口，集装箱运输处理能力持续提高，2021年共处理了1259万个标

---

① "Benefits", Turk Stream, https：//turkstream.info/project/benefits/, accessed April 18, 2022.
② Agata Łoskot-Strachota, Mateusz Seroka, Marta Szpala, "TurkStream on the Diversifying South-Eastern European Gas Market", OSW, April 8, 2021, https：//www.osw.waw.pl/en/publikacje/osw-commentary/2021-04-08/turkstream-diversifying-south-eastern-european-gas-market/, accessed April 18, 2022.
③ "Turkey to More than Double Highway, Railway Networks, Ramp up Investments-Minister", Trend News Agency, April 5, 2022, https：//en.trend.az/world/turkey/3578101.html, accessed April 19, 2022.

准集装箱，比 2020 年增长 8%。① 在航空运输领域，2018 年，伊斯坦布尔国际机场投入使用，并于 2019 年开始承接阿塔图尔克机场的客运航班，预计到 2025 年接待乘客将超过 2 亿人次。②

土耳其国内的物流企业私有化程度高，发展迅猛，2020 年底，土耳其物流中心数量增至 25 个，提前完成《2023 年愿景》的规划目标。在政府的引导下，土耳其成立了国际货运和物流服务提供商协会（UTIKAD），对物流服务业进行规制和管理。2018 年，该协会拥有 450 多家物流企业成员，包括 XPO 物流、快捷物流和敦豪等国际知名企业③，服务范围覆盖空运、海运、铁路货运和公路货运，员工人数达 5 万人。此外，在"中间走廊"计划推动下，土耳其深度融入国际贸易体系，日益频繁的国际贸易往来推动了土耳其物流系统的飞速发展。2015~2018 年，土耳其货运规模持续增长，航空货运量和铁路货运量的年均增速分别为 24.28%、8.94%，远高于 2015 年以前的水平。④

### （四）政治体制改革与地区地位的提高

正发党在《2023 年政治愿景》中提出要建设一个有效而集中的权力结构以解决土耳其政治体系中的结构性问题。正发党执政后，尤其是在第三任期开始即着手准备从"议会制"向"总统制"转型。2017 年，土耳其通过修宪公投，开启政治体制转型进程。2018 年，在总统制下的首次大选中，

---

① "Turkey: Total Seaport Container (TEU) Handing in 2021", Ports Europe, February 3, 2022, https://www.portseurope.com/turkey-total-seaport-container-teu-handing-in-2021/, accessed April 18, 2022.

② "World's Biggest Airport, Istanbul Airport, Takes off", https://istanbul-international-airport.com, accessed April 18, 2022.

③ "Turkey Freight and Logistics Market: Growth, Trends, COVID-19 Impact, and Forecast (2022-2027)", Mordor Intelligence, https://www.mordorintelligence.com/industry-reports/turkey-freight-and-logistics-market, accessed April 20, 2022.

④ "Air Transport, Freight (million ton-km) -Turkey", The World Bank, https://data.worldbank.org.cn/indicator/IS.AIR.GOOD.MT.K1?locations=TR&view=chart; "Railways, Goods Transported (million ton-km) -Turkey", The World Bank, https://data.worldbank.org/indicator/IS.RRS.GOOD.MT.K6?locations=TR&view=chart, accessed April 20, 2022.

埃尔多安当选总统，正发党领导的人民联盟获得执政地位。总统制下，土耳其政治体系得到强化，有效提高了政府部门行政效率。近年来，土耳其积极参与叙利亚危机、利比亚内战、纳卡冲突等区域事务，在伊斯兰世界、北非、黑海和外高加索地区确立强势存在，展现出强烈的进取性。与此同时，土耳其积极发展国防工业，利用国防工业发展进一步提高国际影响力和国际地位。除介入区域热点问题外，土耳其还在伊斯兰合作组织和突厥语国家组织中扮演重要角色，以提高土耳其在地区事务中的话语权和影响力。

### （五）实现《2023年愿景》面临的风险

土耳其经济发展机遇取决于合理、良性的全球政治经济环境。第一，随着近年来去全球化思潮的兴起，全球经济秩序已经遭受破坏，国际贸易和投资环境进一步恶化，外部环境变化给土耳其实现《2023年愿景》目标带来极大风险。第二，气候变化和由此产生的能源问题加大了土耳其寻求可持续经济增长的难度。第三，国际竞争环境加大了土耳其发展的难度。新兴经济体国家都想获得更大的经济实力，提高国家竞争力。除国际环境带来的影响，土耳其自身也依然面临许多问题。

在宏观经济领域，正发党依靠举债投入基础设施建设领域，以此创造就业、拉动需求，使得经济持续处于过热状态，随之而来的是极高的政府债务和通货膨胀率。在应对高通胀的层面，"埃尔多安经济学"广受诟病。2018年，里拉危机爆发，土耳其宏观经济遭受重创，里拉大幅贬值增加了土耳其政府的信用风险。[①] 在"能源枢纽"方面，土耳其在国内外经营的天然气管道网络逐渐成形。然而，现有渠道的天然气供应稳定性欠佳，以起始自伊拉克的两条管道为例，库尔德地方政府与伊拉克中央政府之间的冲突频发，政局动荡屡屡波及天然气管道运营，导致天然气运输量甚少甚至一度中断供应。此外，乌克兰危机引发的西方社会对俄罗斯的制裁将影响"土耳其溪"的供应稳定性。

---

① 魏敏：《"埃尔多安经济学"和总统制下土耳其经济政策走向——从中央银行独立性的视角》，《土耳其研究》2018年第1期。

在政治方面,"总统制"改革已经引发普遍质疑,认为权力过于集中对土耳其民主政治和加入欧盟进程带来消极影响。在土耳其国内,权力集中的政治生态也对正发党的治理效果产生了负面影响,国内中左翼势力日渐壮大,2019年,土耳其共和人民党在议会选举中获得11.5%的选票,其代表在总统选举中的得票率高达31%,国内政治局面趋向复杂化。在外交方面,土耳其在中东周边的利益链布局对俄罗斯的依赖度较高,涉及能源、民族、粮食等多个领域。作为土耳其撬动中东格局的关键力量,俄罗斯未来的外交态度与俄乌局势的演变都将影响《2023年愿景》的推进效果。虽然土耳其在经济领域取得一定成就,但在教育、社会发展、科研和政策制定相关领域仍然存在问题,况且,2022年3月土耳其通胀率高达61.1%,已经引发民众不满。

## 四 《2023年愿景》与中土经贸合作

《2023年愿景》与"一带一路"倡议提出时间相近,并同时受到两国政府的高度重视。2015年10月,在二十国集团安塔利亚峰会期间,中国政府与土耳其政府签署了关于将"一带一路"倡议与"中间走廊"计划对接的谅解备忘录,自此,两国合作进入新阶段。

### (一)良好的制度环境促进双边贸易与投资的发展

中国与土耳其的合作不断深入,双边合作涉及贸易、投资以及货币互换等领域,包括能源、农林牧、零售以及运输等行业。

随着土耳其出口结构的改善,中土双边贸易结构持续优化,土耳其对中国贸易逆差呈缩小趋势。2019年,中土双边贸易额为208.1亿美元,同比下降3.4%。2019年,中国向土耳其出口173.2亿美元的商品,同比下降2.7%。[1] 同时,中国对土耳其投资大幅增加。2020年,中国对土耳其的非

---

[1] 《中国与土耳其2019年双边经贸概况》,中华人民共和国驻土耳其共和国大使馆经济商务处网站,2020年5月19日,http://tr.mofcom.gov.cn/article/zxhz/202005/20200502966020.shtml,最后访问日期:2022年4月20日。

金融类直接投资额达2527万美元,同比增长98%;全行业直接投资额为5593万美元,同比增长338.3%。① 中国对土耳其的投资主要集中于电信业、金融业、交通业、能源业、制造业等领域。

### (二)能源领域合作深化

在国际能源价格持续增长的背景下,中国与土耳其在能源领域的合作迎来新的增长点。在各类工程承包中,能源工程成为中土工程承包合作的亮点。2020年,中国在土耳其新签工程承包合同额为45.99亿美元,同比增长242.7%,完成营业额为9.22亿美元,同比增长37.9%。② 在新能源领域,2020年,中国中电科电子装备集团有限公司和土耳其Kalyon公司合作建成土耳其光伏产业园。该产业园拥有欧洲和中东地区第一家综合光伏电池板生产工厂,这是土耳其首个也是唯一的光伏全产业链项目,每年可为土耳其创造1亿美元的电力产值,土耳其自此拥有独立的光伏生产线,能源自主性得到较大提高。③ 除本土建设外,两国还在第三方国家积极开展能源工程合作,持续深化双边合作的内涵。

### (三)加强"一带一路"与"中间走廊"建设的对接

在"一带一路"倡议和"中间走廊"计划框架下,双方应共同建设货物物流枢纽,为中土经贸往来提供更加便利的环境,实现经贸合作体系化。一方面,中国国家开发银行、中国工商银行以及中国银行等在土耳其国资银

---

① 《中国与土耳其2020年双边经贸概况》,中华人民共和国驻土耳其共和国大使馆经济商务处网站,2021年9月9日,http://tr.mofcom.gov.cn/article/zxhz/202109/20210903196698.shtml,最后访问日期:2022年4月20日。
② 《中国与土耳其2020年双边经贸概况》,中华人民共和国驻土耳其共和国大使馆经济商务处网站,2021年9月9日,http://tr.mofcom.gov.cn/article/zxhz/202109/20210903196698.shtml,最后访问日期:2022年4月20日。
③ Igor Todorović, "Turkey Opens Integrated Solar Cell Factory within USD 1.4 Billion Project", Balkan Green Energy News, August 19, 2020, https://balkangreenenergynews.com/turkey-opens-integrated-solar-cell-factory-within-usd-1-4-billion-project, accessed April 21, 2022.

行应与当地金融系统开展合作，为进入土耳其市场的中企提供专项融资工具、信贷支持以及资金监管服务。另一方面，中国应鼓励中国铁建、中工国际以及中材国际等在土耳其有子机构的建筑安装类企业与土耳其建筑企业合作，建设道路、桥梁、机场以及港口等功能型枢纽，并同土耳其政府协商相应枢纽的使用租赁模式，尽可能在相关设施投入使用后为中企客户提供便利。从投资、工程承包以及贸易三方面，增强在土耳其中资企业之间的协同性，巩固中土经贸合作的成果。

### （四）数字技术领域成为两国未来主要合作方向

土耳其政府从战略与价值管理、风险与合规、智能自动化、数据分析及现代劳动力这五大方面推出了数字化发展战略，并多次强调要加快推进新型基础设施建设。双方应以能源合作为基础，以绿色经济为导向，以治理数字化解决方案分享为手段，着力深化双边合作。中土政府可推动建设能源互联网、数字化远程监控等系统，对当地电力需求实现精准预测与决策，提高能源利用率，降低停机频率及维护成本，为土耳其"平衡电力市场"等电力市场化改造提供更高效的管理方案，以数字合作为主导，深化中土合作的内涵。

# Y.7 伊朗《2025年愿景》发展规划及前景：成就与差距

陆瑾　肖锐昂[*]

**摘　要：** 伊朗《2025年愿景》是由伊朗最高领袖哈梅内伊颁布的国家20年发展战略指南，其核心目标是伊朗在2025年成为一个发达国家，科技及经济发展水平居地区之首。伊朗《2025年愿景》强调利用知识效能与资源禀赋推动经济可持续发展，标志着伊朗伊斯兰政权发展理念的转变。为落实《2025年愿景》目标，伊朗一些部门制定了自己的20年发展规划。过去10多年里，由于受到复杂的内外因素影响，这些部门发展规划有些完成情况较好，已取得丰硕成果；有些进展不顺利，与既定目标相差甚远。伊朗是最早表示坚定支持"一带一路"倡议的国家之一，2016年中伊建立全面战略伙伴关系，两国政府签署了17个"一带一路"框架下的合作文件，但由于伊朗国内政治和美国恢复对伊制裁等原因未能得到很好的实施。2021年3月，中伊签署"全面合作计划"。伴随该合作计划进入实施阶段，中伊在"一带一路"框架下的战略合作不断深化。从目前的总体情况看，伊朗如期全面实现《2025年愿景》目标仍面临诸多挑战。

**关键词：** 伊朗　《2025年愿景》　国家发展规划　全面合作计划

---

[*] 陆瑾，文学博士，中国社会科学院西亚非洲研究所政治研究室副研究员、中国海湾研究中心副秘书长，主要研究方向为伊朗内政、外交和中伊关系；肖锐昂，中国社会科学院大学（研究生院）西亚非洲研究系硕士研究生。

伊朗《2025年愿景》是由最高领袖哈梅内伊颁布的国家20年（2005～2025年）发展战略指南，其核心目标是提高伊朗科技和经济发展水平，并以之为引擎带动国家其他领域的全面发展，使伊朗获得地区优势地位和国际影响力。《2025年愿景》强调利用知识效能，而非仅凭自然资源推动经济可持续发展，体现出伊朗伊斯兰政权发展理念的转变。为实现《2025年愿景》，2005年以来伊朗最高领袖哈梅内伊颁布了一系列配套政策，其中包括加快私有化进程的《宪法44条总政策执行法》（2005年），应对西方制裁影响的《抵抗型经济政策总纲领》（2014年）以及升级版的"向东看"政策（2019年）等。实现《2025年愿景》是一项十分艰巨的任务，但伊朗一直坚定不移地朝着目标奋进。

## 一 伊朗《2025年愿景》的核心目标及发展规划

《2025年愿景》是伊朗出台的第一个长期发展战略文件，明确了2005～2025年伊朗在政治、经济、科技、文化、军事和外交等领域的发展方向及目标，以使伊朗伊斯兰政权突破实现革命目标的瓶颈，更好地回应本国民众在历史新时期对经济繁荣和社会正义的诉求。

### （一）伊朗《2025年愿景》文件出台的背景及定位

伊朗伊斯兰共和国建立后的前20年，因遭遇美西方的经济技术封锁和8年"两伊战争"以及艰巨的战后重建，不具备制定长期规划的条件。进入21世纪后，经济全球化迅猛发展，伊朗的内部条件和外部环境都在发生深刻变化，既面临发展机遇，也面临严峻挑战。在此背景下，最高领袖哈梅内伊于2003年要求时任总统哈塔米绘制一份伊朗未来20年全面发展的战略图景。拉夫桑贾尼领导的伊朗确定国家利益委员会组织400多名政治、经济、社会、军事、文化领域的高级专家在两年时间里对30多个发达国家进行了深入研究，并从日本的发展经验中得出结论：伊朗与日本之间经济发展的差距在于，伊朗满足于直接轻松地利用自然资源，而日本则以知识效能为核心利用资源，因此伊朗需要提高自身科技水平，以更好地发挥自然资源优势。《2025年愿景》获得通过后，2003年11月，最高领袖哈梅内伊对行政、立法、司法和监督机构的领导人宣布了这份战略指南。伊朗第4个（2005~2009年）、第5个（2011~2015年）和第6个（2017~2021年）经济、社会和文化五年发展计划以及年度财政预算等中短期发展计划都是根据该"愿景"文件的核心要义制订的，以分阶段逐步实现长期目标。

### （二）伊朗《2025年愿景》的主要内容

伊朗《2025年愿景》文件由两大部分构成。第一部分是"概述"：到2025年，伊朗要成为一个发达国家，经济发展与科学技术水平排名地区第1位；伊朗要具有伊斯兰和革命性的身份并在伊斯兰世界拥有感召力，以及在国际关系中进行建设性互动。

第二部分从8个维度设定了到2025年伊朗社会应具有的特征。一是成为具有伊斯兰道德原则、民族和革命价值观的发达国家；强调宗教民主、社会正义、合法的自由；保护人的尊严和权利以及民众享有社会和司法保障；二是运用先进知识、科学技术能力，在国民生产中依靠人力资源和社会资本优势；三是安全、独立和强大，基于各种潜能构建国家与民众融合的防御体系；四是享有健康、福利、社会安全以及平等的机会、恰当的收入分配、完善的家庭制度，远离贫困、腐败与歧视问题，享有美好的自然环境；五是伊朗人积极、负责、无私、虔诚、令人满意、工作认真、遵守纪律、积极合作、适应社会，忠于伊斯兰革命和政权并致力于伊朗的复兴，以身为伊朗人而自豪；六是经济发展水平、科学技术水平在西南亚区域内（包括中亚、高加索中东以及邻近区域）排名第1位，提高国家软实力和硬实力，实现经济持续快速增长，实现充分就业与人均相对收入的提高；七是以伊斯兰教义和伊玛目霍梅尼思想为基础，以巩固宗教民主模式、推动高效发展、打造道德社会、实现社会和思想创新与跨越以及促进伊斯兰世界与地区团结为手段，成为伊斯兰世界的启发者、活跃者和影响者；八是以尊严、智慧和务实为原则与世界进行有效的建设性互动。①

### （三）重点领域及行业的20年发展规划

伊朗《2025年愿景》是宏观的战略文件，不是具有可操作性的行动计划。鉴于此，伊朗相关部门立足于行业发展基础以及外部环境，纷纷推出了各自的20年发展规划。科学技术水平的提高以教育发展和培养人才为基础。2004年末，伊朗国家最高教育委员会和教育部门制定了《伊朗国家教育发展愿景目标（2005~2025年）》，内容包括：确立高等教育为国家优先发展方向，高等教育改革和发展的重点是创新性、专业性，鼓励高校和研究机构与社会产业之间建立有效联系，加大就业因素在高等教育质量评估中的权重等。在第4个五年发展计划结束的时候，国家教育经费支出要达到GDP的3%，本科毕业生继续攻读研究生的比例提高至20%，科技水平上升至地区第2位。

2011年，伊朗文化革命最高委员会通过了《国家科学总体规划》。伊朗在科技领域的20年发展规划是，通过支持科研工作和知识型企业提高国家科技创新能力、加快科学发展速度以及提升科技成就在世界的排名。具体措施包括，增加对科技类经营人才及创新型人才提供的物质支持，提高他们的社会地位，以消除科技创新中的障碍，加快科研成果商业化。推动技术"走出去"和"引进来"，力争重新加入全球化进程。在推动本土技术出口的同时，吸纳其他国家的相关经验，助力国内科技产品的更新换代。对一些伊朗传统商业项目（如地毯）进行科技改造，提高其技术含量。根据第4个五年发展计划，到2025年，至少将GDP的4%用于开展生产研究和提高国内生产水平，以完成对部分进口商品的替代。

伊朗在经济领域的20年发展规划注重经济的内生性与外向性，提高外

① 《伊朗伊斯兰共和国2025年愿景》，伊朗伊斯兰议会网站，2003年11月4日，https：//rc.majlis.ir/fa/law/show/132295，最后访问日期：2022年4月29日。

资吸引能力,逐步减少对石油收入的依赖,对银行系统与金融市场进行改革,鼓励市场竞争,支持私营部门的商业活动,要求将每年石油收入的20%存入国家发展基金用于支持非公有部门发展;增加高科技产品与服务出口,减少非石油贸易逆差,实现贸易平衡;与西南亚地区国家开展广泛的贸易、投资、技术合作等。在第4个、第5个和第6个五年发展计划中都把国内生产总值的年平均增长率定为不低于8%,并为投资率、就业率、通货膨胀率和基尼系数等设定了阶段性指标。根据石油行业的20年发展规划,到2025年,伊朗仍要保持欧佩克第二大原油生产国的产能地位,天然气生产能力达到世界第2位,炼油能力、石油化工原料和商品产值皆达到区域第1位。[1]

伊朗在外交、国防和安全领域的发展规划包括:维护地区和平,优先发展与域内国家的关系,加强与非敌对国家的外交互动。积极加入国际和地区组织,参与国际反恐行动,推广和平、公正与安全的价值观。支持穆斯林和被压迫民族尤其是巴勒斯坦人民,努力实现伊斯兰国家之间更大的融合。提高伊朗在地区与国际上的地位,在地区打造一个抵抗美国意识形态的阵线。实施"向东看"战略,加强同中国、印度、俄罗斯等域外大国的外交互动,以各种路径消除美西方经济制裁的影响。[2] 确保核计划继续实施,维护自身合法使用核能的权利,广泛开展与国际原子能机构的合作。提高防御能力和威慑力,捍卫国家主权、领土完整、国家利益和安全,有效应对外来威胁,建立地区平衡。推进国防工业现代化,并通过加强科研和利用国内工业潜能提高自给自足水平。

---

[1] 《石油天然气行业的2025年愿景长期目标能够实现吗?》,经济道路网站,2021年1月7日,https://masireqtesad.ir/115395/%d8%a7%d9%87%d8%af%d8%a7%d9%81-%d8%a8%d9%84%d9%86%d8%af-%d9%be%d8%b1%d9%88%d8%a7%d8%b2%d8%a7%d9%86%d9%87-%da%86%d8%b4%d9%85-%d8%a7%d9%86%d8%af%d8%a7%d8%b2-1404-%d8%b5%d9%86%d8%b9%d8%aa/,最后访问日期:2022年4月29日。

[2] 侯赛因·赛义夫扎得、乌米德·马利基·赛义德阿巴迪:《20年愿景与伊朗伊斯兰共和国外交政策——基于数据模型的美伊关系研究》,《外交关系季刊》第三年刊第一期,2011,第216~221页。

## 二 伊朗《2025年愿景》发展规划的进展

过去10多年里，由于受到复杂的内外因素影响，伊朗各部门落实20年发展规划的实际进展存在差异，有些完成情况较好，已取得丰硕成果；有些进展不顺利，与既定目标相差甚远。

### （一）进展情况及特点

第一，文教、科技发展在地区国家中取得优势地位。

伊朗《2025年愿景》在科学技术领域早已进入冲刺状态。2022年，伊朗在学术权威和科技创新方面排名世界第16位，已成为本地区科技强国。2019年有18所伊朗高校进入英国泰晤士报世界权威大学排名榜，2022年增加到37所。2015年有两所高校进入莱顿大学排名，2022年已有21所大学。伊朗大学发表论文数量、质量全面提升。根据伊斯兰会议组织报告，2005~2017年，伊朗的论文发表数量从中东地区第3名上升至第1名，仅2017年发表论文数量就达到51071篇。2019~2021年Scopus收录的伊朗科学论文数量分别为64988篇、71971篇和77351篇。[①] 2019年伊朗研究成果被引用量比国际平均水平高出0.08%，到2020年这一比重已经上升至14%。2005~2021年，伊朗各级学生在国际数学、物理和计算机奥林匹克竞赛中分别斩获46枚、36枚和27枚金牌。[②]

伊朗在纳米技术、生物制药和航空航天等领域已达到世界先进水平。2022年，根据STATNANO的排名，伊朗在纳米技术科学领域发表文章数量排名世界第4位。[③] 伊朗研究人员在ISI期刊上发表了近9.5万篇纳米技术

---

[①] 《在学术研究数量增长方面伊朗在世界前20国家中排名第三》，Parstoday，2022年2月21日，https://parstoday.com/zh/news/iran-i86284，最后访问日期：2022年5月15日。

[②] 《伊朗的科技革命和科技生产运动（11）》，Parstoday，2021年12月22日，https://parstoday.com/zh/radio/programs-i31827，最后访问日期：2022年10月5日。

[③] "Top 20 Countries in Publishing Nano Articles in 2021", NBIC, January 7, 2022, https://statnano.com/news/70227/Top-20-Countries-in-Publishing-Nano-Articles-in-2021, accessed June 5, 2022.

领域的文章。伊朗是世界上少数既能制造卫星也能制造运载火箭的国家，也是第一个发射卫星进入太空的伊斯兰国家。2009年，伊朗用自行研发的"信使"号太空运载火箭成功将首颗国产卫星送入地球轨道，由此成为第9个掌握航天技术的国家。

第二，经济指标差距大，部分行业发展迅猛。

自2005年以来，伊朗经济发展情况总体不佳。从宏观经济数据看，主要指标距离发展目标还相差较远。

图1显示，从2005年《2025年愿景》开始启动至2020年，只有2007年（8.16%）与2016年（13.40%）实现了GDP年均增长率不低于8%的预设目标，2012年、2015年、2018年和2019年出现负增长。尽管多数年份的GDP是正增长，但增速都不够理想，而且大起大落，极不稳定。根据国际货币基金组织的统计数据，2021年基于购买力平价（PPP）伊朗是世界第二十大经济体，在西亚地区居第3位，排在土耳其和沙特之后。

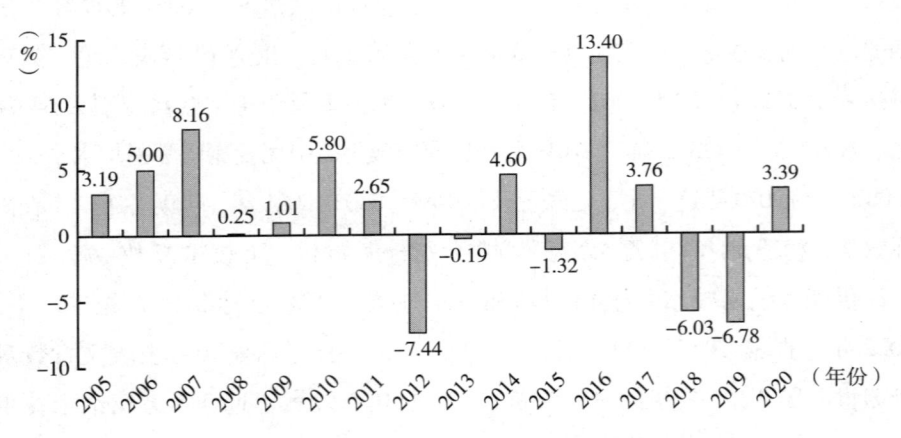

**图1　2005~2020年伊朗GDP年均增长率**

资料来源："GDP Growth（annual %）", The World Bank, https://data.worldbank.org/indicator/NY.GDP.MKTP.KD.ZG?locations=IR, accessed April 30, 2022。

图2显示，2005~2013年，伊朗基尼系数从0.436下滑至0.374，主要原因是2010年后，政府根据新出台的《定向补贴法》减少了对食品和能源

的补贴，对95%的民众按月发放定量现金补贴，并给予20%的最低收入人群直接补贴与非直接补贴，补贴向弱势群体倾斜。2014~2019年，伊朗基尼系数上升明显，从0.388升至0.409，主要是因为通货膨胀率持续走高。2005年，20%的最低收入人群的收入占国家总收入的5.3%，2018年占5.8%，可见变化不大。

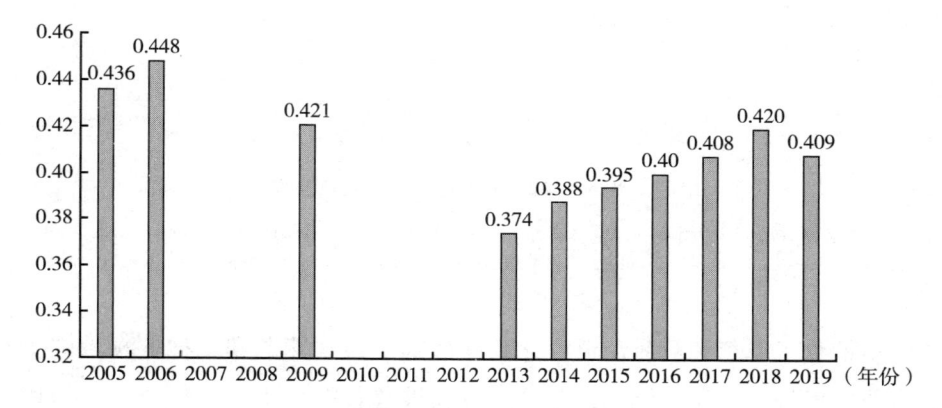

**图2　2005~2019年伊朗的基尼系数**

资料来源："Gini index – Iran, Islamic Rep.", The World Bank, https://data.worldbank.org/indicator/SI.POV.GINI?end=2019&locations=IR&start=2005, accessed June 5, 2022。

2005~2021年，伊朗年均通货膨胀率为21.38%。如图3所示，近年来，由于美国经济制裁和新冠肺炎疫情的叠加冲击，伊朗的通货膨胀率持续升高，与到2025年降至10%以下的预设目标距离较大。同时，伊朗消费者价格指数（CPI）持续上升，从2005年的49.4上升到2015年的288.0，2019年又上升至550.9，失业率长期高于10%，伊朗普通民众维系正常生活的难度大大提高。[①]

根据石油行业的20年发展规划，到2025年，伊朗仍要保持欧佩克第二大原油生产国的产能地位，天然气生产能力达到世界第2位，炼油能

---

① "Unemployment, total (% of total labor force) (modeled ILO estimate) – Iran, Islamic Rep.", The World Bank, https://data.worldbank.org/indicator/SL.UEM.TOTL.ZS?end=2021&locations=IR&start=2005, accessed June 5, 2022。

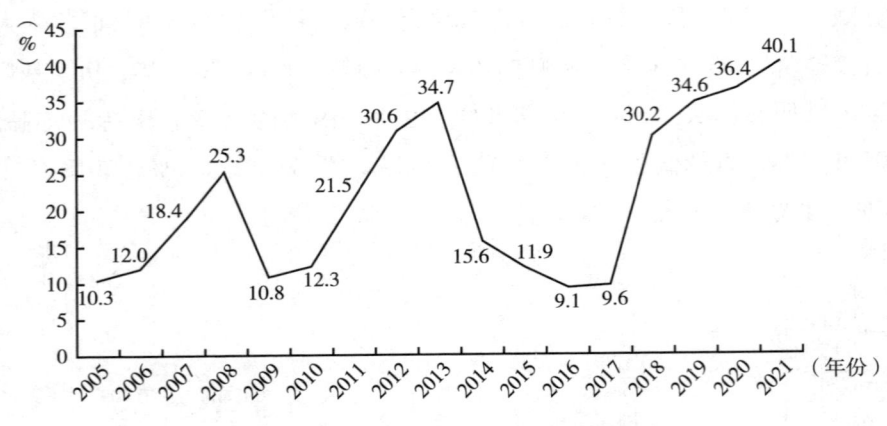

图 3　2005~2021 年伊朗年均通货膨胀率

资料来源："Inflation Rate, Average Consumer Prices", International Monetary Fund, https：//www.imf.org/en/Search#q=iran%20inflation&sort=relevancy&numberOfResults=20。

力、石油化工原料和商品产值皆达到区域第 1 位。能源和工矿业领域的个别行业发展势头迅猛，石化工业已完成发展总目标，正在替代石油成为伊朗财政的重要支柱，对政府降低对原油和天然气出口的依赖起到了积极的作用。2021 年伊朗石化产品出口价值已经超过原油出口，每吨石化产品可为伊朗政府带来的收入是石油的 15~16 倍。2006 年，伊朗石油收入占 GDP 的 27.1%，而 2018~2020 年，石油收入占 GDP 比重依次为 13.5%、7.3% 和 5.1%。[1]

2019 年，伊朗的汽油出口量超过 780 万吨，价值 29 亿美元，而 10 年前伊朗还是汽油进口大国。自 2020 年以来，伊朗稳居世界第十大钢铁制造国，排名在中东仅次于土耳其。2021 年，伊朗粗钢及钢材总产量达到 5300 万吨，距离预设目标 2025 年达到 5500 万吨已近在咫尺。[2]

---

[1]　"Oil rents (% of GDP) - Iran, Islamic Rep.", The Word Bank, https：//data.worldbank.org/indicator/NY.GDP.PETR.RT.ZS?end=2020&locations=IR&start=2005, accessed June 5, 2022.

[2]　《2021 年粗钢及钢材总产量 5300 万吨》，伊朗伊斯兰共和国通讯社网站，2022 年 5 月 22 日，https：//irna.ir/xjJv2K，最后访问日期：2022 年 7 月 5 日。

第三，军工发展低成本、高收益，武器装备实现高度本土化。

近年来伊朗国防工业在自主研制智能武器方面取得了长足的进步。2020年，伊朗伊斯兰革命卫队用国产运载火箭成功发射了第一颗军用卫星。2022年3月，伊朗发射了第二颗军用卫星"Noor-2"。伊朗能够自主生产诸如巡航、空对空、地对空以及海对空等多种类型的导弹。2022年2月，伊朗公布了一款伊朗伊斯兰革命卫队研发的第三代远程精准打击战略导弹，该导弹的射程达到1450公里，具有发射准备时间短、质量轻、采用固体燃料等优点。2022年，伊朗海军两艘新建造的驱逐舰"扎格罗斯号"（Zagros）与"达马万德-2号"（Damavand-2）正式下水服役。伊朗在开发各种类型的无人机以及在作战领域使用无人机方面快速进步，已成为世界上无人机领域强国。近年来，伊朗空军注重加强无人机与有人驾驶飞机结合的空防体系。根据美国研究网站Global Firepower的排名，2021年伊朗在142个国家和地区中排名第14位，在中东国家中仅次于埃及与土耳其。从表1可知，伊朗是在军费开支相对较低水平上取得的上述成果。

表1 中东部分国家部分年份军费开支

单位：百万美元（以2020年美元汇率兑换后表示）

| 年份 | 2005 | 2008 | 2011 | 2014 | 2017 | 2020 |
|---|---|---|---|---|---|---|
| 伊朗 | 21017.6 | 22264.0 | 20457.5 | 17101.8 | 23487.7 | 15825.1 |
| 以色列 | 14254.7 | 16429.8 | 16326.8 | 18471.3 | 20572.0 | 21816.6 |
| 沙特 | 40229.2 | 51808.8 | 56167.9 | 85846.7 | 73053.8 | 64558.4 |

资料来源：SIPRI Military Expenditure Database, https://milex.sipri.org/sipri。

（二）原因分析

第一，伊朗高度重视安全问题和科技进步，优先发展军事、科技。由于长期受到来自外部的安全困扰以及两伊战争的痛苦经历，伊朗高度重视发展军事工业和武器装备本土化，积极构建军事威慑力量和研发先进武器系统。科技发展一直是伊朗国家政策文件中的重点，政府也为科技政策实施建立了各种机构，这是其在科学发展、高等教育等方面取得重大进展的关键。伊朗高等教育部大力支持大学建立研究中心和产学研一体化的知识型公司，积极推动研究成果转化为经济效益。这样既可以缓解大学经费不足问题，又能通过创新成果带动国内产业发展和技术更新。高校和研究机构积极同外国科技企业和专家学者开展技术合作与学术交流，以使伊朗有机会在知识经济中取得领先地位。2018年，伊朗文化革命最高委员会出台了《伊朗伊斯兰共和国国际科学关系》政策文件，并设立专门机构国际科技合作中心（CISTC）负责推动高校对外交流。在美国制裁的背景下，伊朗顶尖大学把有限的经费向国防、航天、医药、石油、互联网通信等国家发展急需的专业领域倾斜，注重科研成果的转化。

第二，国内政治、经济因素影响伊朗政策的连贯性与执行力度。伊朗保守派和改革派奉行不同的发展理念，政府更迭往往带来政策上的重大调整。从2005年到2021年，伊朗最高行政长官先后由强硬保守派的内贾德和温和派的鲁哈尼担任。在外交上，内贾德主张"向东看"，鲁哈尼倾向"向西看"，伊朗外交政策处于左右摇摆状态。在经济上，内贾德强调通过改变分配原则确立社会公平秩序，否认吸引外资与技术的必要性。内贾德执政期间，由于奉行核强硬政策以及与西方对抗升级，伊朗遭到来自联合国、欧盟和美国的三重经济制裁。尽管国际油价暴涨给伊朗政府带来财政收入大幅增长，但由于内贾德缺乏经验和管理不善，盲目增加商品进口和扩大投资规模以及实施激进的补贴政策改革，伊朗在资金十分充裕的条件下仍未能很好地实现经济发展目标，反而腐败问题越来越严重。鲁哈尼政府奉行专家治国政策，重视发展与西方的经贸关系，大力引进欧洲资本；针对制约伊朗经济发展的结构性问题，实施货币政策和金融体系改革以及打击腐败等举措，但因触动了既得利益者的"蛋糕"和遭遇美国重启对伊制裁而失败。伊朗庞大的权力体系及内部制衡的生态、保守派与改革派之间的相互掣肘，导致官僚体制低效和政策执行力不强。从图4可知，伊朗腐败问题严重且长期未能得到有效治理，而这一因素导致伊朗民众参与和投资经济的意愿不高。

第三，制裁是把"双刃剑"，既可使国家经济陷入困境，又能促进国家自力更生。

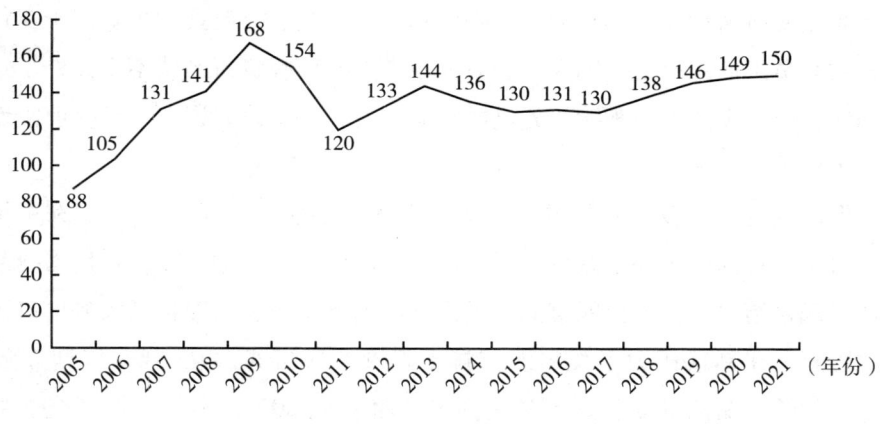

**图 4　2005~2021 年伊朗透明国际（TI）指数排名**

资料来源："2021 Corruption Perceptions Index", Transparency International, https：//www. transparency. org/en/cpi/2021, accessed July 10, 2022。

美西方对伊实施经济制裁和技术封锁，一方面限制、损害和剥夺了伊朗的权益；另一方面促进伊朗实现更高水平的自给自足和增强了抗压力。美西方制裁给伊朗造成的损失难以准确估量。尽管伊朗保守派和改革派政治精英对于制裁是不是伊朗经济发展不佳的主要原因存在分歧，但从伊朗2011年以来的汇率波动、经济增长率、通货膨胀率、失业率等宏观经济数据可以看出制裁造成的经济后果。制裁对伊朗科教领域的负面影响有直接的、间接的，也有长期的和短期的。首先，制裁导致伊朗政府财政收入减少，被迫削减教育经费，教师工资和福利减少会影响教师队伍的稳定和教学质量。其次，严重的通货膨胀率和就业困境导致很多伊朗知识精英移居海外，科技人才和社会财富流失。国际货币基金组织2009年的统计报告显示，在面临人才流失问题的91个发展中国家和不发达国家中，伊朗的人才流失率居第1位。每年有15万~18万名伊朗知识精英移民，相当于损失500亿美元的资本。据伊朗议会统计数据，2010年有6万名伊朗人移民海外，其中大部分是社会精英。[①] 此

---

① "Can Rouhani Reverse Iran's Brain Drain？", Al-Monitor, January 12, 2014, https：//www. al-monitor. com/originals/2014/01/iran - economy - diaspora - reconciliation - sustainable - progress. html, accessed May 25, 2022.

外，制裁使科研活动受到长期的直接影响。由于政府财政拨款主要用于支付学校教职员工的工资，伊朗大学和研究中心普遍面临科研经费不足、外汇短缺问题，由于无法更新和购买先进的实验设备，一些研究课题拖延，前沿性科研工作难以开展。

但制裁这把"双刃剑"的另一面是促使伊朗建立"抵抗经济"和更加独立自主。目前，伊朗已减少了对石油出口和西方技术的依赖，日用消费品生产实现自给自足，不仅能够满足国内市场的基本需要，而且还大量出口到周边国家。在制裁压力下，伊朗核技术发展突飞猛进。从2005年到2021年，伊朗的浓缩铀丰度从3.67%提高至20%再到60%，不但掌握了全套的核循环技术，而且能够自行生产IR-4、IR-6等型号的高效离心机。

## 三 《2025年愿景》与"一带一路"倡议对接情况

2021年8月16日是中国与伊朗建交50周年纪念日，中国国家主席习近平同伊朗新总统莱希互致贺电，两天后又进行电话交流，标志着两国关系达到新高度。伊朗是最早一批坚决支持"一带一路"倡议的国家。2016年习近平主席访问伊朗，中伊建立全面战略伙伴关系，两国政府签署《中华人民共和国和伊朗伊斯兰共和国关于建立全面战略伙伴关系的联合声明》《中华人民共和国和伊朗伊斯兰共和国关于共同推进丝绸之路经济带和21世纪海上丝绸之路建设的谅解备忘录》等17个合作文件，明确了两国在"一带一路"框架下发展规划对接的方向和重点领域。

中伊经济互补性强，双边贸易额在2014年达到历史最高点518.5亿美元。2016年习近平主席访伊后，中伊定期召开部长级经贸联委会商讨关于推进共建"一带一路"事宜，达成了很多重要的共识。但从图5可知，近年来中伊双边贸易额总体上呈现出下降趋势。

与此同时，中国在伊朗的工程承包和技术合作水平也呈现出下降趋势。据中国商务部发布的《伊朗国别报告》中的数据，2015年中国企业在伊朗新签承包工程合同251份，新签合同额为15.2亿美元，完成营业额为15.9

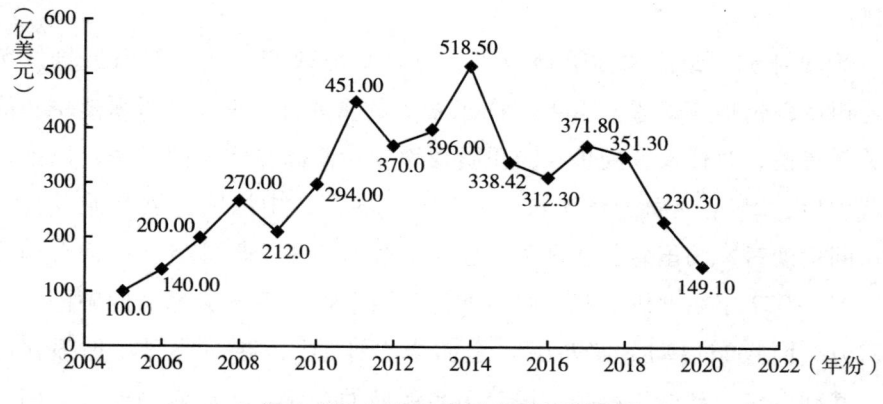

伊朗《2025年愿景》发展规划及前景：成就与差距

图5 2005~2020年中伊双边贸易额

资料来源：根据中国商务部亚洲司公布的数据整理，参见"综合数据"，中华人民共和国商务部亚洲司网站，http：//yzs. mofcom. gov. cn/xgsj. shtml。

亿美元；2018年新签承包工程合同58份，新签合同额为67.52亿美元，完成营业额为23.16亿美元；2019年新签承包工程合同31份，新签合同额为31.15亿美元，完成营业额为10.46亿美元。

2016年以来中伊经济合作水平未升反降的主要原因，一是伊朗总统鲁哈尼第一任期奉行"向西看"政策，把加强与欧洲国家的外交和经贸关系作为政策优先选项，对中国在中东推动"一带一路"框架下的产能、基础设施和能源合作未加以足够的重视，错失吸引中国政府对伊投资的最佳时机。同期，沙特、阿联酋、伊拉克、土耳其和巴基斯坦等伊朗周边国家获得了更多的中国投资。[1] 2018年美国特朗普政府退出伊核协议、重启对伊经济金融制裁后，伊朗投资环境恶化。一方面，本币大幅贬值导致在伊投资企业严重损失，甚至亏损。另一方面，美国制裁给贸易结算和资金进入伊朗带来严重阻碍。在中兴、华为公司因涉伊业务遭遇美国"长臂管辖"后，中国大型企业特别是跨国公司高度重视合规经营，以避免违反相关

---

[1] Lucille Greer, Esfandyar Batmanghelidj, "Last among Equals：The China-Iran Partnership in a Regional Context", Wilson Center, September 1, 2020, https：//www.wilsoncenter.org/publication/last-among-equals-china-iran-partnership-regional-context, accessed April 29, 2022.

条例。

2019年初，最高领袖哈梅内伊批评鲁哈尼政府一些人对欧洲抵抗美国对伊制裁仍抱有幻想，重申"向东看"的重要性，并于2月派遣伊中战略关系特使、时任议长阿里·拉里贾尼率领伊朗高级代表团访华，以推进签署中伊"25年全面合作协议"。2021年3月，中国国务委员兼外长王毅访问伊朗时，两国外长签署了"全面合作计划"（即"25年全面合作协议"）。2022年初，伊朗莱希政府的外长阿卜杜拉希扬应邀访问中国，中伊双方共同宣布启动落实两国"全面合作计划"，并一致同意加强在能源、基础设施、产能、科技、医疗卫生领域的合作，拓展农渔业等方面的合作，打造更多的合作成果。近年来，尽管中伊加强经济合作受到美国制裁的干扰，但两国政党及立法机构之间的互动、军事和安全防务以及文化领域的双边交流与合作不断深化，对促进两国民心相通发挥了重要的作用。

## 四 发展趋势与前景展望

进入2022年，留给伊朗实现《2025年愿景》发展规划的时间只剩下3年。面对新冠肺炎疫情反复、伊核协议恢复履约谈判僵持和乌克兰危机给世界经济带来复杂影响等诸多不确定因素，伊朗未来的政策趋向是抓住新机遇，积极消除制裁的影响，加快缩短弱项与目标的差距。

第一，强调平衡外交和加强经济外交，为发展创造更好的外部条件。2021年8月伊朗新总统莱希上台后，以发展周边关系为外交政策的优先事项，并大力开展以邻国、其他亚洲国家为重点的经济外交。加强与中国和俄罗斯的战略互动，充分利用伊朗已获准正式加入上海合作组织的机遇，在欧亚联盟和"一带一路"框架下加强与中东、中亚和南亚国家的经济互动，大力推进"国际南北运输走廊"（INSTC）建设。深化与伊朗石油、天然气重要购买方中国、印度、日本、韩国和印尼等国的经济、科技合作，加快落实与中国的"全面合作计划"，以获得更多的投融资和先进技术，助力伊朗提高制造业水平和工业产品的国际竞争力。在乌克兰危机带来的欧洲能源短缺背景下，加强与欧洲国家的能源合作，削弱美国制裁的影响。

　　第二，巩固强项，加快做强基础条件好的行业。国防工业继续聚焦提高防御能力，加强武装力量的威慑力和非对称打击能力，确保国家发展有良好的外部安全环境。扩大武器出口，增加外汇收入和提高国家声誉。军工企业还将发挥自身的技术和资金优势，帮助汽车生产企业等重点行业实现质量提升。大力推进基础设施建设，加大对制造业的投入。按照粗钢产量计算，伊朗已经提前完成了阶段性目标，但仍需要进行全方位的提升，一方面跟上世界钢铁生产正在绿色化的步伐，另一方面解决运输、水电等硬件设施发展不足以及铁矿石原材料和投资短缺问题，以使本国钢铁产业保持长久的活力。伊朗石化行业下一阶段的发展规划将涵盖47个项目，以大幅提高石化产品的年产量，使伊朗成为海湾地区名副其实的石化大国。

　　第三，利用知识经济发展生产力和提高经济活力。最高领袖哈梅内伊在2022年新年致辞中指出，实现国家经济发展的唯一方法就是向知识经济转型，以资源和科技组合提高生产力、加强生产、创造就业机会。伊朗在高科技产品研发、生产增长和产品出口方面有很多设定目标还没能实现，因此莱希政府将改变来料组装的经济发展模式，减少原材料或半成品出口；大力支持国内知识经济企业发展，推动知识型产品的出口；鼓励更多的企业致力于发展核心技术和专业设备，提高产品的技术含量与质量，提高工业竞争力。

　　从发展规划目前总体的进展情况看，伊朗如期全面实现《2025年愿景》面临诸多挑战。第一，美国经济制裁的制约。截至2022年5月中旬，第8轮维也纳恢复伊核协议履约谈判因个别未决问题处于僵持状态已有两个月，伊核问题前景不明。即使拜登政府实现重返伊核协议的政策目标，解除对伊制裁并非一蹴而就的事情，伊朗补齐经济发展的短板更非一夜之功，况且恢复履约协议能否行稳致远尚存疑。如果拜登的继任者来自共和党，仍存在美国再次退出伊核协议的可能性，而且拜登解除制裁也做不到干净彻底。这些不确定因素必将持续影响伊朗的营商环境，不利于伊朗吸引外资。第二，地区大国之间竞争激烈。在伊朗《2025年愿景》出台前后，地区很多国家制定了自己的20年长远规划，如土耳其有《2023年愿景》，沙特有《2030年愿景》等。近些年，这些国家都在尽全力实现预设目标，一些重要的宏观经济数据也明显好于伊朗。沙特的《2030年愿景》、土耳其的"中间走廊"计划与"一带一路"倡议对接取得显著成效。第三，国内外安全问题。新冠肺炎疫情与美国制裁叠加对伊朗经济社会造成的严重冲击难在短期内消除。2021年以来，汇率大幅波动和经济衰退态势仍在持续，水资源短缺风波、大饼涨价风波等不利于社会稳定的事件接连发生。莱希政府实施补贴政策改革带来新一轮物价全面上涨，将进一步加大伊朗维护国内安全稳定的压力。伊朗外部安全压力主要来自地缘政治风险。围绕伊核问题的博弈，以色列与伊朗在叙利亚的冲突不断升级；塔利班政府上台后，阿富汗国内不稳定给邻国伊朗带来的安全风险在加大；伊拉克最新大选结果不利于伊朗，政府组阁后的局面不确定。总之，一旦内外部安全局势紧张加剧，必将耗费伊朗政府更多的精力。

# Y.8
# 沙特阿拉伯的发展规划及前景：经济压力下的突围

刘 冬*

**摘　要：** 以《2030年愿景》为标志，沙特阿拉伯在2016年启动了以去石油化、私有化、市场化和国际化为主要目标的经济转型。经济转型战略启动以来，尽管取得了一些改革成绩，但仍有很多转型目标落后于既定规划。沙特阿拉伯经济转型也为中沙共建"一带一路"提供了新的机遇，双方政策沟通、设施联通、贸易畅通取得深化发展。然而，尽管沙特阿拉伯有着推动国家经济转型的强烈意愿，但财政资金短缺、人力资源供给短板和外资吸引力不足等不利因素仍会是其经济转型战略推进的重要阻碍。

**关键词：** 沙特阿拉伯　《2030年愿景》　经济转型

## 一　沙特阿拉伯的经济转型战略

2016年4月25日，沙特阿拉伯内阁通过名为《2030年愿景》的战略规划，文件分为社会、经济、国家建设三大主题，强调要实现"社会欣欣向荣、经济繁荣兴旺、国家理想远大"的目标。在经济领域，《2030年愿景》提出了明确的"去石油化和经济多样化"发展目标。为配合《2030年愿

---

\* 刘冬，中国社会科学院西亚非洲研究所副研究员，经济研究室副主任，主要研究方向为中东经济、能源经济。

景》的落实，沙特阿拉伯又于2016年6月通过《2020年国家转型计划》，进一步将经济转型目标具体化，明确了须于2020年前实现的具体指标。2019年1月，为进一步推动经济转型的深化发展，沙特阿拉伯推出了《国家工业和物流发展规划》，旨在将沙特阿拉伯打造为全球领先的工业强国和物流中心。从2016年以后沙特阿拉伯相继推出的几个经济转型文件来看，沙特阿拉伯的经济转型旨在降低经济对石油资源的高度依赖以及提高经济的市场化、私有化和国际化水平。

（一）沙特阿拉伯经济转型规划

沙特阿拉伯在2016年出台的《2030年愿景》确定了其经济发展和转型的总体方向，该文件是其经济转型的纲领性文件。而《2020年国家转型计划》和《国家工业和物流发展规划》则是对《2030年愿景》的细化，确定了不同阶段的经济发展和转型的具体目标。

1.《2030年愿景》[①]

作为经济转型规划的纲领性文件，沙特阿拉伯《2030年愿景》明确提出要推动采矿业、可再生能源、数字经济、物流、旅游业等产业的发展。在具体目标上，《2030年愿景》提出，到2030年沙特跻身全球前十五大经济体，全球竞争力指数排名从第25名提升至前10名，公共投资基金的资产总额从1600亿美元增长至接近19000亿美元，外国直接投资占GDP的比重从3.8%提高至5.7%，私营经济的GDP贡献率从40%提高至65%，非石油外贸出口占比从16%提高至50%，非石油政府财政收入从435亿美元增长至2667亿美元，失业率从11.6%降低至7%，油气行业本地化水平从40%提高至75%。为确保目标的达成，《2030年愿景》改变了沙特阿拉伯过去过度依赖政府财政投资的做法，转而重视私人资本和外资在经济发展中发挥的作用。

---

① "Vision 2030", Vision 2030: Kingdom of Saudi Arabia, https://www.vision2030.gov.sa/media/rc0b5oy1/saudi_vision203.pdf, accessed February 14, 2022.

## 2.《2020年国家转型计划》[①]

沙特阿拉伯《2020年国家转型计划》确立的2020年要完成的改革目标包括：非石油财政收入由1635亿里亚尔增长至5300亿里亚尔，公共资产规模由3万亿里亚尔增长至5万亿里亚尔，继续维持1250万桶/日的石油产能，石油炼化能力由290万桶/日进一步提高至330万桶/日，干天然气产量由120亿立方英尺/日增长至178亿立方英尺/日，非石油货物出口贸易额由1850亿里亚尔增长至3300亿里亚尔，每年减少120亿美元的进口贸易额，政府债务占GDP的比重由7.7%大幅提高至30%，国际信用风险平均从A1级提升至Aa2级别，在非政府部门创造45万个就业岗位，可再生能源发电的比重提高4个百分点，矿业部门的增加值由640亿里亚尔提高至970亿里亚尔，非油气投资从1450亿里亚尔增长至1715亿里亚尔。

## 3.《国家工业和物流发展规划》[②]

为支持工业和物流产业的发展，沙特阿拉伯《国家工业和物流发展规划》提出重点发展工业、矿业、能源和物流四大支柱产业，到2030年，上述四大产业对经济的贡献增长至1.2万亿里亚尔，非石油出口规模增长至1.7万亿里亚尔以上，新增就业岗位160万个。

### （二）沙特阿拉伯的经济转型目标

从2016年以来沙特阿拉伯出台的主导经济发展和转型的政策文件来看，沙特阿拉伯的经济转型旨在降低经济对石油资源的高度依赖以及提高经济的市场化、私有化和国际化水平。

## 1.去石油化

首先，沙特阿拉伯的经济转型旨在降低经济发展对石油部门的高度依赖。因此，沙特阿拉伯的经济转型聚焦两个方面的改革，一方面，沙特阿拉

---

[①] "National Transformation Program 2020", UNESCO, https://planipolis.iiep.unesco.org/sites/default/files/ressources/saudi_arabia_ntp_en.pdf, accessed February 14, 2022.

[②] "National Industrial Development and Logistics Program", Vision 2030: Kingdom of Saudi Arabia, https://www.vision2030.gov.sa/v2030/vrps/nidlp, accessed February 14, 2022.

伯试图通过税制改革扩充政府财政收入来源,降低国家财政对石油收入的过度依赖;另一方面,沙特阿拉伯根据自身比较优势,大力发展非石油经济部门,试图降低国民经济发展对石油部门的过度依赖。

在发展非油气经济部门方面,沙特阿拉伯放弃了过去曾经执行的"进口替代"战略,而是希望依托本国的资源禀赋和区位优势,使特定产业部门形成较强的国际竞争优势。沙特阿拉伯《2030年愿景》重点支持的非油气经济部门都是本国具有比较优势的产业部门,包括与能源资源禀赋相关的炼油业、石化产业、其他重化工业,以及与工业密切相关的物流产业。此外,沙特阿拉伯还希望依托自身资源禀赋和区位优势重点发展采矿业和旅游业。

### 2. 私有化

沙特阿拉伯的经济转型战略放弃了过去高度依赖国家财政投资的发展模式,希望借助于吸引外国直接投资和引入私人资本来支持国家的经济转型计划。而从战略规划的内容来看,沙特阿拉伯国有资产的私有化范围和金额进一步扩大,并且开始触及石油、天然气等核心资产,其中包括沙特阿美石油公司。

### 3. 市场化

沙特阿拉伯的经济转型也十分注重提高经济的市场化水平。一方面,沙特阿拉伯经济转型在更大范围内将私人资本引入公用事业部门,提高公用事业服务供给的市场化水平。另一方面,沙特阿拉伯加快推进劳动力本土化战略,着力提高本国人口就业的市场化水平。

### 4. 国际化

沙特阿拉伯的经济转型高度重视营商环境的改善,提高国内营商环境的国际化水平。与其他国家相比,海合会国家的营商环境具有许多独特性,如外国企业不能在岸投资独资企业或控股企业,外国企业不能独自销售产品,外籍员工更换工作乃至离境都受到严格管控。沙特阿拉伯的经济转型则致力于将本国营商环境进一步与国际市场接轨,增强本国的投资吸引力。

## 二 沙特阿拉伯经济转型战略的推进

2016年沙特阿拉伯启动经济转型以来，在去石油化、私有化、市场化、国际化等方面出台了很多改革举措，但总体来看，其经济转型战略的实质推进仍落后于转型战略规划确定的发展目标。

### （一）去石油化

沙特阿拉伯的经济转型战略确定了发展非石油经济、降低经济对石油部门高度依赖的发展模式。从沙特阿拉伯各经济部门的构成来看，2016年经济转型战略启动以来，采矿业增加值在GDP中的占比总体呈现出缓慢下降的态势，由2016年的40.45%降至2021年的35.73%（见表1），去石油化发展目标得到一定程度的推进。然而，从绝对水平来看，油气采矿业在经济总量中的占比仍然偏高，经济发展仍未摆脱对石油部门的高度依赖。

表1　2016~2021年沙特阿拉伯主要经济部门增加值占GDP比重的变化

单位：%

| 经济部门 | 2016年 | 2018年 | 2019年 | 2020年 | 2021年 |
| --- | --- | --- | --- | --- | --- |
| 农业、林业和渔业 | 2.32 | 2.30 | 2.32 | 2.38 | 2.36 |
| 采矿业 | 40.45 | 39.46 | 38.04 | 37.30 | 35.73 |
| 　石油和天然气 | 40.08 | 39.08 | 37.63 | 36.87 | 35.29 |
| 　其他采矿业 | 0.37 | 0.39 | 0.40 | 0.42 | 0.44 |
| 制造业 | 11.90 | 11.41 | 11.35 | 10.78 | 11.65 |
| 　炼油业 | 3.66 | 3.55 | 3.44 | 3.11 | 3.51 |
| 　其他制造业 | 8.25 | 7.86 | 7.91 | 7.67 | 8.14 |
| 电、气和水 | 1.30 | 1.17 | 1.15 | 1.15 | 1.14 |
| 建筑业 | 4.68 | 4.08 | 4.18 | 4.44 | 4.36 |
| 批发零售、餐饮和宾馆 | 8.81 | 8.46 | 8.95 | 8.69 | 9.15 |
| 交通、仓储和通信 | 5.74 | 5.67 | 5.94 | 5.80 | 5.83 |

续表

| 经济部门 | 2016年 | 2018年 | 2019年 | 2020年 | 2021年 |
|---|---|---|---|---|---|
| 金融、保险、房地产和商业服务 | 9.16 | 9.38 | 9.68 | 10.42 | 10.68 |
| 房地产 | 4.92 | 5.19 | 5.34 | 5.62 | 5.74 |
| 其他 | 4.25 | 4.19 | 4.34 | 4.81 | 4.94 |
| 政府服务 | 13.70 | 13.98 | 14.15 | 14.78 | 14.54 |

资料来源："Yearly Statistics 2021", Saudi Central Bank, May 31, 2022, https://www.sama.gov.sa/en-us/EconomicReports/pages/YearlyStatistics.aspx, accessed October 18, 2022。

沙特阿拉伯《2030年愿景》及配合出台的《2020年国家转型计划》明确提出了发展天然气及其他采矿业、制造业、旅游业等非石油经济部门，扩大新能源供电规模等发展目标。然而，与之前相比，沙特阿拉伯经济转型战略的提出未能有效带动相关产业的发展。从沙特阿拉伯GDP构成的变化来看，2016~2021年，剔除炼油业的影响，制造业部门增加值在GDP总量中的占比由8.25%降至8.14%，而同期炼油业增加值在GDP中所占比重从3.66%降至3.51%。此外，2016~2021年，与旅游业密切相关的批发零售、餐饮和宾馆行业的增加值在GDP总量中的占比仅从8.81%上升至9.15%。在能源供给方面，沙特阿拉伯原计划在2020年将干天然气日产量提高至178亿立方英尺，将可再生能源发电比重提高4个百分点，但根据BP公司的统计数据，2021年，沙特阿拉伯天然气产量仅为113.5亿立方英尺/日，可再生能源在沙特阿拉伯总发电量中的占比仅为0.23%，都落后于既定发展目标。[1]

从沙特阿拉伯GDP构成的变化来看，尽管沙特阿拉伯确定了去石油化的经济发展目标，但截至2021年，其经济对石油部门的依赖并未显著降低，《2030年愿景》及相关文件所确立的重点发展的非石油经济部门的发展增速也没有显著提高。

---

[1] "Statistical Review of World Energy 2022", BP, June 2022, https://www.bp.com/en/global/corporate/energy-economics/statistical-review-of-world-energy.html, accessed October 18, 2022.

## （二）私有化

为降低国家发展资金对石油收入的过度依赖，增加财政收入，扩宽国家建设资金的来源渠道，沙特阿拉伯也将国有资产私有化作为经济转型的重要内容，国有资产私有化的范围和深度较之前有了大幅度提升。

首先，沙特阿拉伯的私有化开始触及石油、天然气等核心资产。《2030年愿景》将沙特阿美石油公司上市确定为国有资产私有化的重点工程。经过多年筹备，2019年12月，沙特阿美石油公司在沙特证券交易所（Tadawul）上市，首次公开募股（IPO）的最终定价为每股32沙特里亚尔（约合8.53美元），通过沙特证券交易所发行公司股票总数的1.5%，即200亿普通股中的约30亿股，分别面向个人投资者和机构投资者发行不同比例的股票数量，而此次公开募股募集资金为256亿美元，成为当时全球最大规模IPO。① 此外，2021年4月，沙特阿美石油公司还以124亿美元的价格，向美国投资者出售旗下新成立的管道公司49%的股权。②

其次，沙特阿拉伯国有资产的私有化还涉及供水、粮食等与民生密切相关的产业部门。例如，2020年6月，沙特阿拉伯海水淡化公司（Saline Water）开始启动全球最大的海水淡化工厂拉斯卡尔（Ras Al-Khair）海水淡化厂私有化项目，该项目估值高达35亿美元。③ 2020年7月，沙特阿拉伯国家私有化中心（National Center for Privation）宣布将沙特阿拉伯粮食机构（Saudi Grains Organisation）旗下两家面粉厂出售给本国投资者和阿联酋投资者，总金额达28亿沙特里亚尔（约合7.4亿美元）。2020年9月，沙特阿拉伯国家私有化中心宣布将面向私人资本出售沙特阿拉伯粮食机构旗下位于利雅得和达曼的另外两家面粉厂。④

---

① 《沙特阿美公司推出全球最大IPO募资256亿美元》，新华网，2019年12月6日，http://www.xinhuanet.com/fortune/2019-12/06/c_1125315611.htm，最后访问日期：2021年5月28日。
② EIU, *Country Report: Saudi Arabia*, May 2021, pp. 37-42.
③ EIU, *Country Report: Saudi Arabia*, June 2020, p. 42.
④ EIU, *Country Report: Saudi Arabia*, October 2020, p. 33.

为进一步支持国家的私有化计划，2020年9月，沙特阿拉伯修订私有化相关规定，要求除大学教育机构和专业医院外，沙特阿拉伯30余个公立机构在两年内拟定本机构私有化计划，内容包括实现目标、项目清单、实施顺序、完成时限、私有化吸引力评估等。①

总体来看，经济转型启动以来，沙特阿拉伯在国有资产私有化方面取得了突破性进展，沙特阿拉伯国家私有化中心首席执行官表示，仅在2020年沙特阿拉伯国家私有化中心就通过出售国有资产筹集了30亿里亚尔（约合8亿美元），2021年，国有资产出售金额将会超过150亿里亚尔（约合40亿美元）；而沙特阿拉伯国有资产私有化计划不仅包括特定基础设施项目和资产的出售，还计划将拟私有化的政府资产在沙特证券交易所挂牌上市。②

### （三）市场化

沙特阿拉伯的经济转型注重提高经济的市场化水平，主要表现在两个方面：一方面，沙特阿拉伯在更大范围内将私人资本引入公用事业部门，提高公用事业服务供给的市场化水平；另一方面，沙特阿拉伯加快推进劳动力本土化战略，着力提高本国人口就业的市场化水平。

首先，为提高公用事业服务的市场化水平，降低政府提供公用事业服务的财政负担，沙特阿拉伯将政府和社会资本合作（Public-Private Partnership）模式即PPP模式进一步引入教育、医疗等更多原本由政府垄断的公用事业部门。在教育领域，2020年7月，沙特阿拉伯正式启动在西部城市吉达和麦加建设60所学校的PPP建设项目。③ 在医疗领域，2021年2月，沙特阿

---

① 《沙30余个公立机构将在2年内拟定所辖私有化计划》，中华人民共和国商务部网站，2020年9月23日，http://www.mofcom.gov.cn/article/i/jyjl/k/202009/20200903003489.shtml，最后访问日期：2022年4月19日。

② 《2021年沙特计划通过私有化筹集逾40亿美元》，中华人民共和国商务部网站，2021年1月16日，http://www.mofcom.gov.cn/article/i/jshz/rlzykf/202101/20210103033749.shtml，最后访问日期：2022年2月18日。

③ EIU, *Country Report: Saudi Arabia*, August 2020, p.52.

拉伯首家以PPP模式运营的医院麦地那安萨尔（Al Ansar）医院进入招投标阶段，9家企业获得竞标资格。①

其次，为降低政府为国民创造就业机会的财政压力，沙特阿拉伯经济转型致力于提高本国人口就业的市场化水平，提高私有经济部门中本籍就业人口的占比。经济转型战略启动以来，沙特阿拉伯积极利用经济手段提高本国人就业水平。从2017年开始，沙特阿拉伯政府开始向企业征收使用外籍劳动力的"人头税"，根据所属行业和使用本国员工的比例，征收标准为每人每月500~600里亚尔。此外，外籍劳工还要为其在沙特阿拉伯居住的家属缴纳每人每月400里亚尔的"人头税"。2020年8月，沙特阿拉伯推出一揽子劳动力本地化政策，除私营工程单位沙特化率调整至20%，还规定在批发和零售业的九大类经营活动中推行70%的劳动力本土化。② 而在政府就业政策的引导下，沙特阿拉伯本籍人口就业市场化水平有了显著提高，根据沙特阿拉伯央行数据，2016~2020年，沙特阿拉伯私人经济部门本籍劳动力占比由16.5%大幅提高至21.8%。③

总体来看，2016年经济转型战略启动以来，沙特阿拉伯公用事业和劳动力就业的市场化水平有所提高，但从绝对水平来看，沙特阿拉伯公用事业部门的市场化仍处于较低水平，沙特阿拉伯私有经济部门本籍劳动力占比仍然较低。

---

① "9 Companies Pre-Qualified for Al Ansar Hospital PPP Project in Madinah, Saudi Arabia", PPPHealth4All, January 28, 2021, https://ppphealth4all.de/pre-qualified-companies-ansar-hospital-ppp/, accessed March 21, 2022.
② 《沙特工程领域"沙特化率"就业百分比增至20%》，中华人民共和国驻沙特阿拉伯王国大使馆经济商务处网站，2020年8月24日，http://sa.mofcom.gov.cn/article/ddfg/202008/20200802997248.shtml；《沙特在批发零售业9类经营活动中实施70%沙特化率要求》，中华人民共和国驻沙特阿拉伯王国大使馆经济商务处网站，2020年8月19日，http://sa.mofcom.gov.cn/article/ddfg/202008/20200802994507.shtml，最后访问日期：2022年5月27日。
③ "Annual Statistics 2020", Saudi Central Bank, https://www.sama.gov.sa/en-us/EconomicReports/pages/YearlyStatistics.aspx, accessed May 21, 2021.

## （四）国际化与宏观经济稳定性

沙特阿拉伯启动经济转型战略以来，高度重视营商环境的改善。在世界银行公布的全球营商环境排名中，2016年，沙特阿拉伯列全球第82位，而到2020年，大幅上升至全球第62位。① 而在优化营商环境方面，沙特阿拉伯取得的最大突破便是取消了实施70年之久的"保人制度"。"保人制度"是沙特阿拉伯与其他海合会国家所独有的外籍劳工管理制度，在"保人制度"下，外籍雇员与雇主之间形成很强的依附关系，外籍劳工在务工所在国必须有自己的担保人，无担保人许可，私自调换工作、更换担保人、离开国境等均被视为违法行为，外籍雇员自身权益难以得到有效保障。因此，与其他海合会国家相似，沙特阿拉伯长期存在外籍雇员主要集中于低端劳动力市场，而高端人才吸引力不足的问题。通过取消备受诟病的"保人制度"，沙特阿拉伯经济对高端人才的吸引力也有所增强。

2016年沙特阿拉伯启动经济转型以来，很多改革目标稳步推进。2016~2020年，沙特阿拉伯投资基金规模增长超过1倍，由878.4亿里亚尔增长至2097.2亿里亚尔，非石油财政收入由1857.6亿里亚尔增长至3687.9亿里亚尔，占比由35.8%大幅提高至47.2%，公共债务占GDP比重由13.1%上升至32.5%，非石油出口占比由29.1%上升至35.4%。此外，按2010年价格计算，2016~2021年，沙特阿拉伯非油气采矿业产值由95.3亿里亚尔增长至114.1亿里亚尔。2016~2021年，沙特阿拉伯货物贸易进口额年均增幅降至1.8%。②

然而，在取得转型成绩的同时，沙特阿拉伯还有一些宏观经济指标远远

---

① "Doing Business Ranking", The World Bank, https://www.doingbusiness.org/en/rankings, accessed April 19, 2021.
② "Yearly Statistics 2021", Saudi Central Bank, May 31, 2022, https://www.sama.gov.sa/en-us/EconomicReports/pages/YearlyStatistics.aspx, accessed October 18, 2022; "UNCTADSTAT", UNCTAD, https://unctadstat.unctad.org/wds/ReportFolders/reportFolders.aspx, accessed October 15, 2022.

落后于发展规划确定的目标。2016~2020年,沙特阿拉伯的外国直接投资占GDP比重由1.1%降至0.8%,私有部门对经济的贡献率由38.7%降至38.6%。[1] 同期,沙特阿拉伯的失业率也从11.6%上升至12.6%。[2] 此外,受新冠肺炎疫情和低油价影响,2020年,标准普尔(Standard & Poor's)将沙特阿拉伯的主权信用评级调整至A-级别,风险等级低于经济转型启动之前的AA-级。[3]

## 三 沙特阿拉伯《2030年愿景》与"一带一路"倡议的对接

沙特阿拉伯启动经济转型战略以来,中沙两国高度重视《2030年愿景》与"一带一路"倡议的对接,从而为中沙经贸关系的深化发展提供了必要的政策保障。中沙双方在设施联通、贸易畅通领域取得快速发展的同时,双方在资金融通方面的合作潜力仍有待挖掘。

### (一)政策沟通

习近平主席于2013年提出了"一带一路"倡议,旨在通过加强政策沟通、设施联通、贸易畅通、资金融通、民心相通来实现互联互通,促进各国经贸往来及经济增长。2016年初,习近平主席出访沙特阿拉伯,将中沙关系提升为全面战略伙伴关系,双方签署了联合声明,建立了高级别委员会,签署涉及共建"一带一路"及产能、能源、通信、环境、文化、航天、科技等领域的14项合作文件。沙特阿拉伯经济转型战略启动以来,《2030年愿景》与"一带一路"倡议的对接得到中沙两国领导人的高度重视。2021年4月,沙特阿拉伯王储在与习近平主席通话时,再次强调要"推进沙特

---

[1] "UNCTADSTAT", UNCTAD, https://unctadstat.unctad.org/wds/ReportFolders/reportFolders.aspx, accessed March 15, 2022.

[2] EIU, *Country Report: Saudi Arabia*, September 2021, p. 2.

[3] "S&P Global Ratings", S&P Global, https://www.spglobal.com/ratings/en/, accessed May 31, 2021.

'2030年愿景'同'一带一路'倡议的战略对接,进一步提升沙中全面战略伙伴关系"。①

2016年以来,中沙两国在政策沟通方面取得实质性推进,双方签署多个双边合作文件,主要包括《中华人民共和国与沙特阿拉伯王国政府关于共同推进丝绸之路经济带和21世纪海上丝绸之路以及开展产能合作的谅解备忘录》(2016年1月)、《中华人民共和国商务部与沙特阿拉伯王国商工部关于产业合作的谅解备忘录》(2016年1月)、《中华人民共和国商务部与沙特发展基金关于贸易融资和信保领域合作谅解备忘录》(2016年1月)、《中华人民共和国商务部与沙特阿拉伯王国商工部关于企业家互访机制的五年行动计划》(2017年8月)、《中华人民共和国商务部与沙特商业投资部关于设立贸易畅通工作组的谅解备忘录》(2019年2月)等政策文件。

从中沙两国的行动来看,两国领导人和政府均高度重视《2030年愿景》和"一带一路"倡议的对接,从而为中沙双方全方位开展经贸合作提供了坚实的政策保障。

### (二)设施联通

在中沙两国政府基础设施建设领域合作协议的助力下,沙特阿拉伯已成为中国在中东地区十分重要的工程承包市场,沙特阿拉伯启动经济转型战略以来,中国对沙工程承包业务取得稳定发展。根据中国国家统计局数据,2016~2020年,中国对沙工程承包完成营业额总计334.4亿美元,相较于2011~2015年完成营业额总额,增幅高达20.2%。②

2016年沙特阿拉伯启动经济转型战略以来,中国工程承包企业在沙特阿拉伯新签大量工程项目订单,从新签订单项目构成来看,石油化工、电

---

① 《习近平同沙特王储穆罕默德通电话》,求是网,2021年4月21日,http://www.qstheory.cn/yaowen/2021-04/21/c_1127355210.htm,最后访问日期:2022年3月9日。
② "国家数据",国家统计局网站,https://data.stats.gov.cn/easyquery.htm?cn=C01,最后访问日期:2022年3月10日。

力工程等能源类项目在中国对沙工程承包业务中占有较大比重，重点项目包括中石化中原石油工程公司承建沙特钻修井项目、中国海油所属海油工程与沙特阿美石油公司签署海上平台陆地建造及海上安装合同、山东电力建设第三工程有限公司承建的沙特延布三期5×660MW燃油电站项目等。除能源类项目外，中国工程承包企业还在沙特获得大量交通、通信工程、城市和工业建设项目订单，主要项目包括中国电建承建沙特萨勒曼国王国际综合港务设施项目，华为承建沙特阿拉伯电信项目，中铁隧道局集团有限公司承建的沙特吉达公寓楼、达曼公寓楼及别墅三大保障性房屋建筑工程项目等。

### （三）贸易畅通

2016年沙特阿拉伯启动经济转型战略以来，中沙贸易联通取得实质性推进，2016~2021年，中沙货物贸易进出口额由422.8亿美元增长至872.8亿美元，年均增幅高达15.6%（2011~2015年的年均增幅为-5.3%），其中，中国对沙货物贸易出口额由186.5亿美元增长至303.2亿美元，年均增幅为10.2%（2011~2015年的年均增幅为9.8%），中国自沙货物贸易进口额由236.3亿美元增长至569.6亿美元，年均增幅为19.2%（2011~2015年的年均增幅为-11.7%）。[1]

从中沙货物贸易的商品构成来看，原油是中沙贸易中最为重要的商品，2016~2021年，原油占中国对沙货物贸易进出口总额的40%左右，占中国对沙货物贸易进口总额的70%左右。[2] 2021年，受益于自产原油产量的增长，中国原油进口依存度在近20年来首次下降，当年中国进口原油5.13亿吨，同比下降5.3%。但中国从沙特原油进口规模并未减少，2021年，中国从沙特进口原油8758万吨，比2020年增加266万吨，占比由2020年的

---

[1] "UNCTADSTAT", UNCTAD, https://unctadstat.unctad.org/wds/ReportFolders/reportFolders.aspx, accessed October 15, 2022.

[2] "UNCTADSTAT", UNCTAD, https://unctadstat.unctad.org/wds/ReportFolders/reportFolders.aspx, accessed October 15, 2022.

15.6%上升至17.1%。2020~2021年，沙特阿拉伯也连续两年成为中国最大的原油进口来源国。①

### （四）资金融通

与设施联通和贸易联通相比，2016年沙特阿拉伯启动经济转型战略以来，中沙双方资金融通的进展相对缓慢。首先，在中国对沙投资方面，2016~2020年，中国对沙直接投资流量总额仅为109742万美元，比2011~2015年下降18.4%。②其次，沙特对华投资方面，2016~2020年，中国实际利用沙特阿拉伯外国直接投资流量总计40573万美元，比2011~2015年利用沙特阿拉伯外国直接投资流量总额下降70.96%。③

## 四 沙特阿拉伯经济转型战略的前景展望

沙特阿拉伯的经济转型是应对低油价给国家财政平衡、国家经济发展带来的巨大冲击而采取的经济改革举措。尽管经济转型改革取得一定进展，但仍有许多因素对其深化改革构成挑战。

第一，沙特阿拉伯经济转型面临资金短缺的挑战。尽管致力于加强国家财政收入的去石油化，但石油收入仍是沙特阿拉伯财政收入的主要来源。国际油价自2014年陷入低位均衡以后，沙特阿拉伯财政平衡也受到很大冲击。国际上通常使用《马斯特里赫特条约》确立的3%赤字率

---

① 《2021年中国原油进口量缩减，进口格局大体不变》，新浪网，2022年1月26日，https：//finance.sina.com.cn/money/future/roll/2022-01-26/doc-ikyakumy2759074.shtml；《2020年中国原油进口量快速增长，沙特蝉联最大进口来源国》，青年创投网，2021年1月27日，http：//www.scgqt.org.cn/depart/2021/0127/27541.html，最后访问日期：2022年3月18日。
② 中华人民共和国商务部、国家统计局、国家外汇管理局：《2020年度中国对外直接投资统计公报》，中国商务出版社，2021，第51页。
③ "国家数据"，国家统计局网站，https：//data.stats.gov.cn/easyquery.htm?cn=C01，最后访问日期：2022年3月10日。

（财政赤字与GDP之比）作为衡量财政风险的国际安全线。2015～2019年，沙特阿拉伯5年赤字率均值已经超过了10%，远超过3%的国际安全线。2020年，在新冠肺炎疫情和低油价叠加影响下，沙特阿拉伯的赤字率大幅上升至11.1%。[1]而沙特阿拉伯经济转型战略确定的很多重点发展的产业部门在基础设施建设方面需要巨大的资金投入，而基础设施又具有公共产品的特性，即使引入社会资本，政府在建设中也需要发挥主导作用。而在财政资金短缺的约束下，沙特阿拉伯将很难确保对相关基础设施建设给予稳定的资金投入，而基础设施建设项目的拖延必然影响经济转型战略的整体推进。

第二，沙特阿拉伯经济转型面临人力资源供给短板。得天独厚的油气资源禀赋使沙特阿拉伯跻身高收入国家行列，沙特阿拉伯劳动力素质却未能随同收入水平的上升同步提高。由于本国劳动力成本较高，沙特阿拉伯经济转型战略确立的重点发展的非石油经济部门均是高附加值的产业部门，包括智能制造、科技金融、现代物流、休闲旅游等高端制造业和服务业部门。而高端制造业和服务业具有专业化、智能化和效率化的特点，专业化的技能人才是其发展不可或缺的要素条件，沙特阿拉伯高端人才供给不足的短板必然对相关产业的发展形成制约。

第三，沙特阿拉伯的投资吸引力仍有待加强。为应对财政资金短缺问题，沙特阿拉伯将优化营商环境，吸引外国直接投资进入本国非油气经济部门，参与本国私有化、公司合营项目作为推动经济转型的重要举措。然而，沙特阿拉伯营商环境仍未能与国际市场完全接轨，这也导致其投资吸引力不足。例如，沙特阿拉伯原本希望吸引全球四大粮商参与国有面粉厂的私有化项目，但由于国际粮商对该项目不感兴趣，最终只能出售给本国投资者和海合会投资者。而沙特NEOM新城建设项目吸引的私人资本也主要来自本国投资者。

---

[1] "World Economic Outlook Database", IMF, October 12, 2021, https://www.imf.org/en/Publications/WEO/weo-database/2021/October/select-country-group, accessed March 28, 2022.

总体来看，尽管沙特阿拉伯对于推进国家经济转型，实现经济发展的去石油化、私有化、市场化、国际化有着很强的意愿。然而，财政资金短缺、人力资源供给短板、外资吸引力不强等问题将成为沙特阿拉伯实现经济转型目标的重要阻碍，也会给经济转型战略的推进带来很多不确定性。

# Y.9
# 阿联酋发展规划的实施、进展及趋势

仝 菲*

**摘　要：** 阿联酋建国以来就一直致力于实现经济多元化，减少对油气资源的依赖，现已成为中东地区的会展、金融、旅游、商贸和物流中心。近年来，阿联酋政府围绕经济多元化和可持续发展、能源和绿色经济、水资源和粮食安全、教育和高科技等领域制定了分门别类的战略发展规划，并努力付诸实施。2021~2030年阿联酋经济将以年均3.5%的速度增长，经济将从新冠肺炎疫情引发的严重衰退中复苏。在阿联酋确定"后疫情"时代国家发展战略背景下，阿联酋正不断加快创新开放步伐，提振外国投资者对阿联酋发展的信心。未来阿联酋将继续保持便利的营商条件，在外交上优先保护和加强贸易关系，外交政策以经济外交为指导特征明显。阿联酋一系列战略规划的落实不仅面临国际、地区安全局势的困扰和自身资源禀赋的不足，还要应对地区国家间的同质化竞争。

**关键词：** 阿联酋　国家发展规划　经济多元化

## 一　阿联酋战略发展规划的类别及内容

阿联酋地处海湾地区进入印度洋的海上交通要冲，油气资源丰富。阿联酋石油探明储量为1070亿桶，天然气探明储量为7.73万亿立方米，均居全

---

* 仝菲，中国社会科学院西亚非洲研究所安全研究室主任、副研究员，主要研究方向为中东地区的安全和社会发展问题。

球第6位①，是海湾地区第二大经济体和世界上最富裕的国家之一。自建国以来，阿联酋就一直致力于减少对石油资源的依赖，增加其他部门尤其是私营部门在经济发展中的比重，实现经济多元化发展，现已成为中东地区的会展、金融、旅游、商贸和物流中心。近年来，阿联酋政府围绕经济多元化和可持续发展、能源和绿色经济、水资源和粮食安全、教育和高科技等领域制定了分门别类的战略发展规划，并努力付诸实施。

### （一）经济多元化和可持续发展总体规划

《阿联酋2021年愿景》是阿联酋建国后首个全国层面的总体建设规划，发布于2010年2月，2021年为阿联酋成立联邦50周年。《阿联酋2021年愿景》将可持续发展列为国家未来发展核心，将可持续发展、多元化、知识型和高效作为经济发展的目标，在推进国家经济转型的同时减少对环境的负面影响，保障人民健康。该愿景基于四大支柱，即责任统一、命运统一、知识统一和繁荣统一。为了将"2021年愿景"转化为现实，2014年10月，阿联酋副总统兼总理穆罕默德·本·拉希德发起了一项为期7年的《国家议程》。该议程确定了6个国家优先事项，作为政府未来几年战略发展重点，分别涉及社会凝聚力与身份认同、公共安全和公正的司法、竞争性知识经济、一流的教育体系、世界级的医疗保健、可持续环境和基础设施与国家创新战略。阿联酋还通过将创新实践制度化来推动政府创新，鼓励企业建立创新和科学研究中心，培养具有高度创新能力的个人，以及为科学、技术等领域的创新创造条件。

《工业战略"3000亿行动"》于2021年3月启动。这是一个为期10年的全面战略规划，目的是将阿联酋工业部门打造成可持续发展经济模式的驱动器，政府将向13500家中小微企业提供资金和政策支持，以鼓励更多民间

---

① 《阿拉伯联合酋长国国家概况》，中华人民共和国外交部网站，2022年9月更新 https：//www.mfa.gov.cn/web/gjhdq_676201/gj_676203/yz_676205/1206_676234/1206x0_676236/，最后访问日期：2022年10月6日。

资本投入科技创新。①

《阿联酋2071年百年愿景》于2017年3月宣布启动。该计划包括四个方面，分别是建设为民谋福祉、传播正能量的弹性政府；以高科技为武装，建设专业化、职业化和道德化的教育机构，培育理念开放、善于接受先进技术和经验的新一代青年；打造以知识为基础的多元化经济结构，具备同世界发达经济体竞争的实力；建设包容、尊重、团结的社会。②该愿景规划的目标是到2071年建国100周年时，将阿联酋建成世界上最好的国家。

## （二）能源和绿色经济

《2050年能源战略》是阿联酋第一个以供需为基础的统一能源战略，目的是通过将可再生能源和清洁能源结合起来，满足阿联酋的经济需求和实现环境发展目标。到2050年阿联酋要实现能源结构多元化，低碳能源在总体能源消耗中的占比从目前的25%提高至50%以上，碳排放减少70%，能源使用效率提高40%，为阿联酋节省开支约7000亿迪拉姆（1元人民币约合0.56迪拉姆）。③ 到2050年阿联酋要实现44%的能源供给来源于可再生能源、6%的能源供给来自核电、38%的能源供给来自天然气，其余12%的能源供给来自煤炭清洁利用。④

《国家绿色增长战略》于2012年1月由阿联酋副总统兼总理穆罕默德·本·拉希德宣布实施。该战略以"发展绿色经济、实现可持续发展"为口号，关注绿色能源、绿色投资、绿色城市、气候变化、绿色生活和绿色科技六大领域。作为全球主要石油生产国和出口国，阿联酋认同联合国可持续发展大会（里约+20）有关绿色经济的定义，即经济、社会和环境三大支柱政策相平衡，实现可持续发展和消除贫困。阿联酋是海湾国家中最早提出

---

① 俞陶然：《中阿科技创新合作前景可期》，《解放日报》2021年6月3日，第5版。
② 《阿联酋发布2071百年计划》，参考消息网，2017年3月30日，http://www.cankaoxiaoxi.com/finance/20170330/1832011.shtml。
③ 《阿联酋积极探索可持续发展》，《人民日报》2021年4月2日，第16版。
④ 《阿联酋阔步向清洁能源转型》，中国能源网，2021年10月20日，http://www.cnenergynews.cn/zhiku/2021/10/20/detail_20211020108850.html。

并实践绿色经济转型的国家之一。

《2015~2030年阿联酋绿色议程》于2015年1月由阿联酋内阁批准并发布。该议程确立了41个环境、经济、社会等方面的绿色关键指标，当年还成立了绿色发展委员会对各项指标的落实情况进行监督和协调。绿色议程明确了5个战略目标领域，即知识型经济、社会发展与生活质量、环境与自然资源的可持续性、清洁能源与气候行动以及绿色生活和资源可持续利用。该议程计划到2030年将温室气体排放量减少23.5%，清洁能源发电量达到14吉瓦，种植3000万株红树林。①

### （三）水资源和粮食安全

2017年阿联酋内阁通过《2036年国家可持续用水安全战略》，战略总体目标包括：至2036年，阿联酋水资源总需求减少21%，水生产力提高至110美元/立方米，降低缺水指数，将废水处理后的回收再利用率提高到95%，并将国家蓄水能力提高至两天。通过用水需求管理计划、供水管理计划以及应急生产和分配计划，确保在日常或紧急情况下，阿联酋能够可持续地获得符合本地法律规定和世界卫生组织标准的水资源。

2018年11月，阿联酋粮食安全部推出了《2051年国家粮食安全战略》，确定了6项主要目标，包括：①2021年阿联酋进入全球粮食安全指数排名前10位，到2051年在全球粮食安全指数上使阿联酋成为世界上最好的国家；②通过现代技术实现可持续性粮食生产，建立全面的国家粮食体系；③提高本地粮食产量；④发展国际关系，促进粮食来源多元化；⑤启动改善居民营养方面的立法和政策制定工作；⑥启动关于减少浪费的立法和政策制定工作。②

### （四）教育和高科技

《2030年国家高等教育战略》于2017年通过，目标是培养重要领域的

---

① 《对外投资合作国别（地区）指南：阿联酋（2021年版）》，中华人民共和国商务部网站，http://www.mofcom.gov.cn/dl/gbdqzn/upload/alianqiu.pdf。
② 《粮食安全——阿联酋的挑战和应对》，搜狐网，2019年2月18日，https://www.sohu.com/a/295405245_498526。

专业人才，确保阿联酋大学能够跻身国际大学前1000强。[1]

《2030年国家太空战略》于2019年3月通过，计划通过投资基础设施建设、营造良好的立法和融资环境来吸引更多的太空项目，目标是把阿联酋打造成太空科学研究和商业应用的主要中心之一。《2030年国家太空战略》包括太空科学和研究、工程制造、试验和商业应用等79个项目计划。阿联酋太空署将与超过20个国家的太空研究机构开展战略合作，负责推进和执行这些项目计划。[2] 该战略为阿联酋的航天工业发展制定了总框架。

《2117年阿联酋火星计划》的最终目标是2117年将人类送上火星，在火星上建设迷你定居示范城市。当前的主要目标是培养阿联酋本土空间人才，提高民众受教育水平，推进关于空间技术的运输、能源、食品等领域的学术研究，突破人类在其他星球生存的技术障碍，最终实现人类在外层空间生存的梦想。

《阿联酋人工智能战略》于2017年启动，它将是《阿联酋2071年百年愿景》中实现的第一个大型项目。在此阶段，所有未来的政府服务部门和基础设施项目都将依赖人工智能。该战略将投资于最新的人工智能技术和工具，以提高政府绩效和效率。到2031年，阿联酋将实现100%的政府服务和数据分析应用人工智能。[3]

## 二　阿联酋战略发展规划实施进展及评估

2022年5月13日阿联酋总统谢赫·哈利法·本·扎耶德·阿勒纳哈扬病逝。阿布扎比王储穆罕默德·本·扎耶德·阿勒纳哈扬作为实

---

[1] 《谢赫·穆罕默德表示："实现阿联酋愿景是我们的首要任务"》，搜狐网，2019年1月9日，https://www.sohu.com/a/287846603_175013。

[2] 《阿联酋出台2030国家太空战略》，新华网，2019年3月12日，http://www.xinhuanet.com/world/2019-03/12/c_1124224854.htm。

[3] "Future：2030-2050", Official Portal of the UAE Government, https：//u.ae/en/about-the-uae/uae-future。

际掌权者已经施政多年,执政家族得到了该国国民的广泛接受和主要地区、全球大国的支持,并对国内政治保持着严格的控制。阿联酋政权交接实现平稳过渡,英国经济学人(EIU)预测,阿联酋政府将通过向国民提供慷慨的财政支持(包括获得公共部门工作机会)来优先维持内部稳定。在预测期内强劲的经济增长的帮助下,私营部门将不断增加就业机会。未来5年阿联酋将保持政局稳定。[1] 在稳定的政治和经济发展形势下,阿联酋政府战略发展规划涵盖的主要领域取得了不俗的进展。

### (一)可持续发展和经济多元化进程不断推进

阿联酋是中东和北非第三大经济体(以美元市场汇率计算),仅次于沙特阿拉伯和以色列,人均GDP居该地区第3位。阿联酋是海湾阿拉伯石油经济体中最多元化的。在世界级基础设施和物流的支持下,经济多元化和私营部门主导的增长仍将是阿联酋政府的优先事项。国际货币基金组织上调阿联酋2022年的经济增长前景,预测2022年阿联酋经济增长将加速至4.2%,高于此前预测的3.5%。[2] 阿联酋联邦竞争力与统计中心数据显示,2021年阿联酋非石油部门对GDP的贡献率约为72.3%,高于2020年的71.3%,阿联酋七大非石油行业实现快速增长。增长率最高的三个行业是酒店和餐饮业(增长21.3%)、批发和零售业(增长14.1%)、健康和社会服务活动业(增长13.8%)。[3] 批发和零售业是阿联酋最为活跃的经济行业之一,在提高本地市场竞争力和支持非石油部门增长方面发挥着重要作用,该行业对阿联酋实际GDP贡献达12.5%,对非石油GDP贡献达18%。该行业的巨大发展

---

[1] EIU, *Country Report: United Arab Emirates*, March 2022.
[2] 《IMF上调阿联酋经济增长率至4.2%》,中华人民共和国驻阿拉伯联合酋长国大使馆经济商务处网站,2022年4月3日,http://ae.mofcom.gov.cn/article/ddgk/zwjingji/202204/20220403308687.shtml。
[3] 《2021年阿联酋非石油部门对GDP贡献达到72.3%》,中华人民共和国驻阿拉伯联合酋长国大使馆经济商务处网站,2022年4月29日,http://ae.mofcom.gov.cn/article/ddgk/zwjingji/202204/20220403308686.shtml。

对改善营商环境和促进旅游贸易活动产生了直接影响。①

2017年1月,阿联酋成立国家可持续发展目标委员会,负责国家可持续发展目标的实施、监测和报告实施进展以及利益相关者的参与。② 为了维持有利的商业环境,阿联酋将在鼓励外国投资和提高监管标准的同时维持少量贸易或外汇管制,但从2023年起,外资企业需要缴纳公司税。政府支持的广泛数字化、5G服务的推出、电子商务的增长以及政府对智能城市和物联网技术的重视将提振实际GDP增长,并支持经济多元化的努力。阿联酋中央银行数据显示,截至2021年12月底,阿联酋央行外币资产增长至4664.5亿迪拉姆,较2021年12月同比增长20.2%,较2021年11月环比增长创下历史新高。截至2021年12月底,银行和其他金融机构盈余准备金为1034亿迪拉姆,同比增长5.5%;央行预算为5215.4亿迪拉姆,同比增长10.8%。③

阿联酋计划在未来9年内吸引5500亿迪拉姆(约合1500亿美元)的外国投资,计划到2030年成为全球十大投资目的地之一。阿联酋还将重点关注来自俄罗斯、澳大利亚、中国和英国等国家的投资。2020年阿联酋外国直接投资同比增长44.2%,达到198.8亿美元,外国直接投资累计存量约为1740亿美元,同比增长12.9%。2021年科尔尼外国直接投资信心(Kearney FDI Confidence)指数显示,阿联酋在阿拉伯国家和中东地区均排名第1位,在全球排名第15位。④

全球信用评级机构穆迪表示,随着阿联酋经济复苏,商业和银行在新

---

① 《阿联酋经济部长:批发零售业为GDP贡献达12.5%》,中华人民共和国驻阿拉伯联合酋长国大使馆经济商务处网站,2022年4月18日,http://ae.mofcom.gov.cn/article/ddgk/zwjingji/202008/20200802993035.shtml。

② "The National Committee",Official Portal of the UAE Government,https://fcsa.gov.ae/en-us/Pages/SDGs/UAE%20SDGs%20Committees.aspx.

③ 《2021年阿联酋央行外币资产规模创历史新高》,中华人民共和国驻阿拉伯联合酋长国大使馆经济商务处网站,2022年4月9日,http://ae.mofcom.gov.cn/article/ddgk/zwjingji/202204/20220403308689.shtml。

④ 《阿联酋宣布1500亿美元引资计划》,中华人民共和国驻阿拉伯联合酋长国大使馆经济商务处网站,2022年4月18日,http://ae.mofcom.gov.cn/article/jmxw/202109/20210903200374.shtml。

冠肺炎疫情后恢复正常，其对阿联酋银行体系预期已从"负面"调整为"稳定"，阿联酋银行业将保持稳定的盈利能力和强劲资本储备。穆迪预计阿联酋2022年经济增长6.3%，2023年增长4%。穆迪指出，阿联酋银行融资和流动性保持强劲水平，截至2021年12月，流动资产占阿联酋银行总资产的38%，高于2020年12月（36%）的比重。2021年11月到2022年1月，在阿联酋运营的银行发放约374亿迪拉姆贷款，表明阿联酋经济已进入复苏阶段。[1] 阿联酋在穆迪、惠誉、Capital Intelligence 和 IHS 四家国际评级机构的2021年主权信用评级中均排在阿拉伯国家首位。阿联酋经济前景展望稳定，惠誉评级"AA+"、穆迪评级"AA2"、Capital Intelligence评级"AA-"、IHS 评级"AA-"。主权信用评级反映出阿联酋在应对新冠肺炎疫情影响方面取得成功，体现出其政策在应对紧急和特殊情况时的灵活性和韧性。[2]

### （二）清洁能源和绿色经济蓬勃发展

预计阿联酋《2050年能源战略》总投资将达到6000亿迪拉姆（约合1637亿美元）。在未来15年阿联酋要将国内生产总值的1%~2%投资于绿色经济。2018年4月中旬，上海电气与沙特国际电力水务公司签订迪拜水电局四期光热电站项目总承包合同，装机容量为700兆瓦，此后又新增250兆瓦装机容量，该项目的总装机容量达950兆瓦，成为全球最大的光热光伏复合发电项目。[3]

目前，阿联酋清洁能源领域的发展集中在光伏和核电两方面。阿布扎比

---

[1] 《穆迪将阿联酋银行业预期调整为"稳定"》，中华人民共和国驻阿拉伯联合酋长国大使馆经济商务处网站，2022年4月29日，http://ae.mofcom.gov.cn/article/ddgk/zwjingji/202204/20220403308720.shtml。

[2] 《2021年阿联酋主权信用评级排在阿拉伯国家首位》，中华人民共和国驻阿拉伯联合酋长国大使馆经济商务处网站，2022年4月19日，http://ae.mofcom.gov.cn/article/ddgk/zwjingji/202204/20220403306215.shtml。

[3] 《实现中国碳中和目标，上海电气当仁不让！》，上海电气网站，2022年6月27日，https://www.shanghai-electric.com/group/c/2022-06-27/565927.shtml。

拥有目前全球最大的单体光伏电站宰夫拉光伏电站，由阿布扎比国家能源公司与阿布扎比可再生能源开发商马斯达尔主导建设。阿联酋首座核电站巴拉卡核电站2号机组已于2021年正式并网发电。根据相关规划，到2030年，该核电项目预计将为阿联酋提供至少1400万千瓦的电力。核电站整体运营后，将为阿联酋提供约25%的电力，每年减少碳排放量多达2100万吨。①

宰夫拉光伏电站项目是阿布扎比的在建项目，总装机容量为2吉瓦，是当前阿联酋4个主要清洁能源项目中最大的一个。2022年下半年投入使用后将满足约16万户家庭的用电需求，每年可减少碳排放超过360万吨，阿布扎比的光伏装机总容量也将随之提高到3.2吉瓦。预计2025年阿联酋可再生能源产能年均复合增长率将超过31%，可再生能源发电占比将从2020年的7%提高到2030年的21%。除了大力发展太阳能、风能等清洁能源，阿联酋传统能源企业也在加快脱碳进程。②

阿联酋的两大氢能合作计划，一是阿布扎比国家石油公司与两大主权基金组建氢能联盟，助推氢气在阿联酋交通运输和工业领域的应用；二是阿布扎比可再生能源开发商马斯达尔与西门子等公司合作推进"绿氢"示范应用。③ 2022年，埃及将与阿联酋阿布扎比未来能源公司（Masdar）合作生产绿氢。马斯达尔和哈桑勒姆（HA）公用事业、哈桑勒姆控股的子公司将成立一个战略联盟，合作建设绿氢生产工厂，工厂选址位于苏伊士运河经济特区和地中海海岸，计划每年生产480万吨绿氢。在第一阶段，哈桑勒姆公用事业和马斯达尔的目标是建立一个绿氢生产工厂，将在2026年运行，每年生产10万吨电子甲醇。到2030年，位于苏伊士运河经济特区和地中海的电解槽设施容量可扩展至4吉瓦，生产230万吨用于出口的绿氢，并为当地工业生产提供绿氢。④ 阿联酋的目标是到2030年占据全球氢燃料市场的25%，

---

① 《阿联酋阔步向清洁能源转型》，中国能源网，2021年10月20日，http://www.cnenergynews.cn/zhiku/2021/10/20/detail_20211020108850.html。
② 《阿联酋加速能源转型》，《经济日报》2022年6月6日，第4版。
③ 《阿联酋积极探索可持续发展》，《人民日报》2021年4月2日，第16版。
④ 《年产480万吨绿氢！埃及与阿联酋马斯达尔达成合作协议》，新能源网，2022年4月28日，https://news.bjx.com.cn/html/20220428/1221510.shtml。

并正在实施 7 个以上雄心勃勃的氢燃料项目，主要出口市场目标是日本、韩国、德国和印度等国。①

## （三）改善水资源供给和粮食安全

严重缺水是阿联酋可持续发展面临的一大问题，阿联酋水资源储备的压力很大。2019 年，阿联酋被列为面临资源极点压力的国家之一，地下水储量因过度使用而日益减少。阿联酋政府于 2017 年启动了"2036 年水安全战略"，计划通过运用先进的海水淡化技术和废水循环利用技术来缓解阿联酋严重缺水的现状，定期运用"云播种"来促进降雨。反渗透是一种运用膜技术净化水的低能耗办法，阿联酋计划升级供水设施并运用反渗透技术建设新的海水淡化厂。依据水安全战略指标，经过处理的废水利用率必须达到 95%，这将有助于在 2036 年之前将总用水量减少 21%。这些海水淡化工厂还将使用可再生能源，提高淡水出厂的功率。②

阿联酋粮食安全受到全球和地区政治、经济、社会、技术和环境等多种因素影响。阿联酋光照条件充足，但水资源稀缺，成为制约农业发展的关键因素。阿联酋粮食生产远不能满足发展需要，阿联酋有 85%的消费食品依赖进口。阿联酋政府将长期的粮食安全和自给自足作为粮食安全领域的战略目标。2017 年阿联酋设立了粮食安全国务部长。近年来，阿联酋政府通过开展国际合作，运用高新技术，改善农业发展条件，积极推动农业产业结构多元化，促进粮食来源的多样化。2018 年阿联酋与乌干达签署合作协议，计划在乌干达建立全球首批农业自由贸易区。农业自由贸易区规划占地 2500 公顷，允许来自阿联酋的私营企业在自贸区内投资设立农业生产和开发公司。迪拜政府于 2018 年与中国有关企业和技术团队在耐盐碱水稻种植、沙漠土壤化等方面开展研究合作。2020 年，哈萨克斯坦和阿联酋着手实施农工综合体合作

---

① 《阿联酋在中东建立首个绿色氢工厂》，中国石化新闻网，2021 年 11 月 26 日，http://www.sinopecnews.com.cn/xnews/content/2021-11/26/content_7008377.html。

② 《20.8 亿美元！阿联酋计划在阿布扎比、迪拜和乌姆盖万新建海水淡化厂》，中国起重机械网，2022 年 5 月 11 日，http://m.chinacrane.net/news/202205/11/227720.html。

项目，21个项目中有10个涉及高附加值的粮食生产。哈萨克斯坦成为阿联酋《2051年国家粮食安全战略》的重要参与者。[①] 阿联酋和印度正考虑在"印度-阿联酋走廊"框架下建立粮食安全伙伴关系，阿联酋向印度农业部门投资50亿美元，帮助印度提高粮食生产能力，这样也能降低阿联酋从印度购粮的价格。

2018年阿联酋航空公司与总部位于美国的Crop One控股合作，在迪拜投资4000万美元建造了全球最大的垂直农场。垂直农场占地仅为18.11亩，产量相当于5463.2亩的农田。在全面生产的情况下，该设施每天将收获2700公斤高质量、无除草剂和无农药的绿叶蔬菜，而且用水量比室外种植减少99%。[②] 同年，阿联酋气候变化与环境部同Shalimar Biotech Industries签订协议，在7600平方米土地上建立12个垂直农场。阿联酋未来粮食安全办公室和阿布扎比未来能源公司就有关垂直农场和智能家庭农场两大倡议签署备忘录。[③] 这些举措对于阿联酋实现粮食自给自足、加强粮食供给安全具有重要意义。

### （四）教育和高科技领域的发展助力整体国家战略的实施

阿联酋自建国以来就一直将教育作为发展的重中之重，其教育战略经历了从重视西方教育到重视本国文化的回归，现在将保护、发展和传播阿联酋本土语言文化提高到重要地位。与此同时，阿联酋政府也注重与国际接轨，采用国际教育评价体系。根据《阿联酋2021年愿景》中的教育战略，阿联酋对原有的教育体系进行彻底改革，通过本土创新理念，确立卓越人才培养目标，打造本土意识与全球视角并重、素质教育和人才需求兼顾、智能化和绩效化管理为一体的教育体系。阿联酋教育

---

① 《哈萨克斯坦与阿联酋达成总价61亿美元的投资协议》，哈通社，2020年10月21日，https://www.kazinform.kz/cn/61_a3705237/amp。
② 《迪拜要建全球最大的垂直农场！18亩相当于耕地5400亩的产量！》，央广网，2018年11月24日，http://country.cnr.cn/gundong/20181125/t20181125_524425460.shtml。
③ 《粮食安全——阿联酋的挑战和应对》，搜狐网，2019年2月18日，https://www.sohu.com/a/295405245_498526。

领域存在经费分布不平衡的问题。阿布扎比、迪拜、沙迦作为阿联酋的经济、政治、文化中心，教育发展政策倾斜和得到的教育资金均高于其他酋长国，出现了地域上教育资源分配不公的情况。① 阿联酋正在推进《2030年国家高等教育战略》，对国际学校的需求与日俱增。截至2018年1月，阿联酋境内共拥有624所国际学校，登记在册的学生数量达到627800人。②

阿联酋很早就将科技创新确立为国家优先发展事项，并制定了多项相应的国家战略及规划。阿联酋是第一个设立人工智能国务部长的国家，同时建立了世界上第一所人工智能大学。从政府领导人层面看，阿联酋有4位部长与科技创新相关，包括世界上首位人工智能国务部长、工业和先进技术部部长、先进技术国务部长、粮食和水资源安全部部长。《阿联酋2021年愿景》和《阿联酋2071年百年愿景》从国家层面鼓励科技创新发展。

在航天领域，2018年10月，阿联酋首颗国产卫星"哈利法"地球观测卫星搭乘日本H2A火箭进入太空。2019年9月，阿联酋历史上首位宇航员搭乘俄罗斯"联盟MS-15"飞船前往国际空间站。③ 到2024年，阿联酋计划研发出100%由阿联酋制造的月球车并将其送上月球。月球车的任务是研究月球表面，为太空领域科学和专业高精度技术的发展做准备，还可以测试阿联酋载人火星任务的执行能力。④ 2020年阿联酋成功发射了名为"希望"号的火星探测器，其任务是研究火星的气候。⑤ 根据世界知识产权组织发布的

---

① 参见金絮、沈骑《阿联酋"愿景2021国家议程"教育战略探析》，《世界教育信息》2017年第14期，第10、14页。
② 《世界名校在此汇聚丨阿联酋正成为全球最佳国际教育中心之一》，腾讯网，2021年12月23日，https：//new.qq.com/rain/a/20211223A07EVL00。
③ 《阿联酋出台2030国家太空战略》，新华网，2019年3月12日，http：//www.xinhuanet.com/world/2019-03/12/c_1124224854.htm。
④ "Future：2022-2030", Official Portal of the UAE Government, https：//u.ae/en/about-the-uae/uae-future。
⑤ 《阿联酋"希望号"火星探测器传回新一批科学数据》，央视网，2022年7月2日，https：//news.cctv.com/2022/07/02/ARTIgst5sVdbLXKeHS1YeH7T220702.shtml。

2020年全球创新指数报告，阿联酋居全球第 34 位，连续 5 年排名阿拉伯国家首位，创新投入指数排名全球第 22 位。①

## 三 阿联酋战略发展规划与"一带一路"倡议高度契合

中阿两国自 1984 年建交以来，友好合作关系发展顺利，两国在政治、经济、文化、科技等诸多领域的交往都取得重大成就和突破。中阿两国经济互补性强，阿联酋是首批加入"一带一路"倡议的国家之一，并于 2018 年与中国建立全面战略伙伴关系。"一带一路"倡议提出后，阿联酋在"向东看"外交政策的推动下，经过一系列的战略调整，实现其国家发展战略与"一带一路"倡议的全方位对接。经过近几年的产业结构调整，两国的合作已经从"1+2"（能源+基础设施建设和贸易投资便利化）阶段，走到以核能、航天卫星和新能源三大高新领域为突破口的环节，两国合作的广度和深度超过其他很多共建"一带一路"国家。②阿联酋正在进行"后石油时代"规划，当前致力于从以石油经济为主向知识创新型经济转型，中国在新能源、基础设施、生命科学、人工智能等领域拥有世界领先的技术，这也是阿联酋重视同中国发展友好关系的一个重要因素。③

### （一）经贸和金融领域的合作不断深化

2021 年中国与阿联酋双边贸易额为 732.25 亿美元，其中中国自阿联酋

---

① 《阿联酋驻华大使：与华为、国药、中科院等中国机构合作前景可期》，上观新闻，2022 年 6 月 2 日，https：//export.shobserver.com/baijiahao/html/373111.html，最后访问日期：2022 年 7 月 3 日。
② 仝菲：《"一带一路"倡议与中国-阿联酋关系的新变化》，《中东研究》2020 年第 1 期，第 151~152 页。
③ 《阿里·扎希里：阿联酋为何说要做中国最好的伙伴？》，中国新闻网，2022 年 2 月 19 日，https：//www.chinanews.com.cn/gj/2022/02-19/9680792.shtml。

进口额为285.73亿美元,对阿联酋出口额为437.52亿美元。① 2020年中国企业对阿联酋直接投资额为15.5亿美元,截至2020年底中国企业对阿联酋直接投资存量为92.8亿美元。2020年中国在阿联酋新签承包工程合同额为61.0亿美元,同比下降7.9%,完成营业额为81.9亿美元,同比增长59.8%。②

阿联酋是亚洲基础设施投资银行的创始成员。2017年中国农业银行迪拜分行成为阿联酋人民币业务清算行,人民币清算业务首次落户阿联酋,阿联酋是中东地区内使用人民币直接支付最活跃的国家。阿联酋的金融港促进了地区的经济增长和发展,也为"一带一路"建设做出了贡献。③

### (二)医疗领域的合作可圈可点

新冠肺炎疫情发生以后,阿联酋与中国开展疫苗合作,2020年7月中国国药集团和阿联酋G42集团合作,在阿联酋开展新冠疫苗三期临床试验。同年12月,中国国药集团研发的新冠疫苗获得阿联酋卫生部批准使用,成为第一款在阿联酋正式投入使用的疫苗。2021年3月,中国国药集团和Julphar公司签署协议,在阿联酋生产国药集团研发的疫苗,预计最终产能为每年2亿剂。④ 2021年12月,阿联酋卫生和社会预防部批准紧急使用国药集团中国生物二代重组蛋白新冠疫苗,作为加强针用于已接种两剂国药集团新冠疫苗的人群。⑤ 中国的防疫物资通过阿联酋运送到海湾地区其他国家

---

① 数据来源于国家统计局有关阿联酋的统计数据,https://data.stats.gov.cn/search.htm?s=%E9%98%BF%E8%81%94%E9%85%8B。
② 《中国—阿联酋经贸合作简况(2020年)》,中华人民共和国商务部西亚非洲司网站,2021年11月26日,http://xyf.mofcom.gov.cn/article/tj/hz/202111/20211103221344.shtml。
③ 《大使专访丨阿联酋驻华大使阿里·扎希里:"一带一路"倡议将很好对接阿联酋"后石油时代"规划》,澎湃网,2021年3月17日,https://m.thepaper.cn/newsDetail_forward_11750847。
④ 《阿联酋驻华大使:阿中关系是21世纪全球合作的典范》,中国日报网,2021年4月2日,https://cn.chinadaily.com.cn/a/202104/02/WS6066d687a3101e7ce974759e.html。
⑤ 《国药集团二代新冠疫苗在阿联酋获批紧急使用》,人民网,2021年12月29日,http://world.people.com.cn/n1/2021/1229/c1002-32319663.html。

以及全球公共卫生网络覆盖不到的战乱国家和非洲国家。中国和阿联酋携手抗疫，对整个中东地区的防疫做出了重要贡献。

### （三）清洁能源领域的合作方兴未艾

近年来，中国企业与金融机构积极参与阿联酋清洁能源建设。例如，迪拜太阳能公园四期项目，包括100兆瓦塔式光热发电机组、600兆瓦槽式光热发电机组和250兆瓦光伏发电机组。上海电气为总承包商，负责设计、采购和土建施工及安装工作。艾尔达芙拉PV2太阳能电站项目，装机容量为2100兆瓦，为目前全球最大的单体太阳能电站。中国机械设备工程公司作为总承包商负责设计、设备供货、运输、土建、安装、调试、试运行和电网连接，并作为运营维护承包商负责2年期运营维护。该项目由阿联酋政府、法国电力、中国晶科投资建设。①

### （四）科技创新领域成为双边合作的重点

2013年华为参与了阿联酋联邦铁路的通信系统建设。2019年，阿联酋和华为公司签署了5G建设合作协议。2021年5月，阿联酋和华为签署了谅解备忘录，扩大双方的合作范围。在农业领域，中国"杂交水稻之父"袁隆平在迪拜成功试种了沙漠海水稻。② 2018年，迪拜政府还与中国有关企业和技术团队就耐盐碱水稻种植、沙漠土壤化等方面开展研究合作。2021年初，阿联酋大学和中国科学院签署了合作谅解备忘录。阿联酋穆罕默德·本·扎耶德人工智能大学聘请了多位杰出华人学者并委任学校高级别管理职务及教学职务，哈利法科技大学也同清华大学在两校共同感兴趣的科研领域开展合作。

未来，两国在生物安全、粮食安全、生命科学与制药、太空、可再生能

---

① 《对外投资合作国别（地区）指南：阿联酋（2021年版）》，中华人民共和国商务部网站，http://www.mofcom.gov.cn/dl/gbdqzn/upload/alianqiu.pdf。
② 《浦江创新论坛主宾国阿联酋驻华大使：袁隆平沙漠海水稻已完成试种》，新浪网，2021年6月3日，http://finance.sina.com.cn/hy/hyjz/2021-06-03/doc-ikqcfnaz8803095.shtml。

源、先进制造业等领域的合作前景可期,在应对更多的全球性挑战上有广阔的合作空间,如应对气候变化、防止沙漠化、环境保护等。① 阿联酋市场开放程度高,市场准入门槛也较高,竞争十分激烈,并且通用西方标准体系,中资企业和中国公民来阿联酋投资发展应做好前期调研工作,充分掌握阿联酋政治、经济、文化及行业发展现状,全面把握阿联酋市场环境特点、行业规则、发展趋势,建立健全风险控制管理机制,稳妥开展各类投资、贸易及工程承包业务。②

## 四 阿联酋战略规划发展趋势及前景展望

尽管阿联酋所在的海湾地区安全局势时有紧张,但2022~2026年阿联酋政治将保持稳定。2022年,在国际油价上涨、政府对私营部门的支持政策、石油产量增加以及服务业复苏的帮助下,阿联酋经济增长将加速。经济多元化和优化营商环境将成为优先事项,但石油和碳氢化合物领域的投资仍是阿联酋经济发展的核心。③ 阿联酋通过增加石油产量、天然气开发和利用、海外投资等为经济多元化提供资金。英国经济学人预测,2021~2030年阿联酋经济将以年均3.5%的速度增长,经济将从新冠肺炎疫情引发的严重衰退中复苏。推动非石油行业的发展仍是阿联酋经济多元化的优先事项。阿联酋对技术和教育的投资以及对商业和体制环境的改善有助于提振经济增长。英国经济学人预计2021~2050年阿联酋的GDP年平均增长率为3.8%,人均GDP的年平均增长率为2.7%。④ 为尽快实现经济多元化,阿联酋激励

---

① 《阿联酋驻华大使:与华为、国药、中科院等中国机构合作前景可期》,上观网,2021年6月12日,https://export.shobserver.com/baijiahao/html/373111.html。
② 《对外投资合作国别(地区)指南阿联酋(2021年版)》,中华人民共和国商务部网站,http://www.mofcom.gov.cn/dl/gbdqzn/upload/alianqiu.pdf。
③ "United Arab Emirates, In Brief", EIU, https://country-eiu-com.ra.cass.cn:8118/united-arab-emirates.
④ "United Arab Emirates, Economic Summary", EIU, https://country-eiu-com.ra.cass.cn:8118/article.aspx?articleid=1741156957&Country=United+Arab+Emirates&topic=Economy&subtopic=Long-term+outlook&subsubtopic=Summary.

私营部门发展，支持下游的石化企业、制药企业、航空企业以及可再生资源产业向高端、高附加值的方向发展，比如建立合资企业以吸引投资。

2020年新冠肺炎疫情发生，阿联酋社会和经济受到很大冲击，阿联酋政府采取多种措施缓解疫情给社会和经济发展带来的影响。目前，阿联酋社会生活逐步恢复正常，经济发展正走上正轨。阿联酋不断加快创新开放步伐，提振外国投资者对阿联酋发展的信心。阿联酋继续加大经济刺激力度，促进产业转型升级，增加本地化价值，扩大对外投资并购。目前，阿联酋海外资产总值已逾1万亿美元，投资遍及100多个国家和地区，涉及60多个行业领域。阿联酋修订《商业公司法》，废除"保人制度"，允许外商在多个领域100%控股；对内加快吸收优质资产，创造未来增长空间。在"后疫情"时代，医疗、农业、高新技术等成为阿联酋新的经济增长点。[①] 阿联酋在外交上优先保护和加强贸易关系，外交政策以经济外交为指导的特征明显。阿联酋将寻求加强现有的石油贸易，并与有助于推进其经济多元化和技术发展议程的国家建立贸易联系。阿联酋将继续加强同邻国以及其他亚洲国家的贸易关系。

未来几年，阿联酋将凭借其在全球航线上优越的战略地位、少量的关税和贸易壁垒、迅速且相对简单的进出口手续等便利的营商条件，保持其在地区和全球贸易国的领先地位，特别是迪拜将成为转口枢纽与全球贸易和商业中心。阿联酋还面临来自地区国家在贸易领域的同质化竞争。沙特阿拉伯和卡塔尔也计划大力发展运输业。阿联酋在运输业拥有区域领先地位，加上强大的双边贸易关系网络，未来应该能够保持对邻国的优势。阿联酋的战略发展规划显示，未来它不仅希望能够在海湾地区发挥突出的作用，还期望在更大的平台发挥更大的作用。

---

① 参见《对外投资合作国别（地区）指南：阿联酋（2021年版）》，中华人民共和国商务部网站，http：//www.mofcom.gov.cn/dl/gbdqzn/upload/alianqiu.pdf。

# Y.10
# 以色列发展规划与前景：
# 科技创新引领国家发展

马一鸣　余国庆[*]

**摘　要：** 以色列是一个以科技创新引领发展的国家。在以色列国家发展战略中，科技创新被置于核心与优先地位。一方面，以色列国家自然条件乏善可陈，狭小的国土空间缺乏地理纵深依托，国家安全环境依赖于强大的科技和军事实力，国家发展的动力也来源于强大的科技创新能力。另一方面，以色列虽然没有颁布综合性的国家长期发展规划与愿景，但牢牢把握科技发展趋势，在不同发展阶段针对科技创新制定了行之有效的行业发展规划，并充分发挥市场主体和金融资本推动科技产业化的作用，为科技发展和创新提供源源不断的动力，确保以色列在中东地区的领先地位。

**关键词：** 以色列　科技创新　行业发展规划

## 一　科技创新引领下的以色列发展规划

以色列是当代世界上最具科技创新活力的国家之一，拥有完善的科技创新体系，建立了各类科技创新企业培养基地，国家科研气氛浓厚，其军工科技、生物技术和信息技术等处于世界领先地位。以色列之所以能够以科技立

---

[*] 马一鸣，中国社会科学院大学西亚非洲研究系博士研究生，主要研究方向为中东国际政治；余国庆，中国社会科学院西亚非洲研究所研究员，主要研究方向为大国与中东关系、阿以冲突与以色列问题等。

国，离不开其自建国之初便坚持的科技创新之路，即一整套包含制度建设、政策援助和人才培养在内的科技兴国战略。

（一）以色列科技兴国战略主要内容

早在20世纪50年代末60年代初，以色列便将科技兴国视为一项重要的国家发展战略规划，并从制度层面搭建与完善国家科研管理机构。在这一时期以色列政府陆续成立了负责协调政府部门科研工作的全国研究与发展委员会和部长级科学技术委员会，成立于1961年的科学与人文科学院则负责早期以色列的基础科学研究工作。"六五战争"之后，以色列为了维护科技主权与安全，开始加强科研工作的专业性，并从1969年开始在13个内阁部门内设立首席科学家办公室来负责各部门科技政策和发展规划的制定与实施，这一具有突破性的制度在之后的50多年里承担着引导和管理国家科研工作的重任。1984年，为了尽快适应新的国际政治经济形势，以色列政府出台了《产业研发促进法》。根据该法律，以色列政府在工业、贸易与劳动部内成立产业研发中心，并委任工业、贸易与劳动部的首席科学家办公室加以管理。该中心负责运营管理研发支持基金，通过该基金，以色列的科研单位每年可以获得总计15亿新谢克尔的科研补助。[①] 这极大地提高了以色列企业进行技术研发的动力，以色列也成功地将国家科研力量向政府急需的技术领域引导，为以色列高技术企业的腾飞奠定了基础。

进入21世纪，以色列紧跟第四次工业革命浪潮，着力增强本国技术研发能力和科技产业实力，力图以科技创新引领国家经济实现跨越式发展。从2008年开始，以色列政府相继提出《2028年愿景与战略》、《创新2012计划》和《以色列2015年愿景》等发展规划，从宏观层面开展科技创新道路的总体布局。根据上述发展规划的安排，以色列自2016年开始对科研管理制度进行结构性改革，设立以色列国家创新局（NATI）来取代产业研发中心并管理研发支持基金，对企业科研融资业务进行金融化管理，以降低融资

---

① 范文仲、周特立：《以色列科技创新支持政策》，《中国金融》2015年第16期，第67页。

成本，从而将科学技术研发对以色列的重要性提升到新的高度。

除了在宏观层面上通过优化法律政策与机构制度来增强科研力量，以色列政府还制定了一系列政策来打通科研的输出端，最大限度地实现科研成果转化为经济效益。

以色列自1991年开始推行孵化器发展计划，为孵化器提供85%的项目预算资金，大量高风险、高技术的创新成果得以在孵化器中发展成长，避免了融资风险与来自市场的恶劣竞争，大部分科技运营团队最终转化为具有行业竞争力的初创公司。[1] 时至今日，虽然政府资金开始陆续退出孵化器项目，但是约400家各类型的孵化器仍然在以色列的科技发展中发挥重要的作用。2022年3月，以色列国家创新局启动了一项新的孵化器计划，准备向卫生产业、生物融合技术、气候相关技术、食品技术和空间技术五个领域投入约5亿新谢克尔的资金，在新冠肺炎疫情大背景下为以色列的经济发展注入新的动力。[2]

在加大本国初创企业培育力度的基础上，以色列还大力完善国家风险投资体系，为本国科学技术产业化提供支持。1993年以色列政府推出名为"YOZMA"的风险投资计划，为获得海外投资的中小科技企业提供1∶1的配对资金支持，从而提高以色列科技产业的生存率。经过近30年的发展，"YOZMA"计划管辖下的资金已经达到40亿美元，直接投资了50余家科技公司。与此同时，在以色列政府引导下，风险投资行业在以色列蓬勃发展，不仅支持了以色列本土科技企业的发展，也为微软、IBM等海外高科技企业在以色列的落地打下了坚实基础。

随着电子科技和网络信息技术的不断融合发展，数字经济成为展示国家信息和经济发展实力的重要领域。2013年以后，以色列相继颁布了多个促进信息技术与数字经济发展的法规和条例。2013年12月，以色列发布第一

---

[1] 董洁、孟潇等：《以色列科技创新体系对中国创新发展的启示》，《科技管理研究》2020年第24期，第6页。
[2] "Israel Innovation Authority Launches New Incubators Program", Israel National News, February 22, 2022, https://www.israelnationalnews.com/news/322689, accessed May 1, 2022.

个加快国家数字化建设的决议，走上了建设数字政府、发展数字经济、创建数字社会的快车道。2015年，设立数字以色列局来推进更全面的数字经济和数字社会建设。2016年，推出政府科技奖励计划，为"数字以色列"的相关创业公司提供融资。2017年6月，以色列国会通过了"数字以色列"新的五年计划（2017~2022年），授权数字以色列局作为推动该计划的政府主导部门。目前，以色列数字经济的发展规模和水平已处于世界前列。

除此之外，以色列还在科技研发领域开展外交行动，与他国开展科技合作，通过科技外交的方式吸引国际先进科技生产要素。一方面，以色列利用犹太主体民族国家的吸引力拓宽海外犹太人特别是高技术人员的移民渠道。从2008年开始，以色列相继实施了"60年归国计划"、"卓越研究中心计划"、"引进人才计划"和"Zuckerman STEM 领导力项目"等国际高端人才吸引计划，其中2013年推出的"引进人才计划"在实施第一年便吸引了294名研究人员归国，为以色列的科技兴国道路提供了充足的人才储备。[①] 另一方面，以色列还与世界主要科技强国合作搭建国际科技合作平台，例如以色列和美国合作设立的科学基金会、农业与开发基金会以及工业研究与开发基金会，以色列与德国合作设立的德以科研基金会等。这些基金会及其组织成立的国际合作企业发展成果显著，截至2018年底，企业数量已经达到368家，其中IT企业有128家、生物技术企业有48家。[②]

综上所述，以色列的科技兴国战略是一整套包括制度管理、政府投资、产业保护和国际合作在内的全方位科技发展战略。时至今日，以色列的科研与产业支持政策已经非常完善，例如以色列国家创新局创业司实施的"Tnufa奖励方案"、"孵化器激励计划"和"青年创业激励方案"，国家创新局发展司运营管理的研发支持基金，为激励产学联合而实施的"诺法尔激励计划"、"磁子激励计划"和"磁铁财团方案"等。在一系列政策的支

---

[①] "The Israel Brain Gain Program-Bringing Knowledge", The Israel Brain Gain Program, https：//www.israel-braingain.org.il/article.aspx? id=7120, accessed May 1, 2022.

[②] 董洁、孟潇等：《以色列科技创新体系对中国创新发展的启示》，《科技管理研究》2020年第24期，第9页。

持下，以色列建设了系统的产学研互动体系，为其在全球产业链中保持领先的技术竞争力提供根本动力，也为以色列在混乱不安的中东地区保证国家的长久安全稳定打下了坚实的基础。

### （二）以色列实施科技兴国战略的背景

以色列的科技兴国战略在制度建设上配套完善、布局久远，科技创新在以色列建国后始终被置于国家经济发展的重要地位，而以色列能够提出并长期坚持和完善这一发展战略，实际上与其国家安全处境、国际经济背景和本身的文化特征都有着密不可分的联系。

第一，复杂的国家安全环境是以色列大力推动科技创新的原动力。以色列国土面积狭小，自然资源稀缺，缺乏承载民族国家向地区大国跨越的自然条件。与此同时，以色列面临来自周边阿拉伯国家的安全威胁，因此以色列政府需要在国防技术领域形成对周边国家的优势，以弥补其在资源上的劣势，正如本-古里安所说的"以色列必须汇集所能提供的最强的科技力量，使之与国家的发展和安全相适应"。进入21世纪，虽然国家间发生大规模冲突的可能性大大降低，但是国家安全的需求开始从领土主权向网络、空间和生物等多个领域拓展，以色列政府网站长期遭到网络黑客攻击，国际恐怖威胁逐渐立体化，传染性疾病流行风险大大提高，种种威胁时刻考验着以色列维护国家安全的能力。在此背景下，以色列急需全方位提高国家应对新威胁的技术能力，正因如此，生物技术、通信技术等专业技术门类被纳入《创新2012计划》的重点发展规划，成为以色列在未来应对更为复杂的安全形势的重要手段。

第二，国际经济增长动力的转换是以色列大力推进科技创新的重要考量。20世纪80年代之后，特别是2008年国际金融危机以来，国际经济的增长动力从生产端转向流通端与消费端，大量促进生产要素流动、提高人们生活质量的科学技术与概念相继问世，半导体、通信、互联网、生物医疗和材料工业等成为刺激经济发展的动力。为了促进国民经济增长，同时为了在未来的全球竞争中掌握主导权，世界各主要经济体相继推出了科技政策，如美国里根时期的"星球大战计划"、小布什时期的《美国竞争力法案》、2021年的《无尽前沿法案》，欧洲的"尤里卡"计划、"第七框架计划"，日本的"科学技术基本计划"等。世界各国在20世纪末21世纪初的近20年里不约而同地将国家资源向科研领域倾斜，阿联酋、卡塔尔等中东国家也相继开启了产业政策革新。这些国家的政策无疑给以色列带来了巨大的压力，深化科研体系改革、加大科研支持力度，进而完善相关科研产业政策内容便成为以色列政府的必然选择。

第三，以色列优秀的创新文化与教育体系是其坚持推进科技创新政策的土壤。犹太民族自古以来便保留着崇智的文化传统，犹太人追求知识与智慧的观念代代相传，从而形成了其追求创新、崇尚知识的民族文化，正如美国作家丹·赛诺在其著作《创业的国度：以色列经济奇迹的启示》中所说的："如果一个以色列商人有一个生意上的点子，那他在一周之内就会将它付诸实践"，这一民族文化切实影响着以色列国民对待科研创新的态度。除此之外，以色列优秀的教育资源与制度还为科技兴国战略培养了高素质的科研人才。以色列的教育制度为每位公民提供接受15年义务教育的条件；以色列境内有60多所高等教育机构，包括希伯来大学和以色列理工学院等世界名校。以色列还建立了资优中心、卓越研究中心和未来科学家中心等青少年精英教育机构。在这样的教育资源下，以色列的高等教育普及率高达70%，从而在人力资源层面为国家各项科研工作提供了保障。

可以说，以色列科技创新政策的实施，既是以色列人对发展期望的直观反映，也是以色列作为一个地处中东的西方国家不得不做出的战略选择，复杂的国际政治、经济环境为以色列坚持推进科技兴国提供了外部动力，也在一定程度上塑造了以色列实施科技创新战略的方式与特点。

## 二 以色列科技创新国家发展战略的特点

纵览以色列科技创新道路，可以发现以色列的科技创新战略带有明显的政策特征，而这些特点恰恰是以色列科技兴国道路走向成功的关键。

## （一）以色列科技创新战略的特点

第一，以色列的科技创新政策具有长期性和延续性，并服务于国家中长期发展战略。以色列先后于1969年、1984年和1991年制定了首席科学家制度、研发支持基金和"孵化器"制度，这些制度奠定了以色列的诸多科技创新政策的基础，以色列政府陆续提出了诸多小型产业援助政策和科研计划，如竞争性研发计划、种子计划、促进投资与创新采用计划、预竞争和长期研发计划，以及2021年新提出的杂交种子计划，这些计划囊括了针对科研企业融资、科技成果转移、初创企业培养等多方面的科研支持政策，但所有政策无一例外都是在工业、贸易与劳动部首席科学家办公室以及后来的以色列国家创新局的组织框架内进行统一管理的，包括《创新2012计划》在内的宏观计划也是如此。可以说，在以色列大力推进科技创新的60多年里，无论以色列的科技创新政策发生什么样的调整和变化，以色列都坚持实行既有的科技创新制度，并对制度进行系统性完善，从而打造了一整套成熟的现行政策。相比于有的国家科技创新进程的昙花一现，以色列的科技创新政策的稳定性和延续性保证了以色列科技企业和科研项目的稳定发展，政策依据国家需要进行及时调整与更新，这也为科技创新战略增添了生命力。

第二，以色列科技创新政策以市场为主导，鼓励资本和金融积极参与科技产业化发展，推进科研成果转化为经济效益。出于产业转型的需要，20世纪60、70年代以色列的科技创新政策是在国防部和工业、贸易与劳动部等几个内阁部门主导下推进的，以便科研成果能够及时地转化为国家安全收益。冷战结束后，以色列的科研扶植政策开始面向民间，并逐渐将私人资本作为主要的服务对象，其中最具代表性的行动便是20世纪90年代的市场化改革。从1991年开始，以色列政府通过国有风险投资公司向受援对象发放资金，受援对象也从最初的技术项目扩展到高校、科研机构和高科技企业，风投公司在调动政府基金的同时广泛吸收民间资本，低税收和开放的投资环境吸引了大量海外科技巨头陆续投资以色列，从而实现了国家科研资金的回流。除此之外，由于风投公司以市场化标准运营，包括希伯来大学、特拉维夫大学和魏茨曼科学研究所在内的高校和科研机构也开始成为科研的主力军，这些机构受市场引导，将科研资源向市场需求倾斜，大量的技术转移办公室也是在这一时期设立的。可以看到，通过市场化运营，以色列的科技创新政策使科研主体扩展到全社会层面，更多的社会资源被调动起来，不仅形成了成熟的产业-高校-科研机构三方科研创新格局，来自海外高科技企业的新技术也有助于以色列本土科技水平的提高。

第三，以色列的科技创新政策瞄准尖端技术，力求重点领域的突破性创新。从20世纪60年代以色列走上科技兴国道路开始，提高高附加值产品生产能力、谋求全球产业竞争优势便成为以色列科技创新政策的主要目标，在逐渐减少劳动密集型企业的基础上，以色列又放弃了大量基础科学研究，将主要资源投入工程类学科建设，并且具有前瞻性地重点发展跨时代的科学技术。在《创新2012计划》中，以色列将生物技术、清洁能源技术和民用航天这三个在2008年并不热门的科研方向作为重点发展对象，而时至今日，国际生物安全威胁加大，应对气候变化成为国际上的主要议题，《创新2012计划》中上述三个领域的科技发展已成为以色列跻身全球超级大国的保障。在当前复杂的国际经济环境下，以色列也没有放弃对高精尖技术的重点投资，根据以色列国家创新局2021年度的报告，自动驾驶技术、无人机和人工智能软件等是以色列参与第四次工业革命的重点科技领域。

第四，以色列的科技创新战略重视多部门、多政策的联动作用，从而打造了多方力量共同推进的创新格局。以色列的科技创新政策囊括了科研支持、产业投资、成果转化、基础教育、人才培养、人才引进和金融化管理等多个方面，经济产业部、国防部、建设部、教育部、科技与空间部和国家创新局等部门相互配合，共同组成了以色列当前的科技创新体系。得益于首席科学家制度，首席科学家办公室制定了科学的发展规划之后，以色列各部门之间能够很快通过部际科技联合委员会进行沟通协调，并形成统一的政策意见。这一制度不同于美国在制定创新政策时更多地依赖临时委员会，长期的机制性建设既保证了部门间协调的稳定性，又确保了政策的一贯性。人才引进制度所吸引的海外人才填补了孵化企业的人才空缺，高校和科研机构的新技术又能准确地解决某些企业发展所面临的问题。国家创新局成立之后，包括双边研发支持基金合作机制在内的科技外交合作机制被纳入统一管理，国内外合作联动异常紧密，可以说，这种多部门、多政策的联动配合正是以色列科技创新战略能够顺利实施的保障。

### （二）以色列领先的科技发展水平和成就

经过数十年的发展，至2021年，以色列的科技创新已取得斐然的成果，在世界科技创新领域有着不可替代的地位。这个仅有900多万人口的国家拥有被称为"第二硅谷"的高新技术产业集群，以及超过6000家科技初创企业和64家"独角兽"公司；以色列人均占有的科学出版物数量居世界第1位，高科技产业占GDP的比重在2020年已经达到15%，高科技产业占以色列出口总额达到43%；[1]每万名工作人员中就有140名科研技术人员，居世界第1位。[2]凭借强大的科研能力和初创企业发展能力，以色列在多个相关的国际评级中都有优秀的表现，在2021年的彭博创新指数排名中，以色列居世界第7位，在同年的全球创新指数排名中以色列排名第15位。另外，根据世界经济论坛发布的2020年度《全球竞争力报告》，以色列在"转型准备能力"上的评估是拥有较强的"投资创新能力"，在世界排名第5位。[3]在众多科技发展领域中，以色列的生命科学技术、计算机技术和军事工业技术的发展成就尤为突出。

在生命科学技术领域，以色列拥有世界领先的医疗和生物技术能力。在基础科研层面，以色列的生物技术、生物医学以及临床研究专业的相关研究成果丰富，其中以干细胞为基础的相关研究取得的成就尤为突出。以色列从20世纪60年代便开始在国际上引领干细胞研究工作的发展进程，2011年以

---

[1] "Israel Innovation Authority's 2021 Innovation Report", Israel Innovation Authority, 2022, p. 43.
[2] "Israel: Technology Hub of the Future", Global Expansion, https://www.globalexpansion.com/israel-technology-hub-of-the-future, accessed May 1, 2022.
[3] Klaus Schwab and Saadia Zahidi, "The Global Competitiveness Report: Special Edition 2020", World Economic Forum, 2021, p. 76.

色列科学家因巴尔·本-努恩的团队首次实现从濒危动物的骨髓中提取干细胞并进行培养，为濒危动物保护做出重要贡献。在先进的生命科学技术支持下，以色列生物产业发达，约有1600家生命科学相关公司活跃在以色列，处于稳定发展阶段的成熟公司所占比例达到38%，89%为以色列本土企业，世界上最大的仿制药企业梯瓦制药工业公司便坐落于以色列的佩塔提克瓦。① 在医疗技术领域，包括计算机断层扫描仪、磁共振成像系统、超声波扫描仪、核医疗相机、磁控胶囊胃镜系统和手术激光器等划时代的先进医疗器械均产生于以色列。得益于发达的生物与医疗产业，以及占财政8%的卫生服务支出，以色列的医疗普及率达到100%，以色列新冠肺炎患者治愈率达到99.7%，远超美、英、法、德等主要西方国家。②

以色列的电子设备与计算机产业起源于其军事部门，在20世纪80年代IT产业快速发展的国际趋势下，电子设备与计算机技术成为以色列工业的重点发展对象。在研发支持基金几十年的扶持下，以色列的半导体和计算机产业发展成果颇丰。以色列的Check Point公司是世界上首个商业防火墙的创建者，M-Systems公司则在1998年发明了世界上第一个闪存驱动器。受以色列的科技政策所吸引，英特尔、微软和苹果等国际巨头均将海外研发中心设立在以色列，其中英特尔的研发中心甚至成为其主要双核处理器的研发承接单位。众多科学技术成果在以色列完善的风投制度下成功转化成实体产业，以色列拥有除北美外最大规模的纳斯达克上市公司，IBM、思科等海外科技企业在以色列设厂，光纤、集成电路板、夜视仪等成为以色列科技产品的代表。根据2020年的统计数据，以色列集成电路的出口额已经达到33.8亿美元，是以色列最主要的出口工业制成品。③ 可以说，计算机技术与电子设备的研发和生产支撑起以色列"第二硅谷"的称号。

---

① "Israel's Life Sciences Industry IATI Report 2019", Israel Innovation Authority, 2020, p.7.
② "Israel COVID-19 Situation", WHO, https：//covid19.who.int/region/euro/country/il, accessed May 1, 2022.
③ "OEC DATA: Israel", The Observatory of Economic Complexity, https：//oec.world/en/profile/country/isr, accessed May 1, 2022.

除了在民用领域取得的突出成就,以色列政府主导的科研发展进程最主要的服务对象之一便是以色列的国防工业。以色列的国防工业起步时间与其科技兴国道路启动时间基本相同,受"六五战争"中武器禁运的影响,以色列格外重视核心军事技术的自主性并加大研发投入。以色列国防部通过"以军带民"向"军转民"的发展路线鼓励军工企业发展,培养了一大批国有军工产业承包商,包括埃尔比特系统公司、以色列航空航天工业公司和拉斐尔先进防御系统公司等,这些企业不仅长期垄断以色列国防设备市场,还凭借"幼狮"战斗机、"铁穹系统"和军用视觉网络技术等先进军工产品与技术在国际军火市场占有重要的份额。在2016~2020年的全球军火交易市场,以色列是第八大武器出口国。[1] 此外,以色列还积极推进军民融合发展,通过"以军带民"政策,大量民间企业可以接触到中高端的军用技术成果,军事技术人员也可以在军民企业之间流动,加速两者技术融合,给高级技术的产业化提供了另一条道路。医疗技术领域的胶囊胃镜、IT领域的网络防火墙和航空航天领域的卫星技术都是以色列军工技术溢出的结果,而在此过程中军工企业则可以为自身创造更多的经济收益。可以看出,在科技政策和军民融合的共同加持下,以色列不仅掌握了先进的军事工业技术,还有效保证了军工科研系统的良性发展。

在新冠肺炎疫情肆虐的大背景下,各国经济遭受的压力都大大增加,但是以色列得益于成熟的科技融资制度和完善的应对疫情技术能力,其科技创新进程非但没有受到太大冲击,反而受国际互联网市场需求增加而进展快速。2020年以色列初创企业融资115亿美元,平均规模较前一年增长了10%[2],这一数值在2021年已经达到254亿美元,大型融资轮数从2020年的22轮增长到74轮。[3] 可以说,虽然以色列近年来在科技创新发展道路上

---

[1] Pieter D. Wezeman and Siemon T. Wezeman, *Trends In International Arms Transfers 2020*, SIPRI, 2021, p. 2.
[2] "Israel Innovation Authority's 2021 Innovation Report", Israel Innovation Authority, 2022, pp. 16.
[3] "2021 Tech Trends: Israel Is Winning The Global Race For Tech Funding", Start-up Nation Central, October 1, 2021, https://blog.startupnationcentral.org/general/2021-tech-trends-israel-is-winning-the-global-race-for-tech-funding/, accessed May 1, 2022.

遇到了诸多困难，但是几十年的科技积累为其带来了强劲的经济弹性，使其能够成为下一轮国际产业革新的重要参与者。

## 三 以色列科技创新发展战略的前景和挑战

以色列通过短短几十年的时间基本上建设了科技引领国家发展的道路，对中国实现科学技术现代化具有良好的借鉴意义。1992年以色列与中国建交后，中以科技合作与交流成为中以双边关系发展的重要内容。2017年3月，在中国和以色列建交25周年之际，中国和以色列建立了创新全面伙伴关系，以色列成为中国和诸多中东国家建立的战略合作关系中，唯一带有"创新"字样和性质的战略伙伴关系国家，展现了中国和以色列双边关系发展的独特魅力。

### （一）中以科技创新合作成就

2013年"一带一路"倡议提出后，以色列总体反应积极，在此后不断探索把双边合作纳入"一带一路"合作框架，中以科技合作成为双边合作的重点领域。2013年5月，中以建立政府间经济技术合作机制。2014年5月，中以建立创新合作联合委员会机制，至2022年1月，中以创新合作联合委员会已经召开了5次联席会议。2022年1月24日，在中以庆祝建立外交关系30周年之际，中国国家副主席王岐山在北京以视频方式与以色列候任总理、外长拉皮德共同主持召开中以创新合作联合委员会第五次会议，双方就加强创新引领和机制保障、深化务实合作、促进人员交往、双边关系和合作内容持续深化、创新全面伙伴关系等进行了新的探讨。[1] 自建交以来，以色列已经在中国北京、上海、四川、云南等地建立了技术示范园、产业园

---

[1] 《王岐山主持中以创新合作联合委员会第五次会议》，《人民日报》2022年1月25日，第1版。

等园区，其中较为成功的是中国和以色列于 2015 年合作建立的中以常州创新园。至 2021 年底，中以常州创新园集聚以色列独资及中以合作企业 126 家，促成中以科技合作项目 35 个，涵盖智能制造、生命科学、新材料、现代农业等领域。①

在看到以色列科技创新成就和中以科技创新合作成果的同时，也应该看到以色列科技创新中的一些问题以及中以科技创新合作面临的挑战。

### （二）以色列科技创新面临的问题和挑战

由于以色列国内市场规模和容量相对狭小，以色列的高科技市场发展与产业化高度依赖海外和国际市场。以色列的科技公司往往一开始就把目标瞄向海外市场，出现了技术还在孵化初始阶段就开始把重心转移到寻找风险投资公司接盘的现象。近年来，大部分竞投以色列高科技技术的风险投资基金来源于国外。据统计，2017 年，以色列本土风险投资基金对以色列高科技企业的投资总额只有 8.14 亿美元，只占以色列高科技行业融资总额的 16%，而另外 84% 的融资都来自以色列之外的风险投资基金。② 因此，以色列初创科技公司往往急于把技术卖给风险投资企业，海外风险投资基金在竞投以色列科技公司时面临很大的市场风险。此外，新冠肺炎疫情对以色列科技创新企业的冲击也不容小觑。2020 年以来，由于担心更大的风险和更多的成长不确定性，诸多海外风险投资基金公司减少了对以色列科技创新企业的投资。

对中国来说，在看到中以科技创新合作近年来取得的丰硕成果的同时，也要看到中以科技创新合作面临的风险和挑战。从双边关系角度看，中以关系始终受到来自美国的干扰。近年来，美国不断向以色列施加压力，要求以色列限制中国对以色列大型基础设施以及高科技企业的投资。近年来，越来

---

① 《中以常州创新园年鉴》，武进年鉴 2021 网站，http://www.wjsz.org.cn/2021wjnj/kjcx/gjkjhz/2022-01-17/14663.html，最后访问日期：2022 年 6 月 1 日。
② 《中国-以色列高科技投资白皮书——以色列风险投资总览》，搜狐网，2018 年 6 月 15 日，https://www.sohu.com/a/235957265_264215，最后访问日期：2022 年 6 月 6 日。

越多的中资企业和民营资本开始涉足以色列市场，但在投资以色列基础设施与高科技企业时受到了越来越多的阻力和压力。对中国的海外投资企业和风险投资基金来说，在并购或收买以色列高科技企业时需要擦亮眼睛，认真考察其技术含量和市场前景，减少海外科技投资带来的风险。

# Y.11
# 埃及《2030年愿景》及前景：
# 不平衡的执行

朱泉钢*

**摘　要：** 在反思埃及现代化进程的经验与教训后，埃及政府在2016年推出《2030年愿景》，经济繁荣、社会正义、环境友好是其三大维度。埃及政府高度重视该愿景的实施，并将其视为国家发展的根本大计。埃及计划与经济发展部公布的《2021年埃及：国别自愿陈述》显示，《2030年愿景》整体执行情况较好，但社会和环境方面的执行情况不及经济方面。《2030年愿景》与"一带一路"倡议对接良好，中埃双方实现了共赢。展望未来，埃及政府仍将高度重视《2030年愿景》的高质量执行，但面临资金短缺、人口增长过快、执行不平衡等挑战，需要埃及政府认真应对。

**关键词：** 埃及　2030年愿景　不平衡性

埃及是历史悠久、文明灿烂、影响力强的地区性大国和全球性中等强国，在人类文明和历史进程中发挥过重要作用。[1] 埃及的国家发展战略在中东具有一般性和代表性，中国与埃及的战略对接具有引领性和示范性。因此，本文拟通过深度分析《可持续发展战略：埃及2030年愿景》（以下简

---

\* 朱泉钢，法学博士，中国社会科学院西亚非洲研究所助理研究员，中国社会科学院西亚非洲研究所中东发展与治理研究中心副主任，主要从事中东政治、中东国际关系问题研究。
[1] 王林聪、朱泉钢：《中国与埃及友好合作》，中国社会科学出版社，2019年。

称《2030年愿景》）的主要内容及其提出原因，愿景的执行情况及其特点，中埃发展战略对接的动力和成就，深化对埃及中长期发展战略问题的认识。

## 一 《2030年愿景》的主要内容[①]

"阿拉伯之春"不仅彻底暴露了埃及现代化进程中累积的结构性矛盾，而且全面冲击了埃及国家发展的方方面面。"一·二五革命"之后，埃及国家转型一波三折。塞西在2014年5月当选总统后，埃及走向了恢复稳定、发展经济和重塑大国地位的道路。在这一大的背景下，塞西政府着力推出埃及的国家中长期发展战略。2016年2月24日，埃及政府正式公布《2030年愿景》。

《2030年愿景》主要包括导论、愿景制定原因、参与性制定方法、规划阶段、基本目标、主要支柱、监督和评估机制部分。其中，前四部分属于背景性内容，后三项属于实质性内容。因此，这里重点介绍后三项内容。

### （一）《2030年愿景》的目标

《2030年愿景》指出，愿景标志着埃及迈出走向全面发展的坚实一步，它受古埃及文明成就的启发，并将现在与未来紧密联结。愿景设立了一个总体目标，即埃及将发展成一个先进和繁荣的国家，以经济繁荣和社会正义为特征。埃及将恢复在历史上的地区领导角色。愿景还将最大限度地激活埃及的竞争潜力和竞争优势，并实现埃及人梦想的舒适和有尊严的生活。

同时，愿景也给出了一个相对具体的目标："到2030年，埃及将成为一个具有竞争力、平衡和多元化经济的国家，依赖知识和创新的国家，以正义、社会团结和参与为基础的国家，具有和谐与生态多样性特征的国家，可以充分利用地理优势和人力资源的国家，实现可持续发展和提高埃及人生活

---

[①] 本节内容依据《可持续发展战略：埃及2030年愿景》英文文本整理得出，参见 Ministry of Planning, Monitoring and Administrative Reform of Egypt, *Sustainable Development Strategy: Egypt's Vision 2030*, Cairo: MPMAR, 2016, pp. 7-8。

质量的国家。此外，政府希望通过这一战略使埃及成为排名世界前30位的国家，其衡量标准是经济发展、打击腐败、人的发展、市场竞争力和生活质量。"

### （二）《2030年愿景》的三大维度和十大支柱

《2030年愿景》的核心内容是三大维度和十大支柱。一是经济维度，包括经济发展、能源、知识创新和科学研究、透明和高效的政府机构四个支柱；二是社会维度，包括社会正义、卫生健康、教育和培训、文化四个支柱；三是环境维度，包括环境和城市发展两个支柱。此外，还有外交政策、国家安全和国内政策三个支柱，它们共同塑造了《2030年愿景》的综合框架。

每一个支柱都包含具体的构造要素，包括战略目标、战略目标的子目标、绩效指标、实现这些目标的量化指标、预期挑战、必要的计划和项目以及执行这些计划和项目的优先顺序。鉴于篇幅所限，这里无法对《2030年愿景》中所有支柱的情况一一进行介绍，仅以经济维度中的透明度和高效的政府机构支柱为例进行说明。[①] 透明度和高效的政府机构这一支柱的战略目标是提高国家行政效率、提高政府服务质量、打击行政部门腐败和提高政府的透明度。战略子目标有三个，即根据国内外变化，建立高效的行政机构；使用现代技术，提供高质量服务；构建透明体系，回应民众诉求和接受民众监督。此外，愿景还根据目前的水平、过往教训和最优前景，设定了详细的绩效指标及量化指标（见表1）。根据构造要素的影响和解决方案的可行性，预期挑战可分为三类，即高影响和容易面对的挑战、中等影响和很难处理的挑战、低影响和很难处理的挑战，而解决第一类挑战最为优先。透明度和高效的政府机构支柱的项目和计划共计10项，涉及完善公共管理体系、完善规划监督体系、建立政府与公民之间的沟通机制、完善人力资源管理体

---

① Ministry of Planning, Monitoring and Administrative Reform of Egypt, *Sustainable Development Strategy: Egypt's Vision 2030*, Cairo: MPMAR, 2016, pp. 121-136.

系、改革立法结构、完善公共行政基础设施、升级公共行政信息数据库、发展公共行政人力资源、改善向公民提供的政府服务、打击国家机构中的腐败。

表1 《2030年愿景》透明度和高效的政府机构支柱的关键绩效指标

| 序号 | 指标（单位） | 2016年水平 | 2020年目标 | 2030年目标 |
|---|---|---|---|---|
| 战略结果 | | | | |
| 1 | 政府效率得分（0~100） | 20 | 50 | 70 |
| 2 | 开放政府得分（0~100） | 0.44 | 0.5 | 0.6 |
| 3 | 管理执行得分（0~100） | 0.42 | 0.5 | 0.6 |
| 4 | 反腐败得分（0~100） | 35 | 50 | 70 |
| 5 | 政策制定透明度得分（0~100） | 3.9 | 4 | 4.2 |
| 输出 | | | | |
| 6 | 公民与公务员之比得分（0~100） | 13.2 | 26 | 40 |
| 7 | 营商环境得分（0~100） | 59.5 | 70 | 80 |
| 8 | 政府决策偏差得分（0~100） | 3.7 | 3.9 | 4.2 |
| 9 | 非正式支付、贿赂得分（0~100） | 4 | 4.3 | 4.8 |
| 输入 | | | | |
| 10 | 培训支出占工资比例（%） | 0.04 | 0.5 | 1 |

资料来源：Ministry of Planning, Monitoring and Administrative Reform of Egypt, *Sustainable Development Strategy: Egypt's Vision 2030*, Cairo: MPMAR, 2016, pp. 125-127。

### （三）《2030年愿景》的监督和评估机制

各级政府部门与商业组织、社会团体一道，成立战略执行和监督机构——国家可持续发展目标执行监督委员会（National Committee for Monitoring the Implementation of the Sustainable Development Goals），负责监督《2030年愿景》中政策和项目的执行情况、结果性指标的履行状况，根据特定方法修订和更新愿景，以及评估《2030年愿景》的结果和影响，这一机构对总统和议会负责。

国家可持续发展目标执行监督委员会主要执行以下任务：①确保实施计划和《2030年愿景》之间的一致性，②建设一个综合性的电子数据库，③

对各级政府部门的规划和监督机构进行培训和能力建设，④收集数据以衡量关键绩效指标，⑤审查和分析关键绩效指标，⑥在宏观层面审查政策，⑦撰写技术跟进和评估报告。

埃及政府提出《2030年愿景》主要是受埃及政府和人民摆脱国家发展困境和重塑埃及大国地位的愿望所驱动。一是愿景体现了塞西政府探索新的国家发展道路的努力。在反思埃及现代化进程的经验与教训后，塞西政府决定探索新的埃及现代化发展道路，对于经济繁荣和社会正义的追求汇聚于《2030年愿景》。二是愿景反映了埃及民众恢复埃及大国地位的诉求。埃及计划、监督和行政改革部在评价《2030年愿景》时指出："愿景旨在确保埃及恢复国力，进入发达国家行列，并实现国家的发展目标。"[①] 可见，恢复大国地位是埃及政府提出《2030年愿景》的重要原因。

## 二 《2030年愿景》的执行情况评析

埃及政府高度重视《2030年愿景》的实施，并将其视为国家发展的根本大计，关系埃及综合国力的提高和民族复兴的实现。总的来讲，埃及《2030年愿景》的实施呈现出以下三个特点：管理框架设计较好，执行部分的规定略显薄弱；整体上推进有序，各项目标均有不同程度的进步；经济维度实施较好，社会维度和环境维度实施略显落后。

### （一）《2030年愿景》的管理框架特征

通常来讲，一个战略的实施效果不仅与战略内容息息相关，而且与战略管理框架密切相连。《2030年愿景》具有明晰的管理框架，但是有关具体执行的规定略显薄弱。

整体来看，《2030年愿景》的管理框架体现出三个特点，这些特点彼此

---

① Ministry of Planning, Monitoring and Administrative Reform of Egypt, *Sustainable Development Strategy*: *Egypt's Vision 2030*, Cairo: MPMAR, 2016, p. 1.

联系，共同构成框架的核心内容。第一，政府和社会相互协调。埃及政府根据埃及基本国情、政治特点和相关理念，在实施《2030年愿景》的管理框架中，确立了政府主导、行政优先、法律支持、社会参与的基本原则。第二，外交战略是重要支撑。埃及政府强调，要实现可持续发展战略，就需要采取积极、有效、平衡的外交政策，对维护国家安全予以充分关注。据此，《2030年愿景》特别重视外交政策和国家安全，对此制定了一个总体目标：埃及作为一个阿拉伯世界的独立主权国家，采取积极、有效和平衡的外交政策，维护国家安全，包括领土安全和完整、国家繁荣以及决策独立，并实现埃及的国际和地区战略利益，还要尊重国际义务和国际法。第三，战略执行有阶段性。《2030年愿景》的执行分为短期、中期和长期三个阶段，不同时期有不同的目标。一是短期（2016~2018年）目标，主要是在稳定埃及国内安全局势的前提下，聚焦埃及的人口重新分布，打击恐怖主义，重塑埃及的国家权力，以实现埃及的利益；保护海外埃及人，维护他们的利益，并从他们的专业性中受益。二是中期（2018~2020年）目标，主要是运用外交技巧、政策和倡议，使埃及成为中东地区的大国；通过促进共同利益、相互尊重等理念，利用埃及的软实力为外交政策目标做出积极贡献；充分发挥埃及社会的潜力，服务埃及的国家利益。三是长期（2020~2030年）目标，主要是采取相关政策在一些涉及埃及关键利益的领域获得进步，并且从埃及的比较优势中获益，使埃及能够就国际和地区活动发起政治倡议，在打击恐怖主义、推动非洲国家共同进步、管理非洲与大国的关系等方面成为关键国家，并发挥领导作用，从而更好地全面维护埃及的国家战略利益。

《2030年愿景》的管理框架显示出较好的战略性和整体性，但也存在一个显著的问题，即缺乏清晰的执行机制。[1] 愿景对各支柱的战略目标、绩效指标、预期挑战和项目的规定十分详细，但对于实现相关目标的具体策略、实现方式、可行性研究、实现可能性等论述并不充分。

---

[1] The Egyptian Center for Economic & Social Rights, "Lack of Strategy in the 2030 Strategy", Social Watch, https://www.socialwatch.org/sites/default/files/2016-SR-Egypt-eng.pdf, accessed March 4, 2022.

## （二）《2030年愿景》执行的整体情况较好

2021年，埃及计划与经济发展部发布《2021年埃及：国别自愿陈述》，系统、详细和深刻地评估了《2030年愿景》的执行情况。整体看来，《2030年愿景》的执行状况较好。

这里对照联合国《2030年可持续发展议程》的17个可持续发展目标，对《2030年愿景》的执行进行具体分析。[①] 在消除贫困方面进展明显，贫困人口和极端贫困人口占比分别从2018年的32.5%和6.2%下降到2020年的27.9%和4.5%。在消除饥饿方面，儿童营养不良、贫血和消瘦等问题有所改善，但食品安全指数从2018年的62.9%下降到2020年的61.1%。在确保健康和福祉方面，降低孕产妇死亡率、降低交通事故死亡率和提高医疗参保水平方面均有所进步，但在降低5岁以下儿童死亡率、新生儿死亡率和自杀率方面有所退步。在优质教育方面，各级学校的入学率上升，辍学率和文盲率下降，但由于人口增长过快，班级平均人数和师生比指标有所倒退。在性别平等方面，整体上进步明显，只有女性劳动力参与率从2018年的16.4%下降到2020年的13.8%。在水供给和环境卫生方面，各项指标均有所进步。在负担得起和清洁能源方面，各项指标均有所进步。在体面工作和经济增长方面，失业率和青年失业率情况好转，但由于新冠肺炎疫情影响，经济增长率和旅游业收入占GDP的比重下降。在工业、创新和基础设施方面，研究人员数量、全球竞争力的基础设施指数、高科技制造业等方面进步显著，但非石油制造业附加值占GDP的比重有所下降。在减少国内不平等方面，各项指标均有所进步。在可持续的城市和人类住区方面，整体水平提高，但政府在文化和宗教方面的开支占政府总开支比重有所下降。在可持续的消费和生产模式方面，总体上进步明显。在应对气候变化方面，人均二氧化碳排放量从2018年的2.55吨下降到2019年的2.46吨。在海洋资源可持

---

① Ministry of Planning and Economic Development of Egypt, *Egypt's 2021: Voluntary National Review*, Cairo: MPED, 2021, pp.24-77.

续性方面，得分从2017年的68分提高到2019年的70分。在陆地生态系统方面有小幅进步。在和平、正义和有效机构方面，法治、政府效力、制度能力、政治稳定的水平均有所上升。在全球伙伴关系方面，国内税收占预算的比重、官方发展援助总额、外国直接投资总额、宽带接入率4个指标有所进步，但政府收入占GDP比重和侨汇占GDP比重两个指标有所下降。

整体来看，《2030年愿景》的执行在大多数方面有进步，虽然不同领域的具体发展情况有所差别。

### （三）经济维度和社会维度、环境维度执行不平衡

整体看来，埃及政府对经济维度最为重视，尤其是对基础设施建设项目的资源投入最多。因此，这些项目的发展相对较好，例如埃及新行政首都项目、苏伊士运河发展项目、西奈发展和投资项目等。这里以埃及新行政首都项目为例，讨论基础设施项目推进的状况以及推进较快的原因。2015年，埃及政府宣布新行政首都建设计划，项目计划占地700平方公里，预计2022年竣工。[①] 有一些评论人士称，新行政首都项目是塞西政治生涯的生命线，"首都项目存，塞西政府兴，首都项目废，塞西政府败"。[②]

埃及新行政首都项目推进较好的原因主要包括以下两点。第一，塞西政府高度重视。对于埃及政府来讲，新行政首都项目具有多重意义。一是疏散埃及人口，预计新行政首都将新吸纳埃及500万~1000万人口，缓解埃及人口过于密集的问题。二是吸纳劳动就业，缓解埃及严重的失业和青年失业问题，并且通过新行政首都建设全面拉动埃及经济的增长。三是体现行政决断力和政府执行能力，提高政府的国内和国际形象，增强塞西政府的合法性。因此，塞西政府高度重视新行政首都项目的建设。第二，国家投入大量资源。塞西称，埃及为新行政首都建设付出的经济代价和努力是巨大的。国家

---

① 戴晓琦：《塞西执政以来的埃及经济改革及其成效》，《阿拉伯世界研究》2017年第6期，第43页。
② "转型之困：埃及社会的阵痛与坚守"，《光明日报》驻开罗首席记者肖天祎线上讲座，2020年11月13日。

的目标是确保新行政首都项目的顺利推进。他强调，解决这些问题需要花费大量的时间和精力。到2022年项目完工的时候，埃及新行政首都项目将耗资约3800亿埃镑。① 此外，埃及政府专门设立新行政首都建设的监督保障团队。可见，政府对此投入了巨大的资源。

由于社会问题、环境问题不如经济问题那么显性和急迫，对政府的合法性影响相对较小，《2030年愿景》在这两个维度上执行较慢。这里主要以社会维度的教育领域为例讨论该问题。《2030年愿景》的执行在教育领域面临的问题表现在以下几方面②。一是国家用于衡量目标是否成功的指标有所偏颇和使用的数据不可靠。一个典型的例子是，单班学生人数多，导致教育质量提高不易。根据《2030年愿景》中的数据，教室密度约为每班40名学生，预计到2030年将减少到30名。然而，实际上，根据埃及教育部的数据，某些地区的教室密度高达每班80名、90名、100名、120名甚至130名学生。换句话说，《2030年愿景》中给出的基础数据并不准确，这也意味着很难实现依据这些数据制定的最终目标。二是政府对尊重宪法基础的社会正义缺乏承诺。2014年埃及宪法规定，国家必须将预算的4%投入义务教育，还要将预算的2%和1%分别投入高等教育和科学研究，但是对照2016~2017年埃及预算，这些数据并没有体现在预算中。在机构层面，教育部决策的集中化和个人主义问题仍然突出，地方政府机构仍然处于边缘地位，未能参与教育政策的起草和制定，而仅仅是中央计划和政府政策的执行者。三是缺乏对弱势群体的照顾。通过教育帮助偏远地区的孩子摆脱贫困是一种政治远见，也是国家执行减贫和发展战略中可供利用的重要资源。目前埃及的反贫困项目有一项是社会团结部主管的支持最贫困乡村的"团结与尊严"项目，其主要任务包括向依赖妇女养家糊口的家庭提供现金转账，

---

① "New Administrative Capital Costs LE380 Billion over 7 Years, Says Sisi", Egypt Independent, September 27, 2020, https://egyptindependent.com/new-administrative-capital-costs-le380-billion-over-7-years-says-sisi/, accessed March 1, 2022.
② 孔令涛、沈骑：《埃及"2030愿景"教育发展战略探析》，《现代教育管理》2018年第10期，第110~114页。

以便这类家庭可以让孩子上学。然而,该项目缺乏明确的短期目标和长期目标,如上埃及是国家最贫穷的地区,但花费在教育用品、教科书和交通上的费用是最高的。这意味着提供给贫困家庭的钱将全部花在满足教育需求上,而没有真正改善他们的生计。四是一些解决方案缺乏具体指导。例如,政府倡议通过公私部门合作(PPP)对教育进行投资,建立和运营学校。教育部提议建立伙伴关系,向私人投资者提供土地来建造并开办学校,允许他们收取学费。这显然有利于中产阶级,他们有能力支付可能高达1000埃镑的学费。但是,该建议的明显缺陷是,缺乏对私营部门必须遵循原则的规定,例如提供高质量教育原则等。

## 三 《2030年愿景》与"一带一路"倡议的对接

为更好地实现《2030年愿景》,埃及积极寻求与其他国家和国际组织的发展战略合作。塞西多次强调,要实现《2030年愿景》与"一带一路"倡议的对接。

### (一)对接动力

不同国家的发展战略对接属于国际合作问题,合作有其基本动力。整体来讲,理念汇聚是对接的情感动力(规范理性),而利益互补是对接的功能动力(工具理性)。[1]

第一,理念汇聚。一是源远流长的友好理念汇聚。考古表明,中埃人民的友好交往可以追溯到公元前200年前后。1956年,埃及与中华人民共和国正式建交,埃及是第一个与中国建交的阿拉伯国家、非洲国家和中东国家。随后,两国在反帝反殖行动中相互声援,在国家发展建设中彼此支持,双方的友谊不断深化,并延续到发展战略对接。

---

[1] H. Andreas, M. Peter, and R. Volker, *Theories of International Regimes*, Cambridge: Cambridge University Press, 1997, pp.3-6.

二是以民为本的发展理念汇聚。共同的发展型国家定位是战略对接的制度基础。塞西政府吸取了之前埃及采用的美欧式新自由主义发展模式的教训，转而学习东亚模式的发展型国家模式，重视产业政策和国家能力，将经济发展作为解决社会矛盾的方案。[1]《2030年愿景》体现了发展型国家的理念，其强调的民众生活水平提高的目标与"一带一路"倡议蕴含的"人类命运共同体"理念相一致。

三是互利共赢的合作理念汇聚。埃及强调《2030年愿景》的实现需要采取经济外交，包括运用与南方国家的合作机制来实现经济发展目标；深化与非洲国家的联系，深化与海湾阿拉伯国家合作委员会的战略合作；与全球各地区的重点国家建立高质量的外交关系，其中重点提到亚洲的中国。[2] 中国一直强调，"一带一路"倡议是互利共赢的，共商、共建、共享是其基本原则。

第二，互有所需。《2030年愿景》目标远大，涉及全方位的经济发展和社会进步，需要大量的资金、技术和援助。然而，埃及长期面临严重的财政短缺和技术落后问题，尤其是产业发展不足无法有效解决就业需求激增的问题。由于单纯依靠自身的资源禀赋并不足以实现《2030年愿景》，埃及需要强大的外部支持。中国是发展中大国，拥有雄厚的资金、人才和技术资源。此外，不同于西方国家以及国际货币基金组织、世界银行等国际组织等向埃及提供经济支持时往往附加许多政治、经济和社会条件，中国的援助是不附加政治条件的。因此，对于埃及来讲，中国是《2030年愿景》对接合作的理想伙伴。

"一带一路"倡议是联通欧亚大陆的庞大工程，是中国为全球发展提供的重要公共产品。因此，"一带一路"建设实现离不开沿线国家的共同努

---

[1] Amr Adly, "Authoritarian Restitution in Bad Economic Times Egypt and the Crisis of Global Neoliberalism", *Geoforum*, Vol. 124, 2021, p. 291.

[2] Riham Bahi, "Egypt as a Leading Nation: Regional Imperatives and Domestic Constraints", in J. Braveboy-Wagner, eds., *Diplomatic Strategies of Nations in the Global South*, New York: Palgrave Macmillan, 2016, pp. 155-179.

力。其中，埃及是重要的沿线国家。一方面，埃及拥有丰富的人力资源和庞大的市场、较好的工业基础和基础设施、相对稳定的政治局势和安全形势、具有地区影响力的文化和软实力，因此它是共建"一带一路"的理想伙伴。另一方面，埃及位于"一带一路"西端交汇地带，拥有独特的区位优势和枢纽地位，不仅能够辐射西亚和非洲地区，而且是中国通往欧洲地区的重要通道，因此它是推进"一带一路"建设的重要支点。

因此，中埃在地理区位、资源禀赋、产业结构、技术资本等方面正不断显现出互补优势[①]，在贸易、投资、现代工业、现代农业、交通运输、电力能源、卫星科技等领域也蕴藏着巨大合作潜能。

## （二）对接机制

战略对接需要机制保障，中埃之间的战略对接机制主要包括以下三类：第一，蕴含新内涵的传统双边合作机制。长期以来，中埃双边层面设立了多个领域的委员会以及工作组和协调委员会等，并运转良好。其中比较重要的包括中埃经贸联委会、中埃防务合作委员会、中埃科技合作联委会、中埃文化联委会、中埃农业合作联委会等。"一带一路"倡议和《2030年愿景》提出之后，这些联委会重视双方的战略对接，确保相关合作顺利落地。

第二，蕴含新内涵的传统多边合作机制。两国在联合国框架内积极合作，尤其是在联合国安理会改革与维和议题方面。通过在中非合作论坛和中阿合作论坛下的合作，中国和埃及的关系不断深化，双方在战略问题上的合作不断推进。此外，两国在上海合作组织、亚洲相互协作与信任措施会议、二十国集团平台上也存在深度的沟通和合作。

第三，相关新合作机制的建立。中国与埃及签署了共建"一带一路"文件，为双方的战略对接提供了重要的机制保障。同时，埃及为顺利执行《2030年愿景》，也成立了许多相关机构，中国积极同这些机构保持沟通联

---

① 参见戴晓琦《埃及："一带一路"的中东支点》，《大庆师范学院学报》2016年第2期，第51页；毕健康《"一带一路"与非洲工业化——以中埃经贸合作区和亚吉铁路为例》，《新丝路学刊》2017年第1期，第40页。

系并寻求合作。同时，在多边层面，两国都是亚洲基础设施投资银行的创始成员，并且都支持全球贸易机制的改革。在"一带一路"国际合作高峰论坛咨询委员会中，埃及前总理萨拉夫是委员之一，其声音代表了埃及、非洲和中东国家的利益，以及埃及《2030年愿景》的期待。

第四，双方领导人的顶层设计。2019年4月，塞西总统在参加第二届"一带一路"国际合作高峰论坛时表示，"一带一路"契合埃及优先发展经济、推进工业化、加强经贸往来、促进人文交流的发展方向。2016年以来，习近平主席也多次强调，"一带一路"倡议要对接埃及的《2030年愿景》。

### （三）对接成就

《2030年愿景》与"一带一路"倡议对接，契合愿景目标，夯实了愿景支柱，推动了愿景实现，也收到了良好的效果。

第一，战略对接为埃及国家发展战略的执行提供重要资金。一是中埃贸易的积极价值。2016~2020年，埃及对华出口共为埃及赚取56.4亿美元的外汇。此外，埃及从中国进口581.5亿美元，质优价廉的商品可以帮助埃及节省外汇、抑制通货膨胀、提高民众生活质量。二是中国对埃及投资十分积极。近年来，中国对埃投资活跃、增速快。截至2020年底，中国在埃及直接投资存量已超12亿美元，2021年第一季度新增8300万美元，同比增幅高达134%。三是中国为埃及提供了大量贷款。近年来，中国政府和金融公司为埃及提供了大量贷款，是埃及最重要的融资方之一，中国国家开发银行、中国进出口银行、中国工商银行、中国出口信用保险公司累计为埃及金融提供融资额度超过75亿美元。[①] 不应忽视的是，与埃及的战略对接也使中国公司、民众和政府受益匪浅。

第二，战略对接契合《2030年愿景》经济、社会和环境维度的需求。一是中国积极参与埃及的基础设施建设。基础设施建设往往资金需求大、资

---

[①] 《对外投资合作国别（地区）指南：埃及（2021年版）》，中华人民共和国商务部网站，http://www.mofcom.gov.cn/dl/gbdqzn/upload/aiji.pdf，最后访问日期：2022年5月5日。

金流动差，但其对于吸纳就业、带动经济增长具有积极意义。设施互联互通是"一带一路"建设的重要内容，中国愿意在埃及承担许多发达国家不愿承担的基础设施建设项目。中国建筑埃及分公司承建的埃及新行政首都中央商务区项目、中航国际公司承建的斋月十日城轻轨项目、中电装备总包的500千伏输电线路工程项目都成为中埃对接的旗舰项目。二是产能合作和园区建设。截至2020年底，中埃·泰达苏伊士经贸合作区（泰达合作区）共吸引96家企业入驻，实际投资额超12.5亿美元，累计销售额超25亿美元，缴纳税费近1.76亿美元，直接解决约4000人就业，产业带动3.6万余人就业。[1] 三是新能源合作。阿斯旺省的本班光伏产业园是埃及首个"太阳能村"，助力埃及能源供应和转型。在园区内，中国人员、中国企业、中国技术和中国设备都发挥着重要作用，园区内50%的设备和组件来自中国。值得一提的是，本班光伏产业园对解决当地就业做出了巨大贡献，高峰时期，现场有3000多名埃及本地员工。[2] 四是推进数字经济、信息化和高科技领域的合作。埃及二号卫星项目是中埃共建"一带一路"的标志性项目之一，也是落实中非合作论坛"八大行动计划"的具体项目之一，它所搭载的应用卫星将有效帮助埃及实现多层次发展。此外，2019年华为在埃及启动华为人才库ITB项目[3]，致力于提高埃及通信领域的青年人才竞争力和区域竞争力，推动埃及的通信技术发展。

第三，战略对接为埃及的区域经济合作发展愿景提供助力。埃及的大国梦想促使其积极发展区域经济，并立志将埃及打造为区域经济的重要参与者，中埃战略对接有力推进了这一设想的实现。一是中国积极参与埃及的港口建设。港口建设不仅是埃及在全球重要战略地位的保障，而且是"一带一路"倡议中设施联通的重要内容。中国港湾工程有限责任公司参

---

[1] 《通讯：沙漠中的经济引擎——访中埃·泰达苏伊士经贸合作区》，新华网，2021年1月25日，http://www.xinhuanet.com/world/2021-01/25/c_1127023836.htm，最后访问日期：2022年5月1日。
[2] 《中国技术助力埃及建设"太阳能村"》，《人民日报》2019年6月4日，第17版。
[3] 《华为：计划三年内为埃及培养IT英才12000名》，人民网，2019年10月6日，http://world.people.com.cn/n1/2019/1006/c1002-31385410.html，最后访问日期：2022年5月1日。

与埃及多个港口的投资和建设，不仅有助于解决埃及的投资不足问题，而且提高了埃及的区域规模经济效益。① 二是共同开拓第三方市场。埃及横跨亚非两大陆，并隔地中海与欧洲相望，与全球主要经济体签署了自由贸易协议，这为中埃共同开拓第三方市场提供了重要条件。例如，巨石埃及在埃及生产，中国公司提供技术，使埃及一跃成为世界第五大玻璃纤维生产国，产品主要出口到欧洲和中东地区。

## 四 趋势和前景展望

埃及政府与社会高度重视和认可《2030年愿景》的重要价值，因此，埃及《2030年愿景》的执行仍将高质量推进。然而，愿景执行中将面临诸多挑战，这需要埃及政府认真应对。

一方面，埃及政府和社会认真执行《2030年愿景》的意愿强烈。其一，埃及政府高度重视《2030年愿景》的价值。在新冠肺炎疫情影响严重的2020年，埃及成为中东地区唯一实现经济正增长的国家，显示出《2030年愿景》给埃及经济发展带来的好处。埃及计划与经济发展部部长哈拉·赛义德（Hala El-Said）强调，《2030年愿景》已经成为埃及的国家基石，将根据新冠肺炎疫情的影响对愿景进行相关修订。其二，埃及的社会力量也普遍认可《2030年愿景》的重要性。新冠肺炎疫情使埃及民众对《2030年愿景》所具有的积极意义有了更多的认识，包括提高社会保障水平、建立强大的卫生保健系统、发挥埃及的人力资源优势、经济高质量发展、实现全球范围的知识和科技共享等。② 因此，埃及仍将积极执行《2030年愿景》。

另一方面，埃及《2030年愿景》的执行面临诸多挑战。一是资金短缺

---

① 赵军：《中国参与埃及港口建设：机遇、风险及政策建议》，《当代世界》2018年第7期，第64页。
② Sarah El Battouty, "As Egypt Recovers, Sustainable Growth Must Remain at the Heart of Its Development Plans", in Mirette F. Mabrouk, eds., *Rethinking Egypt's Economy*, Washington D.C.: MEI, 2020, p.24.

问题。埃及经济状况近年虽有好转，但政府债务和预算赤字问题严重。在新冠肺炎疫情和乌克兰危机的冲击下，埃及财政压力进一步增大，影响了政府对《2030年愿景》执行的资金支持。二是人口增长过快。埃及人口在2020年已超1亿人，若保持当前增速，到2030年埃及人口将增长至1.28亿人。人口增长过快已经影响到《2030年愿景》的执行效果，如埃及的学校班级平均人数居高不下等。若人口问题控制不好，《2030年愿景》的实现效果将大打折扣。三是三大维度发展不平衡问题。目前，埃及政府更加重视《2030年愿景》的经济维度，对社会维度和环境维度重视不足。由于人口增长、气候变化、地缘政治等原因，埃及面临的环境和社会压力将继续增大，如果处理不当，将影响《2030年愿景》的执行效果。

总之，为实现《2030年愿景》，埃及政府和社会将努力克服困难、投入资源、创造条件、创新机制，以通过经济发展、社会正义和环境保护实现国富民强，并恢复埃及在地区的领导地位。

# Y.12
# 摩洛哥发展规划及前景：
# 迈向可持续发展新模式

张玉友　孙德刚[*]

**摘　要：** 摩洛哥国王穆罕默德六世1999年继位以来，相继提出了新自由主义与国家干预相结合的混合发展模式、以可持续发展为特征的新发展模式。两大模式的共同特征是国家通过不断制定战略规划来推动政治、经济与社会的全面发展。2010年以来，摩洛哥在产业发展、基础设施、数字经济和可持续发展四方面制定了详细的中长期发展战略。在中阿合作论坛和中非合作论坛两大平台下，"一带一路"倡议、"全球发展倡议"与摩洛哥诸多国家发展规划形成了战略对接，中摩在基础设施、农业、产能转移、数字经济和旅游经济等方面也开展了卓有成效的合作。疫情背景下，摩洛哥将在减少新增大型项目的同时，大力发展重点产业，全面推进可持续发展战略。

**关键词：** 摩洛哥　新发展模式　数字经济　"工业加速计划"

自1956年独立以来，摩洛哥一直在探索适合本国国情的发展模式。20世纪70年代至90年代，摩洛哥的经济发展先后经历了"摩洛哥化"和"新自由主义改革"两个阶段，前者以进口替代战略为核心，后者集中于以资本主义为核心的私有化改革。[①] 1999年，穆罕默德六世继位后，

---

[*] 张玉友，西北大学中东研究所副教授，主要研究方向为摩洛哥政治与外交、北非问题、中东国际关系；孙德刚，复旦大学中东研究中心主任、国际问题研究院研究员，主要研究方向为中东政治与国际关系、大国中东战略、中国中东外交。

[①] 张玉友：《国家资本主义在摩洛哥》，《文化纵横》2020年第2期，第105~106页。

在充分吸收哈桑二世时期发展经验的基础上，逐步形成了"新自由主义+国家干预"的混合发展模式。[①] 该模式的核心特点是王室和政府主导，社会广泛参与，与国际接轨，由政府制定中长期发展规划、提供融资渠道，国企、私企和外资企业共同参与。2020年，在穆罕默德六世继位21周年之际，摩洛哥结合国内外发展局势以及第四次工业革命的要求，提出了新发展模式，强调向包容性的可持续发展方向转型，继续加强对传统部门和新兴部门的战略规划。无论是混合发展模式还是新发展模式，都强调积极与全球新兴经济体的战略对接，尤其是与"一带一路"倡议的对接。

## 一 摩洛哥中长期发展规划及其实施情况

进入21世纪以来，尤其是2010年阿拉伯剧变以来，摩洛哥制定了多领域、跨部门的国家发展规划，其总体目标是保持较高的经济增长率，减少失业、消除贫困，核心政策涉及宏观经济调控、公共行政管理、改善投资环境等，大力发展汽车、纺织等劳动密集型产业，继续推进私有化改革、加快对外开放等。2020年7月，为应对新冠肺炎疫情带来的经济冲击、支持相关产业复苏，穆罕默德六世国王在登基21周年的讲话中宣布启动"后疫情"时代国家重振计划，加快相关战略规划调整与实施。

总体而言，摩洛哥中长期发展规划可归纳为以下六大方向：①加入全球产业链，向出口导向型经济转型；②提高制造业在国民经济中的比例；③提高农业生产率，保障国家的粮食安全；④加强基础设施建设，推进城市化和交通便利化；⑤发展数字经济、绿色经济、清洁能源和可再生能源产业，以吸引投资、创造就业和实现可持续发展；⑥打造具有本国比较优势

---

① Eve Sandberg and Seth Binder, *Mohammed VI's Strategies for Moroccan Economic Development*, London: Routledge, 2019, pp. 98-104.

的生态产业。① 以上六大方向可分为产业发展、基础设施发展、数字经济发展和可持续发展四大战略。

### （一）产业发展战略

产业发展是摩洛哥经济的重要领域，也是中长期发展规划的核心内容。

第一，农业发展战略。农业是摩洛哥经济的重要支撑。从20世纪60年代至今，摩洛哥的农业发展战略规划共经历了四个阶段：第一，"大坝政策"阶段（20世纪60年代中期至80年代中期）；第二，"农业部门中期调整计划"阶段（1985~1993年）；第三，"摩洛哥农业2020年战略"阶段（1993~2008年）；第四，"绿色摩洛哥计划"（Plan Maroc Vert）阶段（2008年至今）。② 20世纪90年代初，摩洛哥开始将农业发展作为一项国家大战略。为实施"摩洛哥农业2020年战略"，摩洛哥政府于2000年制订了第一个针对农业发展的五年计划，确定了农业收入提高、粮食安全、市场一体化、技术人员培训、研究和推广等战略方向。

2008年，摩洛哥政府开始制定部门发展规划，农业发展也被纳入其中。该年，摩洛哥政府提出了名为"绿色摩洛哥计划"的农业发展战略。该计划旨在提高农业产量，使农业更具竞争力，并提高应对气候变化的能力。该计划的主要内容包括：①推动农业现代化，加快发展农业高附加值产业；②推动私人资本和国际资本在农业领域的投资；③支持边远地区的农业项目；④推动摩洛哥农业在气候、水资源等诸多领域实现可持续发展；⑤解决土地占有制等跨区域问题。③ 其中发展高附加值的现代农业和支持边缘地区的农业发展是该计划的两大支柱。

---

① Jiuzhou Duan and Gangzheng She, "Initiative and Visions: Synergy between Development Strategies of China and the Arab States", *Asian Journal of Middle Eastern and Islamic Studies*, Vol. 15, No. 3, 2021, pp. 279-387.
② 张玉友、孙德刚主编《"一带一路"国别研究报告：摩洛哥卷》，中国社会科学出版社，2020，第95~98页。
③ 张玉友、孙德刚主编《"一带一路"国别研究报告：摩洛哥卷》，中国社会科学出版社，2020，第618页。

摩洛哥发展规划及前景：迈向可持续发展新模式

为保障该计划的顺利实施，摩洛哥成立了农业发展署，负责促进农业投资。2018年12月底，时任摩洛哥农渔大臣阿齐兹·阿赫努什（Aziz Akhannouch）对"绿色摩洛哥计划"实施10年以来的成就做出总结。阿赫努什强调，2018年，摩洛哥农业总产值达1250亿迪拉姆，与计划推出的2008年相比上升了60%，年均增长率为5.25%。2019年摩洛哥农业总产值达1280亿迪拉姆。10年来，农业领域累计投资总额为1040亿迪拉姆，其中60%来自私营部门。据农渔大臣估计，2019年摩洛哥农业领域累计投资达1150亿迪拉姆，国际机构和其他出资方共提供340亿迪拉姆的融资，其中37%是无偿援助。① 在该计划推动下，摩洛哥在农业灌溉、农业机械化、农产品加工业以及传统的谷物、橄榄和渔业等领域均取得了长足的进步。2020年，为进一步落实"绿色摩洛哥计划"，摩洛哥又提出了"绿色一代2020～2030年计划"（le plan Génération Green 2020-2030）。

第二，工业发展战略。工业是摩洛哥经济发展最重要的部门，也是国家发展战略规划的核心内容。2009年，在提出农业发展规划之后，摩洛哥政府又提出了发展工业的"国家工业振兴计划"（National Plan for Industrial Emergence）。2014年，在顺利完成阿拉伯剧变"政治转型"后，摩洛哥政府又提出了雄心勃勃的"2014～2020年工业加速计划"，力图将工业占GDP比重由14%提高至23%，并新增50万个就业岗位，以实现三个宏观目标：一是维护国家政治、经济稳定，以在快速转型的时代维持相对优势；二是增强在国际市场的竞争力；三是大规模建设基础设施，促进货物和人员的互联互通。② 2019年末，摩洛哥政府开启"2021～2025年工业加速计划2.0"。新一轮"工业加速计划"强调创新和科研，并把更多的摩洛哥本地资本引入工业领域。具体来说，新计划将发展物联网技术和航天制造业，建设创新

---

① 《摩洛哥"绿色摩洛哥计划"实施十年成效显著》，中华人民共和国驻摩洛哥王国大使馆经济商务处网站，2019年1月15日，http://ma.mofcom.gov.cn/article/ztdy/201901/20190102827044.shtml，最后访问日期：2022年4月3日。
② "Industrial Acceleration Plan 2014-2020", Ministère de l'Industrie et du Commerce, http://www.mcinet.gov.ma/en/content/industrial-acceleration-plan-2014-2020, accessed April 3, 2022.

中心，制定企业间的科研创新鼓励政策，设立支持摩洛哥工业项目的专门银行。①

"2014~2020年工业加速计划"主要侧重于汽车、航空航天、纺织品和皮革、离岸产业、食品加工、电子和制药等劳动密集型产业，其核心措施是建立"工业生态系统"。其中，汽车和航空航天是该计划的优先支持产业。汽车产业凭借附加值高、产业链长、带动能力强和解决就业的特点成为摩洛哥重点发展的产业。据该计划，到2020年摩洛哥汽车产业产能要从2014年的40万辆提高至80万辆，本土化率从20%上升至65%，就业岗位增加9万个，达到17万个。② 2018年，摩洛哥就已接近2020年的目标，汽车产业本土化率达50.5%。2021年，在新冠肺炎疫情的影响下，摩洛哥汽车行业表现依然强劲。2021年，摩洛哥汽车行业出口总额为837.8亿迪拉姆，比2020年增长15.9%。截至2022年1月，大约有250家摩洛哥国内和跨国公司在摩洛哥投资办厂，其中包括雷诺、东风标致、雪铁龙、福特、菲亚特等公司，装机产能为每年70万辆，2021年本地整合率达到63%，长期目标是达到80%。③

与汽车行业一样，在穆罕默德六世执政初期，航空业也得到了政府的重点支持，并吸引原始设备制造商波音和空客在摩洛哥开设工厂。在"2014~2020年工业加速计划"的支持下，该行业目标是到2020年增加2.3万个新工作岗位，出口额达到160亿迪拉姆，设立100家新公司，本土化率进一步

---

① Abdellah Ouardirhi, "PAI 2021/25：L'industrie se met au 2.0, au Moment où Les Acteurs du Secteur se Font Rares au Maroc", Hespress, Janvier 6, 2020, https://fr.hespress.com/119037-pai-2021-25-lindustrie-se-met-au-2-0-au-moment-ou-les-acteurs-du-secteur-se-font-rares-au-maroc.html, accessed April 3, 2022.
② 《摩洛哥汽车产业概述》，中华人民共和国驻摩洛哥王国大使馆经济商务处网站，2016年1月18日，http://ma.mofcom.gov.cn/article/ztdy/201601/20160101237004.shtml，最后访问日期：2022年4月3日。
③ Amine Kadiri, "Industrie Automobile au Maroc：Le Chiffre D'affaires à L'export Dépasse 83,7 Milliards de Dirhams en 2021, Un Record", Le 360, Février 2, 2022, https://fr.le360.ma/economie/industrie-automobile-au-maroc-le-chiffre-daffaires-a-lexport-depasse-837-milliards-de-dirhams-en-254131, accessed April 3, 2022.

提高。此外，摩洛哥政府希望该行业能够充分参与全球价值链的各个环节，包括生产、服务和工程建设，并确定了建设若干生态系统，包括装配、维护和维修以及基础设施建设等。为实施该目标，摩洛哥在土地批复、基础设施、职业培训、投资和免征进口税方面提供了政策支持。截至2018年底，摩洛哥航空业出口额达到17亿美元，比2014年增长了88%；就业人数达到16700人，比2014年增长了67%；本地化率达到38%，已超过"2014~2020年工业加速计划"的预期目标。[1]

整体来看，摩洛哥"2014~2020年工业加速计划"基本实现。在工业园区建设方面，截至2020年底，摩洛哥境内共有11个工业加速区（原名为"自由贸易区"），分布在六大片区，面积共1800公顷，包括300家企业，主要行业为汽车、航空、新能源、电子和纺织等。[2] 在执行率方面，根据摩洛哥工贸部2019年发布的"2014~2020年工业加速计划"的总结报告，截至2018年底，"工业加速计划"已完成81%。摩洛哥对外出口总额从2013年的1610亿迪拉姆增长至2018年的2400亿迪拉姆，5年间增长了49%。[3]

2020年新冠肺炎疫情发生后，摩洛哥政府提出"2021~2023年工业重振计划"，宣布实施进口替代战略，大力发展本土制造业，推动工业脱碳战略，培养新一代本土企业家，做大做强"摩洛哥制造"，把摩洛哥打造成面向欧洲的最具竞争力的全球工业基地，以实现每年以本土制造替代340亿迪拉姆进口额的目标。[4] 2021年10月新政府成立后，该计划仍作为重点发展

---

[1] 《摩洛哥航空业本地化率达到38%》，中华人民共和国驻摩洛哥王国大使馆经济商务处网站，2019年10月30日，http://ma.mofcom.gov.cn/article/ztdy/201910/20191002908896.shtml，最后访问日期：2022年4月3日。

[2] 《摩洛哥工业加速区建设情况》，中华人民共和国驻摩洛哥王国大使馆经济商务处网站，2020年11月25日，http://ma.mofcom.gov.cn/article/ztdy/202011/20201103018322.shtml，最后访问日期：2022年4月3日。

[3] 《摩工贸部发布工业加速计划总结报告》，中华人民共和国驻摩洛哥王国大使馆经济商务处网站，2019年4月15日，http://ma.mofcom.gov.cn/article/jmxw/201904/20190402852765.shtml，最后访问日期：2022年4月3日。

[4] Moncef Ben Hayoun, "La Stratégie 2021 - 2023 Mise sur le Green et la Substitution aux Importations", Le Matin, Septembre 27, 2020, https://lematin.ma/journal/2020/strategie-2021-2023-mise-green-substitution-aux-importations/345080.html, accessed April 3, 2022.

战略之一，并有序推进。

第三，服务业发展战略。服务业在摩洛哥工业发展中起到重要的辅助作用。摩洛哥在服务业方面重点布局的是旅游业。旅游业是战略性行业，对创造财富和增加就业有积极作用。为全面发展旅游业，2008年摩洛哥政府成立旅游发展署。2010年，在延续"摩洛哥旅游业2010年远景发展战略"的基础上，提出了更为系统的"摩洛哥旅游业2020年远景发展战略"，目标是到2020年将摩洛哥建设为世界前二十大旅游目的地。摩洛哥旅游战略规划包括：实施旅游区域化战略；公共部门和私营企业为旅游业的发展建立更为密切的伙伴关系；注重扩大国际客源市场；促进旅游产品多样化。同时，摩洛哥将增加政府投资并引进外资，扩大对旅游部门和旅游设施的投入，加强与先进旅游国家的合作，加强对旅游从业人员的培训。①

2018年，在"摩洛哥旅游业2020年远景发展战略"的支持下，摩洛哥首次成为非洲接待游客人数最多的国家，共计1230万人，旅游收入达78亿美元，仅次于埃及与南非。尽管如此，从实施情况来看，到2018年，摩洛哥在旅游基础设施和游客接待方面均未达到预期目标。摩洛哥审计院2018年的一份报告也指出，"摩洛哥旅游业2020年远景发展战略"的规划过于乐观，对行业缺乏实际调查。② 2020年，受新冠肺炎疫情的影响，摩洛哥旅游业发展几乎停滞。为恢复和刺激旅游业发展，摩洛哥政府于2022年1月批准了价值20亿迪拉姆（约合2.16亿美元）的5项应急计划，以支持受新冠肺炎疫情影响的旅游业。③

---

① 《摩洛哥发布旅游业2020年远景发展战略》，旅讯网，2014年9月30日，https：//www.travelweekly-china.com/32729，最后访问日期：2022年4月30日。
② "Morocco Seeks to Increase Tourism's Contribution to Economy", Oxford Business Group, https：//oxfordbusinessgroup.com/overview/next-stage-sector-growth-continues-policymakers-focus-more-robust-offering-and-aim-attract-visitors，accessed April 3, 2022.
③ Safaa Kasraoui, "Morocco's Tourists Flow Increased by 34% by End of 2021", Morocco World News, Februray 24, 2022, https：//www.moroccoworldnews.com/2022/02/347267/moroccos-tourists-flow-increased-by-34-by-end-of-2021，accessed April 3, 2022.

## （二）基础设施发展战略

穆罕默德六世继位以来，基础设施是摩洛哥发展规划最为重要的内容之一，主要包括公路、铁路及港口方面的发展规划。

第一，公路发展规划。2016年，摩洛哥政府发布《2035年道路规划》，计划到2035年新增5500公里公路，其中包括修建3400公里的高速公路和2100公里的快速路，总投资额约为960亿迪拉姆。此外，摩洛哥还将对现有的7000公里道路进行翻新，投资额约为550亿迪拉姆。在乡村地区新建3万公里道路，投资额约为300亿迪拉姆。2021年，摩洛哥公路总里程达57334公里，其中高速公路里程达1800公里。

第二，铁路发展规划。2014年，摩洛哥政府发布《2040年国家铁路规划》，计划投资3750亿迪拉姆，扩大摩洛哥铁路网络的覆盖面。摩洛哥铁路连接城市数将从23座增加到43座，包括2035年高铁线路长度超过1500公里，全国铁路线路长度翻番，达到3800公里，将大部分线路电气化，等等；受益人口从51%增加到87%，连接港口数量从6个增加到12个，连接机场数量从1个增加到15个。

截至2019年7月，在铁路网布局方面，摩洛哥铁路总长度为2295公里，位列马格里布地区第1位、非洲第2位，仅次于南非。2018年底，从卡萨布兰卡至丹吉尔高铁开通，摩洛哥已成为非洲铁路产业发展的领先国家。[1] 2022年2月初，摩洛哥计划启动两条高铁线路建设，一条连接马拉喀什与阿加迪尔，另一条将丹吉尔—卡萨布兰卡线路延长至马拉喀什。目前，摩洛哥铁路已修至东部边境，具备与阿尔及利亚铁路互通的条件。

第三，海运港口发展规划。2011年，摩洛哥发布《2030年国家港口发展战略》，计划每年投资30亿迪拉姆，到2030年港口年货物运输量由1.4亿吨增加到3.7亿吨。开发六大中心港，主要有北方中心港、西北中心港、

---

[1] 《摩洛哥铁路产业准备就绪》，中华人民共和国驻摩洛哥王国大使馆经济商务处网站，2019年7月19日，http://ma.mofcom.gov.cn/article/tzzn/201907/20190702883342.shtml，最后访问日期：2022年4月3日。

盖尼特拉-卡萨布兰卡中心港、杜卡拉-阿卜达中心港、苏斯中心港以及南方中心港。① 目前，在港口战略支持下，摩洛哥共建有38个港口，其中13个商业港、19个渔港和6个游艇停泊港。主要港口有丹吉尔地中海港、卡萨布兰卡港、萨菲港以及纳祖尔港等。

作为港口战略重要组成部分，丹吉尔地中海港目前成为地中海最大的集装箱港之一，并与地区其他港口的吞吐量差距不断拉开。2019年，在港口升级改造战略下，该港口吞吐量跃居非洲第1位。2021年，丹吉尔地中海港吞吐量达到717万个标准箱，同比增长24%。2022年丹吉尔地中海港有望跻身全球前二十大集装箱港口。② 截至2022年4月，摩洛哥重点扩建港口项目主要有纳祖尔西地中海港口、达赫拉大西洋港和索维拉渔港。其中纳祖尔西地中海港口将于2022年下半年完成港口建设工程，工程包括港口基础设施建设，工业、物流和服务自贸区的规划和开发，港口码头初始容量为300万个装运集装箱。2020年，穆罕默德六世宣布将在摩洛哥南部地区进行重大投资，其中就包括达赫拉的大型港口建设。该港口将加强与渔业、采矿、能源、旅游和农业等行业的合作，预计年吞吐量为220万吨。该港口耗资约11亿美元，港区包括1650公顷的工业和物流服务空间，2026年建成后将促进非洲、欧洲和美洲之间的直接贸易。③

## （三）数字经济发展战略

数字经济是当前摩洛哥发展新经济形态的重要内容，在摩洛哥新发展模式中被多次提及。2010~2020年，摩洛哥共提出了3项数字化发展规划，包括"电子摩洛哥2010"（2005~2010年）、"数字摩洛哥2013"（2009~2013

---

① 《对外投资合作国别（地区）指南：摩洛哥（2021年版）》，第26页，中华人民共和国商务部网站，http://www.mofcom.gov.cn/dl/gbdqzn/upload/moluoge.pdf。
② Crézia Ndongo, "Tanger Med : Les Dessous d'un Pari Royal Réussi", Jeune Afrique, Juin 16, 2021, https://www.jeuneafrique.com/1188662/economie/port-de-tanger-med-les-dessous-dun-succes-africain/, accessed April 3, 2022.
③ "The Growth of Mega Ports in Morocco", The Borgenproject, August 5, 2021, https://borgenproject.org/mega-ports-in-morocco/, accessed April 3, 2022.

年）和"数字摩洛哥2020"（2015~2020年）。① 这3项发展规划展示了摩洛哥政府为实现公共机构现代化和数字化所做的持续努力。如前所述，为推进数字化战略，摩洛哥政府成立了摩洛哥数字化发展署。

2020年新冠肺炎疫情发生以后，摩洛哥坚定地走数字化道路。2020年3月，摩洛哥数字化发展署发布《2025年摩洛哥国家数字发展纲要》，重点加强三个领域的数字化：一是大力发展电子政务以提高行政效率，使民众和企业对政府服务满意度达到85%以上；二是将摩洛哥建设为非洲数字经济中心，使摩洛哥的联合国在线服务指数（Online Services Index）排名提升至非洲前3位、全球前40位，并在5年内创立2500家数字经济初创企业；三是建设数字社会，改善民众生活质量，减少数字鸿沟，在该领域培养5万名青年人才。②

2020年以来，摩洛哥在电子政务、数字卫生治理、线上教育和电子金融业等领域取得长足的进展，如针对新冠肺炎疫情建立了专门的官方服务网站，针对线上教育推出了远程学习平台等。此外，摩洛哥数字化发展署还制订了名为"数字一代"的数字领域国家培训计划，在学历教育、继续教育和科学研究等层面整合新技能、新领域、新内容和新举措。数字化转型已成为摩洛哥推动社会包容性发展的重要工具，尤其是通过数字技术解决社会歧视、不平等等社会问题。

### （四）可持续发展战略

可持续发展一直是摩洛哥国家战略规划中的重要内容，也是进入21世纪以来摩洛哥推动经济发展的基础性工程。2017年，摩洛哥提出了"2017~2030年可持续发展战略规划"。在2020年摩洛哥国王穆罕默德六世

---

① Souad Anouar, "Minister: The Digitalization of Moroccan Administration a Reality in the Making", Morocco World News, June 5, 2022, https://www.moroccoworldnews.com/2022/01/346352/minister-the-digitalization-of-moroccan-administration-a-reality-in-the-making, accessed April 3, 2022.

② 参见摩洛哥可持续发展与能源转型官方网站，https://www.mem.gov.ma/Pages/secteur.aspx?e=2，最后访问日期：2022年4月5日。

提出的新发展模式中，更是将可持续发展战略视为该模式的核心内容之一。摩洛哥可持续发展战略的目标是确保国家到2030年实现向绿色和包容性经济转型，主要有七大方向：加强可持续发展的治理能力；加快向绿色经济转型；改善自然资源的管理和开发，加强生物多样性；加快执行国家应对气候变化政策；加强对脆弱生态土地的管理；促进人类发展，减少社会不平等；促进文化可持续发展。① 其中绿色经济是实施可持续发展战略的必要步骤，也是被单独纳入部门发展规划的战略内容。

摩洛哥绿色经济主要集中在可再生能源领域，2009年摩洛哥政府发布《国家可再生能源发展规划》，制定了到2020年摩洛哥可再生能源发电装机容量达到国家总发电能力的42%，2030年达到52%的宏伟目标。该规划将环境问题置于所有发展项目的核心，并以风能、太阳能和水电的发展以及减少对化石燃料的补贴为基础。为了更好地实施该规划，摩洛哥政府同时制定了支持太阳能发展的《摩洛哥太阳能计划》和支持风能发展的《风能综合开发计划》，前者计划到2020年实现太阳能发电总装机容量达2000兆瓦，太阳能发电占比达到14%；后者计划到2020年实现风能发电占比达到20%。②

在《国家可再生能源发展规划》的支持下，摩洛哥已完成世界上最大的太阳能聚热电站项目努奥瓦尔扎扎特项目（2016年开建）三期建设，发电装机容量达500兆瓦。另外位于摩洛哥东北部的努奥米德尔特太阳能电站项目于2021年启动，装机容量达1600兆瓦。截至2021年3月，摩洛哥境内已经有近4000兆瓦的可再生能源电站在运行（太阳能发电750兆瓦、风力发电1430兆瓦和水力发电1770兆瓦），占摩洛哥全国总装机容量的37%

---

① "Stratégie Nationale de Développement Durable, 2017-2030", unesco, https://fr.unesco.org/creativity/policy-monitoring-platform/strategie-nationale-de#:~:text=Cet%20axe%20contient%203%20Objectifs, soci%C3%A9t%C3%A9%20marocaine%20inclusive%20et%20tol%C3%A9rante, accessed April 3, 2022.
② 张玉友、孙德刚主编《"一带一路"国别研究报告：摩洛哥卷》，中国社会科学出版社，2020，第377~379页。

以上。① 由此可以看出，摩洛哥基本实现了到 2020 年可再生能源发电装机容量占比达到 42% 的目标。尽管新冠肺炎疫情影响多个项目的按期投产，但对于一个发展中国家来说，这已经算是可观的进步。为进一步展示发展绿色经济的决心，摩洛哥于 2020 年和 2021 年先后提出了上调可再生能源发展目标，如提前到 2025 年实现可再生能源在国家能源结构中占比达到 52% 的目标，2040 年使可再生能源在国家能源中占比达到 70%，2050 年达到 80%。

## 二 "一带一路"倡议与摩洛哥发展规划对接

作为发展中国家，战略对接是中摩两国发展战略伙伴关系的重要领域。两国发展规划对接具有良好的现实基础。第一，从国家政策来看，中摩两国均从 20 世纪 80 年代起实行对外开放政策。进入 21 世纪，中国实施"走出去"战略和"一带一路"倡议，而摩洛哥则提出"外交多元化"战略，双方都将扩大伙伴关系作为重要的国家政策，两国在外交需求上具有互补基础。第二，从国际合作的优势来看，作为阿拉伯世界中最早与中国建交的国家之一，摩洛哥优越的地理位置、稳定的政治环境、完善的经济治理体系，为中摩进一步开展经贸合作提供了条件，也成为中资企业开拓非洲和欧洲市场的桥梁。对摩洛哥来说，中国是重要的贸易对象与境外投资方。第三，从产能合作来看，摩洛哥不断扩大的工业化需求与中国的产能技术转移具有极大的互动空间。在摩洛哥中长期发展战略规划中，工业发展战略是核心，其中产能投资是关键。摩洛哥正在大力发展劳动密集型产业，而中国需要创新、拓展国内市场并维持成本优势，双方具有互补优势。② 第四，从互联互通来看，摩洛哥对基础设施建设（包括交通、能源、

---

① 《摩洛哥可再生能源装机容量接近 4000 兆瓦》，中华人民共和国驻摩洛哥王国大使馆经济商务处网站，2021 年 3 月 15 日，http://ma.mofcom.gov.cn/article/jmxw/202103/20210303044019.shtml，最后访问日期：2022 年 4 月 3 日。

② Jiuzhou Duan and Gangzheng She, "Initiative and Visions: Synergy between Development Strategies of China and the Arab States", *Asian Journal of Middle Eastern and Islamic Studies*, Vol. 15, No. 3, 2021, p. 390.

电信以及医疗卫生基础设施）有长期需求，而中国无论在交通基础设施，还是在互联网基础设施方面均具有"出海"意愿与能力。在"一带一路"建设下，中摩战略对接的实施包括官方机制对接与企业项目对接两个层面。

（一）官方机制对接情况

从机制角度来看，中摩战略对接机制主要包括中阿合作论坛机制、中非合作论坛机制与中摩双边机制。中国与阿盟、非盟国家在战略对接方面拥有成熟与完备的顶层设计。2000年设立的中非合作论坛和2004年设立的中阿合作论坛是中非、中阿战略合作的引领性官方机制，其下属的定期或不定期协商机制为双边战略对接提供了沟通渠道，也指明了双方合作的重要方向。在两大合作论坛框架的推动下，中非首先确立了产业促进、设施联通、贸易便利、绿色发展、能力建设、健康卫生、人文交流、和平安全等领域的战略对接。[①] 2016年发布的《中国对阿拉伯国家政策文件》进一步确定了能源、基础设施、贸易投资、核能、航天卫星、新能源等多维合作格局。[②] 在此基础上，中阿还共同设立了不同领域对接的职能机构，其中以中阿技术转移为代表。2015年成立的中国-阿拉伯国家技术转移中心以及后来组建的中阿技术转移协作网络为中阿和中摩在北斗卫星、旱作节水、防沙治沙等领域的战略对接提供了机制基础。在2020年12月21日至25日举办的第十六届"一带一路"中阿技术转移与国际合作创新论坛中，主办方专门设立了中国-摩洛哥环境技术转移国际研讨会、中国-摩洛哥农业技术转移国际研讨会、中国-摩洛哥工业4.0等分论坛。

在双边机制方面，中摩两国已设立或签署诸多政府间战略对接机制。2016~2022年，为更好地进行战略对接，两国先后签署了《中华人民共和国和摩洛哥王国关于建立两国战略伙伴关系的联合声明》（2016年5月）、

---

① 王毅：《携手构建更加紧密的中非命运共同体》，《求是》2018年第18期。
② 《中国对阿拉伯国家政策文件》，新华网，2016年1月13日，http：//www.xinhuanet.com/world/2016-01/13/c_1117766388.htm，最后访问日期：2022年4月4日。

《中华人民共和国政府与摩洛哥王国政府关于共同推进丝绸之路经济带和21世纪海上丝绸之路的谅解备忘录》（2017年11月）、《中华人民共和国政府与摩洛哥王国政府关于共同推进"一带一路"建设的合作规划》（2022年1月）。这三大机制为中摩战略对接提供了顶层设计基础，进一步明确了合作原则、重点任务和协调机制，不断深化两国在基础设施建设和物流、贸易和投资、农业和渔业、能源、财政和金融、文化体育和旅游、教育科技和绿色发展、健康、安全、非政府组织等领域的务实合作，更好地推动"一带一路"倡议和摩洛哥"经济加速计划"、工业发展战略等战略规划的对接。[1] 同时，这也进一步促进中摩贸易投资便利化，鼓励中国企业扩大在摩洛哥投资，推动更多大型项目在摩洛哥落地，加快摩洛哥港口、高铁、机场等基础设施和工业园区建设，帮助摩洛哥增强自身工业实力，在全球产业布局和价值链中扮演更重要的角色。[2]

在上述顶层设计的基础上，中摩两国还签订了多个重点领域的战略对接协议。2016年5月，两国签署了《基础设施领域合作谅解备忘录》。2019年5月，两国签署了《水资源领域的合作谅解备忘录（2020—2022年执行方案）》。2019年5月，摩洛哥数字化发展署与贵州省大数据发展管理局签署合作备忘录，双方将共同推进在云计算、信息安全、数字政府平台建设、企业数字化转型等领域的合作。2021年10月，摩洛哥正式加入"一带一路"能源合作伙伴关系，并与其他成员国共同通过并发布《"一带一路"能源合作伙伴关系章程》。此外，中摩还在农业、文化、产能、本币互换、旅游等领域进行了双边磋商。例如，2020年1月，时任摩洛哥农渔大臣阿齐兹·阿赫努什表示愿意与中国建立农业合作机制。虽然中摩在有些领域如产能合作、可再生能源合作尚未形成文本化的机制，但双方在顶层设计的基础上已达成了战略共识。

---

[1] 《中国与摩洛哥政府签署共建"一带一路"合作规划》，中华人民共和国国家发展和改革委员会网站，2022年1月5日，https：//www.ndrc.gov.cn/fzggw/wld/njz/lddt/202201/t20220105_1311482.html?code=&state=123，最后访问日期：2022年4月4日。

[2] 《摩洛哥媒体高度评价中摩签署共建"一带一路"合作规划》，中华人民共和国驻摩洛哥王国大使馆网站，2022年1月14日，http：//ma.china-embassy.org/xwdts/202201/t20220114_10495685.htm，最后访问日期：2022年4月4日。

## （二）企业层面的对接情况

战略对接的核心是将一系列合作方案和理念落到实处，让两国企业和社会力量充分参与其中，以造福两国人民。中摩战略对接在企业层面主要有两个特点：一个是以国有企业为主导参与的标志性大型建设项目（Mega Projects），另一个是以私有企业为主导参与的部门发展规划。

在摩洛哥的发展战略中，大型建设项目占据重要位置，其不仅是摩洛哥中长期发展规划的重要载体，也是摩洛哥作为非洲新兴经济体的重要象征性项目。[1] 这些项目的实施需要强大的资本、基础设施建设与生产能力，这也是摩洛哥寻求国际合作伙伴的重要考量。而"一带一路"倡议契合摩洛哥建设大型项目的战略规划。

### 1. 大型建设项目

2012年以来，中国参与的摩洛哥标志性大型建设项目主要有以下几个。

第一，高铁项目。摩洛哥已于2018年开通非洲第一条高铁卡萨布兰卡—丹吉尔高铁。该项目的土建项目（丹吉尔至肯尼特拉路段）由中国中铁负责、中国电建参建，具体由中铁下属中国海外工程有限责任公司承包，负责具体施工。2016年5月摩洛哥国王穆罕默德六世访华期间，中国铁路总公司和摩洛哥国家铁路局（ONCF）签署了一项谅解备忘录。中国有望承建从马拉喀什到阿加迪尔总长300公里的高铁、丹吉尔—卡萨布兰卡线延长至马拉喀什高铁、摩洛哥南部省份的普通铁路以及从摩洛哥南部延伸到西非国家的普通铁路，且中国方面有可能通过援助或优惠贷款资助项目建设。[2]

第二，境外园区。中国在摩洛哥当地投资开发的境外园区为丹吉尔穆罕

---

[1] Koenraad Bogaert, *Globalized Authoritarianism: Megaprojects, Slums, and Class Relations in Urban Morocco*, Minneapolis: University of Minnesota Press, 2018.

[2] 《摩将重点推进两条铁路建设》，中华人民共和国驻摩洛哥王国大使馆经济商务处网站，2022年2月3日，http://ma.mofcom.gov.cn/article/jmxw/202202/20220203278067.shtml，最后访问日期：2022年4月4日。

默德六世科技城项目，目前尚在建设中。2019年4月，中国交通建设集团与摩洛哥合作方在第二届"一带一路"国际合作高峰论坛上签署合作备忘录。2020年11月，中国交通建设集团与摩洛哥签署入股丹吉尔科技城项目开发公司（SATT）股权协议，中方占股35%。该项目总占地面积为2167公顷，拟采取分期开发模式。第一期占地面积为486公顷，拟投资1.7亿美元，建设工业自贸区，产业将集中在汽车、航空、电子消费、家用电器等领域。[①] 该项目也是中国对接丹吉尔地中海港的一部分。中资企业入驻之后，将利用丹吉尔地中海港的联通优势，拓展非洲与欧洲市场。此外，中摩在港口企业合作、互联互通方面也有较大潜力。

第三，可再生能源项目。中摩在新能源领域的合作主要集中在太阳能电站建设、沼气发电、新能源汽车等领域。中国参与的可再生能源大型建设项目主要是努奥光热电站项目。2015年5月，中国电力建设集团下属山东电建三公司签订了金额为20亿美元的摩洛哥努奥二期和努奥三期光热电站项目总承包合同。摩洛哥努奥二期和努奥三期光热电站项目均于2018年10月20日竣工投产，分别为目前全球单机容量最大的槽式和塔式光热电站，采用全球最先进的清洁能源技术，实现发电过程"零污染"。努奥三期光热电站项目是中资企业在海外建设的首个大型塔式光热电站，是"一带一路"倡议在摩洛哥落地的重大项目。[②] 中国还参与了努奥米德尔特太阳能电站二期项目的设计、融资、建设、运营和维护工作，该项目仍在建设。

此外，由中国铁建国际集团承建的拉巴特穆罕默德六世塔项目已于2016年3月开工，目前正在建设中，预计于2023年建成。该项目是摩洛哥最重要的大型建设项目之一，也是中摩基础设施战略对接的另一重要项目。

---

① 《对外投资合作国别（地区）指南：摩洛哥（2021年版）》，第33页，中华人民共和国商务部网站，http://www.mofcom.gov.cn/dl/gbdqzn/upload/moluoge.pdf。
② 《摩洛哥努奥三期150MW塔式光热电站喜获国家优质工程金奖》，CSPPLAZA光热发电网，2020年12月4日，http://www.cspplaza.com/article-16969-1.html，最后访问日期：2022年4月4日。

穆罕默德六世塔建成后将成为非洲大陆最高的建筑和北非马格里布国家的文化象征。① 整体而言，中国在与摩洛哥战略对接过程中参与的大型建设项目并不多，参与方式也多为工程承包和劳务合作，一些敏感性重大项目，如港口建设，中国未能参与其中。另外，在参与项目建设过程中，资本介入与技术标准仍掌握在法国、西班牙等西方公司手中，中国的参与深度还相对较低。

2. 私企参与的项目对接

"一带一路"倡议提出以后，中国大型和中小型私有企业积极参与摩洛哥各类项目建设，对标摩洛哥重点部门的发展项目。

在农业领域，中资企业以"绿色摩洛哥计划"为契机参与了摩洛哥诸多农业投资项目。2015年，保利新能源科技（北京）有限公司就与摩洛哥进行了名为"可持续发展"太阳能水泵的安装项目，有效解决了摩洛哥农村耕地灌溉、人畜用水等问题。2018年10月，中国亿利资源集团与摩洛哥东部大区政府签署了农业合作项目，旨在推广中国的治沙模式。远洋渔业、茶叶、农产品等贸易与投资等也是中国私企参与的重要领域。以远洋渔业为例，2009年，摩洛哥提出"Halieutis渔业发展计划"之后，中国水产集团和上海水产集团积极参与摩洛哥的渔业项目，并以100%控股的形式参与摩洛哥水产品捕捞。摩洛哥渔业项目是中国水产走出国门的一个先驱基地，是中摩企业合作的成功案例，为摩洛哥当地提供了稳定的就业、带动了周边配套企业发展、培养了大量的从业人员。②

在产能合作领域，中摩两国虽然尚未签订官方合作协议，但中国已有多家私企对接摩洛哥"工业加速计划"。中信戴卡、南京协众、南京奥特佳、重庆瑞格和中国航空汽车工业控股有限公司控股的耐世特5家中国汽车零部

---

① Jorge Ortiz, "Mohammed VI Tower is Already the Tallest Building in Africa", Atalayar, October 25 2021, https://atalayar.com/en/content/mohammed-vi-tower-already-tallest-building-africa, accessed April 4, 2022.

② 参见上海水产集团官网网站，https://www.sfgc.com.cn/html/zjjt/xxpl/mlgdbc/77153.html, 最后访问日期：2022年4月5日。

件制造商在肯尼特拉工业区投资设厂，均于 2019 年正式投产，目前运营良好。① 其中，中信戴卡摩洛哥铝轮毂生产基地项目是摩洛哥"工业加速计划"和"一带一路"倡议对接框架下产能合作的重要成果，也是中资公司在摩洛哥投资的旗舰项目。该项目的建成和顺利运营对其他中资企业赴摩洛哥投资兴业具有示范作用。该基地成为新冠肺炎疫情期间肯尼特拉工业区内唯一一家持续生产的工厂，为摩洛哥乃至全球汽车产业链顺畅运转做出了积极贡献。② 目前来看，中摩产能合作主要集中在劳动密集型的制造业领域，尤其是汽车产业，且已初现产业集聚效应。③

在数字经济领域，中资私企也开始在摩洛哥布局，致力于提高与摩洛哥在数字化设备、基础设施、通信、金融、教育、平安城市等领域的合作水平。数字化基础设施虽然占摩洛哥 GDP 的比重较小，但其重要性在不断提高，特别是对出口来说，未来有望成为"摩洛哥制造"的名片。近年来，许多欧洲制造商和电子公司将其电缆和部件生产转移到摩洛哥，大大促进了摩洛哥电气和电子行业的发展。江苏中天科技在丹吉尔汽车城投资设立的光缆工厂已于 2019 年 6 月投产，生产导线和光缆产品。④ 2020 年 9 月，中国华为成功击败欧洲电信运营商爱立信，与摩洛哥达成 5G 网络建设新合作协议，对接摩洛哥数字化战略规划，推动摩洛哥数字生态系统的发展。此外，新冠肺炎疫情期间，华为还提供了线上服务，如网上商店及配送服务等。⑤ 数字行业不仅是摩洛哥国内重要的发展部门，也是其对外投资的重要领域。

---

① 《对外投资合作国别（地区）指南：摩洛哥（2021 年版）》，第 33 页，中华人民共和国商务部网站，http://www.mofcom.gov.cn/dl/gbdqzn/upload/moluoge.pdf。
② 《中国摩洛哥经贸合作有看点》，中国国际贸易促进委员会东莞市委员会网站，2021 年 9 月 18 日，http://www.dg.gov.cn/dgsmch/gkmlpt/content/3/3614/post_3614760.html#1540，最后访问日期：2022 年 4 月 5 日。
③ 刘冬：《摩洛哥工业发展战略与中摩产能合作》，《阿拉伯世界研究》2019 年第 2 期，第 105～117 页。
④ 李春顶、平一帆：《"摩洛哥制造"释放产业机遇》，《进出口经理人》2020 年第 12 期，第 48～49 页。
⑤ 《摩洛哥的数字化抗疫与后疫情时代中摩合作》，澎湃网，2020 年 6 月 22 日，https://www.thepaper.cn/newsDetail_forward_7945205，最后访问日期：2022 年 4 月 5 日。

因此，中摩数字战略对接不仅体现在双边层面，而且还能扩展到摩洛哥周边国家，形成良好的"数字化发展"示范效应。

在绿色经济和旅游等领域，受新冠肺炎疫情影响，中摩私企层面的合作较少，尤其是旅游行业，从 2020 年至今几乎处于停滞状态。总体而言，在重点项目与部门发展规划的对接上，中国大型国企和私企均有参与，诸多项目也在顺利实施。尽管如此，双方在对接深度上还有待进一步加强，例如在汽车行业，目前更多的是零部件生产，缺乏整机组装、研发设计等系统性的行业对接。

## 三 摩洛哥发展规划的趋势与前景

摩洛哥发展规划大多制定于 2010~2015 年，完成的时间节点多为 2020 年或者 2030 年。在国家中长期发展战略规划的支持下，摩洛哥政治、社会和经济发展取得重要进展。2020 年以来，摩洛哥陆续更新了部门战略规划，对摩洛哥未来发展方向提供了战略性指引。

第一，新增的国家标志性大型建设项目日趋减少。在 21 世纪前 20 年里，摩洛哥经济社会发展的重要特征是不断新增大型建设项目，这些项目被摩洛哥学者称为"新自由主义项目"，如卡萨布兰卡港口、布赖格赖格河项目、城市棚户区改造、豪华酒店、摩天大楼、穆罕默德六世塔和高铁项目等。大型建设项目不仅可以促进就业、发展金融业和增加旅游收入，而且能够获取国际投资、改善摩洛哥的国际形象等。但是这些项目的实施也遭到了社会的批评，一些项目甚至因国际组织的反对而被迫叫停，如联合国教科文组织就以破坏环境为由阻止了穆罕默德六世塔项目的推进。在国内民众来看，过多的大型项目不仅消耗财政、增加债务，而且对民众的基本生活并无多大用处，甚至在城市现代化过程中拉大了社会贫富差距，使得底层民众更加边缘化。[①] 因此，可以预见的是，为平衡社会压力与重大战略发展，摩洛

---

① Koenraad Bogaert, *Globalized Authoritarianism: Megaprojects, Slums, and Class Relations in Urban Morocco*, Minneapolis: University of Minnesota Press, 2018, pp.169-171.

哥政府在未来一段时间内不会新增太多的大型建设项目，而是维持现有大型项目的开发，如高铁与可再生能源建设项目。新冠肺炎疫情发生以后，经济的低迷使摩洛哥政府更加倾向于维持现有项目的推进，将更多的公共投资放在民生项目上。

第二，继续大力发展重点产业。在2020年摩洛哥提出的"后疫情"时代国家振兴计划中，汽车、航空航天、数字化和旅游等领域被认为是未来发展的重点产业。例如，就汽车行业而言，摩洛哥乘用车生产量目前居非洲第1位、全球第24位。摩洛哥汽车产业仍蕴藏着较大发展潜力，将进一步紧抓国际发展趋势。摩洛哥经济财政部财政研究和预测司发布报告提出4项建议，即积极承接欧洲汽车企业的产能转移，加大研发投入，把握外部需求的发展趋势（电动汽车、自动驾驶等），加强人力资源投入，从而进一步增强摩洛哥汽车产业的竞争力。[①] 就数字化产业而言，虽然目前摩洛哥在数字化领域已取得了一定的成效，但仍有进一步发展的空间，主要体现在电信基础设施、数字经济转型、数字化知识社会和电子政务方面。加速数字化转型已成为摩洛哥未来发展规划的紧迫性任务。此外，数字化与农业、工业、金融业等领域的结合将是摩洛哥未来大力推进的方向。在旅游业方面，尽管"摩洛哥旅游业2020年远景发展战略"尚未实现所有目标，但摩洛哥的旅游业仍有望在未来10年继续保持稳定增长。

第三，全面推进可持续发展战略。摩洛哥的发展规划始终强调对国际规范的"承诺"，这也是摩洛哥长期以来受到西方各类评价指标好评的关键因素。2020年以来，穆罕默德六世和摩洛哥政府官员在多个场合承诺在应对气候变化、低碳、生物多样性、环境保护和人类发展方面进行积极有为的改革，并制订了详细的行动计划。例如，在2020年提出的"2021~2023年工业重振计划"中，摩洛哥政府将低碳作为工业发展的重要内容。近年来，在摩洛哥新发展模式中，包容性的绿色经济更是成为未来发展的重点产业。

---

① 《摩洛哥经济财政部发布汽车工业发展报告》，中华人民共和国驻摩洛哥王国大使馆经济商务处网站，2022年2月6日，http://ma.mofcom.gov.cn/article/ztdy/202002/20200202934034.shtml，最后访问日期：2022年4月5日。

其中，可再生能源的开发与利用是重要组成部分，目前摩洛哥在太阳能、水电和风能的开发方面均取得非洲领先地位。下一步，摩洛哥将加大对清洁能源的利用，跻身世界领先行列，争取将大规模清洁电力出口作为绿色经济发展的重点方向。

第四，中摩共建"全球发展倡议"意义重大。2021年9月，习近平主席出席第七十六届联合国代表大会一般性辩论并发表重要讲话，首次系统提出"全球发展倡议"：一是坚持发展优先，将发展置于全球宏观政策框架的突出位置；二是坚持以人民为中心，在发展中保障和改善民生；三是坚持普惠包容，关注发展中国家特殊需求；四是坚持创新驱动，抓住新一轮科技革命和产业变革的历史性机遇；五是坚持人与自然和谐共生，完善全球环境治理；六是坚持行动导向，加大发展资源投入。[1] 2022年1月，"全球发展倡议之友小组"在联合国总部正式成立，100多个国家和20多个国际组织积极响应。中摩共建"全球发展倡议"，有助于实现联合国《2030年可持续发展议程》设立的目标，也有助于摩洛哥经济转型与"绿色摩洛哥计划"、"工业加速计划"、"数字经济发展规划"、《2040年国家铁路规划》以及《2025年摩洛哥国家数字发展纲要》等中长期发展规划的落实。

总之，中摩两国在中阿合作论坛和中非合作论坛框架下开展战略对接具有良好的互补基础，机遇与挑战并存，中国需要审慎评估形势，积极更新战略。首先，中国应注意战略对接过程中的"顺势而为"，不可盲目推进。"顺势而为"讲究的是对摩洛哥战略需求的准确把握，采取"精准对接"策略。例如，汽车、新能源、数字化就是精准对接的重要领域。其次，中摩两国应积极寻求第三方合作，探索"2+X"的战略对接模式。法国、美国等西方国家对摩洛哥加强与中国的产能合作一直颇有微词。中摩在合作过程中可邀请法国、日本、意大利、西班牙、德国等开展第三方市场合作，即"摩洛哥+中国+X"，以发挥各自优势，开展产能合作。最后，

---

[1] 《习近平出席第七十六届联合国大会一般性辩论并发表重要讲话》，《人民日报》2021年9月21日，第1版。

中国在推进与摩洛哥战略对接中应注意加强与王室、重要家族企业和青年群体的联系及交流。在摩洛哥，家族企业掌握摩洛哥主要行业，如农业、工业和电信等。青年群体是摩洛哥重要的意见领袖来源，对社会的影响力巨大。因此，加强与青年群体的联系有助于中资企业更好地与摩洛哥开展项目对接。

# Y.13
# 阿尔及利亚的发展规划及前景：
# 推动多元发展，促进经济复苏

王金岩[*]

**摘　要：** 布特弗利卡执政的二十年间，出台了四个"五年规划"，国家实现了政治、经济、社会等全方位的稳定发展。2019年底，特本总统在政治动荡中开始执政，并于2021年推出"新阿尔及利亚"规划。规划以"推动多元发展，促进经济复苏"为主要目标，当前仍处于初始阶段。阿尔及利亚是共建"一带一路"的重要合作伙伴，两国重视发展规划对接，进一步发掘合作潜力，以推动中阿全面战略伙伴关系取得新发展。

**关键词：** 阿尔及利亚　国家发展规划　"新阿尔及利亚"规划

2019年12月，阿尔及利亚在经历了近10个月的政治动荡后举行大选，时年74岁的资深政治家阿卜杜勒-马吉德·特本当选新一届总统。特本执政后，制定了新的国家发展规划，致力于通过政治、经济的结构性改革使国家走出当前多方面困局，建设"新阿尔及利亚"。中国与阿尔及利亚长期保持友好合作关系，合作领域广阔，成果丰硕。"一带一路"倡议提出后得到阿尔及利亚积极响应，阿尔及利亚制定新的发展规划后，两国将发展战略对接，找到契合点，使双方间的友好合作关系进一步加强。

---

[*] 王金岩，中国社会科学院西亚非洲研究所副研究员，主要研究方向为阿拉伯国家政治、社会问题。

阿尔及利亚的发展规划及前景：推动多元发展，促进经济复苏

## 一　阿尔及利亚国家发展规划

阿尔及利亚前总统阿卜杜勒·阿齐兹-布特弗利卡自 1999 年至 2019 年连续执政 20 年，自 2001 年起推出经济复苏计划，对维护国家稳定和推动经济发展起到一定促进作用。但由于上述计划具有较强的理想化色彩，诸多方面没有得到切实执行，规划目标没有完全实现。特本总统执政后，通过举行各级立法选举完善国家机构，通过修订法律法规完善国家的法制体系，并在充分评估国内环境和国际局势的基础上制定了新的国家发展规划。

### （一）布特弗利卡执政时期发展规划评估

阿尔及利亚是一个资源富国，已探明石油储量占世界总储量的 1%，居世界第 15 位；天然气储量占世界总储量的 2.37%，居世界第 10 位；页岩气资源预计达 20 万亿立方米，居世界第 3 位。[①] 此外，阿尔及利亚还拥有丰富的铁、铅、锌、铀、磷酸盐等矿产资源。由于法国曾对阿尔及利亚实施百余年的殖民统治，在其独立后依然向其提供经济援助，以法国为代表的欧洲国家一直是阿尔及利亚最主要的投资国和贸易伙伴，这导致阿尔及利亚的殖民地经济痕迹依然明显。

布特弗利卡执政之初，阿尔及利亚刚结束了长达 10 年的政治动荡，政治、社会秩序初步恢复，国家百废待兴，亟待发展经济。阿尔及利亚自 2001 年开始实施经济复苏计划，根据不同时期的国情和需要，共制定了 4 个五年规划统领国家发展。2001~2005 年，战乱基本结束，社会稳定逐渐恢复，民族加速和解，经济迅速发展；2005~2009 年，政府投资 2000 亿美元开展基础设施建设，实施了道路网络、现代化港口和铁路网络的扩建和现代化改造。布特弗利卡执政的第一个 10 年内，政治巩固且稳定，经济稳步增

---

[①] 《阿尔及利亚国家概况》，中华人民共和国外交部网站，2022 年 6 月，https://www.mfa.gov.cn/web/gjhdq_676201/gj_676203/fz_677316/1206_677318/1206x0_677320/，最后访问日期：2022 年 7 月 4 日。

217

长，每年的增长率均在4%以上，有些年份甚至高达6%左右。① 于是，布特弗利卡自第三任期起提出更高标准、更长时效的发展目标，更加注重全面、平衡和可持续发展，在多个领域提出2030年规划。

首先，注重发展可再生能源，提高能源使用效率。阿尔及利亚电力和天然气监管委员会（CREG）于2011年发布可再生能源2030年发展规划，目标为到2030年可再生能源发电量达到22000兆瓦（MW），占总发电量的40%，其中一半满足国内市场，另一半输送到境外市场。② 阿尔及利亚政府于2016年公布国家能源效率2030年计划，以提高建筑、运输、工业等高耗能领域的能源使用效率。阿尔及利亚国家石油公司Sonatrach在2018年公布了其2030年战略目标，即到2030年将Sonatrach发展为全球第五大国有石油公司。③ 其次，阿尔及利亚对基础设施建设和民生领域持续加大投入。2010~2014年的五年规划提出投资2860亿美元用于经济和社会建设，其中对改善民生和基础设施领域的投资各占40%。④ 阿尔及利亚住房、城市规划和城市部的规划提出在2015~2019年投资约560亿美元建造各类住房160万套。水资源部的规划提出在2015~2019年新建30个水坝，总蓄水量达到15亿立方米，到2030年阿尔及利亚水坝数量达到139座，总蓄水量达120亿立方米。此外，阿尔及利亚致力于缩小地区间的差距，全面提高综合国力。通过修建南北高速公路、高原快速路等，促进长期受忽视的南部和高原省份的发展，并实现全国道路交通联网。2015~2019年的规划提出每年的经济增

---

① 《对外投资合作国别（地区）指南：阿尔及利亚（2021年版）》，中华人民共和国商务部网站，http://www.mofcom.gov.cn/dl/gbdqzn/upload/aerjiliya.pdf，最后访问日期：2022年4月9日。
② 《阿尔及利亚2011~2030年可再生能源发展规划》，中华人民共和国商务部网站，2011年8月4日，http://xyf.mofcom.gov.cn/article/zb/201108/20110807679694.shtml，最后访问日期：2022年6月30日。
③ 《阿尔及利亚国家能源效率计划（2016~2030）》，能源界网站，2018年9月14日，http://www.nengyuanjie.net/article/18453.html，最后访问日期：2022年6月30日。
④ 《阿尔及利亚2010~2014公共投资规划简介》，中华人民共和国商务部网站，2010年12月21日，http://dz.mofcom.gov.cn/article/ddgk/201012/20101207320909.shtml，最后访问日期：2022年6月30日。

长率达到7%以上，人均GDP增加到7200美元，外汇储备超过2000亿美元，并偿清全部外债。①

然而，无论是每个五年规划目标，还是相关领域的2030年愿景都没有完全实现，既有内因，也有外因。从内因看，国内政治腐败严重，当政者利用权力中饱私囊，罔顾民生。从外因看，一方面，2009年爆发的世界性经济危机对阿尔及利亚经济造成严重冲击，阿尔及利亚政府采取多项保护性措施，如对外国投资附加限制条件、对金融系统实施干预等，挫败了投资者的信心，导致投资额骤减；另一方面，2014年下半年至2019年国际油价持续低迷，导致阿尔及利亚能源出口收入显著下降，以高福利支撑的政治稳定难以为继。在此背景下，2019年已高龄且病重的布特弗利卡谋求第五任期引发严重的政治动荡，最终实现政权更迭。

### （二）特本时期的发展规划

特本总统执政后，依据当时的国内外环境，于2021年9月推出新的发展规划，名为"新阿尔及利亚"规划。

#### 1. 提出背景

从国内环境看，阿尔及利亚政局初步稳定，但反政府抗议活动仍时有发生，一些民众不时通过游行、集会等方式表达对本次大选方式和结果的不满，并提出"政治民主""惩治腐败""改善民生"等诉求。阿尔及利亚经济低增速连续多年，甚至负增长，外汇储备持续消耗至440亿美元左右，比2019年减少近100亿美元。② 通货膨胀率、失业率等长期保持高位，2021

---

① 《对外投资合作国别（地区）指南：阿尔及利亚（2021年版）》，中华人民共和国商务部网站，http://www.mofcom.gov.cn/dl/gbdqzn/upload/aerjiliya.pdf，最后访问日期：2022年4月9日。

② 《特本总统：外汇储备规模目前为440亿美元》，新华网（阿拉伯文网页），2021年7月26日，http://arabic.news.cn/2021-07/26/c_1310085258.htm，最后访问日期：2022年5月7日。

年分别为7.2%和12.7%。① 国民收入主要依靠能源出口所得，极易受到国际油价、国际局势等外部因素影响。在此情况下，民众不满情绪积压，社会动荡风险增大。

从外部环境看，阿尔及利亚在地区受到孤立，影响力下降。西撒哈拉地区长期是阿尔及利亚与其西边邻国摩洛哥的争议地带。2019年阿尔及利亚发生政治动荡以后，政府和军队主要关注国内政治与安全问题，对西撒哈拉等地区问题关注不足。2020年，新冠肺炎疫情发生后，阿尔及利亚对疫情的控制能力和医疗条件与摩洛哥相比差距明显，摩洛哥在西撒哈拉的影响力显著上升。2019年底至2020年底，共有15个国家在西撒哈拉设立领事馆，标志着摩洛哥对西撒哈拉地区的占领和控制逐步获得国际认可。② 2020年12月，美国以支持摩洛哥在西撒哈拉问题上的立场为条件，促成摩洛哥与以色列关系正常化。以上都显示出阿尔及利亚在西撒哈拉乃至整个北非和阿拉伯世界的影响力下降，甚至越来越陷入被孤立状态。

此外，新冠肺炎疫情的长期影响不容忽视。自2020年初疫情在世界各地接连出现以来，使全球共同面临一场健康危机，考验各国政府的医疗水平和管控能力。特本总统于2020年10月底确诊新冠肺炎后赴德国接受治疗，直至痊愈后回国。此举使阿尔及利亚医疗水平备受质疑，民众的不满情绪也因此上涨。疫情也给阿尔及利亚餐饮业、旅游业、运输业等多领域带来影响，使阿尔及利亚长期低迷的经济雪上加霜。

**2. 规划内容**③

政治方面，特本总统加强法治，提高治理水平。在法治方面，重新修订

---

① "Country: Algeria", The World Bank, June 30, 2022, https://data.worldbank.org/country/algeria?view=chart, accessed June 30, 2022.
② 舒梦：《2020年阿尔及利亚的政治、经济和对外关系》，载余泳主编《中东地区发展报告（2020~2021）》，时事出版社，2021，第233页。
③ "Plan D'action du Gouvernement pour la mise en Cenvre du Programme du Presiden de la Republique, Ambassade d'Algérie en France", Ambassade d'Algérie en France, June 30, 2022, https://amb-algerie.fr/wp-content/uploads/2022/04/Pland-action-du-gouvernement-pour-la-mise-en-oeuvre-du-programme-du-president-de-la-republique-2021-fr.pdf, accessed June 30, 2022.

## 阿尔及利亚的发展规划及前景：推动多元发展，促进经济复苏

各领域的法律法规，完善立法。通过培训法官、简化司法程序等途径提高司法的质量与效率。提高公共管理的效率和透明度，给予新闻媒体广泛的监督权，严惩腐败。在治国理政方面，提高公共财政的透明度和国家预算的严谨性，谨慎进行补贴改革，尽力确保社会公平。推动公务员制度改革、公共部门重组、公共管理便利化和数字化转型。赋予民众更多的政治权利以及以非暴力方式表达诉求的自由。

经济方面，推动多元化转型，促进经济复苏。首先，摆脱对碳氢产业的依赖，提高非碳氢产业的竞争力，实现经济多元化。其次，推动金融系统的现代化升级，简化审批手续，吸引投资，创造融资渠道。再次，发展支持性基础设施建设，通过经济手段促进就业和解决失业问题。此外，在发展经济的同时，充分考虑应对气候变化、环境保护和可持续发展的需要，力争到2030年实现零碳排放，为此建立能源转型和可再生能源研究所（ITEER），大力发展清洁能源和可再生能源。

社会文化方面，首先，全面提高教育、科学、文化水平。大力推动教育改革，提高高等教育和科学研究的质量。通过实施"2020~2024年国家青年计划"，大力培养青年人才。保护阿拉伯语、阿玛齐格语等本土语言，尤其是少数族群语言，保护国家文化多样性，增强少数族群民众的国家认同感。宣传民族解放运动的成就，保护民族记忆。倡导温和的宗教活动，制定国家宗教战略。其次，加强对文化遗产的保护和宣传，促进旅游产业发展。实施"阿尔及利亚旅游目的地计划"，为旅行社提供支持，为外国游客办理签证提供便利。开发国内尤其是南部的旅游景点，增强对游客的吸引力。重新启动国家旅游委员会，使旅游活动更加协调、有序。保护传统手工业，建设电影院等娱乐场所，从传统和现代多方面增强旅游吸引力。最后，采取有效措施提高公共服务水平，保障老人、孩子、妇女等弱势群体的权益，促进社会公平。此外，通过提高卫生保健服务水平，力争于2030年前使公共卫生方面的所有参考指标达到国际平均水平。

对外交往方面，实施积极主动的外交政策，提高国家在本地区的影响力。具体包括：加强对非洲和阿拉伯世界事务的参与度，尤其关注西撒哈拉

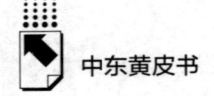

争端、利比亚问题、萨赫勒局势等地区热点问题，促进地区安全与稳定；提高青年、女性及少数族群在外交人员中的比重。此外，阿尔及利亚也致力于继续巩固国防，打击恐怖主义，维护国家安全，并为促进世界和平与团结做出贡献。

## 二 "新阿尔及利亚"规划实施进展

"新阿尔及利亚"规划提出时间尚短，其间，新冠肺炎疫情在全球持续，国际局势风云变幻，都对规划的实施造成影响。从总体看，该规划仍处于起步阶段，一些方面已开始实施，一些方面由于多种因素的制约尚未开启。

政治上保持总体稳定，制度不断健全，但政治治理能力有待提高。特本执政之初，小规模的抗议示威行动仍然频繁发生。2020年3月阿尔及利亚发生新冠肺炎疫情后，政府采取对外封锁，对内禁止游行、集会等措施，使政治抗议行为"暂停"。同时，疫情快速蔓延，暴露出阿尔及利亚医疗体系的脆弱面，引发民众的强烈不满。2020年底，政府放松了部分管控措施，反政府抗议活动有所回潮。示威者要求进行彻底的政治变革，结束军队控制国家的局面。在此形势下，特本加快了政治改革进程，先后颁布多个总统令，改组政府，精简机构，惩治贪腐，以提高行政效率。此后，他又陆续完成宪法修改、制定新的选举法，以杜绝贿选、贪污、腐败等情况。

从"新阿尔及利亚"规划中的政治目标看，法律和制度方面正在不断完善，但提高治理水平仍然任重道远。政府及议会的改组使一些布特弗利卡时代的官员被撤换，为新政权注入新鲜血液。一些新的法律法规对于杜绝贪污腐败现象的发生也起到一定作用。但是，改革进展总体缓慢，且并未改变政治体制僵化、政治权力军事化等顽疾。阿尔及利亚国内抗议者甚至认为，当前的政治改革只是粉饰太平的被动举措。

从经济改革方面来看，多措并举，出现向好势头。近年来，由于国际油价连续保持在低位、国内政治社会动荡以及疫情持续等多种原因，阿尔及利亚经济持续低迷。2020年，阿尔及利亚经济呈现负增长，GDP增长率为-5.5%，外汇储备持续消耗。面对日益严峻的经济形势，阿尔及利亚政府采取了一系列经济改革措施。

首先，鼓励开发和利用可再生能源，节约油气能源。阿尔及利亚可再生能源潜力巨大，种类多、储量大。联合国环境规划署环境保护监测中心副主任卡维·扎赫迪曾说，阿尔及利亚撒哈拉沙漠能够获得的太阳能足以满足整个世界的电力需求[1]，足见阿尔及利亚具有太阳能光伏发电的巨大潜力。阿尔及利亚境内约40%的地域具有风能优势，尤其是南部的阿德拉尔、廷杜夫、波尔吉、贝沙尔、塔曼拉塞特和贾奈特地区。此外，阿尔及利亚一些地区在水能、地热能、生物质能方面也有较大潜力。[2] 2021年以来，阿尔及利亚推出多个光伏发电项目，规模为50~300MW，总计发电1GW，预计将在2022~2024年继续推出同样规模的项目。[3] 阿尔及利亚政府也启动了其他领域的试点项目，如利用水力发电，将地热资源用于农业供暖等。未来，政府将加大对可再生能源开发与利用的力度和规模，节约油气能源消耗。

其次，取消对外国投资设定的"49/51"限制，以吸引更多外资。阿尔及利亚曾对外来投资持不信任态度，依照原来的金融法，在阿尔及利亚实施的项目中外资占比不能超过49%，阿尔及利亚国内资本占比不得低于51%。此规定严重影响了外国资本在阿尔及利亚投资的热情。2020年6月阿尔及利亚通过的《财政法补充法》规定，除国有矿产开采、能源部门的上游活动、国防部管理的相关军事工业、铁路、港口、机场，以及制药工业以外的非战略活动，外来投资不再受投资比例的限制，以吸引更多的外国投资。[4]

---

[1] Ahmed Bouraiou, Ammar Necaibia et al., "Status of Renewable Energy Potential and Utilization in Algeria", *Journal of Cleaner Production*, Vol. 246, 2020, p. 6.
[2] 赵畅：《阿尔及利亚可再生能源发展潜力分析》，《中国投资》2021年第11期，第79页。
[3] "Algeria Launches 1 GW Solar Tender", PV Magazine, December 24, 2021, https://www.pv-magazine.com/2021/12/24/algeria-launches-1-gw-solar-tender/, accessed June 30, 2022.
[4] 《阿尔及利亚正式取消外国投资"51/49%"股比限制》，中华人民共和国商务部网站，2020年6月18日，http://dz.mofcom.gov.cn/article/ztdy/202006/20200602971948.shtml，最后访问日期：2022年6月30日。

再次,扶持初创企业发展。《2021年财政法》规定,初创企业从注册之日起两年内免征专业活动税和公司所得税,购买项目相关设备时免缴增值税,并按5%缴纳关税。对于带有"孵化器"标签的企业,两年内免征上述各种税款。① 阿尔及利亚商务部和小微企业部还签署多项协议,为青年创业者提供多方面帮助,如提供免费培训、组织参加国际博览会等。

从"新阿尔及利亚"规划中的经济目标看,一些方面已取得初步成果。在促进就业方面,各领域新项目的启动都创造了大量就业岗位,仅光伏发电项目就已提供近5万个就业岗位;初创企业的增加对于解决经济结构失衡问题起到一定作用;取消投资比例限制后,多国对阿尔及利亚投资热情明显增强,主要包括法国、意大利、突尼斯、韩国、日本等阿尔及利亚传统和新兴合作伙伴。然而,阿尔及利亚经济规划的实施仍面临国内外多重障碍,如国内政坛对规划方案意见不一,贪污腐败、裙带关系等问题屡禁不止,阿尔及利亚与一些欧洲国家和非洲邻国因一些历史问题关系不睦等。当前,阿尔及利亚规划中的经济改革实施进展缓慢,结构失衡的根本症结没有解决,国家尚未摆脱经济困境。

在社会文化方面,国家从多方面加大对少数族群的关爱力度,以增强他们对国家的认同感,促进民族融合。例如,2021年以来,政府多次向南部少数族群聚居地区派遣医务人员,为他们检测和诊治新冠肺炎等疾病。2022年1月12日,为庆祝柏柏尔新年,阿尔及尔歌剧院举办了一场文化展览,来自不同地区的工匠展示他们具有民族特色的作品,增进民族间的交流。然而,由于疫情持续等原因,阿尔及利亚在提高教育、科研、卫生服务水平,发展旅游业等方面的改革都难以如期启动,社会服务水平仍有待提高。

在对外关系方面,阿尔及利亚的外交风格更加强势、果断和务实。阿尔及利亚于2020年11月通过的新宪法规定,议会投票达到2/3以上即可对外

---

① 《2021年财政法:一系列有利于投资和出口的措施》,中华人民共和国商务部网站,2021年1月10日,http://www.mofcom.gov.cn/article/i/jyjl/k/202101/20210103029792.shtml,最后访问日期:2022年6月30日。

部署军队①,自此改变了阿尔及利亚不对外实施军事干预的传统。从其与邻国的关系看,阿尔及利亚强势维护本国利益,积极参与冲突斡旋。2021年8月,阿尔及利亚宣布因摩洛哥长期对其奉行"敌对政策",与之断绝外交关系。阿摩两国因历史遗留的领土争端、现实的利益争夺等长期不睦,但30余年来首次宣布断交,至今仍未宣布复交。自从2011年利比亚内乱爆发而陷入动荡乱局以来,阿尔及利亚一直以多种方式积极参与斡旋。2021年至2022年4月,利比亚总统委员会副主席穆萨·考尼、外长纳吉拉·曼古什等官员先后访阿,希望得到阿尔及利亚对其政治进程的支持。阿尔及利亚也于2021年8月又一次举办利比亚及其邻国外长会议,讨论利比亚政治进程中的法律、军事等多方面事宜。从在阿拉伯世界和非洲的对外活动看,阿尔及利亚积极作为,致力于提高在上述两个地区的影响力和话语权。2022年,阿尔及利亚担任阿拉伯国家联盟轮值主席国,为确保第31届阿盟首脑峰会顺利召开,自2022年初起,阿尔及利亚外长频繁访问多个阿拉伯国家,就巴勒斯坦问题、阿以关系、叙利亚重返阿盟等阿拉伯国家共同关心的议题密切磋商,争取在这些问题上实现突破。阿尔及利亚也高度重视与非洲国家的联系与合作,积极推动萨赫勒和撒哈拉地区稳定与发展,以及非洲大陆自贸区建设,为非洲打击恐怖主义和极端主义贡献力量。阿尔及利亚总统还向一些处于严重冲突动荡的非洲国家派遣外交特使,以期提高在非洲的话语权。从与欧洲大国的关系看,阿尔及利亚自信而务实。2021年10月,在法国收紧对阿尔及利亚公民的签证配额以及法国总统马克龙发表针对阿尔及利亚的批评性言论后,阿尔及利亚召回驻法国大使。② 乌克兰危机发生后,长期从俄罗斯进口天然气的欧洲多国面临天然气供应短缺的困境,阿尔及利亚增加向意大利等欧洲国家的天然气出口量,此

---

① "Algeria 2020", Constitute, November 5, 2020, https://www.constituteproject.org/constitution/Algeria_2020?lang=en, accessed May 30, 2022.

② 《马克龙批评言论背景下,阿尔及利亚召回驻法大使》(阿拉伯文), France 24, 2021 年 10 月 2 日, https://www.france24.com/ar/الأخبار-المغاربية/20211002-الجزائر-فرنسا-السفير-دبلوماسية-تأشيرات-الهجرة-الأمن-سياسة-تبون-ماكرو, 最后访问日期:2022 年 4 月 28 日。

举既为这些国家在一定程度上解决了"缺气"问题,也增加了阿尔及利亚外汇储备。

## 三 "新阿尔及利亚"规划与"一带一路"建设的对接

中国与阿尔及利亚具有深厚而坚实的传统友谊。中国是第一个与阿尔及利亚建立外交关系的非阿拉伯国家,在其争取民族解放斗争期间即与之建交,并为其提供支持。阿尔及利亚是中国恢复在联合国合法席位的重要提案国,是第一个同中国建立全面战略伙伴关系的阿拉伯国家。两国自建交以来,政治互信不断增强,经济合作不断深入,人文交流领域不断拓宽,在国际场合相互支持,曾被誉为南南合作的典范。"一带一路"倡议提出后得到阿尔及利亚积极响应。2018年,两国签署共建"一带一路"谅解备忘录,自此,两国在"一带一路"框架下的合作不断结出丰硕成果。"新阿尔及利亚"规划推出后,两国将发展战略对接,寻找契合点,为两国的友好合作不断注入新活力。

### (一)中阿战略对接现状

首先,两国间保持密切的政策沟通,为全方位的合作锚定航向。2021年7月,中国国务委员兼外长王毅访问阿尔及利亚期间受到特本总统的接见。特本总统强调,阿方始终将中国作为外交优先方向,将一如既往地支持中国。当前阿中都进入新发展阶段,两国在共建"一带一路"框架下将新的发展规划进行对接,深化双方在经贸、投资、能矿、基础设施建设等领域合作,实现共同发展并惠及其他发展中国家。[①] 中国对阿尔及利亚重大事件也都给予高度关注。2021年,阿尔及利亚前总统布特弗利卡逝世,阿尔及利亚发生重大森林火灾等,习近平主席都向特本总统致电慰问。尤为值得一提

---

① 《阿尔及利亚总统特本会见王毅》,中国政府网,2021年7月20日,http://www.gov.cn/guowuyuan/2021-07-20/content_5626122.htm,最后访问日期:2022年4月8日。

## 阿尔及利亚的发展规划及前景：推动多元发展，促进经济复苏

的是，2022年3月，阿尔及利亚外长拉马拉访华期间，两国外交部发表联合声明，就发展战略对接、阿拉伯世界的热点问题、加强中非全面战略合作伙伴关系以及在国际多边事务中密切协调配合等方面达成广泛共识。① 该声明为两国未来在多方面深化合作和共同发展奠定坚实基础，指明前进方向。

其次，两国经济合作克服困难，稳步推进。中阿两国长期保持多方面的经济合作，疫情发生前曾有10万余名中国公民长期在阿尔及利亚工作和生活。疫情持续给两国经济合作带来严峻挑战。然而，中阿两国克服困难，稳步推进经济合作。疫情之下，两国间的贸易额逆势上涨，2021年中国对阿尔及利亚出口额为63.5亿美元，自阿尔及利亚进口额为10.8亿美元，都实现同比增长。② 承包工程一直是中阿合作的重点领域。数十年来，中国企业工作效率高、履约信誉好、工程质量优，被阿方视为值得信赖的合作伙伴。疫情持续并未阻止双方合作的脚步，2020年以来，中国企业在阿尔及利亚依然承接了多个新项目。2020年5月，中国建筑阿尔及利亚公司与阿尔及利亚政府正式签约艾因那扎配送中心建造项目，合同签约额为1.2亿美元。③ 2021年12月，中钢国际下属子公司中钢设备有限公司与阿尔及利亚TOSYALI集团正式签订阿尔及利亚四期综合钢厂项目EPC总承包合同，合同金额为10.96亿美元。④ 2022年2月，中石化广州（洛阳）工程公司与阿尔及利亚国家石油公司签署LNG储罐工程总承包项目合同，合同金额约为

---

① 《中华人民共和国外交部和阿尔及利亚民主人民共和国外交部联合声明（全文）》，中国政府网，2022年3月20日，http://www.gov.cn/xinwen/2022-03/20/content_5680116.htm，最后访问日期：2022年5月6日。
② 《中非贸易数据｜2021年中国与非洲各国贸易数据及相关排名》，中非贸易研究中心网站，2022年3月16日，http://news.afrindex.com/zixun/article12433.html，最后访问日期：2022年5月6日。
③ 《中国建筑签约阿尔及利亚艾因那扎配送中心项目》，国务院国有资产监督管理委员会网站，2020年5月14日，http://www.sasac.gov.cn/n2588025/n2588124/c14586320/content.html，最后访问日期：2022年5月6日。
④ 《重磅！中钢国际签10.96亿美元合同，EPC总承包TOSYALI阿尔及利亚四期综合钢厂项目》，中钢国际网站，2021年12月14日，https://mp.weixin.qq.com/s?__biz=MzA5NzEzODUzOQ==&chksm=8b6ac367bc1d4a7176d7309da51ae0bde7fc4eee36299e6f27b0ac31b5599c0660b57edde37f&idx=1&mid=2654667107&sn=059b2b541b751905f649be3979c42588，最后访问日期：2022年5月10日。

227

1.83亿美元。① 此外，两国企业还通过成立联合公司，开启更高层次的合作模式，进一步提高合作质量。2022年3月，中国五环工程有限公司、云南天安化工有限公司与阿尔及利亚化肥和植物检疫产品工业集团、阿尔及利亚矿业集团签署协议，成立阿尔及利亚-中国化肥公司。该公司将投资70亿美元建设阿尔及利亚首个磷酸盐一体化项目，从而使阿尔及利亚丰富的磷矿资源得到更加高效的开发和利用。②

尤为值得一提的是，两国的抗疫合作形式多样，成效显著。医疗卫生合作是中阿友好合作的重要组成部分。中国于1963年派出第一支援阿医疗队，也是中国首支援外医疗队。近60年来，中国累计向阿尔及利亚派遣了27支医疗队，足迹遍及阿尔及利亚全境，有力地促进了阿尔及利亚医疗卫生事业的发展和人民健康水平的提高。自2020年初，世界各地相继发生新冠肺炎疫情，中国与阿尔及利亚相互赠予医疗物资，在各自最需要的时候互解燃眉之急。中国通过举办卫生专家视频会议，同包括阿尔及利亚在内的多国政府代表和医疗专家分享抗疫经验，也多次向阿尔及利亚派遣医疗援助队，针对当地情况制定和实施专门的抗疫方案。2021年初，阿尔及利亚启动全民疫苗接种计划，中国最先向其提供疫苗援助，此后又向其提供多批次疫苗。2021年9月，中阿合作生产疫苗项目在阿尔及利亚正式投产，该项目极大地提高了阿尔及利亚自主生产能力，两国抗疫合作提升至新阶段。抗疫合作充分体现了两国人民间的兄弟情谊，也是双方对人类命运共同体理念的践行，为两国间持续近60年的医疗合作添上浓墨重彩的一笔。

## （二）中阿合作前景

从总体看，中阿关系具有光明的前景。首先，两国在多方面具有高度一

---

① 《中国石化与阿尔及利亚国家石油公司签署LNG储罐项目合同》，中国石化新闻网，2022年2月22日，http://www.sinopecnews.com.cn/xnews/content/2022-02/22/content_7020309.html，最后访问日期：2022年5月10日。
② 《70亿美元！中企签约阿尔及利亚磷酸盐一体化项目》，中化新网，2022年3月24日，http://www.ccin.com.cn/detail/f004308c84b6401d573453efc3edec94，最后访问日期：2022年3月24日。

致的共识。内政方面，两国都高度重视政治社会稳定，秉持以发展促稳定的理念。2021年9月，习近平主席在出席第76届联合国大会一般性辩论时提出"全球发展倡议"。阿尔及利亚对此给予支持，并已作为首批成员加入"全球发展倡议之友小组"。外交方面，两国都奉行独立、自主、不干涉别国内政、不滥用武力的外交政策。双方在涉及彼此核心利益和重大关切的国际事务中相互支持。此外，两国领导人都有继续深化双边关系的意愿。2021~2022年，中阿两国外长克服疫情困难实现相互访问，中国全国人大常委会委员长栗战书同阿尔及利亚国民议会议长布加利举行视频会晤。两国间的合作也仍然存在巨大的发展潜力。

其次，两国致力于推进务实合作。当前，两国都处于自身发展与对外合作的重要阶段。"一带一路"建设已进入"工笔画"阶段，"新阿尔及利亚"规划也进入实践阶段，双方加强合作正逢其时。2022年3月，阿尔及利亚外长访华期间，两国达成如下共识：愿继续努力发展中阿全面战略伙伴关系，加强发展战略对接，深化务实合作，造福两国和两国人民。双方宣布就《中阿共建"一带一路"合作规划》案文达成共识，将尽快签署。双方还将就正在商签的其他合作文件加紧沟通，争取尽快签署。[①] 双方间的务实合作将进一步深化发展。

此外，两国关系发展也具有有效的平台支撑。阿尔及利亚是非洲、阿拉伯世界等区域和相关区域组织的重要国家，中国与相关区域组织的合作为中阿合作搭建了平台。2000年，中非合作论坛成立，成为中国与非洲国家加强关系和开展合作的重要平台。中非合作论坛框架下的"十大合作计划""八大行动"等都为中国与阿尔及利亚的友好合作提供助力。2004年，中国-阿拉伯国家合作论坛成立。该论坛机制下的能源合作大会、新闻合作论坛、北斗合作论坛等分论坛活动，阿尔及利亚都是重要的参与方和受益者。

不可否认，两国合作也存在一定的挑战和干扰因素。政权层面，阿尔及

---

[①]《中华人民共和国外交部和阿尔及利亚民主人民共和国外交部联合声明（全文）》，中国政府网，2022年3月20日，http://www.gov.cn/xinwen/2022-03/20/content_5680116.htm，最后访问日期：2022年5月6日。

利亚政局仍存在不稳定风险。特本总统执政后，国内仍多次出现不同程度的抗议示威行动，虽然疫情的发生和持续为抗议行动按下"暂停键"，但抗议民众提出的不满和要求并未得到有效解决，抗议行动仍存在回潮风险。

经济层面，阿尔及利亚经济政策仍存在不确定性。2020年至今，疫情持续、乌克兰危机等突发事件给世界各国都带来重大影响，经济领域所受影响最大。在此形势下，特本总统在执政后的两年多时间里已两度修正《财政法》，未来仍可能再度大幅调整。总统本人已77岁高龄，阿尔及利亚未来政权格局尚不明朗，各方面政策都存在不确定性。

社会层面，中国与阿尔及利亚相距遥远，两国的语言、国情、风俗习惯等都有较大差异，给两国民众间的相互认知和理解带来一定障碍。

安全层面，阿尔及利亚仍存在不安定因素。长期以来，阿尔及利亚沙漠地区是"伊斯兰国"、"基地"组织马格里布分支等西亚非洲多个极端组织成员的隐匿地。一些暴恐组织将外国人或项目驻地作为袭击目标，中国企业应对此保持警惕。邻国利比亚冲突长期持续对两国边境地带的安全也构成威胁。此外，阿尔及利亚仍存在分离主义势头。

## （三）对策建议

未来，中国与阿尔及利亚将继续进行战略对接，深化合作。双方应倡导和平合作、开放包容、互学互鉴、互利共赢的"丝路精神"，秉持共商、共建、共享原则，力求在互利共赢中增进两国人民福祉，具体可从如下方面提高两国合作质量。

政策沟通层面，中国驻阿尔及利亚机构和企业应密切关注阿尔及利亚局势发展及政策变化，并协调好多方面关系。当前，阿尔及利亚各方面的规章制度仍在构建，中国驻阿尔及利亚机构和企业应密切关注其局势新动向和政策新变化，处理好多方面的关系。首先，处理好与阿尔及利亚政府部门的关系，关注政府、议会等机构的人员及制度变化，了解他们关注的焦点和热点。其次，处理好与当地劳工组织、媒体、执法机关等部门的关系。再次，拉近与当地民众的关系，主动承担必要的社会责任，适时回馈社会，在当地

## 阿尔及利亚的发展规划及前景：推动多元发展，促进经济复苏

民众有困难时及时提供力所能及的帮助。此外，中国驻阿尔及利亚大使馆经济商务处应根据阿尔及利亚经济状况和发展规划，积极引导和统筹协调中国在阿尔及利亚企业的工作。中国企业也应听从经商处的建议和调配，以免盲目行事造成损失，尤其避免中国企业之间发生恶性竞争。

设施联通层面，双方可进一步拓展基础设施建设领域的合作空间。中国企业可凭借丰富的从业经验在阿尔及利亚争取更多的公路、桥梁、铁路、港口、海运等建设项目，帮助阿尔及利亚国内及所在地区提高互联互通水平。此外，可与阿尔及利亚相关部门探讨共建"空中丝绸之路"的方案，积极落实"中非区域航空合作计划"。

贸易畅通层面，双方可共同探讨扩展双多边贸易合作的途径。在主要贸易领域油气领域，双方企业可探讨开展全产业链合作，使贸易合作进一步升级，同时加强在电子商务等新兴领域的合作。在扩大双边贸易的同时，加强多边贸易合作。共同推动世界贸易组织改革，维护多边贸易体制，采取贸易和投资自由化、便利化措施，致力于消除贸易壁垒，优化贸易环境。

资金融通层面，双方可遵循《"一带一路"绿色投资原则》，探讨开展形式多样的融资合作。鼓励两国金融机构按照市场化原则动员多渠道资金，推动融资模式创新，探索运用多样化融资工具和融资机制，为双方合作项目提供融资支持。双方应支持商业银行开展合作，共同推动优化双边本币使用环境；加强金融机构和金融监管机构间的交流与合作，推动各自符合条件的金融机构在对方市场投资兴业；加强金融情报交流，共同探讨反洗钱监管等方面的合作。同时，双方可寻求同亚洲基础设施投资银行、中非合作基金等多边金融机构或机制的合作，为两国间的合作项目寻求资金保障。

民心相通层面，加强与阿尔及利亚的人文交流，与当地民众和谐相处。两国可通过相互举办文化活动、开展科技合作、媒体交流、文学及影视作品互译、智库交流等方式，加强人文交流，增进两国及人民间的相互了解和理解。中国在阿尔及利亚企业和人员应尊重当地民众的风俗习惯，与之和谐相处。阿尔及利亚主体人群为穆斯林，中国在阿尔及利亚人员应对伊斯兰宗教文化有基本的了解，尊重穆斯林生活习惯，尤其注意在斋月期间的禁忌。同

时，中国企业在投资兴业过程中注重保护当地的生态环境，以免引起民众的不满。

最后，中国在阿尔及利亚人员应注意保护个人的人身和财产安全以及企业的财产安全。当前，阿尔及利亚社会仍有不安定因素，中国企业和人员应密切关注局势，避免参与游行集会活动和在人口密集区域久留，防止发生危险。当发生纠纷时，通过正当途径以适当方式解决，杜绝以暴制暴。

# 热点问题
Hot Issue

## Y.14
## 转折中的延续：2021年中东地区反恐态势

张金平 张帆[*]

**摘 要：** 2021年中东暴恐活动呈现收缩态势，实际是处于转折过程之中。在三类暴恐活跃区中，叙利亚、伊拉克是暴恐多发区域，但暴恐袭击有所减少；埃及、土耳其和也门等地的极端暴力活动均有所放缓；利比亚、突尼斯等暴恐新热点地区的安全形势也在向好发展。国际恐怖组织在中东继续进行收缩性的策略调整，"ISIS"与"基地"组织以低功耗的活动模式积蓄力量、等待新的发力时机。中东暴恐活动对其他地区具有辐射影响，在非洲地区寻求更多的空间，向欧美地区的辐射暂且缓和但长期压力依然严峻。在转折大背景下，三类主体在不同维度继续加大打击极端暴力力度，域外大国重点采取扶持当地武装、提供情报支持等方式；中

---

[*] 张金平，西北政法大学教授、博士生导师，主要研究方向为当代全球极端暴力问题；张帆，西北政法大学硕士研究生，主要研究方向为海外暴恐活动。

东国家继续突出武力打击、精准打击；中东社会力量尤其是部落武装以当地秩序维系者的身份参与打击极端暴力的行动。中东打击极端暴力需要警惕转折过程的起伏。

**关键词：** 中东 暴恐活动 反恐策略 安全环境

中东地区是全球暴恐活动的一个重点地区，2017年底国际极端暴力势力在中东丧失了公开控制领土、丧失了大规模武装攻击的能力，中东极端暴力活动进入一个转折期，中东打击极端暴力的行动也进入一个转折期，2021年的中东体现了这一转折特征。

## 一 2021年中东暴恐活动的地域分布

中东地区暴恐活动形成三类活动地带，反映地区暴恐活动的区域分布。

### （一）动荡与战乱中的暴恐多发地带

伊拉克与叙利亚自2017年底以来至2021年底的安全形势有所好转，但仍然是中东暴恐活动的核心区域。

1. 叙利亚战乱与暴恐活动相互影响

叙利亚仍处于战乱状态，叙利亚政府控制2/3的国土。西北部的伊德利卜地区由"基地"系的极端组织（"沙姆解放组织"及其衍生组织）控制；东北部及中部沙漠地区有"伊斯兰国"（ISIS）分子藏匿、活动；北部和东北部的部分地区被土耳其支持的武装力量控制；东北部和东部的大部分地区处于美国支持的民主政治武装力量控制之下。[1]

---

[1] Cole Bunzel, "The Islamic State in 2021", Wilson Center, December 10, 2021, https://www.wilsoncenter.org/article/explainer-islamic-state-2021, accessed April 11, 2022.

战乱状态滋生了暴恐活动。叙利亚暴恐袭击造成的死亡人数在2021年有所减少,这一年的暴恐袭击数量为338起,比2020年减少了23%;暴恐袭击造成的死亡人数比前一年减少了33%。[1] 暴恐袭击的主要目标是政府目标,如在大马士革东北部霍姆斯省袭击了一辆军车并杀害了13名士兵[2],其次是平民目标。"ISIS"分子在叙利亚的暴力活动从大规模武装攻势转为暴恐袭击。"基地"系的极端组织之间的暴力冲突也包括暴恐手段,"宗教捍卫军"与"沙姆解放组织"之间在2020~2021年发生了新一轮暴力冲突,多名"宗教捍卫军"的领导人在2021年被"沙姆解放组织"抓捕[3],"宗教捍卫军"在伊德利卜留驻部分力量[4],一些武装人员转移到南部,在德拉和苏韦达组建活动团伙。

2. 伊拉克暴恐袭击依然多发,在农村与偏远地区的活动增加

2021年,伊拉克发生了833起恐怖袭击,比2020年增加了33%,政府目标是袭击的重点,东部地区迪亚拉、萨拉赫丁和基尔库克三省的暴恐袭击最为严重,占全国的一半左右。[5] "ISIS"在伊拉克主要采取小规模袭击,选择敏感地区、敏感目标实施暴恐袭击以扩散社会恐慌、增加对政府的压力、增加恐怖效应。该组织还破坏关键基础设施,特别是公共交通、电路

---

[1] Institute for Economics & Peace, "Global Terrorism Index 2022: Measuring the Impact of Terrorism", IMCTC, March 2022, https://imctc.org/en/eLibrary/INTReports/Pages/report18052022.aspx, accessed March 15, 2022.

[2] "13 Killed in Damascus Army Bus Bombing: State Media", France 24, October 20, 2021, https://www.france24.com/en/live-news/20211020-13-killed-in-damascus-army-bus-bombing-state-media, accessed April 3, 2022.

[3] Sultan al-Kanj, "Jihadi Group Steps up Arrests of Rivals, Former Jihadi Allies in Idlib", Al-Monitor, February 9, 2022, https://www.al-monitor.com/originals/2022/02/jihadi-group-steps-arrests-rivals-former-jihadi-allies-idlib, accessed April 4, 2022.

[4] "Twenty-ninth Report of the Analytical Support and Sanctions Monitoring Team Submitted Pursuant to Resolution 2368 (2017) Concerning ISIL (Da'esh), Al-Qaida and Associated Individuals and Entities", United Nations Security Council, https://documents-dds-ny.un.org/doc/UNDOC/GEN/N21/416/14/PDF/N2141614.pdf?OpenElement, accessed April 14, 2022.

[5] Institute for Economics & Peace, "Global Terrorism Index 2022: Measuring the Impact of Terrorism", IMCTC, March 2022, https://imctc.org/en/eLibrary/INTReports/Pages/report18052022.aspx, accessed March 15, 2022.

等，以引起媒体的关注与报道。①

"ISIS"既在巴格达、安巴尔、尼尼微、基尔库克、萨拉赫丁和迪亚拉等地重要城市活动，也在周边沙漠、山地与边境地区活动，在偏远地区建立指挥中心与小型训练营地以及藏身的隧道。② 此外，有大批"ISIS"武装分子从叙利亚越境进入伊拉克，包括途经辛贾尔地区，并在山中藏身，试图利用这一地区的安全漏洞来实施暴力袭击。③

## （二）长期的热点地区

中东的埃及、土耳其、也门等国家长期存在暴恐威胁，暴恐活动在2021年仍时有发生，但总体呈现下降趋势。

### 1. 西奈半岛是埃及的主要暴恐活动区

2021年埃及的暴恐袭击主要发生在西奈半岛，暴恐分子以"ISIS 西奈省"的名义实施袭击，有800~1200名战斗人员④，企图通过暴恐袭击削弱埃及政府的威信⑤。"ISIS 西奈省"的头目斯莱姆·哈马丁（Salim al-Hamadin）于2021年3月被埃及政府击毙，该组织极端暴力活跃程度有所下降。"ISIS 西奈省"声称2021年每月平均制造9起袭击、造成17人伤亡，

---

① Zvi Mazel, "The Risks of an ISIS Comeback", GDPR, March 18, 2022, https://www.gisreportsonline.com/r/isis-return/, accessed April 12, 2022.

② Raed Al-Hamid, "ISIS in Iraq: Weakened but Agile", Newlines Institute for Strategy and Policy, May 18, 2021, https://newlinesinstitute.org/iraq/isis-in-iraq-weakened-but-agile/, accessed April 5, 2022.

③ "Twenty-ninth Report of the Analytical Support and Sanctions Monitoring Team Submitted Pursuant to Resolution 2368 (2017) Concerning ISIL (Da'esh), Al-Qaida and Associated Individuals and Entities", United Nations Security Council, https://documents-dds-ny.un.org/doc/UNDOC/GEN/N21/416/14/PDF/N2141614.pdf?OpenElement, accessed April 14, 2022.

④ "Islamic State Sinai Province (IS-Sinai)", Australian National Security, May 7, 2021, https://www.nationalsecurity.gov.au/what-australia-is-doing/terrorist-organisations/listed-terrorist-organisations/islamic-state-sinai-province-(is-sinai), accessed March 30, 2022.

⑤ "ISIS in Sinai Leader Killed in Clash with Egyptian Forces", The Jerusalem Post, March 23, 2021, https://www.jpost.com/middle-east/isis-in-sinai-leader-killed-in-clash-with-egyptian-forces-report-662927, accessed April 3, 2022.

2020年则是16起袭击、造成40人死亡。①

2. 土耳其的暴恐威胁主要集中在边境地带

有统计认为土耳其境内暴恐袭击数量在2021年呈下降趋势，体现了土耳其在叙利亚、伊拉克军事行动的安全风险。2021年，土耳其境内和边境地区总共发生了217起暴恐袭击，其中120次是针对平民目标，其他是针对军事目标；暴恐袭击多发生在土耳其与伊拉克、叙利亚的边境地区，在土耳其境内发生了26起恐怖袭击事件；实施袭击最多的是叙利亚库尔德武装"人民保护联盟"（YPG，实施了151起）、"库尔德工人党"和土耳其"库尔德工人党"的分支"库尔德人自由生活党"（PJAK），这3个组织都活跃在叙利亚、伊拉克境内。②"库尔德工人党"2021年在伊拉克北部的暴恐活动较以往活跃，发动了22起袭击、造成21人死亡，而2020年该组织制造了8起恐怖袭击。③

3. 也门交战区成为暴恐活跃地带

2021年，也门的暴恐袭击事件减少；两个主要的恐怖势力"阿拉伯半岛基地组织""ISIS也门省"在也门的活动都呈现疲软状态，两股势力处于"圣战冷战"之中；④胡塞武装与政府之间的暴力冲突出现了缓和。

2021年，"阿拉伯半岛基地组织"在也门得到了一定的喘息机会，美国和阿联酋在也门针对该势力的打击力度有所减弱，但该势力在人员招募、资金、外部打压方面面临严峻挑战。内战期间，该势力不仅在南部阿比扬省及贝达省和舍卜沃省、东部的哈德拉毛省和马哈拉省等地扩大活动，也在中部和东部省份巩固其立足点；在南部对抗阿联酋支持的武装力量；在中部与胡

---

① Cole Bunzel, "The Islamic State in 2021", Wilson Center, December 10, 2021, https://www.wilsoncenter.org/article/explainer-islamic-state-2021, accessed April 11, 2022.
② Durdu Mehmet Ozdemir, 2021 Turkey Terrorism Index, Terrorism Analysis Platform, February 7, 2022.
③ Institute for Economics & Peace, "Global Terrorism Index 2022: Measuring the Impact of Terrorism", IMCTC, March 2022, https://imctc.org/en/eLibrary/INTReports/Pages/report18052022.aspx, accessed March 15, 2022.
④ Gregory D. Johnsen, "Foreign Actors in Yemen: The History, the Politics and the Future", Sana'a Center, January 31, 2021, p.28.

塞武装势力继续开展暴力冲突。内战分散了该势力对西方目标的关注，但它仍然将美国作为重点敌人，在2021年10月发布的视频中再次发出对美国的威胁。[①]

"ISIS"也门分支主要在也门中部活动，2021年的活动也很少。该势力在也门的实力较弱且多面树敌，与胡塞武装、"阿拉伯半岛基地组织"都有持续的冲突，损失很大，缺乏重大行动能力，该势力当前忙于内部稳定、重新集结。

### （三）2011年以来新的热点地区

2011年以来利比亚、突尼斯成为暴恐活动新热点地区，也影响了阿尔及利亚、摩洛哥等地的暴恐活动。

#### 1. 利比亚暴恐活动具有跨境活动特征

2021年，在利比亚暴恐活动的主要重点区域是南部、西南部及边境地区。2021年6月上旬、中旬，"ISIS"在南部费赞省实施针对利比亚安全部队的炸弹袭击，图谋破坏停火，其背景是联合国在4月同意派观察员前往利比亚监督停火情况。近几年利比亚暴恐活动的减少与2017年之前形成鲜明对比，"ISIS利比亚省"招募人员的能力下降，无法公开控制一定的地域，袭击活动明显减少。"ISIS"在利比亚活动减少的主要原因是遭到持续的打击，利比亚多方力量都保持持续的反恐，国际社会也在北非保持对"ISIS"的严厉打击，时有暴恐分子头目遭击毙。

虽然"ISIS利比亚省"在一定程度上受到打压，但正在利比亚西南部重建组织、攻击能力，向西非拓展组织网络。[②]"马格里布基地组织"在利比亚西南部的费赞地区活动，重点是为马里、萨赫勒地区"基地"系的

---

① Elisabeth Kendall, "Where is AQAP Now?", Sana'a Center, October 21, 2021, https://sanaacenter.org/publications/analysis/15357, accessed March 28, 2022.

② Emily Estelle, "Africa File: Libya Foothold Creates Options for the Islamic State in Northwestern Africa", Critical Threats, December 9, 2021, https://www.criticalthreats.org/briefs/africa-file/africa-file-libya-foothold-creates-options-for-the-islamic-state-in-northwestern-africa, accessed March 23, 2022.

暴恐活动提供后勤保障，与突尼斯的一些极端暴力组织（如"奥卡巴·伊本·纳菲旅"）密切合作①，以维护、强化其行动联盟。利比亚国家与社会分裂为暴恐分子提供滋生的土壤，当前利比亚虽然建立了统一的政府，但重建进程仍然充满挑战。

2. 突尼斯边境地区的暴恐活动比较突出

"基地"组织突尼斯分支（"奥克巴战士营"）在2021年进一步转入地下活动②，其组织的5名高级成员被击毙。"奥克巴战士营"与"马格里布基地组织"关系密切。2021年阿尔及利亚的暴恐风险主要是恐怖分子的回流③，约700名阿尔及利亚极端分子曾经加入了"ISIS"、"基地"组织，其南部边境面临马里和尼日尔的恐怖威胁的外溢压力。

摩洛哥在2021年面临的威胁依然是暴恐组织的招募、暴恐分子的过境、周边暴恐风险的扩散等，其边境地带的漏洞常被极端分子利用。④ 摩洛哥长期注重反恐工作，也没有发生过重大暴恐袭击事件，但暴恐威胁的潜在风险持续存在。

## 二 2021年两大暴恐组织在中东地区的活动策略

"ISIS"与"基地"两个系列的团伙是中东地区最活跃的暴恐势力，两股势力2021年在中东的行动策略有所变化。

---

① Katherine Zimmerman, "Al Qaeda & ISIS 20 Years after 9/11", Wilson Cente, September 8, 2021, https://www.wilsoncenter.org/article/al-qaeda-isis-20-years-after-911, accessed March 20, 2022.

② "Terror Groups Sweep across Africa", The Southern Time, August 6, 2021, https://southerntimesafrica.com/terror-groups-sweep-across-africa/, accessed April 2, 2022.

③ Anneli Botha, *Terrorism in the Maghreb: The Transnationalisation of Domestic Terrorism*, Cambridge: Institute for Security Studies, 2008, p.39.

④ "Morocco Sees Security Threat in Sahel Extremist Groups", The Arab Weekly, March 3, 2021, https://thearabweekly.com/morocco-sees-security-threat-sahel-extremist-groups, accessed April 6, 2022.

## （一）"ISIS"的策略调整

"ISIS"是2021年全球最活跃的暴恐势力，其"西奈省""呼罗珊省""西非省"分支的袭击所造成的死亡人数占全球暴恐袭击死亡人数的29%。[①] 从"ISIS"的al Naba通讯报道的数据来看，该势力2021年在伊拉克与叙利亚制造的袭击事件与2020年相比有所减少[②]，但"ISIS"开始采取灵活的策略。

### 1. 地域策略调整

"ISIS"在伊拉克和叙利亚的农村地区越来越活跃。自叙利亚政府在2019年3月夺取边境城镇巴古兹以来，"ISIS"活动向叙利亚阿勒颇省南部和哈马省北部的农村、沙漠地区转移，试图利用边境漏洞、农村（沙漠）及偏远地区的安全漏洞（包括偏远地区民众的不满情绪）继续行动，其暴恐袭击也相应变化，其在叙利亚沙漠与农村的暴力活动的影响力不亚于在城市的大规模极端暴力活动与暴恐袭击。[③] 在伊拉克，"ISIS"在幼发拉底河以东和沙漠地区的势力范围延伸到叙利亚的拉卡和哈塞克[④]，在迪亚拉省、萨拉赫丁省和基尔库克省一带的山脉地区活动，袭击规模大多不大，主要袭击目标是安全部队以及什叶派和其他非逊尼派穆斯林。

---

① 2020年在伊拉克平均每月制造110次袭击、造成207人伤亡，2021年平均每月制造87次袭击、造成149人伤亡；2020年在叙利亚平均每月制造45起袭击、造成95人伤亡，2021年平均每月制造31起袭击、造成74人伤亡，参见Institute for Economics & Peace，"Global Terrorism Index 2022：Measuring the Impact of Terrorism"，IMCTC，March 2022，https：//imctc.org/en/eLibrary/INTReports/Pages/report18052022.aspx，accessed March 15，2022。

② Cole Bunzel，"The Islamic State in 2021"，Wilson Center，December 10，2021，https：//www.wilsoncenter.org/article/explainer-islamic-state-2021，accessed April 11，2022.

③ "The Islamic State（ISIS）Has Morphed into a Non-spatial Insurgency Capable of Conquering Territorial Boundaries"，Carnegie Endowment for International Peace，March 15，2022，https：//carnegieendowment.org/sada/86643，accessed March 15，2022.

④ "Twenty-eighth Report of the Analytical Support and Sanctions Monitoring Team Submitted Pursuant to Resolution 2368（2017）Concerning ISIL（Da'esh），Al-Qaida and Associated Individuals and Entities"，United Nations Security Council，https：//documents-dds-ny.un.org/doc/UNDOC/GEN/N21/168/50/PDF/N2116850.pdf?OpenElement，accessed April 3，2022.

### 2. 行动策略的调整

"ISIS"在中东的暴力活动规模明显缩小,其小规模的暴力活动具有更强的灵活性并以此来显示其存在、积蓄力量。该势力在伊拉克巴格达(如1月21日)、萨德尔市(如7月19日)等城市制造袭击的意图不仅是展示其组织的存在、扩大组织影响力,还包括刻意隐藏其在农村、沙漠的活动。该势力还刻意降低在农村与偏远地区袭击事件的数据来掩护其策略调整。[①] "ISIS"试图破坏伊拉克脆弱的稳定局势,以暴力活动激化伊拉克的政治矛盾、教派矛盾及紧张关系,削弱政府的合法性。[②]

### 3. 组织策略的调整

由于领导层持续遭受打击,"ISIS"在2021年继续推进弹性、分散的组织策略。2019年巴格达迪死后,新上任的领导人拉赫曼·萨勒比(又称作"阿布·易卜拉欣·哈希米·库莱希")不断下放权力;而2022年2月美国宣布在叙利亚西北部击毙了萨勒比。[③] 缺失核心领导,该组织需要更加弹性、分散的组织策略,并实现丧失大片领土后的转型。[④] 该组织领导层可能进一步隐蔽化、分散化,并适应在农村、偏远地区活动的需要。

## (二)"基地"组织及该系组织的活动

"基地"势力在2021年的主要活动是巩固其分支之间的相互联系、积蓄力量,除面对国际社会持续的严厉打击外,"基地"势力还面临"ISIS"

---

① 该组织在2020年只对25%的袭击负责,是一种异常的计算模式。Gregory Waters, Charlie Winter, "Islamic State Under-reporting in Central Syria: Misdirection, Misinformation, or Miscommunication?", The Middle East Institute, September 2021, p. 20.

② Daniel Byman, "Jihadist Movements in 2021", Wilson Center, December 10, 2021, https://www.wilsoncenter.org/article/explainer-jihadist-movements-2021, accessed March 28, 2022.

③ 《美总统拜登称极端组织"伊斯兰国"头目已被美军清除》,中国新闻网,2022年2月3日,http://www.chinanews.com.cn/chinanews/content.jsp?id=9668049&classify=zw&language=chs,最后访问日期:2022年4月2日。

④ Sybren Enserink, "What Does Abu Bakr Al-Baghdadi's Death Mean for the Future of ISIS?", E-International Relations, February 18, 2022, https://www.e-ir.info/2022/02/18/what-does-abu-bakr-al-baghdadis-death-mean-for-the-future-of-isis/, accessed April 10, 2022.

势力的激烈竞争。

### 1. "基地"分支本土化活动的特点

2021年,"基地"系暴恐组织继续实施其长期的本土化策略。在组织目标追求上,各分支虽然维持"基地"组织的议程,但其核心诉求是本土化目标;在行动策略上,在维系对核心组织的忠诚的同时,更加注重当地的战乱及社会事务,国际化行动越来越淡化。

"马格里布基地组织"主要在阿尔及利亚、利比亚西南部活动,暴力人员大为缩减,约有50名战斗人员;其活动据点主要在几个城镇,因当地人口的多样性便利其人员藏身、融入。该分支也积极向周边地区的团伙提供后勤支援。①

"阿拉伯半岛基地组织"是也门势力最大的恐怖团伙,其暴力活动目标呈现出三面出击。在南部主要针对舍卜沃省、阿比扬省的政府力量;也针对阿拉伯联合酋长国和沙特阿拉伯有关目标;在内战交织复杂的中部(贝达省),将胡塞武装、"ISIS"作为对手。② 该分支在活动地域、对手选择方面都明显扩大了目标,此前的主要行动范围在南部山区。

### 2. "基地"的组织凝聚力面临挑战

"基地"组织在马格里布、阿拉伯半岛、索马里等地的分支以"基地"组织名义进行活动,在叙利亚的原分支则有意与体系疏远,独立性越来越明显。曾经的叙利亚分支"沙姆解放组织"的核心目标是对抗伊德利卜的其他暴力势力而全面控制这一区域③,并试图脱离全球极端暴力系

---

① "Twenty-ninth Report of the Analytical Support and Sanctions Monitoring Team Submitted Pursuant to Resolution 2368(2017)Concerning ISIL(Da'esh), Al-Qaida and Associated Individuals and Entities", United Nations Security Council, https://documents-dds-ny.un.org/doc/UNDOC/GEN/N21/416/14/PDF/N2141614.pdf?OpenElement, accessed April 14, 2022.

② Kali Robinson, "Yemen's Tragedy: War, Stalemate, and Suffering", Council on Foreign Relations, April 8, 2022, https://www.cfr.org/backgrounder/yemen-crisis#chapter-title-0-5, accessed April 14, 2022.

③ Nisreen Al-Zaraee and Karam Shaar, "The Economics of Hayat Tahrir al-Sham", Middle East Institute, June 21, 2021, https://www.mei.edu/publications/economics-hayat-tahrir-al-sham, accessed March 27, 2022.

统，将组织定性为"推翻阿萨德政权的本土力量"。该组织还通过攻击包括"ISIS"在内的其他极端组织来证明自己是"民族解放组织"而非跨国极端暴力团体。①

"基地"组织的中枢领导层也面临严峻挑战。自本·拉登遭击毙、阿拉伯地区动荡以来，维系组织体系成为该势力的突出任务，在阿富汗-巴基斯坦地区活动的本·拉登的儿子被击毙后这一维系任务更为突出而艰难，该势力组织的代际传承、更替没有顺利实现。

一方面，扎瓦希里的领导力严重减弱，其当前状况不明，各种猜疑影响了中枢领导层的威信。另一方面，组织中枢的继承人问题长期没有得到解决。本·拉登被击毙后，其组织出现了一段时间的混乱，最后由年老体衰的扎瓦希里主持中枢工作。美国撤离阿富汗后，"基地"势力的活动中心是否转移到阿富汗成为一个现实问题②，当前的可能继任者齐丹可能在伊朗藏匿、活动，对阿富汗情况可能不熟悉。

"基地"各地分支的组织凝聚力也面临问题。经常发声的"阿拉伯半岛基地组织"分支领导人巴塔菲在2021年斋月期间没有发布任何视听材料，公众或者怀疑巴塔菲在组织内的领导能力与威信，或者相信巴塔菲于2020年底在也门被捕。虽然2021年10月巴塔菲发布视频露面，也门当地的部落领袖也表示巴塔菲并未被逮捕③，但巴塔菲目前的状态仍受到不少怀疑。

---

① Nagwan Soliman, "The New Jihadists and the Taliban Model", Carnegie Endowment for International Peace, December 20, 2021, https://carnegieendowment.org/sada/86049, accessed April 6, 2022.

② "Twenty-eighth Report of the Analytical Support and Sanctions Monitoring Team Submitted Pursuant to Resolution 2368 (2017) Concerning ISIL (Da'esh), Al-Qaida and Associated Individuals and Entities", United Nations Security Council, https://documents-dds-ny.un.org/doc/UNDOC/GEN/N21/168/50/PDF/N2116850.pdf?OpenElement, accessed April 3, 2022.

③ "Al-Qaeda's Yemen Leader Appears in Video Despite UN Report of Arrest", France 24, November 2, 2021, https://www.france24.com/en/live-news/20210211-al-qaeda-s-yemen-leader-appears-in-video-despite-un-report-of-arrest, accessed March 28, 2022.

## 三 中东2021年暴恐活动的比较分析

从地区间（横向）、历史活动（纵向）进行比较，能够更好地理解2021年中东地区暴恐活动态势。

### （一）中东暴恐活动与主要辐射区间的联系

中东是全球暴恐活动的中心地区，对全球具有突出的辐射影响，形成西亚-东南亚地区、非洲其他地区、西欧地区等主要辐射区。2021年中东地区的暴恐活动仍辐射到这些区域并产生相互影响。

1.非洲其他地区与中东地区的暴恐活动联系密切

2021年中东地区的暴恐袭击呈现衰退的势头，非洲其他地区的暴恐活动则呈现上升趋势，成为全球暴恐活动的重灾区。撒哈拉以南非洲地区的局势正在迅速恶化，在全球所有暴恐活动导致死亡的案件中，48%（3461起）都发生在这一区域，大多数暴恐活动发生在撒哈拉一带政府控制最薄弱的边境地区。[1] 从马里北部到布基纳法索东南部活跃的"伊斯兰穆斯林联盟"（JNIM）是全球增长最快的暴恐组织，该组织在2021年共造成351人死亡，人数比2020年增加69%；"ISIS西非省"是萨赫勒地区最致命的组织，该组织在尼日尔制造的袭击平均每起造成15.2人死亡。[2]

2021年，"ISIS"、"基地"组织势力在中东的活动向农村、沙漠地区转移，注重积蓄力量；在西非和东非部分地区则采取较为明显的拓展策略，如实施跨境袭击、扩大组织网络，其招募能力、暴力实施能力不断增强。乍得湖流域的"ISIS西非省"实力明显增强，在"博科圣地"领

---

[1] Institute for Economics & Peace, "Global Terrorism Index 2022: Measuring the Impact of Terrorism", IMCTC, March 2022, https://imctc.org/en/eLibrary/INTReports/Pages/report18052022.aspx, accessed March 15, 2022.

[2] Institute for Economics & Peace, "Global Terrorism Index 2022: Measuring the Impact of Terrorism", IMCTC, March 2022, https://imctc.org/en/eLibrary/INTReports/Pages/report18052022.aspx, accessed March 15, 2022.

导人被击毙后，有相当一部分前"博科圣地"战士返回乍得湖流域并加入"ISIS西非省"，"ISIS西非省"成为中东地区之外"ISIS"人数实力最强的分支。①"基地"组织马格里布分支向西非拓展活动范围，索马里分支（"索马里青年党"）的实力增强，行动目标也在继续扩大。

非洲暴恐活动与中东地区的联系表现在三个方面。一是组织联系，非洲的很多暴恐团伙以"ISIS"、"基地"组织的名义行动，相互之间有非常直接的组织联系。二是行动策略的配合，非洲地区的暴恐袭击活动增加与中东地区的暴恐袭击活动减少存在策略的一致性，暴恐组织在中东收缩的一部分精力被投入非洲，通过在非洲拓展来积蓄力量。此外，近年非洲暴恐活动的增加是"ISIS"、"基地"组织从中东辐射的回流策略、多中心化策略的体现。三是跨区域联系更为密切，体现在人员流动、暴力输出等方面。

2. 西亚-东南亚与中东暴恐活动的呼应

阿富汗与缅甸局势变化给暴恐活动提供了机会。2021年初缅甸发生政权更迭，民族团结政府与缅甸军政府之间以及它们的众多支持者之间、中央政府与民地武之间爆发了持续的冲突，缅甸局势的变化导致暴恐活动抬头。2016~2017年发生了一系列暴恐袭击，之后暴恐势力遭到沉重打击，在缅甸的人员招募减少、影响力下降。但2020年11月缅甸出现了一个新的极端暴力组织若开邦卡蒂巴·迈赫迪旅（Katibah al-Mahdi fi Bilad al-Arakan, KMBA），该组织宣誓效忠"ISIS"、呼吁在缅甸进行"迁徙圣战"极端暴力活动，国际社会担心这一组织的出现可能成为缅甸暴恐活动抬头的标识。②

在阿富汗，美国军队于2021年8月撤离之后暴恐活动在一段时间频繁发生，"ISIS呼罗珊省"针对阿富汗平民、美军目标、塔利班政权实施了一系列暴恐袭

---

① "Islamic State Fortifies Its Position in the Lake Chad Basin", Institute for Security Studies, July 12, 2021, https://issafrica.org/iss-today/islamic-state-fortifies-its-position-in-the-lake-chad-basin, accessed April 1, 2022.

② Daniele Garofalo, "The Jihadist Threat in Myanmar", European Eye on Radicalization, May 28, 2021, https://eeradicalization.com/the-jihadist-threat-in-myanmar/, accessed April 5, 2022.

击。国际暴恐势力借助阿富汗复杂的社会矛盾、国际矛盾，在阿富汗聚合力量、策划新一轮全球极端暴力活动，再次将阿富汗作为国际活动大本营。

3. 中东暴恐活动对欧美地区辐射影响的变化

统计数据显示，2021年欧美地区暴恐袭击具有几个特点，宗教动机的暴恐袭击减少了82%，本土新生右翼极端组织的暴恐袭击（政治恐怖主义）超过了宗教型暴恐袭击，暴恐袭击连续3年大幅下降。[1] 一般认为，宗教型暴恐是中东暴恐活动向欧美地区辐射的直接表现，2021年的数据显示这种辐射影响在减弱，但其实际辐射影响力不能简单以数据推理。

欧美地区宗教型暴恐袭击数量减少的原因是多方面的。疫情管控限制了中东暴恐分子出入欧美的行动能力，其实施跨境暴恐活动更加困难；疫情期间对集会等公共场合活动、旅行的限制，也限制了暴恐组织实施暴恐袭击的能力；欧美各国强化了打击极端暴力的举措，中东暴恐分子向欧美的渗透难度增加。

从长期来看，中东地区的暴恐活动对欧美的辐射、渗透能力或潜力依然很强。中东暴恐分子长期在欧美活动，形成了能够扎根于欧美社会的组织网络及影响力。与中东暴恐势力相联系的一些组织利用疫情期间网络活动的增加来传播阴谋论和虚假信息，以煽动、放大民众对政府的不满，破坏政府的公信力进而动员民众接受其极端思想。[2] 受到中东暴恐势力的蛊惑，欧美一些青年自我极端化的潜在风险依然存在，这些自我极端化分子、回流的潜伏分子、出狱后再次极端化的分子可能会实施零星的独狼式袭击。

（二）中东地区暴恐活动的纵向比较

2021年中东暴恐活动态势，相较于2015年的活动高潮已大为衰减，与

---

[1] Institute for Economics & Peace, "Global Terrorism Index 2022: Measuring the Impact of Terrorism", IMCTC, March 2022, https://imctc.org/en/eLibrary/INTReports/Pages/report18052022.aspx, accessed March 15, 2022.

[2] Garth Davies, Edith Wu and Dr. Richard Frank, "The Potential Effects of COVID–19 on Radicalisation to Violent Extremism", Global Network on Extremism & Technology, September 21, 2021, https://gnet-research.org/2021/09/21/the-potential-effects-of-covid-19-on-radicalisation-to-violent-extremism/, accessed March 22, 2022.

2020年相比则进一步呈现出转折特征。

从暴力手段及其造成的人员伤亡来看，2021年的每起暴恐袭击平均造成不到1人死亡，这是过去10年里的最低水平，该地区暴恐袭击的致死率正在下降。2021年，中东地区暴恐袭击造成的死亡人数占全球暴恐袭击死亡人数的16%，是2015年的1/3。①

从活动区域来看。极端暴力势力在伊拉克、叙利亚等地继续向农村、荒漠等偏远地区转移，没有明显的向城市扩张的意图及能力，在大城市实施暴恐袭击的能力也在减弱。

从组织活动看，2021年中东地区暴恐势力继续实施收缩策略，以小规模的暴力袭击为主、以积蓄力量为主、以零星袭击为主。极端暴力势力的组织结构也在发生变化，行动决策权逐渐下放、基层行动单位的权力不断提高，各行动单位、分支组织有更多的自主行动权力，以此激活组织生命力。该区域暴恐组织的融资、招募能力也出现下降，如"ISIS"可随时支配的活动资金已经从最高时期的数亿美元缩减至不足5000万美元。②

## 四 中东地区打击极端暴力的举措和行动

中东地区一直是全球打击极端暴力活动的重点地区，2017年、2019年俄罗斯与美国先后宣布从中东撤军后，中东地区打击极端暴力的行动进入持续转型的新阶段，2021年是打击极端暴力成效得到巩固、潜在压力依然严峻的一年。

### （一）域外大国在中东打击极端暴力的主要策略

2021年在中东打击极端暴力活动的域外大国主要是俄罗斯与美国。

---

① Institute for Economics & Peace, "Global Terrorism Index 2022: Measuring the Impact of Terrorism", IMCTC, March 2022, https://imctc.org/en/eLibrary/INTReports/Pages/report18052022.aspx, accessed March 15, 2022.

② "Counter ISIS Finance Group Leaders Issue Joint Statemen", U.S. Department of the Treasury, https://home.treasury.gov/news/press-releases/jy0532, accessed April 11, 2022.

**1. 直接的武力打击策略**

俄罗斯继续配合叙利亚政府对其境内的"ISIS"目标实施打击,包括该势力在沙漠地区的藏身之地。2021年4月,俄罗斯宣布在叙利亚霍姆斯省巴尔米拉东北部消灭了200名"ISIS"暴力分子。① 俄罗斯军队还轰炸了"ISIS"在阿勒颇、哈马和拉卡之间沙漠地区的几个藏身处、训练基地。法国在2021年9月击毙了"ISIS撒哈拉省"的领导人萨拉维。②

**2. 支持当地力量的武力打击行动**

2021年美国支持伊拉克安全部队、叙利亚一些力量以打击"ISIS"等势力。美国在2021年8月、9月向叙利亚民主力量保证美国从阿富汗撤军后其"致力于打击'伊斯兰国'和维护该地区稳定"的政策不会变化③,美国与叙利亚民主力量经常针对"ISIS"目标开展联合行动,2021年12月在叙利亚东部代尔祖尔省展开一次军事行动,击毙了5名极端暴力分子。④ 在美国帮助下,叙利亚民主力量在2022年1月挫败了"ISIS"分子在哈塞克一个监狱(al-Sina'a)的劫狱行动,并打死了250多名"ISIS"成员⑤,叙利亚民主力量在2021年4月、5月抓捕了一些在代尔祖尔东南部村庄活动的"ISIS"暴力分子。但"ISIS"势力仍然能够进行反击,对叙利亚民主力量人员、部落领导人进行袭击、暗杀。

**3. 提供情报工作支持**

美国注重在中东地区打击极端暴力活动的情报工作,支持在叙利亚、伊

---

① "Russian Army Says 'Killed up to 200 Militants' in Syria Bombing", Arab News, April 19, 2021, https://www.arabnews.com/node/1845436/middle-east, accessed March 25, 2022.

② 《马克龙:法军击毙极端组织"伊斯兰国"在撒哈拉的头目》,澎湃网,2021年9月16日,https://www.thepaper.cn/newsDetail_forward_14527686,最后访问日期:2022年4月10日。

③ Cengiz Gunes, "Joe Biden's Pledge of Support Reassures Syria's Embattled Kurds", The Conversation, October 1, 2021, https://theconversation.com/joe-bidens-pledge-of-support-reassures-syrias-embattled-kurds-168905, accessed March 19, 2022.

④ "US-backed SDF Forces Carry out Deadly Operation in Eastern Syria", Al Jazeera, December 13, 2021, https://www.aljazeera.com/news/2021/12/13/deadly-raid-by-us-backed-sdf-against-is-in-eastern, accessed March 29, 2022.

⑤ "SDF Cordons off Major Islamic State Prison with US Help", VOA News, January 25, 2022, https://www.voanews.com/a/sdf-cordons-off-major-islamic-state-prison-with-us-help-/6412300.html, accessed March 27, 2022.

拉克的精准、有效打击行动。情报支持下的精准打击（包括针对暴恐团伙头目），往往让极端组织核心领导人、追随者在大多数时间处于躲避抓捕状态或被打死而难以继续实施极端活动，从而削弱了组织的运行能力甚至陷入瘫痪，或者导致核心组织与分支组织之间的联系难以维系，从而限制了暴恐分子的活动范围、发动袭击的能力。

### （二）中东主要国家的举措与成效

中东一些国家长期打击极端暴力活动，2021年中东主要国家的打击策略既体现出转折特点，也具有整体性特点。

**1. 伊拉克重点实施精准打击策略**

2021年伊拉克主要针对暴恐组织头目进行精准打击。2021年1月下旬，"ISIS"的副首领伊萨维及10余名成员在基尔库克南部被击毙。[①] 2月，"ISIS"在伊拉克南部的头目加巴维在空袭中被打击，同时被打击的还有负责运送自杀式袭击者的骨干分子以及其他一些骨干分子[②]。"ISIS"财务主管贾布里于2021年10月在伊拉克被抓捕，此人曾经是巴格达迪的副手，也是可能继任者人选。他的被捕使"ISIS"核心领导层再遭重创[③]，因为贾布里也负责"ISIS"在叙利亚和伊拉克的跨境行动[④]，其在组织运行中的作用很突出。

伊拉克的精准打击策略得到美国的空中打击、情报等支持，伊拉克负责地面行动。这一策略的目标是通过持续打击暴恐组织的关键人物而摧毁其组织行动能力，也是2017年伊拉克收复被"ISIS"控制的领土以来的主要打

---

① "Iraqi Security Forces Kill Senior Islamic State Commander", Al-Monitor, January 28, 2021, https：//www.al-monitor.com/originals/2021/01/isis-iraq-commander-killed-abu.html, accessed March 22, 2022.

② "The Assassination of ISIS Senior Leader West of Baghdad", Annbaa Media, February 3, 2021, https：//en.annabaa.org/news/1228, accessed March 25, 2022.

③ "Iraq Claims Capture of IS Financial Chief in Operation Abroad", BBC News, October 11, 2021, https：//www.bbc.com/news/world-middle-east-58868803, accessed April 6, 2022.

④ "Iraq Claims Capture of IS Financial Chief in Operation Abroad", BBC News, October 11, 2021, https：//www.bbc.com/news/world-middle-east-58868803, accessed March 30, 2022.

击策略。这一策略以持续的追捕打击为主,基本不再采取大规模打击行动,因而是一种较低成本的严打策略。这一策略产生了积极效果,伊拉克的暴恐袭击显著减少。但这一策略不能有效打击暴恐团伙全部人员,"ISIS"依然在伊拉克活动,特别是在偏远山区和沙漠地区不时发动袭击。

2. 埃及重点在西奈半岛开展打击行动

近年来埃及重点打击在西奈半岛活动的极端暴力势力。埃及于2021年8月在西奈半岛的一次行动中打死了89名极端暴力分子①,9月争取到(以换取家人安全为条件)一名"ISIS"重要头目穆罕默德·萨阿德·卡迈勒(Mohamed Saad Kamel)自首,他是迄今为止"ISIS西奈省"向埃及政府自首的最高级别领导人②,显示出埃及政府持续强力打击策略的震慑作用。

埃及也采取综合治理措施来消除极端主义威胁。埃及成立全国打击恐怖主义和极端主义委员会,动员社会力量与西奈部落联盟联合打击极端暴力行动,在西奈半岛基础设施与民生方面加大公共投资等。③ 自2019年以来,"ISIS"势力在西奈半岛未能控制领土、未能采取大规模暴力叛乱活动,埃及本土未发生重大暴恐袭击事件,这是综合施策的成效。但埃及特别是西奈半岛的暴恐威胁还未完全消除,"ISIS西奈省"具有再次复苏、扩大活动的可能性。

3. 土耳其以跨境武力打击落实"源头"策略

土耳其实施"从源头消灭恐怖主义"战略,加强其境外打击行动。根据土耳其内政部长公布的数据,2021年共计实施1173次打击"ISIS"的行动,击毙了2529名暴恐分子,逮捕了487名暴恐分子。④ 2021年2月,土

---

① 《埃及军队称在北西奈杀死89名极端分子》,新华网,2021年8月1日,http://www.xinhuanet.com/english/africa/2021-08/01/c_1310101020.htm,最后访问日期:2022年4月13日。

② "Islamic State Leader in Sinai Surrenders to Egyptian Authorities", Al-Monitor, September 19, 2021, https://www.al-monitor.com/originals/2021/09/islamic-state-leader-sinai-surrenders-egyptian-authorities, accessed April 11, 2022.

③ "Learn about Egyptian State's Efforts to Combat Extremism in 7 Years", Egypt Today, June 22, 2021, https://www.egypttoday.com/Article/1/105274/Learn-about-Egyptian-state-s-efforts-to-combat-extremism-in, accessed April 7, 2022.

④ Levent Kenez, "Interior Minister Inadvertently Reveals Turkey Released Hundreds of ISIS Terrorists", Nordic Research Monitoring Network, November 27, 2021, https://nordicmonitor.com/2021/11/interior-minister-uncovers-turkey-released-hundreds-of-isis-terrorist/, accessed March 30, 2022.

耳其在哈塔伊省边境抓获了一名"ISIS"成员。① 6月，土耳其国家情报局抓获了"ISIS"在土耳其的头目居勒，并在6处地点查获了武器。②

2021年，土耳其继续针对库尔德极端组织头目进行精准打击③，还通过武力行动不断压缩库尔德极端暴力势力所控制的地域、摧毁其活动据点与后勤补给能力。土耳其利用抓捕暴恐分子、因组织溃散而投诚的暴恐分子获得情报信息，这些情报在精准打击、预防等方面发挥了积极作用，2021年的很多暴恐袭击在实施前就被破获。

2021年土耳其跨境打击极端暴力势力的行动面临两方面的挑战。一方面是库尔德极端暴力势力的报复，2021年土耳其遭受的暴恐袭击主要来自这一势力，土耳其在叙利亚的目标成为袭击的重点。库尔德极端暴力势力不断袭扰土耳其在叙利亚的安全区，以破坏土耳其在叙利亚的军事行动，进而削弱土耳其的声望，最终迫使土耳其撤离安全区甚至叙利亚。另一方面，土耳其在叙利亚所打击的极端暴力势力得到美国包括武器援助、训练和资金援助在内的支持，这一极端暴力势力有能力与土耳其进行长期的周旋。

此外，中东地区一些国家反对土耳其跨境打击政策，呼吁国际社会阻止土耳其的这一政策。④

### （三）中东社会力量参与打击极端暴力行动

中东一些部族武装力量也参与打击极端暴力活动、配合政府的相关行

---

① "Turkey Detains Six, Identifies Russian ISIS Suspect at Syria Border", Al Arabiya News, February 17, 2021, https://english.alarabiya.net/News/middle-east/2021/02/17/Turkey-detains-six-identifies-Russian-ISIS-suspect-at-Syria-border, accessed March 30, 2022.
② Murat Yetkin, "US Forces Raided ISIS Leader at Walking Distance to Turkey", Yetkin Report, February 4, 2022, https://yetkinreport.com/en/2022/02/04/us-forces-raided-isis-leader-at-walking-distance-to-turkey/, accessed March 25, 2022.
③ Durdu Mehmet Ozdemir, "2021 Turkey Terrorism Index, Terrorism Analysis Platform", February 7, 2022.
④ Osama Mahmoud Mohamed Abd Elgawad, "Terrorist Groups in Syria and Libya: A Study of Regional Policies, Journal of Humanities and Applied Social Sciences (JHASS)", Emerald Insight, July 15, 2021, https://www.emerald.com/insight/2632-279X.htm.

动,在当地特别是偏远地区,部族武装力量往往比政府力量更具有行动能力。库尔德人佩什梅格(Peshmerga)于2021年7月与伊拉克政府在巴格达举行了高级别安全工作会议,促进共同军事行动,佩什梅格与政府军建立了协调行动的军事基地,其武装人员能够部署在埃尔比勒省西南部马赫穆尔的一处村庄。① 这是一个长期存在争议的地区,"ISIS"分子利用这一地带的安全漏洞时常对村庄发起袭击。2021年12月,佩什梅格与伊拉克政府军收复了一个被"ISIS"控制的村庄。②

西奈半岛的部落力量积极参与政府打击极端暴力的行动,增强了埃及政府在西奈半岛的行动能力。西奈半岛部落联盟包括西奈北部、中部的许多部落,部落力量向埃及军方提供有关极端暴力分子藏身之处、袭击行动计划等情报信息,也直接参与打击极端暴力团伙的武装行动。

## 五 中东地区暴恐问题的走向

2021年中东地区暴恐问题存在两种趋势。一种趋势是国际社会与中东本土力量在转折状态下持续有效地打击极端暴力势力,促使极端暴力活动进一步衰减并最终通过综合治理有效解决极端暴力问题。另一种趋势是极端暴力势力依托在中东地区长期积累的资源,通过策略调整积蓄力量,能够捕捉适当时机而掀起新一轮极端暴力活动高潮并实现"建国"之类的终极极端政治目标。

中东地区暴恐活动在这两种趋势下如何发展?除了暴恐势力的自我策略选择外,主要取决于该地区的一些重大因素。

首先,中东地区的暴恐活动的走势。政治与社会动荡、社会分裂是极端

---

① Hardi Mohammed, "Peshmerga Forces Deployed to Liheban: Increased Cooperation with Iraqi Forces", Rudaw, July 12, 2021, https://www.rudaw.net/english/kurdistan/071220211, accessed March 20, 2022.

② Fernando Carvajal, "Why Iraq's Kurdish Peshmerga Are Facing a Deadly IS Resurgence", Al Araby, December 23, 2021, https://english.alaraby.co.uk/analysis/iraqs-kurdish-peshmerga-face-deadly-resurgence, accessed March 20, 2022.

主义活动的环境条件,有助于极端组织招募人员、恢复力量,<sup>①</sup> 暴恐团伙积蓄力量、期待东山再起,就是捕捉地区重大动荡的时机。一方面,阿拉伯地区剧变基本度过剧烈振荡期,很多战乱国家开始重建;另一方面,中东地区存在复杂的政治与社会矛盾因素,一些国家重建面临严峻的考验,也门内战刚出现和平迹象但战争依然没有结束,叙利亚战争也没有结束。能否维持中东地区的政治社会秩序持续向稳定方向发展是影响未来极端暴力走势的首要因素。

其次,打击极端暴力的策略选择及持续推进。美国的战略收缩影响其在中东打击极端暴力的行动,而美国的霸权政策也是助长极端暴力滋生、膨胀的突出因素。埃及、土耳其、伊拉克等国在打击极端暴力行动上的投入很大,需要持续的行动、持续的投入与坚定的意志;正确的策略选择与正确策略的坚持是一个极大的考验。综合治理策略需要正确方向的引导、适宜的方案、持续的坚持,去极端化工作是当前突出的考验。土耳其提出了"迪亚巴克尔母亲"的综合治理政策,通过社会、经济和意识形态等领域的工作来消除极端主义的社会影响力,这一策略需要长期坚持。厄贾兰被捕后土耳其一度采取综合治理策略,但在实施数年后被打断。一些中东国家关押着一些被捕的极端暴力分子,伊拉克、叙利亚一些地区收容了相当数量的极端暴力分子及其家属,这些人员的管控考验着去极端化策略。极端暴力团伙试图劫狱、释放被抓捕的暴恐分子,政府则需要对这些人进行艰巨的去极端化工作,而这些人员则会利用各种机会传播、扩散极端主义,也易于受到极端主义蛊惑。"ISIS"在伊拉克的霍尔营地传播其思想尤其是对未成年人进行思想灌输。<sup>②</sup> 在极端主义环境、战乱与流离的社会环境(如收容营地)中,未成年人往往是极端组织招募、进行极端主义蛊惑的重点群体。

---

① Cole Bunzel, "The Islamic State in 2021", Wilson Center, December 10, 2021, https://www.wilsoncenter.org/article/explainer-islamic-state-2021, accessed April 11, 2022.

② "Twenty-ninth Report of the Analytical Support and Sanctions Monitoring Team Submitted Pursuant to Resolution 2368 (2017) Concerning ISIL (Da'esh), Al-Qaida and Associated Individuals and Entities", United Nations Security Council, https://documents-dds-ny.un.org/doc/UNDOC/GEN/N21/416/14/PDF/N2141614.pdf?OpenElement, accessed April 14, 2022.

再次，新冠肺炎疫情对打击极端暴力活动的影响。疫情在一定程度上会限制极端分子的活动，但打击极端暴力活动的工作更关注极端分子利用疫情拓展其活动。一方面，暴恐利用疫情机会，借助疫情问题煽动民众的不满来招募人员，并在线进行密谋、策划疫情管理限制放松后的袭击行动[1]，疫情也可能刺激、强化暴恐分子实施生物袭击的倾向；另一方面，疫情的发展、变化是否影响极端暴力方式发生重大变化，仍有待观察。

---

[1] William Avis, "The COVID-19 Pandemic and Response on Violent Extremist Recruitment and Radicalisation", Relifweb, May 4, 2020, https：//reliefweb.int/sites/reliefweb.int/files/resources/808_COVID19%20_ and_ Violent_ Extremism.pdf, accessed April 9, 2022.

# Y.15 伊核问题的新变化及走向

肖锐昂 陆瑾*

**摘　要：** 2021年，美国和伊朗相继完成政府权力更迭。莱希政府上台后，实施"使美国制裁无效"的应对伊核问题新方略：调整伊核谈判在伊朗外交政策中的地位，大幅提高本国的核能力，降低与国际原子能机构合作的水平，积极开展"周边外交"和"经济外交"，以削弱美国经济制裁的影响和应对地区竞争的挑战，同时为重启维也纳恢复伊核协议履约谈判做足准备。"莱希时代"的维也纳核谈判复杂且久拖不决，除美伊国内政治、地缘政治博弈等长期存在的干扰因素外，乌克兰危机是复杂的新变量。2022年是伊核问题决定性的一年，恢复伊核协议的前景存在达成新协议和谈判破裂两种可能性。

**关键词：** 伊朗　美国　莱希政府　伊核问题　维也纳核谈判

2021年，伊核问题的主要当事方美国和伊朗相继完成国家最高行政权力更迭。美国总统拜登上台后把重返伊核协议作为其中东政策的优先事项，开始与伊朗进行间接谈判。2021年6月中旬，伊朗举行第13届总统选举期间，温和-改革派鲁哈尼政府的代表正在维也纳与世界大国进行第六轮伊核问题谈判。莱希当选新总统后，伊朗方面以进入政府权力过渡期为由为核谈

---

\* 肖锐昂，中国社会科学院大学（研究生院）西亚非洲研究系硕士研究生；陆瑾，文学博士，中国社会科学院西亚非洲研究所政治研究室副研究员、中国海湾研究中心副秘书长，主要研究方向为伊朗内政外交和中伊关系。

判按下"暂停键"。2021年8月莱希宣誓就职时，伊朗内部正在经历新冠肺炎疫情高峰和经济与民生危机，外部面临来自波斯湾地区安全形势紧张的压力。莱希总统在议会支持下快速完成新政府组建并开始实施内外新政。"莱希时代"的维也纳核谈判情势复杂且久拖不决，美伊国内政治、地缘政治博弈和乌克兰危机是重要的影响因素。

## 一 "莱希时代"伊核问题的新变化

莱希政府上台以来，伊核问题出现了一些新变化，涉及伊朗外交、核能力提高和与国际原子能组织合作、维也纳伊核谈判进展以及地缘政治博弈等方面。

第一，伊核谈判不再是伊朗外交的最优先事项。在解决伊核问题上，莱希采取了与前任总统鲁哈尼不同的路径。莱希在大选中和当选后都明确表示，把发展和改善与周边国家特别是邻国及伊斯兰国家关系作为外交政策的最优先重点，国内政策以控制疫情和解决经济及民生问题为重点。伊核协议不是伊朗外交政策的全部，只是其中的一个重要问题，政府将继续维护伊核协议及与西方进行核谈判，但不会把经济发展与伊核协议挂钩，伊核谈判以结果为导向，美国必须解除全部制裁。推选阿米尔·阿卜杜拉希扬担任外交部长表明，莱希总统十分重视解决地区问题。阿卜杜拉希扬是有丰富地区工作经验的资深外交官，他曾任伊朗外交部负责中东和北非事务的副外长、伊朗驻巴林大使、拉雷贾尼和卡利巴夫两任议长的国际问题顾问，参与过外交部很多西亚地区问题谈判，包括伊朗-伊拉克-美国三边会谈、叙利亚问题维也纳会议等。阿卜杜拉希扬曾与在伊拉克被美国暗杀的伊斯兰革命卫队"圣城旅"指挥官苏莱曼尼将军共事，与伊斯兰革命卫队关系密切，是伊朗扩大地区影响力政策的支持者。外长阿卜杜拉希扬强调，外交部不是"伊核协议部"，但外交部的工作涵盖伊核谈判，要力争解除制裁，但必须充分遵守"红线"，伊核谈判要为国家和人民带来实实在在的利益。

第二，伊朗核能力大幅提高。根据国际原子能机构的报告，2021年8

月，伊朗已生产出丰度为20%的浓缩铀；9月，伊朗丰度为20%的浓缩铀库存超过84公斤。伊朗原子能组织负责人穆罕默德·伊斯拉米在10月宣布，该组织已提前完成议会《反击制裁战略行动法》规定的一年内生产120公斤丰度为20%的浓缩铀。2021年4月纳坦兹核设施遭到破坏后，伊朗开始生产丰度为60%的浓缩铀，6月储量约为6.5公斤，11月增加至25公斤。《反击制裁战略行动法》中规定，伊朗原子能组织有义务在一年内至少安装并启用1000台IR-2M离心机和146台IR-6离心机。[1]伊朗位于卡拉季的一家装配厂加快生产，为更先进的离心机制造了大量的零部件。截至2021年底，伊朗已经启用了数百台高效离心机。国际原子能机构2022年4月的报告指出，伊朗正在纳坦兹的一个新车间使用以前被封存的设施来制造浓缩铀的离心机零件。

第三，国际原子能机构的核查工作受限。2021年2月，伊朗鲁哈尼政府根据《反击制裁战略行动法》停止履行《不扩散核武器条约》附加议定书，但与国际原子能机构达成了一项时间最长为3个月的临时技术协议，以维持国际原子能机构在伊朗必要的监督核查工作。3个月期限结束后，双方之间通过延长临时协议保证相关工作的连续性。6月，伊朗在卡拉季的离心机制造工厂遭到以色列无人机的攻击，国际原子能机构在工厂里安装的一个监控摄像头同时被毁，伊朗借机拆除了所有的摄像头，导致该机构无法监控此处的核活动。9月9日，伊朗原子能组织发言人卡迈勒万迪表示，国际原子能机构在伊朗超出安全保障范围之外的核设施核查活动已经停止，但监督行动还在进行。美欧对莱希政府不再延长与国际原子能机构的临时合作协议反应强烈。在俄罗斯的斡旋下，9月12日，国际原子能机构总干事拉斐尔·格罗西访问德黑兰，与伊朗原子能组织主席穆罕默德·伊斯拉米达成协议，伊朗允许国际原子能机构核查人员更换在伊朗核设施中安装的监控设备存储卡，更换下来的存储卡将按照惯例在伊朗封存，但伊朗方面不让核查人

---

[1] "Iranian Parliament Passes Generalities of Anti-sanctions Plan", Tehran Times, December 1, 2020, https://www.tehrantimes.com/news/455288/Iranian-Parliament-passes-generalities-of-anti-sanction-plan, accessed May 9, 2022.

员进入一个生产离心机部件的车间安装监控摄像头。美国和欧盟强烈要求伊朗配合核查。12月15日，伊朗与国际原子能机构再次达成协议，允许其在卡拉季市的离心机部件制造车间安装新的监控摄像头，但拍摄的照片要等所有制裁解除后才向该机构提供。2022年3月6日，伊朗与到访德黑兰的国际原子能机构总干事讨论了一项四管齐下的计划或路线图，双方商定3个月内解决在3个旧的和未公布的地点发现核粒子问题。2022年4月，伊朗出于安全考虑，将卡拉季的离心机制造设备转移至位于地下数十米深处的纳坦兹离心机新车间内，并将国际原子能机构监控摄像头在此拍摄的视频封存暂不交出。

第四，维也纳伊核问题谈判取得新进展。2021年11月29日，第七轮维也纳核谈判启动。这是莱希政府上台后与世界大国举行的首轮核谈判。伊朗首先向其他谈判方提供了两份文件，其中对前六轮谈判商定的协议文本进行了大幅修改，撤回了鲁哈尼政府之前做出的所有让步。伊朗要求基于新草案进行谈判，遭到美欧抵制。谈判暂停一周后重启，伊朗同意以之前六轮谈判达成的草案为谈判起点。本轮谈判于12月18日结束，形成了新的共同文件，其中吸纳了伊朗新提案的内容。第八轮谈判始于2021年12月27日，重点讨论了取消对伊制裁、核查程序、履约担保等核心问题，进入如何将原则性共识落实成新协议的关键阶段。2022年2月16日，伊朗和美国宣布接近达成协议，并得到其他各方的确认。3月11日后，因"外部因素"谈判暂停。

第五，以色列干扰重返伊核协议的进程。在第七轮维也纳核谈判举行的首日，以色列总理贝内特在视频中呼吁国际社会不要屈服于伊朗的"核诈骗"。他还向白宫施压，要求美国在谈判中提出更多要求，与伊朗达成一项超越核问题的新协议。以色列担心谈判各方会先达成一项临时协议来为达成永久协议争取时间，即迫使伊朗通过限制自己的铀浓缩活动换取部分解除制裁。在维也纳核谈判期间，以色列代表会见了英国外交大臣和德国外长，与国际原子能机构总干事格罗西和俄罗斯谈判特使乌里扬诺夫举行会议，还与维也纳谈判各方广泛接触，试图转移会谈的主线和阻挠伊朗与世界大国达成协议。以色列国防军加大打击伊朗在叙利亚的军事存在及其代理人。2021年12月7日,以色列对叙利亚拉塔基亚港地区进行多轮轰炸打击,该港正是伊朗从叙利亚政府手中签下的重要港口之一。2022年3月7日,以色列对叙利亚大马士革南部发动导弹袭击,造成两名伊朗伊斯兰革命卫队指挥官死亡。

## 二 "莱希时代"伊核问题变化的特点及成因

进入"莱希时代",美伊在伊核问题上采取新方略并在谈判中展现出更灵活的立场。维也纳核谈判进程一波三折,进展缓慢且久拖不决,除美伊国内政治、地缘政治博弈等既有干扰因素外,乌克兰危机是复杂的新变量。

### (一)"莱希时代"伊核问题变化的特点

其一,莱希不寻求快速达成协议,维也纳谈判以解除制裁为目标。莱希认为,鲁哈尼政府在伊核问题上失败的原因之一是,在2015年的核协议谈判中人员配备不足、与国内专业技术人员沟通不充分和对达成协议操之过急。因此,在谈判筹码不足的情况下,莱希没有急于重新启动核谈判。从鲁哈尼政府的最后一轮维也纳核谈判到莱希政府的首轮维也纳核谈判间隔了5个多月。其间,莱希对内大力稳定经济、推进核能力建设,对外开展积极的"周边外交"和"经济外交"。此外,莱希组建了新的核谈判团队,由外交部副部长巴盖里·卡尼接替阿巴斯·阿拉格希担任伊朗首席核谈判代表,继续任用阿拉格希等前谈判团队的多名成员。巴盖里·卡尼率领一个由40人组成的专业谈判团队参加莱希政府的首轮维也纳核谈判,凸显伊朗对待谈判的认真态度和解除制裁的决心。

其二,维也纳核谈判一波三折且久拖不决,凸显其复杂性。自第七轮维也纳核谈判启动至2022年5月,维也纳核谈判多次在"暂停"与"重启"之间切换,第八轮维也纳核谈判的第三个阶段(2022年3月11日至5月13日)暂停长达两个多月后艰难重启。美国和英国、法国、德国对第七轮维也纳核谈判感到失望,但伊朗方面满意。进入第八轮核谈判后,各方相继释放积极信号,共识日增,对达成恢复履约协议信心显著增强。第七轮、第八轮维也纳核谈判聚焦4个关键问题:一是如何划定应解除制裁的范围;二是美国能否对伊朗做出不毁约保证;三是如何核查美国解除制裁行为;四是如何处理伊朗超出协议限制的浓缩铀和离心机。乌克兰危机发生后,美国就限制伊朗地区影响力提出新要求。美伊在解除伊朗伊斯兰革命卫队制裁问题上各执己见,因双方之间仅有的两三个问题未能解决而使谈判陷入僵局。伊朗反复强调,解决剩余问题需要拜登做出政治决断。[1]

其三,美国采取"边谈边干"策略,一边谈判和示好,一边对伊朗进行"极限施压"和制裁,让人质疑其重返伊核协议的真实意愿。2021年12月7日,第七轮维也纳核谈判期间,美国财政部宣布将12个伊朗个人和实体列入海外资产控制办公室的制裁名单。第八轮维也纳核谈判期间,美国政府宣布恢复对伊朗部分民用核项目的制裁豁免,称此举有助于推动伊核协议相关方的谈判。2022年2月,美国中央司令部海军宣布,将牵头举行代号为"国际海上演习-2022"的演习,以色列、埃及、约旦、阿联酋、巴林、阿曼、沙特阿拉伯等60个国家和国际组织参加本次演习,演习涵盖地区包括波斯湾、阿拉伯海、阿曼湾、红海和北印度洋等。美国此举显然是在强化对伊朗的威慑。美国的中东盟友以色列和沙特等逊尼派阿拉伯国家强烈反对拜登重返2015年达成的伊核协议以及将伊朗伊斯兰革命卫队从美国制裁名单中移除。就在普遍认为达成协议已进入"冲刺"阶段之时,2022年2月27日美国伊朗问题特使罗伯特·马利出席在卡塔尔举办的第20届多哈论坛时表示,他不确信伊核问题全面协议相关方谈判将很快达成协议。同日,美国国务卿布林肯参加在以色列举行的有4个阿拉伯国家外长出席的会议,给反对伊核协议的地区国家做工作。与此同时,美国财政部宣布制裁与伊朗伊斯兰革命卫队关联的伊朗个人和公司。

其四,美国对伊经济制裁的边际效应下降,伊朗谈判筹码增加。拜登政

---

[1] Parisa Hafezi, John Irish, "Iran Says Key Issues Still Unresolved in Nuclear Talks", Reuters, Feburary 28, 2022, https://www.reuters.com/world/middle-east/iran-says-three-key-issues-remain-unresolved-vienna-nuclear-talks-2022-02-28/, accessed May 9, 2022.

府承认对伊朗"极限施压"失败。美国对伊朗实施严厉经济金融制裁的目标之一就是让伊朗经济瘫痪乃至崩溃，引发民众对政权的不满和反抗。莱希上台后，推动落实与中国的"全面合作计划"，解决了疫苗进口问题，缓解了疫情，稳定了经济形势。2021年以来，伊朗对外贸易有较显著增长。伊历1400年（2021年3月至2022年3月），伊朗的非石油对外贸易额达到1000亿美元，与前年同期相比增长了38%。其中出口贸易额为480亿美元，增长了41%，主要出口目的地为中国、伊拉克、土耳其、阿联酋和阿富汗等周边国家和其他亚洲国家。[①] 伊朗和上海合作组织成员国之间的贸易额大幅增长，中国、阿富汗、印度、巴基斯坦和俄罗斯是上海合作组织成员国和观察员国中进口伊朗货物较多的国家，其次是乌兹别克斯坦、哈萨克斯坦、塔吉克斯坦、吉尔吉斯斯坦、白俄罗斯和蒙古国。同期，伊朗出口石油、凝析油和石油产品的收入达到430亿美元。

（二）伊核问题变化的原因分析

第一，伊朗实施"使美国制裁无效"的战略新举措。稳定经济是莱希政府实现稳定伊朗周边环境和削弱美国经济制裁影响的重要步骤。经济和民生是国家安全、社会稳定的基础。伊朗最高领袖哈梅内伊指出，制裁虽然有效，但不是造成经济问题的主要原因。经济与伊核协议绑定以及西方不遵守承诺是伊朗经济动荡的重要原因之一，要通过发展生产力、提高经济活力和利用知识经济消除制裁的影响。

实施外交新政是莱希政府落实"使美国制裁无效"战略方针的重要组成部分。莱希政府外交工作的总体思路是以周边国家为起点，然后是东方，最后到达维也纳核谈判和恢复伊核协议的终点，并通过改善周边安全环境发展地区经济和降低美国制裁的影响，进而迫使美国解除对伊制裁。"周边外交"聚焦"邻国第一"，伊朗在海湾地区的重要邻国沙特和阿联酋是莱希政

---

① "Non-oil Eexports Rise 38% in 10 Months yr/yr", Tehran Times, January 25, 2022, https://www.tehrantimes.com/news/469440/Non-oil-exports-rise-38-in-10-months-yr-yr, accessed May 9, 2022.

府优先尝试修复紧张关系的国家。外长阿卜杜拉希扬上任后在地区开展积极的"穿梭外交",首日就赴巴格达与沙特外交大臣费萨尔亲王、卡塔尔埃米尔塔米姆、土耳其外长恰武什奥卢等共同商讨缓解地区紧张局势问题。截至2022年4月,伊朗与沙特两国官员已就推动关系正常化进行了5轮对话,伊拉克政府是重要的中间人。2021年12月,阿联酋国家安全顾问塔农·阿勒纳希安访问德黑兰被认为是两国关系解冻的转折点。伊朗与卡塔尔和阿曼的传统友好关系提升到新的高度。在维也纳核谈判重启前夕,首席核谈判代表巴盖里·卡尼访问4个海湾国家进行政策沟通。在维也纳核谈判过程中,阿曼、卡塔尔在伊朗与美国之间积极斡旋。总统莱希访问俄罗斯、外长阿卜杜拉希扬访问中俄,加强了伊朗与两国的战略合作关系。莱希政府的"周边外交"以"经济外交"为核心。根据最高领袖哈梅内伊"要加强外交的经济属性"的指示,总统、外长和经济类部长的出访以利用外交能力推动国内经济发展为重点,积极促进伊朗与不同国家和地区扩大贸易关系,增加外汇收入和吸引外国投资。莱希政府强调"平衡外交"和加强"向东看",与东西方国家开展合作,通过双边谈判促进欧洲国家在恢复伊核协议履约方面率先突破。

第二,伊朗保守派对西方立场更强硬。与改革派、温和派不同,伊朗保守派在伊核问题上主张与美西方强硬对抗,并把提高核能力作为增加谈判筹码的重要手段。内贾德政府时期把浓缩铀丰度从3.67%提升至20%,成为鲁哈尼政府在伊核协议谈判中"议价"的筹码。莱希执政后,伊朗政坛实现三权(立法、司法和行政)一体化,保守派一致对西方展示强硬立场。莱希强烈批评拜登继续实行特朗普的对伊政策。强硬保守派政治精英认为,伊朗已挺过最艰难时期,美国制裁与新冠肺炎疫情对经济产生的叠加冲击下降,应迫使美国在谈判中做出让步。2021年11月,莱希政府公布重启维也纳核谈判条件后,伊朗军队在霍尔木兹海峡与印度洋北部之间区域举行代号为"佐勒法加尔-1400"的海陆空军事演习。2022年2月,维也纳核谈判进入关键阶段,伊朗伊斯兰革命卫队航空航天部队试射了一颗自主研发的射程为1450公里的新型战略远程导弹。4月,伊朗外交部更新了参与恐怖主义和严重侵犯人权行为的美国官员名单。正当谈判比以往任何时候都更接近达成最终协议的时候,伊朗议会250名议员在一份联合声明中要求莱希谈判团队坚守"红线",并为达成新协议设置了6个条件。一是伊朗以设定"红线"确保国家利益,在没有得到必要保证之前不应达成任何"坏"协议;二是美国及其他3个不守信的西方国家必须保证不再退出伊核协议;三是伊核协议签约各方必须保证不使用争议解决机制(即触发机制);四是美国与3个欧洲国家应向伊朗人民承诺解除以核问题、恐怖主义、导弹、人权为由施加的制裁;五是必须由美国等施加制裁国家先行取消制裁,待伊朗核制裁取消后,伊朗再开始履行伊核协议义务;六是根据伊斯兰议会《反击制裁战略行动法》第七条,政府有义务向议会报告西方在解除制裁方面(尤其是石油以及银行)的执行情况,在得到议会同意后,方可采取措施减少核活动。① 伊朗首席核谈判代表巴盖里·卡尼是强硬的谈判者,他对2015年达成的伊核协议持强烈批评态度,其领导的核谈判团队坚守"红线"不动摇。

第三,美伊双方在谈判立场上表现出灵活性。尽管拜登没有放弃特朗普对伊朗"极限施压"和经济制裁的政策,但在伊核谈判中多次做出让步。在有效解除制裁验证方面,美国同意在可能达成的协议实施的各个阶段都是自己先行一步,将由伊核问题全面协议联合执行委员会决定每个阶段核查的操作和法律程序。担保问题一直是核谈判中最困难的问题之一,拜登政府没有能力承诺美国后任总统不再退出伊核协议。若与伊朗达成具有法律约束力的条约,拜登需要在共和党把持的参议院中获得2/3席位参议员的同意。这点伊朗很清楚,同意由伊核问题全面协议联合执行委员会集体担保,但最初美欧不接受。在争议解决机制方面也取得了重要进展,鉴于美国的过往记录,在可能达成的协议中将产生个人和集体承诺,以打击滥用这一机制的行为。伊朗方面也显示出立场的灵活性,同意暂停丰度为60%的浓缩铀生产

---

① 《250名议会代表宣布:为维也纳谈判制定6条红线》,伊朗伊斯兰共和国通讯社网站,2022年2月20日,https://irna.ir/xjHzQP,最后访问日期:2022年5月9日。

计划或将其部分浓缩铀库存送往俄罗斯保存。伊朗原子能组织主席伊斯拉米表示，如果伊核问题全面协议相关方达成协议，伊朗将削减离心机数量和铀浓缩水平。伊朗不再强调美国要一次性解除全部涉伊制裁。伊朗外长阿卜杜拉希扬指出，伊朗现阶段寻求解除"与伊核协议相关的"制裁。尽管美伊仍是间接谈判，但两国谈判小组已开始进行书面交流。

第四，伊朗与美西方之间严重缺失互信。对于伊朗的核能力建设，美西方认为，伊朗生产丰度为20%的金属铀和丰度为60%的浓缩铀是朝着发展核武器迈出的重要一步。2022年3月，伊朗丰度为60%的浓缩铀储量已达到33.2公斤，各种丰度的浓缩铀总存量为3.2吨。[1] 制造核武器需要丰度为90%以上的浓缩铀，而铀浓缩丰度从60%到90%没有技术障碍。制造一枚核弹大约需要25公斤的浓缩铀。但伊朗坚称将浓缩铀丰度提高到60%主要用于制造一些放射性药物和为核反应堆生产燃料，而不是寻求发展核武器。伊朗强调自己有和平利用核能的权利，为核技术领域取得的成就感到骄傲，而且想让美西方明白制裁阻止不了伊朗的核计划。4月9日是伊朗"国家核技术日"，伊朗原子能组织公布了未来20年的国家"核战略文件"，计划在2040年前新建30个核反应堆。

美伊互不相信对方会充分遵守其在恢复履约协议下的承诺，两国国内对维也纳核谈判结果都有强烈的反对声音。特朗普政府退出伊核协议增加了伊朗对美国的不信任，伊朗领导层不相信美国会完全执行新协议，也不相信该协议将在拜登离任后继续存在。伊朗外长阿卜杜拉希扬要求华盛顿先行释放伊朗被冻结的部分资金或解除一部分制裁，以让伊朗相信西方的态度。2022年2月7日，33名美国共和党参议员警告美国总统拜登，在维也纳核谈判中达成的任何新协议都必须经过国会审查，否则将会阻止新协议的实施。

第五，乌克兰危机对核谈判进程产生复杂影响。乌克兰危机导致伊核谈判相关各方的博弈加剧，维也纳核谈判暂停，各种不确定性增加。一是美俄

---

[1] Francois Murphy, "Iran Nearing Nuclear Bomb Yardstick as Enriched Uranium Stock Grows", Reuters, March 3, 2022, https://www.reuters.com/world/middle-east/irans-stock-uranium-near-weapons-grade-doubles-33-kg-iaea-report-2022-03-03/, accessed May 9, 2022.

之间的博弈。俄罗斯外长拉夫罗夫表示，"恢复伊核协议还有很长的路要走"，但美国国务院坚称"维也纳核谈判已经到了达成协议的阶段"。俄罗斯要求美国政府给予文字保证，对俄罗斯施加的制裁不能以任何形式影响俄伊之间的经贸、投资与军事技术合作。① 美国国务卿布林肯回应称，因乌克兰危机而对俄罗斯施加制裁与伊朗核谈判无关。后来俄罗斯证实美国提供了书面承诺。俄罗斯此举是想通过恢复执行伊核协议的机会为俄伊经贸关系争取制裁豁免权。俄罗斯担心达成新协议后美伊关系出现缓和，从而失去手中与美国博弈的"伊朗牌"。伊核协议的重启需要包括俄罗斯在内的各方一致通过，俄罗斯负责执行伊核协议的技术协议，例如收取伊朗超过协议规定的浓缩铀库存。美国很清楚，俄罗斯可以影响伊核谈判的进程与后续执行。二是伊俄之间产生隔阂。美国离间伊俄关系，宣称俄罗斯试图给伊核谈判制造障碍，以阻止伊朗弥补其减少对欧洲天然气供应产生的潜在缺口，引发伊朗民众不满，认为这剥夺了伊朗维护自身利益的机会。伊朗外长阿卜杜拉希扬前往俄罗斯进行沟通，俄罗斯外长拉夫罗夫表示，莫斯科期待美国重返伊核协议并取消对伊制裁。三是美伊立场更加强硬。乌克兰危机影响下国际油价大涨，这使伊朗在谈判中拥有更大的主动权和回旋空间，伊朗在美国解除对伊朗伊斯兰革命卫队制裁问题上坚守"红线"不让步。美国想要获得中东盟友在俄罗斯问题和全球能源问题上的支持，在核谈判中设置了新的条件。对于是否应该将伊朗伊斯兰革命卫队从美国制裁名单和恐怖组织名单中移除的问题，美国部分人士认为，取消特朗普政府退出伊核协议之后对伊朗实施的制裁与将伊朗伊斯兰革命卫队从恐怖主义名单中除名，二者没有必然关联。但伊朗坚持将伊朗伊斯兰革命卫队从名单中移除和解除对伊朗伊斯兰革命卫队的制裁才会重返伊核协议。四是以色列和沙特借机与美国"讨价还价"。以色列和逊尼派海湾阿拉伯国家反对美国将伊朗伊斯兰革命卫队除名，它们担心伊朗在海外的资金解冻后，伊朗伊斯兰革命卫队将获得更充足

---

① 《路透社援引匿名人士消息》，伊朗伊斯兰共和国通讯社网站，2022年3月5日，https://irna.ir/xjHJmZ，最后访问日期：2022年5月9日。

的资金支持地区"抵抗阵线"和增强地区影响力,要求美国在伊朗问题上支持它们,并给予安全承诺。① 五是欧洲推动改变核谈判僵局,面对能源压力的欧洲对重回伊朗的油气市场有所期待。

## 三 伊核问题发展趋势和前景展望

2022年是伊核问题决定性的一年,恢复伊核协议已进入关键期。5月13日欧盟对外行动署副秘书长恩里克·莫拉访问德黑兰后,宣布伊核谈判重启,给达成新的协议带来希望。在乌克兰危机带来复杂影响的背景下,达成新的协议从而实现伊核问题"软着陆"和核谈判破裂导致紧张局势升级两种可能性并存。

美国和伊朗都宣称有"B计划",为重新遵守伊核协议或失去协议做好了两手准备。但对于美伊来说,恢复伊核协议履约是最佳选择,符合双方的利益。拜登重返伊核协议是为了阻止伊朗获得核武器,但留给外交解决的时间已经不多了,伊朗的核能力正在逼近"临界点"。如果维也纳核谈判失败,拜登很可能会如同特朗普那样,对与伊朗发生正面冲突保持克制,从而导致沙特等地区国家寻求核武器和以色列做出激烈反应。无论是美国还是欧洲都不希望西亚地区紧张局势升级,那将导致能源价格进一步上涨。乌克兰局势的发展给欧洲推动解决美伊之间棘手问题和恢复伊核协议带来新动力。美国在伊朗与沙特的谈判中发挥正面作用有助于维护海湾地区的安全与稳定,这符合相关各方的利益。以色列现任总理亚伊尔·拉皮德持续对拜登政府施压,迫使美国推迟与伊朗签署协议和不把新协议与从恐怖组织名单中删除伊朗伊斯兰革命卫队关联在一起。鉴于伊朗在铀浓缩方面的持续进展,以色列坚持军事选项。未来拜登处理伊核问题的难点在于,如何解决伊朗继续在中东地区进行扩张的问题,以得到地区盟友对其重返伊核协议的支持。在

---

① Arshad Mohammed, Parisa Hafezi, "U. S. Weighs Dropping Iran's IRGC from Terrorism List-source", Reuters, March 16, 2022, https://www.reuters.com/world/us-weighs-dropping-irans-irgc-terrorism-list-source-2022-03-16/, accessed May 9, 2022.

美国方面，无论是拜登政府，还是民主党人都以在 2022 年 11 月举行的国会中期选举中赢得最多席位为目标，拜登需要在选举前夕以最低的成本获得优势。

对于伊朗来说，莱希政府希望以解除制裁为目标的伊核谈判取得成果，伊朗民众期盼减轻美国制裁的压力。奥巴马和特朗普两轮严厉制裁摧毁了内贾德和鲁哈尼政府的发展计划和经济成果。在过去的 16 年里，除制裁给伊朗造成无法估量的直接经济损失外，伊朗还为规避制裁付出了几千亿美元高昂的代价。美元汇率攀升和严重通货膨胀使伊朗民生陷入困顿，社会秩序被扰乱。尽管拜登之后的美国总统很可能再度撕毁伊核协议，但伊朗人民和经济需要喘口气，哪怕只有两三年。2022 年 1 月 9 日，伊朗最高领袖哈梅内伊表示，不向傲慢和实施压迫的敌人投降是革命的原则之一，但在某个时候与敌人的谈判、交谈或互动并不意味着向敌人投降。普遍认为这是给莱希政府与美国直接谈判以加快谈判进程"开绿灯"，增大了达成新的核协议的可能性。① 无论在维也纳能否达成协议，伊朗都将继续推进其增强防御力量和地区影响力的计划。伊朗很清楚，无论是拜登还是任何其他美国总统的承诺和保证都不可靠，伊核协议现在和未来都不能从美国或是欧洲的破坏中幸免，因此不能再像鲁哈尼政府那样对伊核协议产生经济依赖，要寻求技术上的自我担保，促使对方在未来退出伊核协议之前仔细掂量后果。基于这种思路，伊朗将保持在核领域的快速可逆能力，加强在西亚特别是"抵抗轴心"地区盟友的力量，以防止危机发生。无论是拜登还是莱希，任何一方在伊朗伊斯兰革命卫队问题上做出让步，都将对其国内政策产生负面影响。尽管伊朗一再拒绝"临时协议"方案，但仍有可能做出妥协并接受"分步对等"和美国分阶段解除制裁的方案，将重点放在要求获得经济保障方面。

综上所述，未来伊核问题的走向仍将受美伊关系、地缘政治、乌克兰危

---

① 《最高领袖在专家会议上的发言》，哈梅内伊网，2022 年 3 月 10 日，https://khl.ink/f/49769，最后访问日期：2022 年 5 月 22 日。

机等多种因素的影响。尽管美伊之间存在严重分歧,但双方都难以承受伊核协议谈判失败的风险。即使在2022年11月美国中期选举之前未能就伊核协议恢复履约达成新协议,谈判仍将继续,但美伊双方恢复伊核协议的意愿将会下降。随着美伊之间矛盾升级,谈判有可能长期陷入僵局甚至破裂。

# Y.16
# 伊拉克：在困境中艰难前行

魏 亮*

**摘 要：** 2021年以来，伊拉克完成第五次议会选举，扩大石油出口，推动积极和多元的外交，取得一定的成绩，但这些成果并未改变国家的落后现状与困境。从国际上看，美国和伊朗仍是影响伊拉克局势的主要博弈方，周边阿拉伯国家也在逐年增加对伊投资，努力提高影响力。从国内看，派系斗争、政治僵局、安全隐患、经济停滞和社会治理缺位等老问题层层叠加。不仅如此，受乌克兰危机和气候变化的影响，粮食安全、水安全和环境安全已成为伊拉克必须面对的新挑战，伊拉克未来的重建和发展之路也更为艰难。

**关键词：** 伊拉克 议会大选 政治僵局 美国 安全形势

伊拉克曾是中东地区大国，也曾是阿拉伯世界的主要强国。2003年伊拉克战争后，伊拉克的战后重建依照美国的标准展开，至今已近20年。2020年，受新冠肺炎疫情和全球经济低迷的影响，伊拉克经济显著下滑，社会矛盾突出，抗议示威遍及南北，马赫迪政府被迫辞职。2021年，伊拉克进行选举法改革，完成第五次议会选举，经济和外交方面的情况也比2020年有显著的改善。但教派分权体制导致国内政治高度和持续性裂化、贪腐横行、社会治理缺位，民族教派矛盾和外国驻军促发极端和恐怖主义势力滋生壮大，成为长期威胁伊拉克社会安全的"顽症"，激发社会矛盾。

---

\* 魏亮，中国社会科学院西亚非洲研究所中东发展与治理研究中心副主任、助理研究员，主要研究方向为海湾地区国际关系、伊朗和伊拉克问题。

2021年以来，卡迪米政府在政治、经济和外交上取得的成果对伊拉克的政治、经济和社会重建而言微不足道，效果有限。

## 一　在困境中缓慢前行的伊拉克

2021年以来，卡迪米政府排除困难，顺利举行了2003年伊拉克战争后的第五次议会选举。国民经济也走出2020年的困境，石油出口与财政收入显著增加。与此同时，卡迪米政府将外交作为政府工作的重点，成果突出，引起国际社会广泛关注。但伊拉克的国内政党斗争、中央和库尔德自治区矛盾、腐败和治理缺位等问题依然严峻，并未发生实质性变化，同时也束缚着伊拉克的发展。

### （一）伊拉克国内政治进展

2021年以来，伊拉克国内政治的发展主要体现在三个方面。第一，2021年10月10日伊拉克顺利进行议会大选，组建了新的议会；第二，库尔德自治区（以下简称"库区"）库尔德斯坦民主党（以下简称"库民党"）和库尔德斯坦爱国联盟（以下简称"库爱盟"）两大政党内斗严重，库区与中央政府的关系持续紧张；第三，困扰伊拉克政治数年的政党"去武装化"进程缓慢，只取得部分成果。

经过前期的周密准备与国际社会积极帮助，伊拉克2021年10月10日的选举较为顺利。一方面，各党派/集团想要通过选举重新划分政治和经济权力是选举顺利的根本原因，国内各方将选举视为实现其利益诉求的主要通道，故而主动配合选举；另一方面，选举顺利举行也是伊拉克在议会选举道路上经验积累的结果。另外，伊拉克安全局势总体可控是选举顺利进行的重要保障。

2021年以来，卡迪米政府在排除制度障碍、推动达成选举共识等方面做了诸多工作。首先，调整并重新确定议会大选时间。2020年5月，时任情报总局局长的卡迪米出任总理。为回应民众压力，卡迪米宣布提前举行大选，时间为2021年6月6日。后迫于国内政治分歧和大选准备不足，大选时间延迟至2021年10月10日。其次,通过新的《选举法》草案,重建独立高级选举委员会,消除议会选举的制度性障碍。2020年10月24日,伊拉克议会通过《选举法》草案,新的《选举法》调整了选区划分和选举规则,尽管新《选举法》仍存在不少问题,但回应了民众的部分诉求。伊拉克独立高级选举委员会在对外声明中称,伊拉克已经邀请75个国家和国际机构来观察10月10日的选举,将有100名联合国观察员和130名欧盟观察员出席。① 再次,签署选举行动文件,统合国内各派和民众支持议会选举。2021年卡迪米总理组织由伊拉克社会各阶层参加的"全国对话会议",各派签署议会选举行动文件。该文件旨在防止影响选民决定的消极现象,如政治资金、恐吓公民、选举舞弊等。此外,该文件还指出签署方有义务接受伊拉克联邦最高法院批准的最终选举结果。

此次议会选举共有110个政党组成22个选举联盟参选,总共有候选人5323名。10月18日,最高法院公布选举结果:由穆克塔达·萨德尔领导的"萨德尔运动"在议会329个席位中以73个席位居榜首;其次是逊尼派议长穆罕默德·哈勒布希领导的"前进党",获得37席;第三大党是前总理马利基领导的"法制国家联盟",获得34席;库尔德斯坦民主党赢得32个席位;代表"人民动员部队"的"法塔赫"联盟赢得17个席位;包括"全国联盟"和其他库尔德武装在内的库尔德斯坦联盟获得16个席位。② 另外,无党派候选人和"十月抗议"运动的代表赢得40个席位。

此届议会选举和往届选举一样,再次遭遇组阁危机。2022年1月19日举行议会议长选举,穆罕默德·哈勒布希成功连任。萨德尔派议员哈基姆·扎姆利和库民党议员沙赫旺·阿卜杜拉分别当选议会第一副议长和第二副议长。但2月7日和3月26日的两次总统选举因多个政治派别抵制,出席的议员人数未达到法定人数而被迫取消,组阁事宜也被迫延后。

---

① Mustafa Saadoun, "International Observers Prepare for Iraq's Elections", Al-Monitor, September 1, 2021, https://www.al-monitor.com/originals/2021/08/international-observers-prepare-iraqs-elections#ixzz7RF2oCM9g.

② 最终结果是"法制国家联盟"获得33席,库尔德斯坦民主党获得31席。

2021年以来，库区内部的斗争日趋激烈，且表现出更为显著的家族统治倾向。与此同时，它与中央政府在争议地区管辖权、财政拨款、石油开发权等议题上展开激烈的较量。首先，库区两大党家族内斗日益公开化，两大政党的家族化特征日渐凸显。库爱盟的双主席巴菲尔·塔拉巴尼和拉胡尔·塔拉巴尼是表兄弟。2021年7月，巴菲尔·塔拉巴尼查封拉胡尔·塔拉巴尼的办公室，撤销拉胡尔一派在反恐和情报部门的职务。库民党的3位领导人是马苏德·巴尔扎尼、曼苏尔·巴尔扎尼和内奇尔万·巴尔扎尼，分别担任党主席、库区总统和总理。马苏德是曼苏尔的父亲，是内奇尔万的伯父。伊拉克中央政府或外国使节到访库民党约定俗成都必须与这三人会面，"一个都不能少"，表现出显著的部落和家族平衡模式。

其次，2021年以来库区与中央政府的斗争不断。自2021年7月开始，中央政府恢复对库区的财政拨款，每月金额为2000亿第纳尔。拨款问题只得到阶段性解决，拨款比例和拨款金额仍是央地摩擦的重点之一。辛贾尔之争和库区《石油天然气法》违宪是近两年央地斗争的新焦点。辛贾尔虽然是雅兹迪人世居之地，但2003年后主要由库区，尤其是库民党控制。2020年，中央政府和库区达成协议对辛贾尔实行"共管"，目前"除了伊拉克政府和库区政府外，'大众动员力量'和'库尔德工人党'的势力也参与了争夺辛贾尔控制权的斗争"。① 2022年2月5日，伊拉克联邦最高法院判定库区政府2007年制定的《石油天然气法》违宪。这项裁决将进一步加剧伊拉克联邦政府和库尔德斯坦地区政府在石油和天然气问题上的争端。库区政府表示："该裁决本身是不公正的，违宪的，不可接受的。"②

实现国内政党的"去武装化"是近年来历届政府工作的重点。卡迪米总理执政后，"去武装化"进程取得一定的成果，但伊拉克短期内无法完全

---

① Osama Gharizi, "Struggle for Sinjar: Iraqis' Views on Security in the Disputed District", USIP, April 12, 2021, https://www.usip.org/publications/2021/04/struggle-sinjar-iraqis-views-governance-disputed-district.

② "Surprise Ruling Threatens Wedge between Iraq and Kurdish Govts", Arab News, February 17, 2022, https://www.arabnews.com/node/2026331/middle-east.

实现这一目标。西斯塔尼和萨德尔都已明确表态支持"去武装化",2020年亲西斯塔尼的四支"大众动员力量"武装已整编加入伊拉克军队,并改称"圣陵旅"。但亲伊朗的武装和政党始终持反对立场,在2022年议会大选后成立名为"协调框架"的联盟,集体"反对'去武装化',认为放弃军事力量等同于放弃他们的政治权力,并将使他们陷入各种压力形成的困境"。①

## (二)伊拉克的经济现状

伊拉克是全球主要的产油国,也是典型的地租型国家,国民经济和社会发展严重依赖石油生产和出口。依据BP《2021年全球能源展望》报告,2020年伊拉克石油探明储量为196亿吨,居全球第5位;石油产量为2.02亿吨,居全球第5位;天然气探明储量为3.5万亿立方米,居全球第11位。② 伊拉克是中东产油国中经济对石油依赖最严重的国家,石油出口占出口总额的98%,占GDP的63%~67%,占财政收入的93%以上。③

受2020年石油价格暴跌和"欧佩克+"减产协议的影响,2020年伊拉克石油产量、财政收入、GDP等大幅下降,2021年经济逐渐走出低谷(见表1)。2022年以来,受乌克兰危机影响,全球能源价格大幅攀升,伊拉克可预期的财政收入将显著增加。2021年1~7月,伊拉克石油日产量在300万桶以下,12月日产量达到327.7万桶。伊拉克石油部宣布,2021年石油出口的总财政收入为756.5亿美元,显著高于当年预算预期。④ 2022年2月,石油日出口量为324.4万桶,当月营收为110.7亿美元,平均油价为每

---

① Mohanad Faris, "The Popular Mobilization Forces in Iraq: A Political Bargaining Chip?", The Washington Institute for Near East Policy, April 8, 2022, https://www.washingtoninstitute.org/pdf/view/17374/en.
② "Statistical Review of World Energy 2021", BP, p. 16/34, https://www.bp.com/content/dam/bp/business-sites/en/global/corporate/pdfs/energy-economics/statistical-review/bp-stats-review-2021-full-report.pdf.
③ Mohammed Hussein, "Private Sector Development: Iraq's Long-lost Solution", Iraqi Economist Network, May 16, 2021, http://iraqieconomists.net/en/2021/05/16/private-sector-development-iraqs-long-lost-solution-by-mohammed-hussein/.
④ John Lee, "Iraq Oil Exports Exceed $75bn in 2021", February 8, 2022, https://www.iraq-businessnews.com/2022/02/08/iraq-oil-exports-exceed-75bn-in-2021/.

桶110美元。这是自1972年以来伊拉克最高的石油月收入。

政治掣肘、新冠肺炎疫情、油价等是影响近两年伊拉克经济运行的直接因素。2021年联邦预算法案经过长达4个月，前后6次修改和多次拖延，才于3月31日通过。新冠肺炎疫情对实体经济发展造成较大阻碍，政府被迫多次推行短期宵禁管理，关停夜市，管控跨地域人物流动，限制集会、宗教仪式和婚礼派对。依据国际货币基金组织数据，伊拉克2020年、2021年和2022年通货膨胀率分别为0.6%、6%和6.9%。[①] "受新冠肺炎疫情和油价下跌的多重冲击，全国贫困率从2018年的20%提高到（2021年的）31.7%。在15~24岁年龄段，男性的失业率为21.5%，女性为61.6%。"[②] 总体来看，伊拉克整体经济态势不佳的局面未发生根本性的转变。

表1 2018~2021年伊拉克主要经济数据

| 项 目 | 2018年 | 2019年 | 2020年 | 2021年 |
| --- | --- | --- | --- | --- |
| GDP（亿美元） | 2273.7 | 2351 | 1667.3 | 1745.2 |
| GDP增幅（%） | 2.6 | 6 | -15.7 | 2.8 |
| 人均GDP（美元） | 10810 | 11398 | 9507 | 9822 |
| 外贸顺差（亿美元） | 474.8 | 321.9 | 58.8 | 364.3 |

资料来源：EIU, *Country Report*: *Iraq*, April 2022. p.9。

2021年至今，卡迪米政府为了提振经济，推动经济改革，改善社会环境，采取提高电价、申请加入世界贸易组织、加强边境管控以打击走私、浮动汇率制等多项经济举措。第一，扩大石油产量和出口量，提振经济。伊拉克石油产量从2021年2月的286万桶/日增长至2022年2月的324万桶/日。伊拉克与约旦续签石油供给合同，并向印度石油公司出口第一批巴士拉重油。从开发项目来看，伊拉克石油部与道达尔公司签署4项能源合作协议，包括多个油田

---

[①] "Country Data: Iraq", IMF, April 2022, https://www.imf.org/en/Countries/IRQ#ataglance, accessed June 9, 2022.

[②] Mohammed Hussein, "Private Sector Development: Iraq's Long-lost Solution", Iraqi Economist Network, May 16, 2021, http://iraqieconomists.net/en/2021/05/16/private-sector-development-iraqs-long-lost-solution-by-mohammed-hussein/.

的天然气收集处理设施项目、阿提瓦油田开发项目、太阳能发电厂项目、海水淡化项目等,项目总投资约为270亿美元。

第二,加大基础设施建设投入,以拉动经济增长和改善民生。2021年,伊拉克交通部和民航局分别与韩国大宇公司、法国巴黎工程公司签署巴士拉法奥港修建协议与摩苏尔机场翻新协议。伊拉克内阁还批准在巴格达国际机场旁建设名为"拉斐尔"的机场新城,占地面积为1万英亩。卡迪米政府计划在巴格达、纳杰夫和安巴尔省等省市推动住宅建设项目,例如距离巴格达40公里的比斯马耶城项目预计建设10万套住宅,由韩国韩华工程建设公司实施,现已建成3.5万套。为此,内阁批准增加伊拉克住房基金,资本总额从1万亿第纳尔(约14亿美元)增加到2万亿第纳尔,额外的资金将由财政部支付。

第三,加强防疫工作。伊拉克是海湾地区新冠肺炎疫情的"重灾区","伊拉克的新冠疫苗接种率仍然非常低,是该地区最低的国家之一,远低于全球水平,并带来了额外的风险"。[1] 伊拉克通过联合国向辉瑞公司订购了150万剂新冠疫苗,由世界银行支付;还接受包括来自中国的各种国际捐赠疫苗,主要用于南部什叶派聚集区。2021年以来,虽然政府反复呼吁减少各种性质的聚会以避免聚集性传染,但在防控疫情方面收效甚微。资金、医疗和疫苗不足,政府管控能力低和管控措施不到位,民众对防疫政策采取不执行或消极应对的态度是伊拉克疫情防控面临的长期和主要挑战。

## (三)伊拉克外交的进展

卡迪米政府上任后,外交成为本届政府的工作重点,亮点颇多,引起国际社会的关注。在协调与美国和伊朗关系的基础上,卡迪米政府的外交活动以经济外交和地区外交为重点,体现出积极、多元的特点,提升了伊拉克的地区地位和影响力。

---

[1] "Iraq's Economic Update", The World Bank, April 14, 2022, https://thedocs.worldbank.org/en/doc/6840d5f4a3abb3ebfd58e0c108eb9979-0280012022/original/6-mpo-sm22-iraq-irq-kcm3.pdf.

卡迪米政府以能源外交为核心的经济外交取得一定的成果。首先，伊拉克的石油出口主要针对亚洲市场，中国和印度都是其主要买家。依据BP《2021年全球能源展望》报告，2021年中国和印度进口伊拉克石油合计超过10740万吨，占其出口总量的60%。① 其次，伊拉克加强与周边国家的能源合作。2021年1月，伊拉克和约旦续签供油合同。伊拉克还同意向黎巴嫩提供100万吨重油，以易货交易的支付方式换取服务、医疗产品、药品和咨询服务。叙利亚石油部长巴塞姆·图马访问伊拉克期间，"双方讨论加强伊拉克和叙利亚之间的能源合作，并探讨将埃及天然气运往叙利亚，然后通过陆路运往伊拉克的可能性"。② 再次，伊拉克加强与埃及、约旦和伊朗的电力合作。埃及决定通过扩大与约旦的电力连接，向伊拉克提供700兆瓦的电力。③ 该项目将耗资22亿美元。伊拉克和伊朗签署为期5年的供电合同，电价从每千瓦时3.4美分上涨至4.6美分。

卡迪米政府在双边和多边层次上推动地区外交，收效明显。在双边层次上，卡迪米先后出访土耳其、沙特、阿联酋、美国、科威特、伊朗等国。在多边层次上，卡迪米政府先后举办伊拉克-埃及-约旦三国峰会，"巴格达合作与伙伴关系会议"，以及五轮伊朗-沙特双边对话。三国峰会是伊拉克、埃及、约旦三国间的第四次峰会，重点讨论三国间在政治、经济、商业、工业、安全等领域的合作。2021年8月，埃及、约旦、卡塔尔、阿联酋、法国领导人和沙特、伊朗、土耳其等国外长出席"巴格达合作与伙伴关系会议"。卡迪米想借此次会议缓和地区各国间的紧张局势，同时加强伊拉克和与会国之间的经济合作关系。在中断7个月时间后，伊朗与沙特的第五轮双边对话于2022年4月21日举行，双方探讨重开使馆、也门冲突、外长互访

---

① "Statistical Review of World Energy 2021", BP, p. 32, https://www.bp.com/content/dam/bp/business-sites/en/global/corporate/pdfs/energy-economics/statistical-review/bp-stats-review-2021-full-report.pdf.

② "Iraqi, Syrian Oil Ministers Discuss Gas Imports", Al-Monitor, April 29, 2021, https://www.al-monitor.com/originals/2021/04/iraqi-syrian-oil-ministers-discuss-gas-imports.

③ "Egypt Agrees to Supply 700MW of Electricity to Iraq", Energy & Utilities, July 4, 2021, https://energy-utilities.com/egypt-agrees-to-supply-700mw-of-electricity-to-news113054.html.

等问题,同意采取实际步骤推动双边关系改善。伊拉克主持的沙特-伊朗双边对话为缓和两国紧张局势搭建起平台,得到双方认可,具有较强的现实价值。

## 二 影响伊拉克发展的内外原因

### (一)影响伊拉克局势的外部原因

美国和伊朗始终是伊拉克事务最主要的外部博弈者。一方面,近年来两者在伊拉克的影响力均有所削弱,这在伊拉克2021年的议会大选和组阁过程中亦有所表现。萨德尔派的"一党独大"和无法组建"多数派政府"表明美国和伊朗都不能完全掌控伊拉克局势。另一方面,海湾阿拉伯国家与伊拉克的关系明显改善,加强对伊拉克的重视,介入的力度不断加大,不断拉拢伊拉克。

伊拉克是美国中东政策中不可忽视的组成部分,在反恐、遏制伊朗、能源供给等方面对美国而言有战略价值。2003年后,美国在伊拉克始终奉行三大原则:第一,维护伊拉克的统一,反对任何形式的国家分裂;第二,美国力图将伊拉克塑造为友邦与战略伙伴,"防止它沦为伊朗附属国";第三,依据反恐行动进展灵活调整,以可接受的成本打击极端主义和恐怖主义。[1]

2021年以来,拜登政府高度重视伊拉克,与卡迪米政府保持友好关系并给予大量支持。卡迪米总理得到美国的高度认可,被美国称为"2003年以来最亲美的总理",他还是拜登上台后第一个通话的阿拉伯国家领导人。此后,拜登政府发表声明祝贺伊拉克成功举办"巴格达合作与伙伴关系会议";联合西方国家发表联合声明支持伊拉克大选,提供970万美元用于大选监督工作;捐赠50万剂辉瑞新冠疫苗,还通过美国国际开发署额外提供

---

[1] 魏亮:《从大选视角看当前伊拉克政治生态演进与外部力量博弈》,《中东研究》2019年第2期,第188~189页。

300万美元COVID-19紧急援助。此外，拜登政府"重启因欺诈调查而被暂停一年多的伊拉克难民安置项目"。①

美国实施"战略东移"与从伊拉克撤军在一定程度上削弱了其在伊拉克的影响力。美国调整全球战略重心，重视亚太地区，特朗普和拜登两届政府都有意减少在中东的人力、物力投入。落实从伊拉克的第二次"撤军"成为拜登政府中东政策的重要内容。2021年4月和7月，美伊先后开展第三轮和第四轮"战略对话"，并发表联合声明，提出至2021年12月31日，美国军队将不再在伊拉克担任战斗角色。一年多来，美国除了保留2500名士兵执行咨询、培训和支援任务外，还向伊方移交了8个军事基地。"拜登政府的两难困境在于，在伊拉克和叙利亚维持小规模、集中的反恐任务虽然是全面撤军的可行选项，但会使'伊斯兰国'和伊朗强硬派（找到扩张的）机会。"② 仅2021年上半年，美国驻伊设施就遭到多达24次袭击，而拜登政府上任头三个月打击伊拉克、叙利亚两国境内亲伊朗势力的次数比特朗普政府在2020年全年的打击次数还多。推动美国全面、完全撤军得到伊拉克国内舆论的广泛支持，民众对美军变相滞留伊拉克不满。

2021年以来，伊朗继续巩固与伊拉克政府和亲伊朗政党及武装力量的关系，努力改善两国经贸关系，加深两国在经济上的相互依赖。在政治方面，伊朗和伊拉克的高层互动不断，均表达出维持并进一步发展两国关系的愿望。2021年8月，伊朗外长阿卜杜拉希扬前往伊拉克参加"巴格达合作与伙伴关系会议"，这是他上任后的第一次出访。2022年4月，伊朗总统莱希与伊拉克总统萨利赫通电话。莱希强调："我们认为，伊拉克哪怕有一点不安全，也会对整个地区造成损害。因此，我们欢迎伊拉克人民的利益得到

---

① "US to Resume Iraqi Refugee Programme after Fraud Investigation", The Nations, March 2, 2022, https://www.thenationalnews.com/world/us-news/2022/03/02/us-to-resume-iraqi-refugee-programme-after-fraud-investigation/.

② Michael Knights, "Biden Wants to Leave the Middle East, But He's in a Vicious Bombing Cycle in Iraq", The Washington Institute for Near East Policy, July 2, 2021, https://www.washingtoninstitute.org/pdf/view/16876/en.

实现,并在这个国家建立一个强大的政府。"① 2022年4月,伊朗更换驻伊拉克大使,前任大使哈桑·马杰迪离任前率团访问库区,与库民党三位领导人会谈。② 他还和"国家智慧运动"的伊拉克神职人员赛义德·哈基姆举行会谈,讨论总统选举事宜。

在经济方面,伊朗加强同伊拉克包括天然气出口在内的各种经贸关系,扩大有利于边贸的投资,并加强制度和法规建设。2021年7月,因国内电力不足和伊拉克拖欠40亿美元能源款,伊朗暂停了对伊拉克的天然气和电力供应。2022年3月,两国达成新的电力供应协议。2020年,两伊边境口岸一度受疫情影响关闭,2021年2月,伊朗重开边境口岸,并与伊拉克签署海关协议和建立联合仲裁中心的谅解备忘录。2021年3~12月,伊朗对伊拉克出口额为38亿美元,主要产品包括农产品、工程服务、建筑材料、电力、天然气等。另外,伊朗每日增加两班从德黑兰飞往纳杰夫的航班,加强伊朗与这一什叶派宗教圣城的联系。

近年来,周边阿拉伯国家持续缓和与伊拉克的关系,不断加大经济投入,成为影响伊拉克局势的新变量,也为伊拉克开展多元外交提供了良好的外部环境。其中海湾阿拉伯国家以阿拉伯民族认同和"支票簿外交"为突破口,不断扩大同伊拉克在经贸、投资、文化、医疗、电力等领域的合作关系,尤以沙特和阿联酋最为突出。

2021年以来,卡迪米总理访问沙特为双边关系发展奠定基础,此后以部长级访问为"抓手",沙特主动加强与伊拉克的投资关系,梳理经贸关系的"堵点"。卡迪米访沙期间,两国共签署五项协议,涉及金融、贸易、经济、文化和媒体领域;在沙特-伊拉克峰会上,沙特宣布建立沙特伊拉克联合基金,注资30亿美元。此后,沙特商务部长、外交部长和农业部

---

① "President: Tehran Supports Baghdad's Unity, Independence, Security", Tehran Times, April 3, 2022, https://www.tehrantimes.com/news/471321/President-Tehran-supports-Baghdad-s-unity-independence-security.

② "Iranian Delegation Meets Iraq's KRG Leaders", Islamic Republic News Agency, April 12, 2022, https://en.irna.ir/news/84714358/Iranian-delegation-meets-Iraq-s-KRG-leaders.

长在巴格达或慕尼黑与伊方部长会谈,讨论加强双边经济关系,签署海上运输协议与电力和农业合作备忘录,并着手简化边境物流手续。2021年11月双方商定开放第二条边境通道,在伊拉克穆萨纳省朱马伊马建立过境点,由沙特提供所需经费,以扩大贸易规模。沙特还效仿阿联酋修复摩苏尔清真寺,萨勒曼国王宣布捐资重修2021年4月在火灾中被毁的巴格达伊本·哈提卜医院。

阿联酋与伊拉克的合作主要集中于能源和投资领域。2021年,阿布扎比未来能源公司与伊拉克签署太阳能开发协议,将在伊拉克南部建设总发电量为2000兆瓦的5座太阳能电站,项目规模为10亿美元。阿联酋还获得288公里的架空输电项目,负责约旦到伊拉克加伊姆地区的400千伏输电线路的设计、供应、安装和调试。2021年4月,卡迪米总理访问阿联酋期间,阿联酋宣布向伊拉克投资30亿美元。① 此外,阿联酋还与伊拉克签署了海上运输备忘录与促进相互投资协议。

### (二)影响伊拉克发展的内部原因

掣肘伊拉克发展的内部原因主要有三个方面:第一,派系斗争持续加深,政治僵局难解;第二,安全问题无法根除,各种袭击频发;第三,经济重建迟缓、社会治理长期缺位导致社会不满日增,抗议和骚乱不断。

以政党为基础的派系斗争和三大派系内部裂化愈演愈烈,深度影响政府运行。2021年10月大选结束后,各党派席位数"尘埃落定",伊拉克的国内政治斗争在政党和派系内部迅速"发酵"。政党斗争主要表现为萨德尔与逊尼派议长哈勒布希、库民党联合组成"拯救国家联盟",意欲建立"多数派政府",打破过去什叶派各派组成"联合政府"的惯例。而在选举中遭遇惨败的"法塔赫"联盟、"法制国家联盟"、"国家智慧运动"等亲伊朗的党派组成"协调框架"联盟,力阻萨德尔。在"协调框架"联盟的

---

① John Lee, "UAE Announces $3bn Investment in Iraq", Iraq Business New, April 5, 2021, https://www.iraq-businessnews.com/2021/04/05/uae-announces-3bn-investment-in-iraq/.

阻挠下，两次总统选举均因到场议员人数未达到2/3的法定人数而未能召开。2022年3月31日，萨德尔将组阁权让给"协调框架"联盟，由其在40天内组建新政府，但也未能成功。派系内部裂化在三大派系中均有体现。什叶派内，萨德尔拒绝与亲伊朗的其他派别分享权力来组建"联合政府"，坚持建立"多数派政府"并收编各派旗下武装力量。逊尼派内，"觉醒运动"创始人之子萨塔姆·阿布·里沙开始挑战议长哈勒布希的权力，并遭议长弹压。库民党和库爱盟的矛盾自贾拉勒·塔拉巴尼去世后逐渐公开化，在这次大选中两者分别选择加入"拯救国家联盟"或支持"协调框架"联盟。

表2　2018年和2021年伊拉克大选主要政党席位分布

| 领导人 | 政党名称 | 席位分布 2018年(个) | 席位分布 2021年(个) |
| --- | --- | --- | --- |
| 萨德尔 | "行动者联盟"/"萨德尔运动" | 54 | 73 |
| 阿米里 | "法塔赫"联盟 | 47 | 17 |
| 马利基 | "法制国家联盟" | 25 | 33 |
| 马苏德·巴尔扎尼 | 库民党 | 25 | 31 |

伊拉克国内各种袭击频发，安全威胁"常态化"。"伊斯兰国"制造的恐袭以2021年1月巴格达市中心商业区自杀式爆炸最为严重，当场死亡32人，110多人受伤。此后，"伊斯兰国"在萨拉赫丁省、萨德尔城、迪亚拉省多次实施恐袭或者绑票活动，击毙伊拉克军警或"大众动员力量"的武装人员，勒索当地部落支付赎金。国内武装力量引发的冲突主要针对美国驻伊设施，而刺杀或暗杀活动则是针对个人。自2021年至今，美国驻伊拉克大使馆、库区美国领事馆、安巴尔省的艾因·阿萨德基地、库区的埃尔比勒基地、巴格达国际机场等反复遭受恐袭，袭击方式以无人机和火箭弹为主，并造成个别美方人员受伤。另外，伊拉克基尔库克油田、议长哈勒布希的住所也遭受火箭弹袭击，造成人员伤亡和财产损失。另外，伊拉克国内的政治

活动人士和缉毒法官遭暗杀,"自2003年以来,已有74名法官在伊拉克被杀害。他们都被指派处理腐败、恐怖主义和毒品案件"。①

经济重建迟缓和社会治理长期缺位导致伊拉克民众不满日增,抗议和骚乱不断。第一,国内经济和投资环境未有明显改善,制约经济发展。在世界银行的"营商环境"排名中,伊拉克在190个国家和地区中排在第172位。在透明国际(Transparency International)的清廉指数(Corruption Perceptions Index)排名中,伊拉克在180个国家和地区中排名第160位。第二,供电和供水等基础服务长期不能满足社会需要。伊拉克虽是全球主要能源大国,但也是全球最大的排空气浪费国,为此不得不从国外进口天然气和电力。由于营商环境恶劣,天然气开发、电站和电网建设严重迟滞,电力缺口占用电总量的1/3。2021年以来,除因常规电力供应不足而拉闸限电外,还因电站和输电设施遇袭导致包括首都在内的多次大范围断电与断水。第三,医疗服务严重不足,新冠疫苗接种推进缓慢。伊拉克医疗服务严重不足,设备陈旧、缺医少药,因缺乏防护措施,大量医护人员感染新冠肺炎。2021年4月和7月,巴格达与纳西里亚两个医院相继发生大爆炸,造成重大人员伤亡,暴露出伊拉克医疗环境的恶劣和秩序的混乱。国际社会承诺提供的疫苗和伊拉克订购的疫苗迟迟不到位,卡迪米政府无能为力。2021年3月中国捐赠的5万支国产新冠疫苗成为抵达伊拉克的首批疫苗。截至2021年12月,根据牛津大学"我们的数据世界"(Our World in Data)公布的数据,伊拉克国内只有6.8%的人接种了第一剂疫苗。

恶劣的国内治理和社会环境持续加剧民众对政府和政治精英的不满、不信任和悲观认知。2021年以来,伊拉克南部地区、库区等地多次发生大规模民众抗议示威活动,抗议原因涉及粮食价格、学生补贴、供电不足、改善公共服务、解决就业、要求逮捕处死抗议者的嫌犯等。2021年大选前的民意调查显示,"60%的伊拉克人普遍不相信即将到来的选举将改善伊拉克的

---

① Adnan Abu Zeed, "Iraqi Judges in Crosshairs of Drug Dealers with Powerful Connections", Al-Monitor, February 23, 2022, https://www.al-monitor.com/originals/2022/02/iraqi-judges-crosshairs-drug-dealers-powerful-connections#ixzz7RuCAgOY3.

局势，这一比例在什叶派中竟然跃升至70%"。① 另外，受经济环境恶化和政治不稳定的影响，库区近年也开始出现新的移民潮，移民方向为欧美国家，"工作、住房和汽车变得毫无意义，他们卖掉所有的东西，凑出到达欧盟大门所需的数千美元"。②

## 三 伊拉克面临的新挑战和发展趋势

在美伊地区对抗不断、政治失序、社会分裂的背景下，伊拉克在未来较长时间都存在有效统治和治理缺失、社会安全和稳定难以保障、民生和改革诉求无法满足等基本问题，加上近两年来粮食安全、水安全和环境安全等新型非传统安全的"叠加效应"，伊拉克的发展道路和前景显得更为艰难。

美国和伊朗在伊拉克的斗争"红线"清晰，未来双方在伊拉克斗争将保持理性和总体可控。拜登政府上台后，伊朗约束伊拉克国内的亲伊朗武装，对美国目标的袭扰显著增加，作为其施压美国、展现地区影响力的手段，但同时尽力避免造成美方人员死亡。在大选问题上，美国和伊朗都未能"如愿以偿"，亲美的卡迪米总理没有赢得连任的机会，美国不得不接受具有民族主义思想、坚决要求美国全部撤军的萨德尔赢得大选这一事实。伊朗未能调和萨德尔与亲伊朗各派的关系，进而组建一个"联合政府"，导致总统选举和组阁僵局延续超过6个月。未来美国和伊朗发生正面冲突和重大人员伤亡的可能性较低，美国和伊朗均无力也不允许对方单独控制伊拉克，双方将继续维持"斗而不破"的局面。

伊拉克政治裂化和斗争持续加深，政治和解与经济重建的进程艰难。

---

① Munqith Dagher, "Fearing the Aftermath of the Elections: Will the Powder Keg in Iraq Ignite?", The Washington Institute for Near East Policy, September 22, 2021, https://www.washingtoninstitute.org/pdf/view/17038/en.

② Yerevan Saeed, "Kurds Are Fleeing Iraq in the Face of Uncertainty", The Washington Institute for Near East Policy, December 7, 2021, https://www.washingtoninstitute.org/pdf/view/17171/en.

一方面，什叶派内形成萨德尔派和亲伊朗派的清晰分野，即便有伊朗的干预，目前仍无相互妥协的迹象。议长哈勒布希审时度势，在大选中与萨德尔结盟，其领导的"前进党"获得37席，成为议会第二大党，但逊尼派的边缘化地位没有发生根本性变化。另一方面，曾由美国扶植并与之结盟的逊尼派"觉醒运动"当下得到伊朗的扶持，伊朗意在分化哈勒布希的权力。2003年以来，库尔德两大政党作为伊拉克政坛"国王制造者"的角色已然消逝。库民党和库爱盟在大选中各自为战，立场相左，库民党再次打破双方的"分权协议"，与库爱盟公开争夺总统提名。伊拉克历届政府的改革许诺或是"口惠而实不至"，或无法落实，民众失望和愤怒情绪高涨，民生和改革问题已经超越宗派身份认同成为政治和社会的核心议题。

水资源与环境安全成为近两年伊拉克面临的全新挑战。2021年，伊拉克经历40年来第二大干旱季节，降雨量创历史新低，国内农业、渔业和水电生产均出现供水不足问题。幼发拉底河和底格里斯河的水资源短缺威胁伊拉克至少700万人的生命，并可能引发新的难民潮。① 同时，伊拉克是全球污染最严重的国家之一。每年伊拉克的烟囱排放出数十亿立方米的二氧化碳，污染当地环境，燃烧天然气的规模与伊拉克的原油产量相当。② 虽然卡迪米政府认识到节能、能源转型和环境治理等议题的严峻挑战，但从石油、伴生气开发和电力设施建设的迟缓速度来看，水资源和环境治理计划的落实将遥遥无期。

2022年2月乌克兰危机的发生给伊拉克带来新的粮食安全危机和社会安全风险，暴露出伊拉克社会稳定的脆弱性。俄乌两国不是伊拉克的主要粮食进口国，但乌克兰葵花籽油是双边粮食进出口的最大一项，占伊拉克全年葵花籽油进口的88%。全球粮食价格抬升影响巨大，迅速波及伊拉克。

---

① "Drought Forces Iraqi Farmers to Leave Their Land", France 24, November 14, 2021, https://www.france24.com/en/live-news/20211114-drought-forces-iraqi-farmers-to-leave-their-land.
② Lizzie Porter, "The Massive Challenge of Climate Action in Oil-dependent Iraq", News Statesman, November 1, 2021, https://www.newstatesman.com/environment/climate/2021/11/the-massive-challenge-of-climate-action-in-oil-dependent-iraq.

2022年3月初，南部纳西里耶市就因食用油和面粉涨价引发大规模抗议示威活动。卡迪米政府迅速应对，逮捕扰乱市场的投机分子，给低收入群体发放补贴，暂停对食品、建筑材料和基本消耗品等基本商品征收关税至6月8日，向议会提交《粮食安全与发展紧急支援法》。当下，政府暂时维持住社会的稳定，但"菜篮子"和"米袋子"是生存的"底线"，民众对粮食供给不足、价格过高的容忍度远低于对供水、供电不足或医疗服务不足的容忍度，因此粮价高企和粮食安全已成为伊拉克面临的严峻安全挑战。

# Y.17
# 海合会国家气候治理行动与前景

李子昕*

**摘　要：** 海合会国家已普遍制定系统的气候治理行动规划。考虑到气候变化导致的地理环境恶化、单一经济结构带来的发展危机、非传统安全威胁加剧社会矛盾等多重不利因素影响，海合会国家愈加重视气候治理和绿色经济转型，以期实现可持续发展，也意识到新的绿色经济模式蕴藏的巨大经济利益，进而形成了推动气候治理的重要驱动力。海合会国家以经济多元化为气候治理的重要依托，制订能源、工业、交通、建筑、水资源、生态涵养等各个领域的具体减排计划与目标，利用碳捕集、利用与封存技术实现净零排放，大力提高可再生资源和绿色能源的使用比例，提高生态涵养水平，以期最终实现预期减排目标。气候治理已深度融入海合会各国的国家发展规划，成为中长期国家战略。但受政策惯性、经济复苏乏力、新冠肺炎疫情、国际冲突等多重内外因素影响，海合会国家未来经济改革或将面临多重挑战，气候治理也仍具有相当大的不确定性。

**关键词：** 海合会国家　气候治理　国家自主贡献　碳排放　经济多元化

全球气候治理已成为当前国际社会重要议题。应对气候变化，有效控制温室气体排放，事关各国生存与发展问题，海合会国家对此亦有深刻理解并积极

---

\* 李子昕，中国国际问题研究院发展中国家研究所助理研究员，主要从事中东国际关系研究。

参与其中。根据《巴黎协定》相关要求，海合会各国均已向联合国气候变化框架公约秘书处提交"国家自主贡献"（Nationally Determined Contributions），以阐明各自的气候治理行动规划与实施路径。自2020年底起，海合会各国逐步更新了"国家自主贡献"，普遍提高了减排承诺，显示各国参与全球气候治理的决心。对以石油和天然气出口为主要财政收入来源的海合会国家而言，经济多元化改革既是各国未来发展战略的核心议题，也是推进具有成本效益的减排措施的重要基础。因此，大部分海合会国家将气候治理、减排措施与自身的国家发展规划深度融合，使之成为长久实施的国家战略。当前，各国已开始逐步落实各自的减排计划，但受政策惯性、经济承受能力、外部环境不确定性增强等多重影响，各国气候治理仍面临不小挑战。

## 一 海合会国家气候治理的驱动力

海合会国家已普遍认识到气候治理的重要性，并纷纷做出减排承诺。作为全球气候条件最为苛刻的地区之一，海湾各国更易受到气候变化带来的不利影响；同时，作为全球石油、天然气的主产区，海合会国家推进绿色经济转型也面临巨大挑战。平衡各方利益，确保气候治理的长期性、有效性，是海合会国家面临的重要课题。这需要强大的内外驱动力，促进民众、企业、政府在气候治理问题上形成共识，以确保各项绿色转型措施顺利实施。

### （一）地理环境的不断恶化

中东是全球最为炎热和干旱的地区之一，生态系统极为脆弱。随着全球气候变暖，中东地区的年平均气温仍在不断升高，极端天气出现的频率有所增加。2021年夏天，阿拉伯半岛北部至两河流域地带普遍出现创纪录旱灾。[1]

---

[1] Peter Schwartzstein, Wim Zwijnenburg, "'We Fear More War, We Fear More Drought': How Climate and Conflict Are Fragmenting Rural Syria", Reliefweb, February 16, 2022, https://reliefweb.int/report/syrian-arab-republic/we-fear-more-war-we-fear-more-drought-how-climate-and-conflict-are, accessed May 9, 2022.

此外，海合会国家还长期受到土地荒漠化与盐碱化、生物多样性丧失、水资源短缺、海平面上升等一系列环境问题的困扰。土地荒漠化与盐碱化导致的土壤退化令本就脆弱的国内农业雪上加霜，粮食安全威胁越发严重；近海环境恶化，特别是红树林与珊瑚礁栖息地的恶化，对相关海洋动物种群产生负面影响，威胁沿岸国家渔业生产活动；陆地环境退化危及畜牧业的可持续发展，并导致阿拉伯半岛陆地动物种群数量不断减少；地表水资源匮乏以及对不可再生的地下水资源的过度开采，令整个阿拉伯半岛地区水资源短缺更为严重；海平面上升危及地区国家的发展空间，略高于海平面的小型岛礁和填海造陆而成的低洼地带面临被吞噬的风险，而为保护城市、海滩修建的防波堤等基础设施也在不断升高的海平面冲击下出现隐患。

### （二）经济结构的不可持续

海湾国家已清醒地认识到，单纯将化石能源出口作为唯一主要财政收入的模式是难以长久维系的，这表现在两方面。其一，经过近一个世纪的大规模开采，海湾地区现已探明的化石能源储量已开采大半，地区国家需要寻找更加多元、持久的经济增长点。过度单一的经济结构让海湾国家难以抵抗国际能源价格波动带来的不利影响，并加重经济社会在危机处理方面的脆弱性。其二，国际社会在应对气候变化方面已形成共识，减少碳排放、推动清洁能源与可再生能源的广泛使用已是难以逆转的大势。长期来看，国际市场对化石能源需求的减弱将令海湾国家凭借能源出口获利的商业模式遇到瓶颈。基于上述原因，在过去二十年中，海湾国家在气候变化议题上的观点立场也出现了根本性转变，不再将其单向性地视为对石油收入的纯粹威胁，而是寻求改变自身经济模式，以适应新的形势变化和需要。

### （三）非传统安全挑战加剧社会矛盾

气候变化本身及其引发的粮食安全、水资源安全、公共卫生、人道主义等一系列关联因素，对本地区的"脆弱国家"往往会产生更为严重的影响。有观点认为，叙利亚在 2006~2010 年的严重干旱引发了农业衰退，而政府在粮食、水、难民安置等方面的欠妥做法为"阿拉伯之春"中民众激烈的不满情绪和反抗行动埋下了伏笔。2015年，时任美国总统奥巴马也表达了类似观点，气候变化"助长了叙利亚的早期动乱，并使其陷入内战"。[1] 近十年来，包括海湾国家在内的中东地区因极端天气而导致的农业减产、畜牧业损失屡有发生，这不仅令基层政府疲于应付，也让一些非国家行为体看到"以乱牟利"的契机，甚至将故意破坏相关基础设施作为一种"战时策略"。极端组织"伊斯兰国"就曾利用地方政府对水资源和能源控制不力、民众不满情绪高涨，扩大了其在叙利亚和伊拉克的盘踞势力。[2] 上述乱象警示了海合会国家，在各国发布的国家发展规划及提交给联合国气候变化框架公约秘书处的"国家自主贡献"文件中，均以专章阐述了各自应对气候变化措施在缓解非传统安全挑战方面的作用和规划。

### （四）绿色经济的良好前景

尽管气候变化带来了诸多负面因素，但若想调动私营部门和市场资本在应对气候变化方面的积极性，就必须以"具有成本效益"的方式来解决。这一原则被海湾各国采纳，并成为各自绿色转型规划的基础原则之一。当前，西方国家普遍设立碳边境税，以传统工业技术制造的产品销往西方市场往往会被收缴高额碳边境税，造成产品成本提高、竞争力下降。为此，中东企业愈加青睐采用可再生能源和减碳技术生产传统高耗能产品。例如，阿联酋全球铝业公司已开始采用太阳能生产铝，并供货给德国宝马。[3] 由于光伏装置的成本正在大幅下降，利用太阳能生产铝并未过度推高企业的生产成本，产品也符合欧盟相关绿色认证，有效规避了碳边境税，经济效益比使用

---

[1] Jan Selby, Omar S. Dahi, Christiane Fröhlich, Mike Hulm, "Climate Change and the Syrian Civil War Revisited", *Political Geography*, Vol. 60, September 2017.

[2] Marwa Daoudy, "Scorched Earth: Climate and Conflict in the Middle East", *Foreign Affairs*, Vol. 101, No. 2, March/April 2022.

[3] "BMW Group Becomes First Customer for EGA's CelestiAL Aluminium, Made with Solar Power", Emirates Global Aluminium, February 2, 2021, https://www.ega.ae/en/media-releases/2021/february/bmw-buy-ega-celestial, accessed May 9, 2022.

传统技艺更好。此外，海合会国家为引导企业和公众合理使用能源，逐步放开了对电力和化石能源的限价。一些民众在自家装配太阳能发电板，企业更多地采用可再生能源，在节能减排的同时也在一定程度上避免了未来能源价格上涨的不利影响。

## 二 海合会国家气候治理的规划与举措

海合会六国均是《联合国气候变化框架公约》的缔约国。根据2015年12月联合国气候峰会通过的《巴黎协定》，各缔约国需要制定并提交"国家自主贡献"，并每五年更新一次。① 该计划内容广泛，在对国情合理分析和可靠数据的基础上，各国通常将当前面临的气候变化威胁、适应气候变化需采取的举措、为节能减排采取的经济社会改革措施、实现碳中和与减排目标所需的技术以及金融支持等具体内容列入计划并做重点阐述。由于联合国要求各国提交的"国家自主贡献"需同时与减贫、妇女权益保护、可持续发展目标等其他关联因素相协调，故多数国家将该计划与各自的国家发展战略联系在一起，将减排目标与国家发展规划挂钩，以期实现国家经济改革与气候治理的联动。截至2021年底，海合会六国均对其首份"国家自主贡献"进行了更新，其中阿联酋与阿曼已提交第二版。

海合会国家高度依赖化石能源及其衍生品出口带来的收入。与此同时，海合会国家普遍自然地理环境恶劣、生态系统脆弱，还有漫长的海岸线。这使各国普遍居于一种尴尬地位，一方面很容易受到国际社会为应对气候变化而采取的减少传统能源消耗政策的影响，另一方面自身也是全球气候变化负面效应的主要承受方。这对海合会国家的气候治理提出挑战：需积极应对气候变化带来的负面效应，而应对措施将减少本国财政收入并危及经济增长的稳定性，收入降低及经济疲软则会进一步削弱地区国家发展绿色经济的动力

---

① "Nationally Determined Contributions (NDCs)", UNFCCC Sites and Platforms, https://unfccc.int/process-and-meetings/the-paris-agreement/nationally-determined-contributions-ndcs/nationally-determined-contributions-ndcs#eq-4, accessed May 9, 2022.

和能力。因此，对海合会国家而言，应对气候变化与实现经济改革并谋求可持续发展是需要谨慎平衡的艰巨挑战。

以下，将以海合会六国"国家自主贡献"为主要文献视角，对六国的气候治理行动逐一进行梳理和分析。

### （一）沙特[①]

沙特于2021年10月更新了其"国家自主贡献"。该计划承诺以2019年温室气体排放值为基准，至2030年前，每年减排相当于2.78亿吨二氧化碳当量的温室气体，这与沙特2016年首次提交"国家自主贡献"时所做的减排承诺（每年减排1.3亿吨二氧化碳当量的温室气体）相比提高了1倍多[②]。沙特拟于2060年实现净零排放，并将投资逾1800亿美元用于"气候行动"。[③] 值得一提的是，沙特明确表示实施"国家自主贡献"计划将全部倚赖其自有资金，不寻求国际财政支持。即便在富裕的海湾地区，将这一承诺明确写入"国家自主贡献"的也仅此一国，显示其对自身长期经济增长和财政盈余能力的信心。

沙特认识到，对石油生产、加工和出口的单一依赖已严重限制其经济的可持续发展能力，经济多元化是确保其经济增长稳定性的关键因素。因此，沙特国家发展战略的核心是实现经济多元化，并且只有在实现经济多元化的基础上才能实现可持续和具有成本效益的节能减排。

沙特拟采取一套全面的碳循环经济框架以实现其减排预期目标，并提出"4R"模式，即减少（Reduce）、再利用（Reuse）、再循环（Recycle）、移

---

[①] 本小节相关数据除特殊注明外，均来自沙特阿拉伯政府于2021年10月23日向联合国气候变化框架公约秘书处提交的《国家自主贡献更新版》文件，参见"Updated First Nationally Determined Contribution", United Nations Climate Change, October 2021, https://unfccc.int/sites/default/files/resource/202203111154——KSA%20NDC%202021.pdf, accessed May 9, 2022。

[②] "Nationally Determined Contribution, Kingdom of Saudi Arabia", NDC Interim Registry, November 3, 2016, http://www4.unfccc.int/ndcregistry/Pages/Home.aspx, accessed May 9, 2022。

[③] 《海湾国家推动清洁能源建设》，《人民日报》2021年12月16日，第17版。

除（Remove）。所谓"减少"，指通过提高能源利用效率、采用清洁能源系统等方式减少排放；"再利用"，指捕获并在不改变化学性质的情况下重新利用排放的温室气体；"再循环"，指将排放物回收并用于化学性质不同的其他产品；"移除"，指将全部或部分排放物从经济活动框架中排除。沙特拟将其巨量的化石能源资源蕴藏转化为发展碳循环经济的驱动力，从而实现在碳排放和环境保护方面的跨越式发展。

为加强国际减排合作，沙特面向地区国家和国际社会提出了一系列倡议，例如"沙特绿色倡议"（Saudi Green Initiative）、"中东绿色倡议"（Middle East Green Initiative）、"碳循环经济国家计划"（Circular Carbon Economy National Program）、"国家可再生能源计划"（National Renewable Energy Program）、"沙特能源效率计划"（Saudi Energy Efficiency Program）等。同时，沙特也积极参与应对气候变化的国际多边倡议和平台，例如"全球甲烷倡议"（Global Methane Initiative）、"创新任务"（Mission Innovation）、"清洁能源部长级会议"（Clean Energy Ministerial）、"净零生产者论坛"（Net-Zero Producers Forum）等。

减排是沙特提高能源效率的重要举措。沙特能源效率中心（Saudi Energy Efficiency Center）实施的"能源效率计划"对工业、建筑业和陆路运输业设定了强制性能源效率标准，而上述产业占沙特全国能源需求的90%以上。与此同时，沙特国家能源服务公司（National Energy Services Company, Tarshid）则加大力度激励政府对所辖建筑进行节能改造，并对私营部门在能源效率服务方面的投资提供支持。依托相关激励计划，沙特拟对全国11万座政府大楼、3.5万所公立学校、10万座清真寺、2500家医院和诊所以及200万盏路灯进行节能改造。

可再生能源方面，沙特已制定"国家可再生能源计划"，大力发展太阳能、风能、地热能、废料再利用、绿色氢气等可再生能源产业；通过实施新的法规和政策，鼓励私营部门在可再生能源领域加大投资与研发力度。该计划拟到2030年将沙特可再生能源利用率提高至国内能源总体消费比重的50%左右。

在石油化工领域，沙特拟充分利用碳捕集、利用与封存（Carbon

Capture，Utilization and Storage，CCUS）技术，将"二氧化碳捕集、驱油"作为碳循环经济的重点。沙特计划将朱拜勒和延布建设成全球石化行业碳捕集、利用与封存技术应用的典范。该地区是沙特石油化工产业、钢铁及其他重工业的聚集地，也具有成熟完备的交通运输基础设施，区位优势明显。此外，沙特还拟凭借丰富的天然气储量，大力发展蓝氢与绿氢，引导传统石化产业向清洁低碳化发展。

水资源利用方面，作为海湾地区体量最大的国家，沙特对海水淡化的需求十分巨大，其国内70%的淡水由海水淡化获得。为减少能源消耗，沙特拟提高反渗透（RO）技术在淡化设备中的使用比例，并增加对太阳能、风能和绿氢等可再生能源的利用，为海水淡化供能。与此同时，沙特也将加强对农业、工业及日常用水损耗的管控，提高雨水收集能力和废水重复利用率。

## （二）阿联酋[①]

阿联酋于2020年12月底提交了第二份"国家自主贡献"，也是海合会国家中第一个提交第二份"国家自主贡献"的国家。阿联酋承诺到2030年将温室气体排放量减少23.5%，并在2050年实现碳中和，这一时间是海合会国家中最早的。值得注意的是，相比于部分国家计划灵活利用碳市场交易实现自身的减排目标，阿联酋表示将主要通过国内努力实现预期减排目标，碳市场交易仅作为辅助手段。事实上，早在2017年阿联酋就通过了《2017~2050年国家气候变化计划》[②]，该计划为管理温室气体排放、采取适应气候变化的应对措施、创新经济多元化发展制定了框架。

---

① 本小节相关数据除特殊注明外，均来自阿联酋政府于2020年12月29日向联合国气候变化框架公约秘书处提交的《阿联酋国家自主贡献第二版》文件，参见"Second Nationally Determined Contribution of the United Arab Emirates"，United Nations Climate Change，December 29，2020，https：//unfccc.int/sites/default/files/NDC/2022-06/UAE%20Second%20NDC%20-%20UNFCCC%20Submission%20-%20English%20-%20FINAL.pdf，accessed May 9，2022。

② "National Climate Change Plan of the UAE 2017-2050"，United Arab Emirates Ministry of Climate Change & Environment，https：//u.ae/en/about-the-uae/strategies-initiatives-and-awards/federal-governments-strategies-and-plans/national-climate-change-plan-of-the-uae，accessed May 9，2022。

作为一个沿海国家，气候变化对阿联酋的基础设施和经济活动正造成愈加严重的影响。阿联酋85%的人口和90%以上的基础设施位于沿海低洼地带，气温上升与海水酸度、盐度的变化对沿海和近海基础设施的损害均给阿联酋带来不可忽视的影响。为应对气候变化并加强国际气候治理合作，阿联酋出台了一系列专项规划，并不断完善自身的气候治理体制机制建设。相关法案除了前文提到的《2017~2050年国家气候变化计划》，还包括《2030年阿联酋绿色议程》（UAE Green Agenda 2030）、《2050年国家能源战略》（National Energy Strategy 2050）等，《阿联酋2021年愿景规划》（UAE Vision 2021）及《阿联酋2071年百年规划》（UAE's Centennial Plan 2071）两份中长期规划也囊括了应对气候变化与可持续发展的相关内容。在机构设置方面，阿联酋气候变化与环境部以及能源与基础设施部是参与应对气候变化和落实可持续能源计划的两个关键实体。此外，阿联酋还专门设立了气候变化和环境委员会（The UAE Council on Climate Change and Environment），该委员会是跨部委、跨酋长国的专项管理机构，确保国家层面和酋长国层面的气候变化应对政策与措施保持一致。

阿联酋认为，可持续的减碳措施需以成功的绿色经济改革为基础。阿联酋希望建立起具有竞争力的绿色经济体系，其中"可持续金融"是关键。"可持续金融"的理念是鼓励阿联酋金融公司将环境、社会和治理纳入其业务框架。2016年，迪拜成立"绿色基金"，以优惠利率向投资清洁能源领域的公司提供贷款。2020年，阿布扎比启动"绿色债券"计划，该计划由阿联酋能源部、阿布扎比政府、阿布扎比全球市场和阿布扎比证券交易所联合发起。此外，阿联酋也一直在全球范围内加大对可再生能源领域的投资，截至2020年底，在超过70个国家的投资总额超过168亿美元。

阿联酋为实现减排，针对社会和经济产业的各个领域均制定了专项措施，特别在天然气、电力、排放密集型工业产业、交通运输、建筑业、废物利用、水资源等方面加强技术革新和能力建设。

在石油与天然气领域，石油与天然气仍将在较长时间内作为阿联酋经济的重要支柱，因此在该领域的技术革新和加强减排对实现低碳目标至关重要。阿联酋最大的石油和天然气生产商阿布扎比国家石油公司计划通过提高资源使用效率、零燃烧政策以及碳捕集技术，到2030年将温室气体排放强度降低25%。此外，阿联酋还拟采取光学成像、红外监测等技术手段，对石油和天然气全产业链中的逃逸性温室气体排放进行捕获，力求最大限度地实现温室气体减排及废气废料的循环利用。

在电力领域，阿联酋《2050年国家能源战略》中规划，至2050年将能源结构优化为：清洁能源（包括可再生能源44%和核能6%）比例提高至50%，辅以38%的天然气和12%的清洁煤，并在2050年之前将最终能源需求减少40%。[①] 截至2020年底，阿联酋在清洁能源领域投资逾400亿美元，包括太阳能和核能在内的清洁电力装机容量稳步提高，从2015年的100兆瓦逐步提高至2020年的2.4吉瓦，并计划于2030年达到14吉瓦。

对于非能源类排放密集型产业，阿联酋针对铝、钢铁、水泥及化工等温室气体排放密集产业推行"绿色工业倡议"。根据阿联酋官方统计数据，阿联酋全球铝业公司与冶炼相关的碳排放水平比全球行业平均水平低38%，而其全氟化碳（PFC）的排放量比全球行业平均水平低91%以上。阿联酋已设立海湾地区首个商业规模的碳捕集、利用与封存网络AlReyadah。[②] 该项目自2016年开始运营，目前可捕集、利用的二氧化碳装机容量达80万吨/年。该项目的成功实施为阿联酋后续推广类似项目奠定了良好基础，并起到重要的示范作用。

在交通领域，阿联酋拟将国内汽油和柴油价格与国际市场价格挂钩，鼓励民众选择绿色出行方式，并加快城市清洁交通基础设施建设。以迪拜为例，其绿色交通战略计划到2030年实现电动和混合动力汽车市场占比达到2%，在政府采购中的占比达到30%。同时，阿联酋计划加强国内铁路网络

---

① "UAE Energy Strategy 2050", The United Arab Emirates' Government Portal, October 12, 2021, https：//u. ae/en/about - the - uae/strategies - initiatives - and - awards/federal - governments - strategies-and-plans/uae-energy-strategy-2050, accessed May 9, 2022.

② "Energy for Environment Protection", Abu Dhabi National Oil Company, https：//www. adnoc. ae/en/hse/environment - and - sustainability/energy - for - environment - protection, accessed May 9, 2022.

建设，降低汽车在陆路运输中的占比，以降低70%~80%的交通二氧化碳排放。

在建筑领域，阿联酋拟在国内推广一系列绿色建筑法规和评级计划。相关法规不仅适用于新建楼宇，也包括对既有建筑的节能改造。仅在迪拜就计划到2030年对3万座建筑进行节能改造。同时，阿联酋也将与海合会其他国家同步对各类电器进行绿色评级，以提高相应的能源使用效率。

在废物利用方面，阿联酋是世界经济论坛"Scale 360"倡议的首批签署国，该倡议的重点就是通过国家主导的方式快速推进循环经济发展。阿联酋通过"2020年一次性塑料政策"（Single Use Plastic Policy 2020）减少对不可回收产品的使用，并通过减少垃圾填埋量来降低对土壤的危害，提高资源的重复使用效率。

在水资源利用方面，阿联酋已制定"2036年阿联酋水安全战略"（UAE Water Security Strategy 2036），旨在到2036年将饮用水消耗量减少20%，并将中水重复利用率提高至95%。为减少海水淡化带来的巨量能源消耗，阿联酋计划通过发展反渗透技术供水项目扩大可再生能源在海水淡化中的份额。阿联酋计划到2036年将通过反渗透技术获得的淡水占比提高至总饮用水供给的50%以上。

## （三）卡塔尔[①]

卡塔尔于2021年8月更新了"国家自主贡献"，计划到2030年碳排放量较2019年减排25%。

卡塔尔作为面积狭小的半岛国家，沙漠环境以及干旱、高温的气候使其对气候变化的负面影响极为敏感，海平面上升、气温上升、内陆洪水、生物多样性的降低等诸方面因素都将危及卡塔尔的生存环境。卡塔尔的经济依赖

---

① 本小节相关数据除特殊注明外，均来自卡塔尔政府于2021年8月24日向联合国气候变化框架公约秘书处提交的《卡塔尔国家自主贡献》文件，参见"Nationally Determined Contribution（Updated Submission）", United Nations Climate Change, August 2021, https://unfccc.int/sites/default/files/NDC/2022-06/Qatar%20NDC.pdf, accessed May 9, 2022。

石油与天然气的出口，平衡经济增长与环境的可持续性是卡塔尔应对气候变化议题的首要考虑因素。在一定程度上，不损害国家经济繁荣是卡塔尔实施绿色环境政策的前置条件。

与其他海合会国家一样，卡塔尔应对气候变化措施的关键也是实现经济多元化发展。在卡塔尔《2030 年国家愿景》（Qatar's National Vision 2030）以及卡塔尔《国家发展战略》（National Development Strategy）中列出了对各个产业绿色发展的规划与目标。

对于石油与天然气行业，卡塔尔的沙欣（Al-Shaheen）油田废气回收和利用项目是目前全球正在运行的最大石化清洁发展项目之一。过去 7 年间，该油田每年减排约 120 万吨二氧化碳。同时，卡塔尔在拉斯拉凡（Ras Laffan）启用了西亚北非地区规模最大的二氧化碳回收和封存设施，设计处理能力为 220 万吨二氧化碳当量。为最大限度地在保持油气开采产业繁荣的前提下实现减排，卡塔尔已宣布，将在未来新建的所有液化天然气设施中采用碳捕集与封存技术（Carbon Capture & Storage，CCS），并将在考虑经济、安全及环境条件的基础上，对现有其他天然气设施进行改造。此外，在应对甲烷排放方面，卡塔尔国有石油公司已在其上下游设施中引入"甲烷泄漏智能检测和修复计划"（Smart Leak Detection and Repair Program，LDAR）。未来，卡塔尔政府计划在境内所有油气设施推广该计划。

在电力与水资源利用方面，卡塔尔大部分电力生产依靠天然气供能，而城市供水则主要依靠海水淡化。为加强对可再生能源的利用，卡塔尔已引入其首个 800 兆瓦的太阳能发电厂。同时，卡塔尔积极参与海合会统一的最低能源效率限制计划，对相关电器设施进行能效标识，淘汰高耗能产品。卡塔尔通过其"节约并高效使用水电资源的国家计划"（The National Program for Conservative & Efficient Use of Water & Electricity），加强对社会公众的节能教育，说明可持续发展的重要性，并着重提高年青一代的环保意识。

在交通运输领域，卡塔尔计划大力发展城市轨道交通，减少公共交通的碳排放。同时，作为重要的航空及海运枢纽，卡塔尔对多哈哈马德国际机场和其主要货运港口进行电气化改造，并实施全新的环保认证。未来，卡塔尔拟在境内推动电动汽车发展，并积极完善公共充电桩等基础设施保障，使之成为运输行业减排的新增长点。

在建筑业，卡塔尔面向社会推广"全球可持续发展评估系统"（Global Sustainability Assessment System，GSAS），希望借此促进国内建筑行业向"绿色标准"过渡。包括哈马德国际机场扩建项目在内的卡塔尔近期主要建筑项目均以"全球可持续发展评估系统"标准进行评级，采取创新节能措施。同时，卡塔尔也面向普通民用建筑大力推广使用可再生资源并配备相关设施，例如对建筑垃圾的回收和再利用、为楼宇配备太阳能收集及利用设施等。

在环保技术研发方面，卡塔尔国内多所大学和智库机构开展气候变化及节能减排相关研究。例如，卡塔尔大学环境科学研究中心（Environmental Science Center，Qatar University）专注于生物多样性研究；哈马德·本·哈利法大学的卡塔尔环境与能源研究所（Qatar Environment and Energy Research Institute）发布了《卡塔尔太阳能地图》（Qatar Solar Atlas），对卡塔尔太阳能资源的地理分布进行量化分析，为后期的有效利用奠定基础；卡塔尔研究发展和创新委员会（Qatar Research, Development and Innovation Council）专注于能源、环境和水资源的可持续利用议题；卡塔尔国家研究基金（Qatar National Research Fund）专注于对卡塔尔国内碳管理系统研究项目的资助。

### （四）阿曼[1]

阿曼于2021年7月发布了其第二份"国家自主贡献"，计划以阿曼"2040年愿景"和"国家能源战略"（National Energy Strategy）为基础，将国家经济逐步过渡至低碳经济和大幅减排的能源消费结构。阿曼强调，相关

---

[1] 本小节相关数据除特殊注明外，均来自阿曼政府于2021年7月29日向联合国气候变化框架公约秘书处提交的《阿曼苏丹国第二版国家自主贡献》文件，参见"Second Nationally Determined Contribution, Sultanate of Oman", United Nations Climate Change, July 2021, https://unfccc.int/sites/default/files/NDC/2022-06/Second%20NDC%20Report%20Oman.pdf, accessed May 9, 2022。

的减排措施需基于成本效益，而国际气候融资是阿曼实现这一目标的关键。《巴黎协定》第六条，即关于碳市场的相关规定，是阿曼获取国际气候融资的重要途径。

阿曼将自身的国家发展计划与其在气候变化领域制订的"国家适应计划"（National Adaptation Plan）进行协调，确保国家经济社会发展与改革的步伐同减排努力相一致。阿曼在其国家发展计划"2040年愿景"中深度融入了旨在促进节能减排的发展目标。"2040年愿景"的核心是实现经济多元化，进一步将阿曼经济与依赖化石能源的传统经济结构进行切割，其中包括转向低碳经济的若干计划和关键绩效指标。具体而言，2017年阿曼石油产业占国内生产总值的比重为39%，非石油产业占61%，阿曼计划到2030年将石油产业占比降至16%，到2040年进一步降至8.4%，非石油产业占国内生产总值的比重预计将达到91.6%。此外，阿曼还设定目标，计划将能源强度（每单位能源产出的国内生产总值）从2014年的6.92提高到2030年的14.57，并在2040年达到的17.3，最大限度地提高能源利用效率。对于可再生能源在能源结构中的比重方面，"2040年愿景"计划到2030年将可再生能源利用比重提高至20%，到2040年提高到35%~39%。

基于"2040年愿景"以及阿曼"国家能源战略"，阿曼制定了"2030年碳控制计划"（2030 Carbon Control Plan），通过使用可再生能源和提高能源利用效率，力求到2030年实现碳排放减少7%，即1.25254亿吨二氧化碳当量。其中，4%的减排来自国家层面的努力，其余3%力争通过增强能力建设及在外部融资、捐赠、援助的帮助下实现。具体来说，在可再生能源部署方面，根据"2030年碳控制计划"，阿曼计划到2027年以可再生能源解决20%的国家电力需求，其中太阳能光伏发电占79%、风能占21%。该计划现已进入实施阶段，2019年一座装机容量49兆瓦的风力发电厂投产，2021年阿曼第一个500兆瓦的大型光伏项目亦开始运营。在提高传统能源利用效率方面，阿曼将持续关停老旧、低生产效率工厂，并加快燃气电厂的技术迭代，向能源循环方向发展。据阿曼官方数据统计，2015~2020年，阿曼燃气电厂的能源效率已从39%提高至55%，并计划到2025年进一步提高至

63%。同时，阿曼不断加强在社会层面的宣传和规章制度的完善。阿曼已放开石油价格限价，并计划在2025年前逐步取消水电补贴，利用市场价格敦促民众节能、节水。此外，阿曼也将实施海合会统一的电器强制最低能源效率限制计划，目前已在空调等高能源消耗产品中实施，未来还将推广至冰箱、热水器、洗衣机、照明等全系列电器产品。

### （五）巴林[①]

巴林于2021年10月更新了其"国家自主贡献"。作为一个面积狭小的岛国，填海造陆是巴林扩大其发展空间的重要手段。相应的，巴林对气候变化导致的海平面上升极为敏感，这将直接危及巴林本已十分有限的生存空间。

巴林于2016年底首次提交"国家自主贡献"。为落实相关减排承诺，巴林于2017年通过了《国家能源效率行动计划》（National Energy Efficiency Action Plan）和《国家可再生能源行动计划》（National Renewable Energy Action Plan）。根据上述文件，巴林确定了22项具体措施以降低能耗，并加强对太阳能、风能和沼气能的利用，以期到2025年使可再生能源占全部能源消耗的比重达到5%，到2035年提高至10%。

此外，巴林尝试加大植树造林的力度。通过植树造林一方面可以更好地适应气温上升的现状，另一方面也可对温室气体实现碳汇。当前，巴林的植树造林计划仍处于早期阶段，已制作覆盖巴林全国的热卫星图像，以便确定适合的种植地点、植被品种等技术细节。巴林政府希望植树造林计划能够适应愈加炎热的气候、避免消耗大量灌溉用水，也不对现有基础设施构成负面影响。与此同时，巴林也积极考虑加大对沿海红树林的保护，进一步发掘红

---

[①] 本小节相关数据，除特殊注明外均来自巴林政府于2021年10月18日向联合国气候变化框架公约秘书处提交的"国家自主贡献"更新版文件，参见"Nationally Determined Contribution of Kingdom of Bahrain under UNFCCC", United Nations Climate Change, October 2021, https://unfccc.int/sites/default/files/NDC/2022-06/NDC%20of%20the%20Kingdom%20of%20Bahrain%20under%20UNFCCC.pdf, accessed May 9, 2022。

树林的经济价值，践行"有经济效益的绿色转型"理念。

与其他海合会国家相同，巴林同样将减排和可持续发展寄希望于经济多元化改革。在初步构想中，未来的多元经济结构有6个关键部门，即金融服务、信息和通信、工业、物流、旅游和石油。巴林政府希望通过吸引外资投入并鼓励本国私营部门投资来增加更多的就业机会，以实现绿色经济的健康可持续发展。

### （六）科威特[①]

科威特于2021年10月更新了其"国家自主贡献"。根据当前计划，拟到2035年减少7.4%的温室气体排放量。不同于阿联酋、卡塔尔等经济多元化改革进展已取得一定成效的国家，科威特自诩为"国家财政收入来源单一的发展中国家"，石油出口收入占其国家总收入的90%以上。故科威特在"国家自主贡献"中特别强调了其经济结构对实施减排措施的挑战，以及国际社会应对气候变化的努力对其经济社会产生的潜在负面影响，并明确表示希望借由国际多边主义平台获得外部的技术和财政支持。

科威特对海水淡化的依赖比其他海湾国家更为严重，其93%的淡水资源来源于海水淡化。海水淡化过程对能源的高消耗进一步对海洋和沿海生态系统产生不利影响。据科威特政府估算，若海平面上升0.5米至2米，科威特则会相应失去1.4%~3%的陆地面积，或将令科威特损失至多5%的国内生产总值。

科威特国内能源需求完全依赖化石燃料，其中83.5%来自石油，16.5%来自天然气。能源部门是科威特国内最主要的温室气体排放方，约占全国排放总量的58%。

尽管科威特计划在未来发展碳循环经济，但考虑到其经济结构的特点和

---

[①] 本小节相关数据除特殊注明外，均来自科威特政府于2021年10月12日向联合国气候变化框架公约秘书处提交的"国家自主贡献"更新版文件，"Nationally Determined Contribution", United Nations Climate Change, October 2021, https：//unfccc.int/sites/default/files/NDC/2022-06/Kuwait%20updating%20the%20first%20NDC-English.pdf, accessed May 9, 2022。

承受力，科威特将目标相对保守地设定为"避免增加更多排放"，而非大多数国家的"减排"。科威特政府拟在未来增加可再生能源和清洁能源在国家经济生产活动中的使用比例，并通过立法和出台新的规章制度减少公众对能源的浪费。此外，科威特也将继续实施在社会层面加强对公众的节能宣传引导、加强对温室气体排放的监测和回收、强化对废水的处理和再利用、保护陆地和海洋生物多样性等常规措施。

## 三 海合会国家气候治理前景与挑战

总体而言，海合会国家对参与全球气候治理的态度是积极的，其应对的根本路径是实现自身经济的多元化，并以此为基础发展碳循环经济，充分利用清洁能源与可再生能源，实现温室气体减排与生态系统涵养，从而达到环境可持续的预定目标。

海合会各国最近一次提交、更新"国家自主贡献"主要集中在2021年，其中均提及新冠肺炎疫情影响下经济衰退和复苏乏力带来的不利影响。2022年初开始的乌克兰危机进一步加剧国际地缘政治的不稳定性。粮食短缺、难民危机、产业链和供应链中断等一系列挑战将给海合会国家的经济转型及以此为基础的气候治理行动带来负面影响。

第一，经济多元化与气候治理高度融合。海合会国家无一例外将实现经济多元化作为推动具有成本效益的气候治理的基础。一方面，这使地区国家的气候治理措施更具可持续性；另一方面，海湾各国经济产业结构改革与国家发展战略的有效实施客观上成为实施"绿色转型"与坚持气候治理的前置条件。然而，推动经济多元化并非没有成本，这需要以前期能源出口收入为基础的巨量财政投入。对阿联酋、卡塔尔等已取得部分经济转型成效的国家以及对沙特这样具有丰厚能源收入的大体量国家而言，经济产业提质升级虽未完成，但已进入成熟推动轨道，且国家财政可以有效支撑这一过程所需的必要成本支出。但对其他中小国家而言，经济转型并非一日之功，旧有经济模式及政策惯性将极大地影响其多元化进程。令人欣慰的是，海合会国家已明确认知到推动经济多元化的必然性,也意识到气候治理是其未来经济社会可持续发展的重要依托。因此,各国的减排措施也许会因阶段性的经济困难或社会危机而有所暂停,但考虑到气候治理已与各国国家发展规划深度融合而成为长期战略的一部分,从长远角度看,气候治理政策的稳定性已得到有效保障。

第二,对传统能源的依赖依旧严重。一方面,现阶段,石油和天然气采炼仍然是海合会国家的支柱产业,其出口收入仍然是海合会国家最为主要的财政来源。目前,化石能源出口占科威特国内生产总值的45%,占阿曼和卡塔尔国内生产总值的35%,占沙特与阿联酋国内生产总值的25%,占巴林国内生产总值的15%。[1] 据国际评级机构穆迪预测,海合会国家将继续严重依赖碳氢化合物至少10年。[2] 有观点认为,在"去碳化"时代,海湾国家拥有世界上最低的生产成本,有能力在足够长的时间内将全球其他地区的高成本生产商逐出市场,占据更高的化石能源市场份额。同时,考虑到西方国家生产商因受困于严苛的环保法规和舆论约束,将减少新的投资,进而导致海湾地区以外的石油供应将比全球石油需求下降得更快,客观上给海合会国家提供了更多从化石能源中获利的机会。事实上,综观海合会国家提交的"国家自主贡献",几乎没有国家明确承诺"减少石油出口",其重点都是减少石油与天然气采炼过程中排放的温室气体,并利用碳捕集、利用与封存技术最大限度地实现碳零排放。另一方面,化石能源出口带来的收入支撑着海合会国家的社会契约,特别是在经济转型时期,这些收入或将用于资助替代传统高耗能产业的增长,成为其推动具有成本效益的碳循环经济的基础。因此,对传统能源的经济依赖仍将在长时期内作为海合会国家的根本经济特征而存在。

---

[1] 《海湾国家推动清洁能源建设》,《人民日报》2021年12月16日,第17版。
[2] "GCC States Will Take at Least 10 Years to End Oil Dependence, Says Moody's", Al Arabiya News, June 21, 2021, https://english.alarabiya.net/business/energy/2021/06/21/GCC-states-will-take-at-least-10-years-to-end-oil-dependence-says-Moody-s, accessed May 9, 2022.

第三，区域发展不均衡或进一步加剧。中东地区发展不均衡问题始终存在，气候变化及其应对措施或将进一步加剧这种不均衡现象。拥有多元化非农业经济的石油出口大国，可以较为容易地获得减排所需的财政和技术资源，保护民众免受气候变化的影响。在未来的绿色经济中，这些国家将更早地适应新的产业模式并从中获得丰厚收益。相比之下，部分小体量国家的政策回旋余地有限，需要依靠国际金融支持和技术援助完成转型，这对海合会内部的协同合作提出更高要求。更需注意的是，海合会国家处于地缘政治博弈的核心地带，周边不乏动荡、贫困国家，这些国家无法依靠自己的力量适应气候变化。随着极端天气事件和粮食短缺威胁到基本生存，区域性难民潮或将无法避免，极端主义、恐怖主义趁势复苏，将给整个地区带来安全风险。因此，海合会国家宜尽早对区域协同进行气候治理做好组织和财政准备，与域外大国和国际组织合作，帮助地区欠发达国家向绿色经济过渡，改善基础设施，应对气候变化带来的新挑战。

第四，气候治理议题的工具化趋势。随着各国对气候治理的重视，该议题已成为国际政治博弈的"新筹码"，气候治理"政治化"不可避免。美欧战略界有观点认为，本国政府应将气候治理议题作为外交政策工具，要求目标国家执行符合欧美期待的减排措施。就中东具体情况而言，因本地区仍有武装冲突，美欧部分政客要求本国政府将中东地区国家在地缘政治活动中是否存在"打击环境基础设施""破坏气候治理努力"作为评估与相应国家联盟关系的考量因素。[1] 海合会国家与西方关系交好，大多亦是美国的地区盟友，若上述观点进一步扩大而成为西方新的"政治正确"，或将对美国与其海湾盟国关系产生影响，并传导至中东脆弱的地缘政治平衡。

第五，有关公平性讨论或将升级。几乎每一个海合会国家在其提交的"国家自主贡献"中的"公平性与雄心"章节均提及，作为以化石能源出口为主要经济来源的发展中国家，海湾国家实现减排的难度以及其经济承受减

---

[1] Marwa Daoudy. "Scorched Earth: Climate and Conflict in the Middle East", *Foreign Affairs*, Vol. 101, No. 2, March/April, 2022.

排措施的能力都相对有限。对海合会国家而言，减排的公平性问题主要涉及两个方面。其一，是否承担了超过其发展阶段和经济承受能力的减排措施。海合会各国目前的减排计划均基于长期稳定的经济增长预期以及成功的经济与产业结构多元性改革。参考《联合国气候变化框架公约》第三条第二款原则[1]，为实施减排而产生的经济和社会后果不应对国家经济构成不成比例的负担。在未来的全球气候治理进程中，会不会出现域外国家以经济援助或政治安全为筹码，胁迫地区国家采取超过其承受能力的减排措施，值得各方关注。其二，关于碳排放计算标准的讨论。国际社会现行碳排放量的计算普遍是以生产为基础的，这意味着在石油和天然气钻探过程中排放的温室气体会被计入生产国的排放数据。海合会国家认为这是不公平的，因为其最终产品大多被运往国外为全球经济提供动力。从《京都议定书》到《巴黎协定》，海合会国家未能抓住机会让国际社会改变这一判定方式，但对这一计算方式的不满在海合会国家内部愈加上升。未来关于"生产者和客户平等分担与化石燃料生产有关的排放责任"的讨论或将进一步公开化。

---

[1] 《联合国气候变化框架公约》，联合国，1992年，FCCC/INFORMAL/84。

# 对外经济合作

Foreign Economic Cooperation

## Y.18 西亚对外贸易

徐 强[*]

**摘 要：** 在新冠肺炎疫情冲击下，大部分西亚国家贸易额增速弱于世界平均水平；在疫情和安全局势双重影响下，安全局势动荡国家的出口额和进口额都大幅下滑。以 2014 年为转折年，西亚 8 个产油国出口额、进口额在世界总额中的占比呈现出先升后降；4 个非原油主导、非局势动荡国家的贸易额世界占比则呈现出先升后稳；安全局势动荡国家的贸易额占比则在 2010 年后持续显著下降。西亚在中国全部出口额、进口额中的伙伴占比在 2014 年前总体保持上升，而后则调整稍降。建议从发掘机电产品贸易机会、参与西亚可再生能源开发、推进国际贸易低碳化及数字化等方面巩固和拓展中国-西亚贸易。

**关键词：** 西亚国家 对外贸易 原油贸易 安全局势 机电产品

---

[*] 徐强，商务部国际贸易经济合作研究院副研究员，主要从事世界经济和国际经济合作问题研究。

本文考察西亚16国货物贸易、中国与西亚贸易发展的趋势和动态，并对2019~2021年上述趋势和动态进行更细致的分析。依据2015年后西亚各国贸易产品结构和安全局势情况，拟将西亚16国分成以下三组：第Ⅰ组，"原油主导、非局势动荡"组，包括巴林、伊朗、伊拉克、科威特、阿曼、卡塔尔、沙特、阿联酋；第Ⅱ组，"非原油主导、非局势动荡"组，包括塞浦路斯、以色列、约旦、土耳其；第Ⅲ组，"局势动荡"组，包括黎巴嫩、巴勒斯坦、叙利亚、也门。

## 一 西亚外贸受到疫情冲击：衰退与恢复

本节分别考察2020年和2021年西亚各组国家及各国的双向国际贸易在全球新冠肺炎疫情冲击下的衰退和恢复情况，并将其增长态势和全球贸易增长态势做比较。

### （一）疫情期间西亚16国整体贸易额增速和世界平均增速的比较

西亚16国整体出口额大降大增，两年期年均增长显著弱于全球平均水平。如表1所示，2020年，西亚16国出口总额为9507亿美元，同比下降19.3%，下降程度大幅高于世界出口总额下降率7.4%。2021年，西亚16国出口总额为12835亿美元，同比增速为35.0%，明显高于同年世界出口总额增长率27.0%。2019~2021年，西亚16国的出口总额两年期年均增速为4.4%，明显低于世界出口总额两年期年均增速8.5%。

表1 2019~2021年世界和西亚的双向贸易总额及其增速

| 贸易规模 | 范围 | 金额（亿美元） | | | 年（均）增速（%） | | |
|---|---|---|---|---|---|---|---|
| | | 2019 | 2020 | 2021 | 2020 | 2021 | 2019~2021 |
| 出口额 | 世界 | 190191 | 176190 | 223761 | -7.4 | 27.0 | 8.5 |
| | 西亚16国 | 11776 | 9507 | 12835 | -19.3 | 35.0 | 4.4 |
| 进口额 | 世界 | 192896 | 178279 | 226414 | -7.6 | 27.0 | 8.3 |
| | 西亚16国 | 9263 | 8434 | 9922 | -9.0 | 17.6 | 3.5 |

资料来源：基于联合国贸易和发展会议公开数据计算。

2021年，西亚16国整体进口额回升，但明显弱于全球平均水平。如表1所示，2020年，西亚16国进口总额为8434亿美元，相比上年下降9.0%，高于世界进口总额下降率7.6%。2021年，西亚16国进口总额为9922亿美元，同比增速为17.6%，低于同年世界进口总额增速27%。2019～2021年，西亚16国进口额的两年期年均增速为3.5%，低于世界进口总额两年期年均增速8.3%。

### （二）疫情期间西亚国家出口额增长态势的分组比较

第Ⅰ组（原油主导、非局势动荡组）国家的出口额大降再大升，两年期年均增速显著弱于世界平均水平。如表2所示，2020年、2021年8个产油国整体出口额分别收缩25.6%、增长42.5%，相比世界出口总额的收缩、增长程度，分别高出18.2个百分点、15.5个百分点。2019～2021年，八国整体的两年期年均增速为3%，明显弱于世界出口总额两年期年均增速8.5%。

表2 2019～2021年西亚第Ⅰ组国家出口额及增速

| 范围 | 出口额（亿美元） | | | 年（均）增速（%） | | |
|---|---|---|---|---|---|---|
| | 2019年 | 2020年 | 2021年 | 2020年 | 2021年 | 2019～2021年 |
| 西亚第Ⅰ组 | 9932 | 7390 | 10530 | -25.6 | 42.5 | 3 |
| 巴林 | 181 | 141 | 232 | -22.4 | 64.5 | 13.2 |
| 伊朗 | 657 | 469 | 723 | -28.6 | 54.2 | 4.9 |
| 伊拉克 | 823 | 468 | 623 | -43.1 | 33.1 | -13 |
| 科威特 | 645 | 401 | 714 | -37.8 | 78.1 | 5.3 |
| 阿曼 | 387 | 305 | 537 | -21.2 | 76 | 17.7 |
| 卡塔尔 | 729 | 515 | 867 | -29.4 | 68.3 | 9 |
| 沙特 | 2616 | 1739 | 2584 | -33.5 | 48.6 | -0.6 |
| 阿联酋 | 3894 | 3352 | 4250 | -13.9 | 26.8 | 4.5 |

资料来源：基于联合国贸易和发展会议公开数据计算。

从国别差异来看，2020年，伊拉克、科威特、沙特、卡塔尔出口额的衰退程度分别高达43.1%、37.8%、33.5%、29.4%，只有阿联酋出口额衰退程度未超过15%。2021年，科威特、阿曼、卡塔尔、巴林出口额的年增速分别高达78.1%、76%、68.3%、64.5%，只有阿联酋年增速均未超过30%。2019~2021年，出口额两年期年均增速较高的有阿曼、巴林，分别为17.7%、13.2%；出口额两年期年均增速较低的有伊拉克、沙特、阿联酋、伊朗、科威特，分别为-13%、-0.6%、4.5%、4.9%、5.3%。

第Ⅱ组（非原油主导、非局势动荡组）国家的整体出口额衰退和复苏程度大体与世界同步。如表3所示，2020年、2021年第Ⅱ组国家整体出口额分别收缩8.1%、增长29.1%，相比世界出口总额的收缩和增长程度，分别高出0.7个百分点、2.1个百分点；2019~2021年，四国整体出口额的两年期年均增速为8.9%，略高于世界出口总额两年期年均增速8.5%。

表3 2019~2021年西亚第Ⅱ组和第Ⅲ组国家出口额及增速

| 范围 | 出口额（亿美元） |  |  | 年（均）增速（%） |  |  |
| --- | --- | --- | --- | --- | --- | --- |
|  | 2019年 | 2020年 | 2021年 | 2020年 | 2021年 | 2019~2021年 |
| 西亚第Ⅱ组 | 2511 | 2308 | 2979 | -8.1 | 29.1 | 8.9 |
| 塞浦路斯 | 35 | 31 | 38 | -11.4 | 22.6 | 4.6 |
| 以色列 | 585 | 502 | 594 | -14.2 | 18.3 | 0.8 |
| 约旦 | 83 | 79 | 94 | -4.8 | 19.0 | 6.2 |
| 土耳其 | 1808 | 1696 | 2253 | -6.2 | 32.8 | 11.6 |
| 西亚第Ⅲ组 | 91 | 84 | 99 | -7.7 | 17.9 | 3.5 |
| 黎巴嫩 | 48 | 41 | 43 | -14.6 | 4.9 | -5.9 |
| 巴勒斯坦 | 24 | 23 | 28 | -4.2 | 21.3 | 8.2 |
| 叙利亚 | 5 | 8 | 9 | 60.0 | 12.5 | 30.8 |
| 也门 | 14 | 12 | 19 | -14.3 | 58.3 | 14.2 |

资料来源：基于联合国贸易和发展会议公开数据计算。

从组内国别情况看。2020年，以色列、塞浦路斯的出口额衰退程度更高，都超过11%；2021年，土耳其、塞浦路斯的出口额增长程度更高，都超过20%。2019~2021年，土耳其的出口额年均增速为11.6%，稍高于世界平均增速；而约旦（6.2%）、塞浦路斯（4.6%）、以色列（0.8%）的出口额年均增速均低于世界平均增速。

第Ⅲ组（局势动荡组）国家的整体出口额增速低于世界平均水平，有国家部分年份表现出大幅升降。如表3所示，2020年、2021年第Ⅲ组国家整体出口额增速分别为-7.7%、17.9%，相比同年世界出口额的增速，分别低0.3个百分点、9.1个百分点。2019~2021年，四国整体出口额两年期年均增速为3.5%，明显低于世界出口总额两年期年均增速8.5%。

组内国别差异巨大。2020年，叙利亚出口额逆世界大势增长60%，黎巴嫩（-14.6%）、也门（-14.3%）出口额的衰退程度超过15%；2021年，也门出口额增速高至58.3%。2019~2021年，叙利亚（30.8%）、也门（14.2%）、巴勒斯坦（8.2%）出口额年均大幅正增长；黎巴嫩（-5.9%）出口额年均显著负增长。

### （三）疫情期间西亚各国进口额的分组比较

第Ⅰ组（原油主导、非局势动荡组）国家整体进口额增速弱于世界平均水平。如表4所示，2020年、2021年8个产油国整体进口额分别衰退12.4%、增长20.9%，相比世界平均增速，衰退程度更高（高4.8个百分点）、增长程度更低（低6.1个百分点）。2019~2021年，八国整体进口额两年期年均增速为2.9%，显著弱于世界进口总额两年期年均增速8.3%。

表4 2019~2021年西亚第Ⅰ组国家进口额及增速

| 范围 | 进口额（亿美元） | | | 年（均）增速（%） | | |
|---|---|---|---|---|---|---|
| | 2019年 | 2020年 | 2021年 | 2020年 | 2021年 | 2019~2021年 |
| 西亚第Ⅰ组 | 6293 | 5515 | 6668 | -12.4 | 20.9 | 2.9 |
| 巴林 | 133 | 127 | 142 | -4.5 | 11.8 | 3.5 |
| 伊朗 | 418 | 388 | 490 | -7.2 | 26.3 | 8.2 |
| 伊拉克 | 463 | 409 | 460 | -11.6 | 12.5 | -0.3 |
| 科威特 | 336 | 277 | 332 | -17.6 | 19.9 | -0.6 |
| 阿曼 | 235 | 207 | 221 | -11.9 | 6.8 | -3.1 |
| 卡塔尔 | 292 | 258 | 279 | -11.5 | 8.1 | -2.2 |
| 沙特 | 1532 | 1380 | 1550 | -9.9 | 12.3 | 0.6 |
| 阿联酋 | 2884 | 2469 | 3194 | -14.4 | 29.4 | 5.2 |

资料来源：基于联合国贸易和发展会议公开数据计算。

从组内国别差异来看，2020年，科威特（-17.6%）、阿联酋（-14.4%）进口额的衰退程度超过14%，而巴林（-4.5%）、伊朗（-7.2%）的衰退程度不超过7.5%。2021年，阿联酋（29.4%）、伊朗（26.3%）进口额的增速超过26%，而阿曼（6.8%）、卡塔尔（8.1%）进口额的增速低于10%。2019~2021年，进口额两年期年均增速超过0的有伊朗（8.2%）、阿联酋（5.2%）、巴林（3.5%）、沙特（0.6%），而阿曼（-3.1%）、卡塔尔（-2.2%）、科威特（-0.6%）、伊拉克（-0.3%）的进口额两年期年均增速为负增长。

第Ⅱ组（非原油主导、非局势动荡组）国家的整体进口额两年期年均增速稍强于世界平均水平。如表5所示，主要因2020年土耳其进口额增长4.4%，西亚第Ⅱ组国家2020年进口额和2019年持平，增势强于世界平均水平；但2021年的进口额增速为25%，稍弱于该年世界进口额平均增速27%。2019~2021年，西亚第Ⅱ组国家整体进口额年均增速为11.7%，稍强于世界进口额年均增速8.3%。

从组内国别差异来看，2020年，土耳其（4.4%）、塞浦路斯（-3.3%）的进口额增速强于世界平均水平（-7.6%），而以色列（-9.5%）、约旦（-10.4%）的进口额增速弱于世界平均水平；2021年，只有以色列（30.2%）的进口额年增速略快于世界平均水平（27%），约旦（26.2%）与世界平均水平大体持平，土耳其（23.6%）、塞浦路斯（14.8%）的进口额年增速都弱于世界平均水平。2019~2021年，土耳其（13.6%）的进口额年均增速显著快于世界平均水平（8.3%），以色列（8.5%）的进口额年均增速和世界平均水平大体相当，而约旦（6.3%）、塞浦路斯（5.2%）的进口额年均增速都弱于世界平均水平。

第Ⅲ组（局势动荡组）国家整体进口额的年增速和年均增速都大幅低于世界平均水平。如表5所示，2020年4个局势动荡国家整体进口额年增速为-23.2%，大幅低于世界平均增速；2021年整体进口额年增速为18.6%，低于世界平均水平。2019~2021年，四国进口额年均增速为-12.7%，也大幅低于世界进口总额年均增速8.3%。

表5　2019~2021年西亚第II组和第III组国家的进口额及增速

| 范围 | 进口额（亿美元） 2019年 | 2020年 | 2021年 | 年(均)增速（%） 2020年 | 2021年 | 2019~2021年 |
|---|---|---|---|---|---|---|
| 西亚第II组 | 3152 | 3148 | 3934 | -0.1 | 25 | 11.7 |
| 塞浦路斯 | 91 | 88 | 101 | -3.3 | 14.8 | 5.2 |
| 以色列 | 766 | 693 | 902 | -9.5 | 30.2 | 8.5 |
| 约旦 | 192 | 172 | 217 | -10.4 | 26.2 | 6.3 |
| 土耳其 | 2103 | 2195 | 2714 | 4.4 | 23.6 | 13.6 |
| 西亚第III组 | 449 | 345 | 409 | -23.2 | 18.6 | -4.6 |
| 黎巴嫩 | 196 | 114 | 150 | -41.8 | 31.6 | -12.7 |
| 巴勒斯坦 | 81 | 74 | 94 | -8.6 | 27 | 7.8 |
| 叙利亚 | 67 | 53 | 56 | -20.9 | 5.7 | -8.6 |
| 也门 | 105 | 104 | 109 | -0.1 | 4.8 | 2.0 |

资料来源：基于联合国贸易和发展会议公开数据计算。

从组内国别差异来看，2020年，也门的进口额增速（-0.1%）高于世界平均水平，巴勒斯坦（-8.6%）的进口额年增速低于世界平均水平，而黎巴嫩（-41.8%）、叙利亚（-20.9%）进口额的负增长幅度大幅高于世界平均水平（-7.6%）；2021年，黎巴嫩（31.6%）的进口额年增速大幅高于世界平均增速，巴勒斯坦（27%）的进口额年增速和世界平均水平大体相当，而叙利亚（5.7%）、也门（4.8%）的进口额年增速则大幅低于世界平均水平；2019~2021年，巴勒斯坦（7.8%）的进口额年均增速和世界平均增速大体相当，而本组其他三国进口额年均增速都大幅低于世界平均水平。

### （四）小结

在疫情冲击背景下，西亚三组国家的出口、进口贸易总额变动态势差异明显。8个局势相对稳定的产油国的出口额、进口额都表现出先大幅衰退再大幅复苏，其整体出口额、进口额的两年期年均增速显著弱于世界平均水平。4个非原油主导、非局势动荡组国家的整体出口额衰退和复苏程度大体与世界同步，整体进口额两年期年均增速稍高于世界平均水平。4个局势动荡国家的整体出口额、进口额年增速和年均增速都显著低于世界平均水平，部分国家的年出口额、进口额表现出暴增和暴跌。

比较各国受疫情冲击的严重程度，原油出产国受冲击程度更甚，且出口比进口受冲击程度更大；安全局势相对动荡国家的出口额、进口额变动有时不随世界大势，但总体趋势是大幅下滑。

## 二　西亚和世界：货物贸易总额变动趋势的比较

本节比较自1995年以来西亚货物贸易出口总额、进口总额和世界总额的变动趋势，并展示西亚各组国家整体出口额、进口额占世界总额的比重，着重观察和分析近10年的情况。

### （一）西亚和世界贸易总额变动态势比较

2021年，西亚出口额仍未回升到历史上年度最大值。如图1所示，2014年世界出口总额达到19万亿美元的阶段性高点，此后先后于2018年、2021年两度突破此阶段性高点；2020年、2021年的出口总额分别为17.6万亿美元、22.4万亿美元。

西亚16国出口总额在2012年达到1.52万亿美元的历史高点，此后增长波动，未创新高，2018年的阶段性高点为1.27万亿美元；2020年、2021年的出口总额分别为0.95万亿美元、1.28万亿美元。

从出口规模变动态势来看，近10年西亚出口总额增长态势明显弱于世界出口总额。

2021年西亚进口总额接近但未达到历史上年度最大值。如图1所示，2014年世界进口总额达到18.9万亿美元的阶段性高点，此后先后于2018年、2021年两度突破此阶段性高点；2020年、2021年的进口总额分别为17.8万亿美元、22.6万亿美元，2021年达到历史最大值，并且超出2014年阶段性高点的程度达19.6%。

西亚 16 国进口总额也是在 2014 年达到 1.06 万亿美元的历史最大值，但此后直至 2021 年，总体趋势是缓慢下降，2021 年的进口总额为 0.99 万亿美元，仍低于 2014 年的历史最大值。

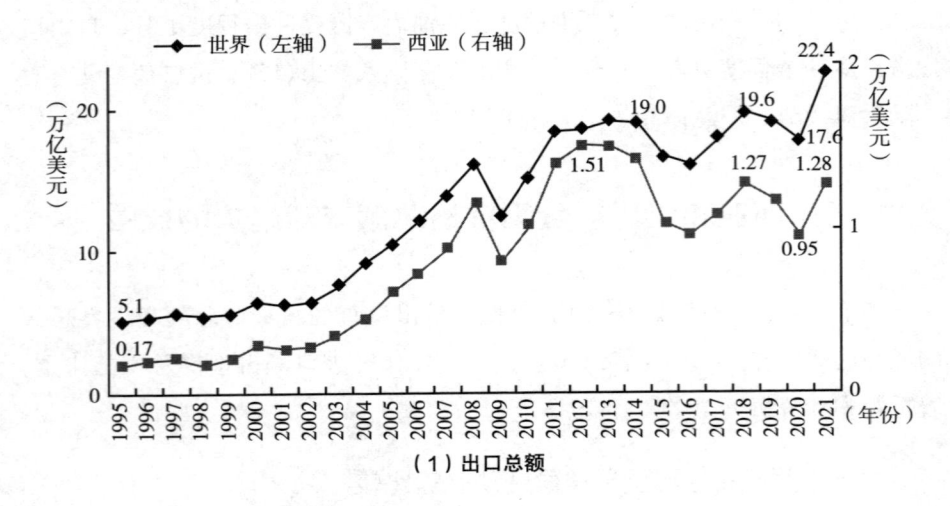

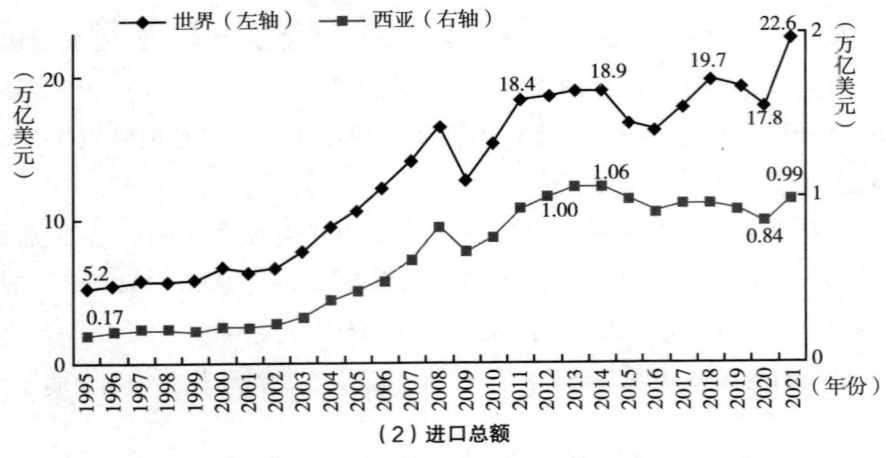

**图 1　1995~2021 年西亚与世界出口总额和进口总额的变动态势对比**

资料来源：基于联合国贸易和发展会议公开数据计算。

从进口规模变动态势来看，西亚进口总额在近 10 年增长态势也明显弱于世界进口总额。

## （二）西亚国家各组出口额的世界占比变动态势

西亚国家各组出口额的世界占比能更清晰地分组别、分时段展示各组出口额、世界出口额增长态势强劲程度的高低关系。通常某组出口额占比上升表明该组出口额增速强于世界出口额，反之则相反。

1998~2008年，主要在中国等新兴发展中经济体快速工业化的推动下，全球资源价格持续上涨。如图2所示，在这一历史时期，西亚16国出口额的世界占比从3.1%上升至7.2%，上升了1倍多，表明其间西亚16国的出口增长相较于世界出口增长更为强劲。

2008~2012年，西亚16国的出口额世界占比先有一年下降，然后持续上升至8.2%，表明2009~2012年西亚16国的出口额增长相较于世界出口额增长仍更强劲。

2012~2021年，主要在油价回落的作用下，西亚16国出口额增长总体强劲程度不如世界出口额，其出口额的世界占比从8.2%降至6.1%。

从第Ⅰ组国家来看，8个产油国的出口额世界占比低于西亚16国整体，但变动态势与16国整体高度相似。1998~2008年，8个产油国的出口额世界占比从2.1%上升至5.8%，2008~2012年再上升至6.9%；2012~2020年，8个产油国的出口额世界占比从6.9%在波动中降至4.7%。

从第Ⅱ组国家来看，1995~2009年，主要在全球发展中经济体工业化快速推进带来的强劲需求拉动下，西亚"非原油主导、非局势动荡"四国出口额的世界占比总体保持持续上升态势，从0.84%上升至1.26%；2009年以后，该占比上下波动，2021年为1.34%。

第Ⅲ组国家来看，1995~2010年，"局势动荡"国家出口额的世界占比从0.13%变动至0.18%，总体微微上升；2010年后，主要因为安全局势动荡，其出口额的世界占比持续下降，2021年为0.04%。

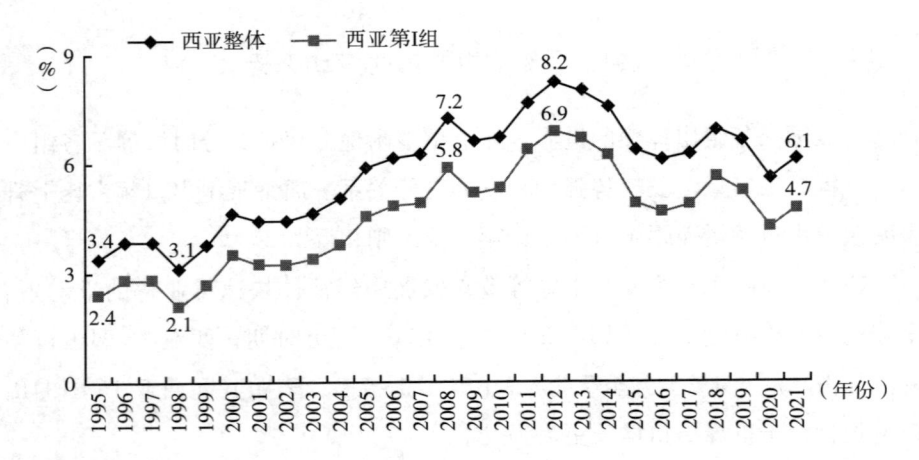

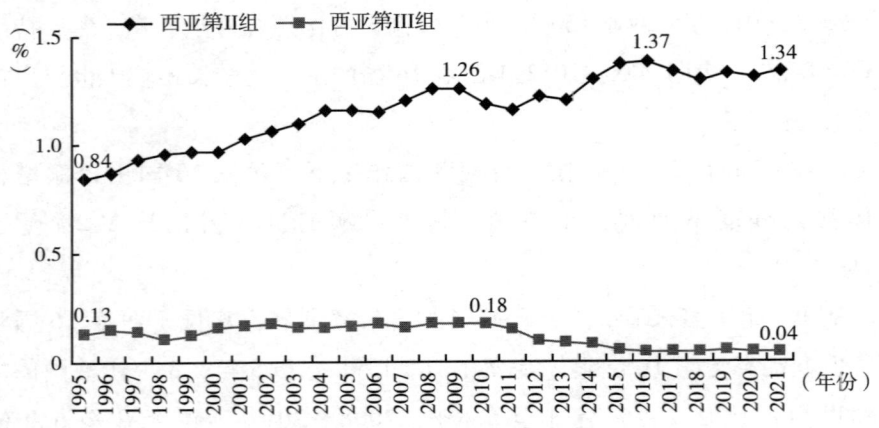

**图 2** 1995~2021 年西亚国家各组出口额占世界出口总额的比重

资料来源：基于联合国贸易和发展会议数据计算。

## （三）西亚国家各组进口额世界占比的变动态势

进口额世界占比的升降能反映分子和分母两口径进口额增速的强劲程度，占比上升表明分子口径的进口额增速快于分母口径的进口额，反之则相反。

从西亚 16 国整体来看，如图 3 所示，2000~2008 年，西亚 16 国进口额的世界占比从 3.4%上升至 5.2%；2008~2015 年，先降再上升至 5.9%；2015~2021 年，从 5.9%持续降至 4.9%。

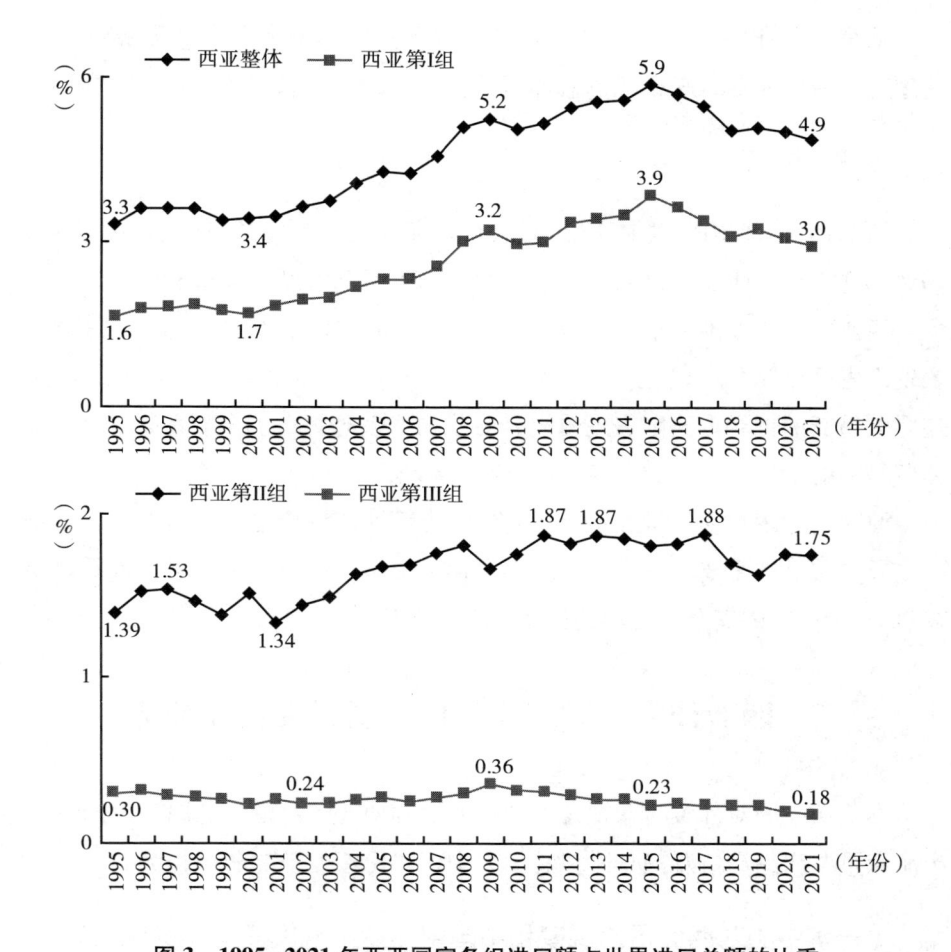

**图3 1995~2021年西亚国家各组进口额占世界进口总额的比重**

资料来源：基于联合国贸易和发展会议、世界贸易组织、中国海关的公开数据计算或推算。

从第Ⅰ组国家来看，2000~2009年，8个产油国进口额的世界占比从1.7%上升至3.2%，而后先下降再上升至2015年的3.9%；2015~2021年，从3.9%持续降至3%。

从第Ⅱ组国家来看，2001~2011年，"非原油主导国、非局势动荡"国家进口额的世界占比从1.34%上升至1.87%；2011~2017年，占比大体在1.9%附近保持稳定，2017年后稍有下降；2021年占比为1.75%。

从第Ⅲ组国家来看，2009年，"局势动荡"国家进口额的世界占比曾达到历史最大值0.36%，而后总体保持下降，2021年降至0.18%。

### （四）小结

由于西亚16国的主体是产油国且近年全球原油销售景气程度下降，2014~2021年，西亚出口额、进口额增速总体弱于世界平均水平。

西亚8个产油国的整体出口额、进口额世界占比都以2014年为转折年，表现出先升后降的变动趋势；西亚4个"非原油主导、非局势动荡"国家整体贸易额的世界占比则表现出先升后稳的变动趋势；"局势动荡"国家整体贸易额的世界占比在2010年后持续大幅下降。

原油主导国贸易的世界占比主要受世界原油市场价格行情的影响；非原油主导国贸易则主要受世界贸易总额大形势影响；局势动荡国家的贸易规模在2009年后则因安全局势动荡而持续大幅下降。

## 三 西亚作为中国贸易伙伴的贸易变化和趋势

本节从中国对外贸易的视角，分析西亚和西亚各范围、各国在中国全部产品和重要产品出口总额、进口总额之中伙伴份额变动的历史趋势。

### （一）中国对西亚贸易规模和中国整体贸易规模变动态势的比较

2014年后中国对西亚出口规模、进口规模增势一直弱于中国对全世界出口规模、进口规模增势。如图4所示，在中国对两范围出口规模方面，2014年，中国对西亚出口额达到1380亿美元，为阶段性高点；2014~2016年，中国对西亚出口额从1380亿美元降至1132亿美元，此后缓慢回升，2020年、2021年分别达到1307亿美元、1604亿美元，到2021年才超过2014年的阶段性高点，超出幅度为16.2%。中国对世界出口额经历类似升降节奏，但2018年达到2.49万亿美元，已超过2014年的历史峰值2.34万亿美元；此后继续上升，2021年达3.36万亿美元，比2014年的峰值超出43.6%。

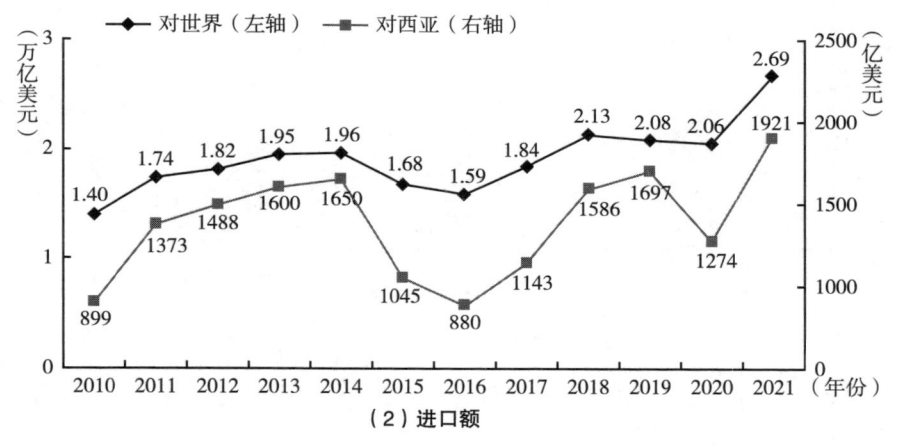

**图 4　2010~2021 年中国对西亚和世界两范围的贸易额变动态势比较**

资料来源：基于联合国贸易和发展会议、世界贸易组织、中国海关的公开数据计算。

总体上，2014 年后，中国对西亚的出口额增长势头弱于中国对世界出口额的增长势头。

在中国对两范围进口规模方面，2014 年中国对西亚进口额达到 1650 亿美元，达到阶段性高点，此后先降再升，2019 年再次达到阶段性高点 1697 亿美元，2020 年、2021 年分别为 1274 亿美元、1921 亿美元，2021 年比 2014 年超出 16.4%。

中国对世界的进口额也在2014年达到阶段性峰值1.96万亿美元，此后经历先下降再缓慢上升，2020年、2021年分别达到2.06万亿美元、2.69万亿美元，2021年比2014年的阶段性峰值超出37.2%。

总体上，2014年后，中国对西亚的进口额增长势头弱于中国对世界进口额的增长势头。

2014年前中国对西亚出口额、进口额增速都高于中国对全世界出口额、进口额增速。如图5所示，在出口额年均增速方面，1995~2008年，中国对

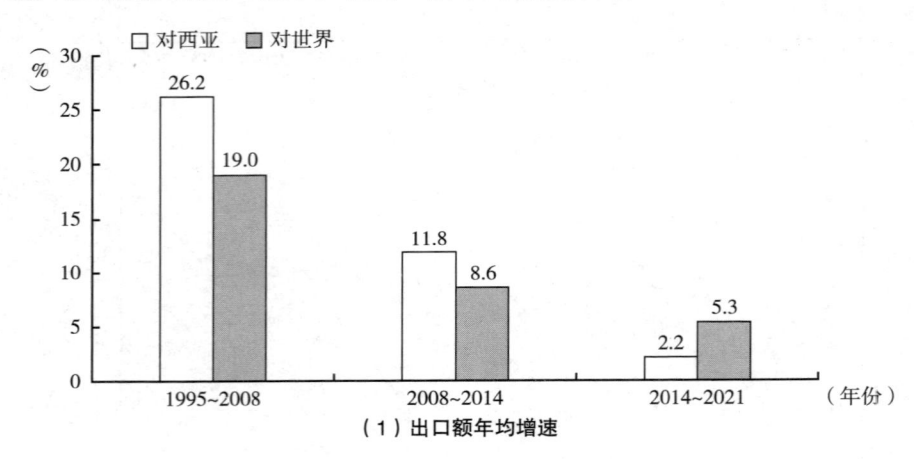

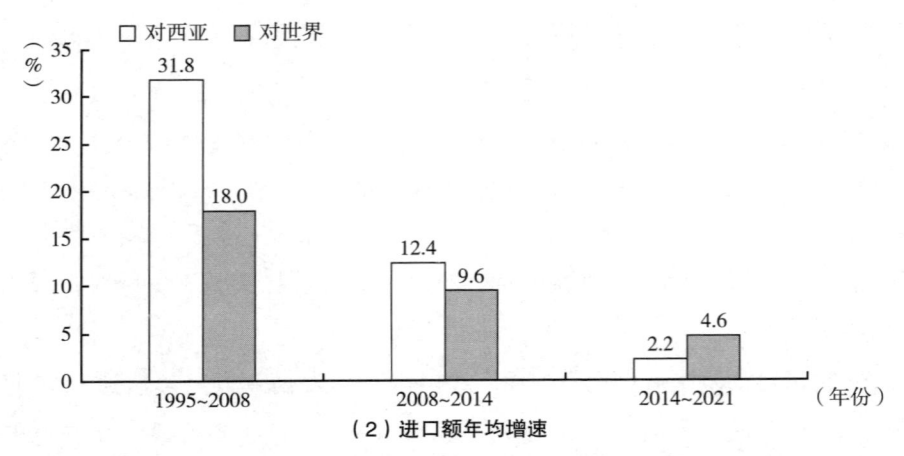

图5 1995~2021年中国对西亚和世界两范围出口额年均增速分阶段比较

资料来源：基于联合国贸易和发展会议、中国海关的公开数据计算。

西亚、世界出口额的年均增速分别为 26.2%、19%，前者比后者高出 7.2 个百分点；2008~2014 年，中国对西亚、世界出口额的年均增速分别为 11.8%、8.6%，前者比后者高出 3.2 个百分点；2014~2021 年，中国对西亚、世界出口额的年均增速分别为 2.2%、5.3%，前者比后者低 3.1 个百分点。在进口额年均增速方面，1995~2008 年，中国对西亚、世界进口额的年均增速分别为 31.8%、18%，前者比后者高出 13.8 个百分点；2008~2014 年，中国对西亚、世界进口额的年均增速分别为 12.4%、9.6%，前者比后者高出 2.8 个百分点；2014~2021 年，中国对西亚、世界进口额的年均增速分别为 2.2%、4.6%，前者比后者低 2.4 个百分点。

从上述比较看到，主要由于中国工业化阶段、国际原油市场价格形势等原因，中国对西亚出口额、进口额年均增速分别对比同期对世界出口额、进口额的年均增速，都曾经历大幅高出、稍稍高出、稍低的转变。

西亚在中国出口额、进口额中的伙伴占比都由持续上升转向上下波动。如图 6 所示，由于 2008 年前中国对西亚出口额增速快于中国整体出口额增速，1995~2008 年，西亚在中国出口额中的伙伴占比从 2.3% 上升至 4.9%。此后在波动中上升，2014 年达 5.9%；2014 年后总体趋向下降，2021 年为 4.7%。1995~2008 年，西亚在中国进口额中的伙伴占比从 1.7% 上升至 7.2%。此后在波动中上升，2014 年达 8.4%；2014 年后继续上下调整，2021 年为 7.1%。

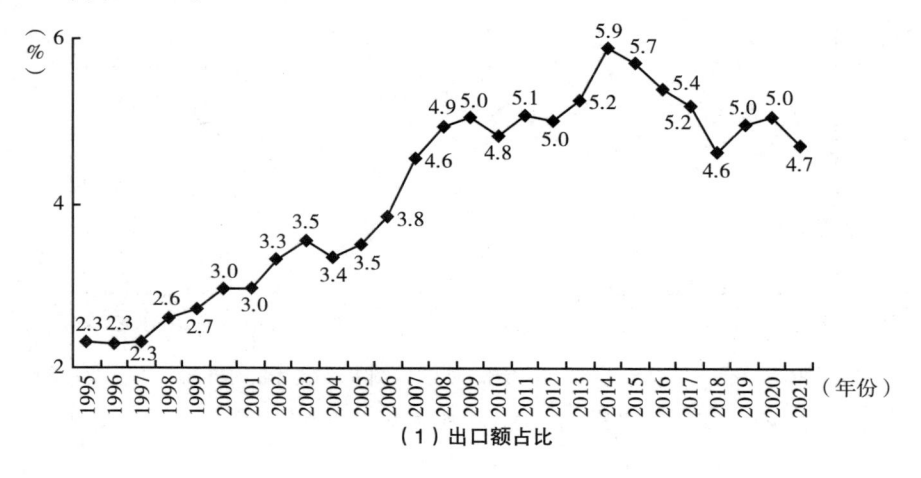

(1) 出口额占比

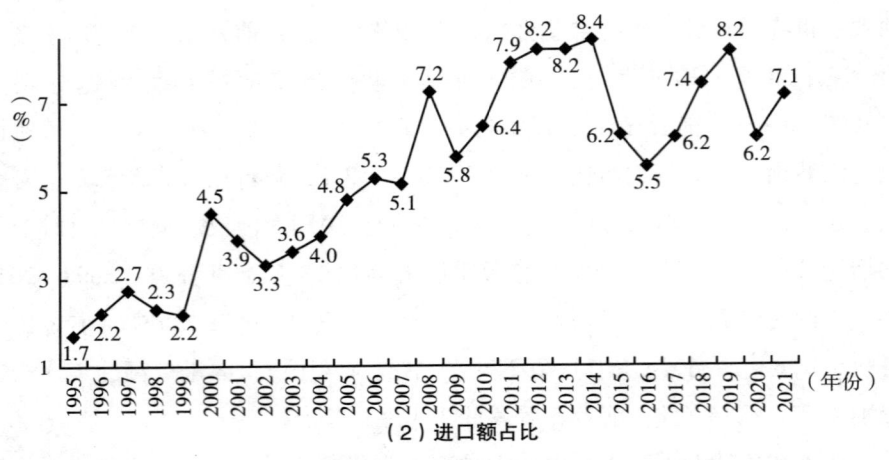

图6 1995~2021年西亚在中国出口额和进口额中的伙伴占比

资料来源：基于联合国贸易和发展会议、中国海关的公开数据计算。

## （二）西亚整体及各国作为中国原油进口来源地的伙伴占比的历史趋势

2014年后中国原油进口中来自西亚的占比大致稍高于1/3。如图7所示，中国原油进口额中来自西亚的占比在1995年为25.6%，此后在波动中大幅上升，2000年曾达42%。2000~2014年，该占比一直在35%~42.5%的范围内

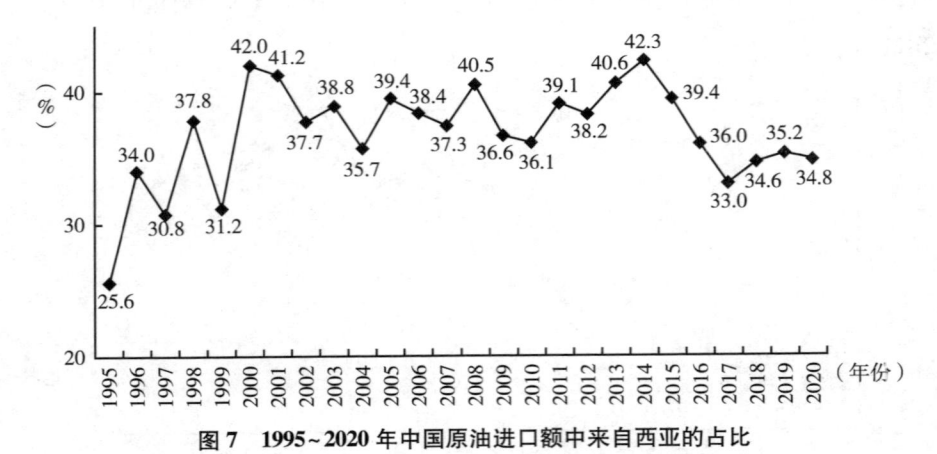

图7 1995~2020年中国原油进口额中来自西亚的占比

资料来源：基于联合国贸易和发展会议、中国海关的公开数据计算。

波动，2014年后大幅下降。2017年后，该占比在34%上下微幅波动。

2020年，沙特和伊拉克在中国自西亚原油进口额之中占比过半。如表6所示，2020年，就中国原油进口额来源地占比的排序而言，沙特、伊拉克位居前列，二者占比分别达到10.8%、7.2%；在中国自西亚原油进口总额之中，两国合计能占到51.6%。

关于西亚各产油国在中国原油进口额中占比的历史趋势，总体情况如下。

沙特的占比显著上升后有所下降。1995~2008年，沙特作为原油来源国，在中国原油进口额中的占比曾从5.1%上升至15.6%，2008年后有所下降，2020年仍高达10.8%。

伊拉克的占比变动趋势主要是上升，2000~2020年从3.1%上升至7.2%。

表6 1995~2020年中国原油进口额中来自西亚国家的占比

单位：万分之

| 范围 | 1995 | 2000 | 2005 | 2008 | 2010 | 2014 | 2015 | 2019 | 2020 |
|---|---|---|---|---|---|---|---|---|---|
| 西亚 | 2555 | 4200 | 3943 | 4048 | 3611 | 4233 | 3941 | 3519 | 3481 |
| 沙特 | 514 | 733 | 1452 | 1560 | 1369 | 1196 | 1070 | 1201 | 1077 |
| 伊拉克 | — | 314 | 65 | 78 | 332 | 655 | 638 | 693 | 719 |
| 阿曼 | 937 | 1579 | 642 | 664 | 482 | 719 | 707 | 522 | 531 |
| 阿联酋 | 103 | 173 | 273 | 237 | 187 | 408 | 430 | 306 | 449 |
| 科威特 | 76 | 85 | 114 | 278 | 300 | 263 | 308 | 347 | 358 |
| 卡塔尔 | — | 176 | 29 | 50 | 88 | 227 | 183 | 214 | 267 |
| 伊朗 | 252 | 771 | 948 | 993 | 692 | 669 | 556 | 208 | 50 |
| 也门 | 670 | 356 | 417 | 188 | 145 | 91 | 44 | 25 | 25 |
| 巴林 | 0.6 | 12.5 | 1.4 | 0.02 | 4.3 | 2.6 | 3.7 | 1.6 | 2.9 |

资料来源：基于联合国贸易和发展会议、中国海关的公开数据计算。

阿曼的占比经历了大升之后的大降。1995~2000年，阿曼的占比从9.4%上升至15.8%，2005年大降至6.4%，此后在6%上下波动，2014年曾达到7.2%，2020年为5.3%。

科威特的占比趋势总体表现出缓慢上升，到2020年，已从1995年的0.76%上升至3.6%。

卡塔尔的占比曾经历上下波动，2000~2008年，从1.8%降至0.5%，此后总体趋势是上升，2020年占比为2.7%。

伊朗的占比曾经历大升大降，1995~2008年，从2.5%上升至9.9%，此后持续下降，2020年占比为0.5%。

近年处于战乱状态的也门的占比经历持续大幅下降，2005年为4.2%，2019年、2020年均为0.25%。

巴林的占比波动幅度较大，且各年占比相对较小，2020年占比为0.03%。

## （三）西亚整体及各国作为中国机电产品出口目的地的伙伴占比历史趋势

2009年后西亚在中国机电产品出口额中的伙伴占比在4%上下波动。如图8所示，1997年，中国机电产品出口总额中输往西亚地区的金额占比（将这一占比称为中国机电产品出口额的西亚伙伴占比）为2.1%；此后在

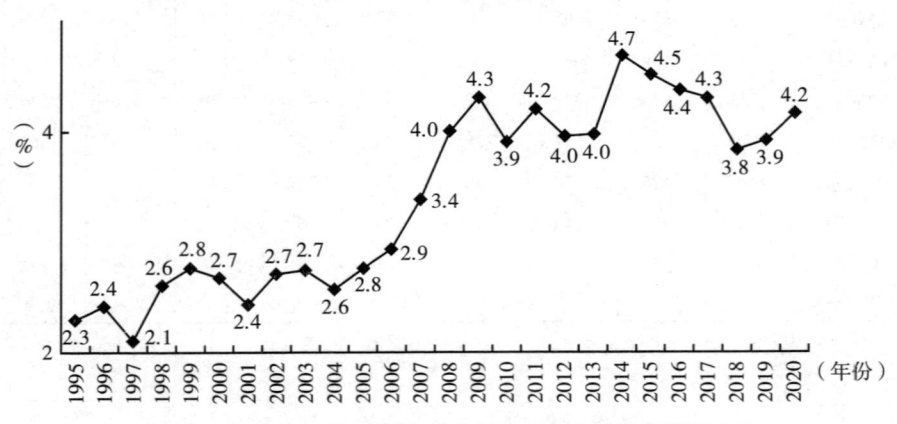

图8 1995~2020年中国机电产品出口额中输往西亚的占比

资料来源：基于联合国贸易和发展会议、中国海关的公开数据计算。

波动中趋向上升，2009年达到4.3%，此后在4%上下波动。2018~2020年的占比分别为3.8%、3.9%、4.2%。

2020年，阿联酋和土耳其在中国对西亚机电产品出口额中的占比近半。如表7所示，2020年，就中国对西亚机电产品出口额的目的地占比排序而言，阿联酋和土耳其位居前列，二者占比分别为1.21%、0.84%；在中国对西亚机电产品出口额中，两国合计占49%。

表7 1995~2020年中国机电产品出口额中输往西亚各国的占比

单位：万分之

| 范围 | 1995 | 2000 | 2005 | 2008 | 2010 | 2014 | 2015 | 2019 | 2020 |
| --- | --- | --- | --- | --- | --- | --- | --- | --- | --- |
| 西亚 | 229 | 268 | 276 | 400 | 391 | 468 | 451 | 392 | 418 |
| 阿联酋 | 58.2 | 66.8 | 89.9 | 129.6 | 109.5 | 140.5 | 131.4 | 127.6 | 120.6 |
| 土耳其 | 17.7 | 50.6 | 54.5 | 68.5 | 69.7 | 77.9 | 80.3 | 62.4 | 84.1 |
| 沙特 | 39.2 | 19.0 | 24.3 | 45.1 | 41.7 | 60.2 | 63.6 | 63.1 | 73.2 |
| 伊朗 | 48.4 | 47.9 | 41.6 | 59.2 | 64.5 | 82.6 | 73.4 | 32.1 | 33.0 |
| 伊拉克 | 0.01 | 19.2 | 7.4 | 10.0 | 22.4 | 34.4 | 27.8 | 28.5 | 31.1 |
| 以色列 | 14.7 | 24.7 | 16.0 | 18.1 | 19.8 | 19.5 | 21.8 | 24.0 | 29.9 |
| 阿曼 | 0.49 | 4.37 | 2.55 | 5.72 | 6.47 | 6.18 | 6.91 | 8.32 | 8.81 |
| 科威特 | 4.15 | 3.24 | 4.03 | 8.17 | 7.04 | 11.19 | 12.63 | 11.03 | 8.37 |

注：只列出2020年占比在万分之8之上者。
资料来源：基于联合国贸易和发展会议、中国海关的公开数据计算。

关于西亚部分国家在中国机电产品出口额中占比的历史趋势，总体情况如下。

阿联酋的占比经历上升后稍有下降，2014年曾升至1.41%，此后稍下降，2020年为1.21%。

土耳其的占比也经历过上升，2015年后在0.8%附近波动，2020年为0.84%。

沙特的占比在2000~2015年从0.19%上升至0.64%，此后在波动中仍有上升，2020年为0.73%。

伊朗的占比在2005~2014年从0.42%上升至0.83%，此后趋向下降，

2020年为0.33%。

伊拉克的占比在2014年曾升至0.34%,此后稳中稍降,2020年为0.31%。

以色列的占比整体上持续上升,2020年为0.3%。

阿曼的占比整体上持续上升,2020年为0.088%。

科威特的占比在2015年曾升至0.13%,此后稍降,2020年为0.084%。

关于伙伴占比变动态势的成因,原油出产国的占比变动主要受到世界原油价格和本地安全局势导致的本国购买力变动的影响。

### (四)小结

1995~2008年、2008~2014年、2014~2021年3个阶段,中国对西亚出口额、进口额年均增速,对比世界出口总额、进口总额的年均增速,都曾经历大幅高出、稍稍高出、稍低的转变。西亚在中国出口额、进口额中的伙伴占比到2014年总体保持上升态势,此后则调整稍降。

中国原油进口来自西亚的份额在2014年曾达42.3%,2017年后,大致稳定在34%附近。

中国机电产品出口输往西亚的份额在2014年曾达到4.7%的历史峰值;近年大致在4%附近波动。

近10年间,中国和西亚整体贸易、中国和西亚主要产油国的贸易主要受全球原油市场行情和各国安全局势的共同影响。

## 四 深化中国和西亚贸易关系的建议

在世界疫情冲击背景下,总体上,大部分西亚国家贸易额增速弱于世界平均水平;在疫情和安全局势双重影响下,安全局势动荡国家的出口额、进口额大幅下滑。以2014年为转折年,西亚8个产油国的出口额、进口额在世界贸易中的占比表现出先升后降,4个"非原油主导、非局势动荡"国家的贸易占比先升后稳;安全局势动荡国家的贸易世界占比则在2010年后持续显著下降。

西亚作为中国贸易伙伴，近三年在中国出口额、进口额中的份额都表现得相对稳定。预计未来以色列、土耳其、约旦在中国出口额、进口额中的份额仍将相对稳定，其他大部分国家的份额仍将受原油市场行情和各国安全局势的影响，表现出上下波动。

建议中国政府和企业从以下方面积极开展工作，巩固并拓展中国与西亚双向贸易成就。

第一，积极发掘中国与西亚机电产品双向贸易机会。应继续积极推动中国机电产品进入以色列、土耳其这两大工业国。考虑到这两个国家都和欧盟签订了自由贸易协定，中国制造企业应考虑通过国际直接投资、国际工程承接等方式，在上述两国建立产品市场辐射到欧盟的制造基地，并带动中国机电产品对上述两国的出口。同时，应积极关注其他西亚产油国的产业多元化趋势，通过对外投资、工程承包、贸易展会等多种方式，扩大中国机电产品在西亚各国的影响，并拓展中国机电产品的市场份额。

第二，积极关注西亚可再生能源开发提供的贸易机会。目前，沙特、阿联酋、伊拉克、阿曼等原油生产大国都曾经表示，将加大太阳能、氢能等可再生能源的开发，并积极推进光伏制造项目。中国企业应积极关注西亚地区可再生能源工程项目的招标，关注西亚各国在沙漠、沿海清洁能源技术等方面的积极进展，努力发掘项目承接和技术交易机会，并带动可再生能源开发的中间产品国际贸易。

第三，积极推进中国与西亚国际贸易的低碳化和数字化。一方面，在全球经济碳中和、能源供应清洁化转型背景下，应加强对中国原油供需形势的前瞻性研判，及时对中国原油进口的国别格局做出适应性调整。另一方面，和中国经济低碳转型相适应，中国企业在西亚开发资源、推广产品的过程中，要努力做到生产技术与标准的低碳化、数字化和国内同步推进。

# Y.19
# 西亚外国直接投资

周 密*

**摘 要：** 2020年，新冠肺炎疫情对全球投资造成巨大冲击。西亚国家的双向国际投资整体表现优于全球，反映出西亚国家对国际投资者的较强吸引力。以色列、阿联酋、沙特和土耳其等国在吸引外国投资中表现突出，而中国投资者则主要青睐阿联酋，在传统和新兴产业领域都有所参与。中国投资者积极参与西亚国家相关领域的投资，而西亚投资者也重视中国市场发展机遇，积极开展对华投资合作。在新冠肺炎疫情的冲击仍将持续的情况下，为促进中国与西亚的双向投资，应重启并加快推进中国与海合会的自贸协定，在绿色经济、数字经济等方面为企业投资合作创造良好的环境，鼓励企业用好各类工具降低投资合作的风险。

**关键词：** 西亚国家 外国直接投资 中国投资者

2020年，新冠肺炎疫情席卷全球，对跨国投资造成重创。防疫措施导致的供应链脆弱性显著上升，大量企业在外部环境剧变下面临生存困难。西亚国家有着明显的资源和产业特点，历来受投资者青睐。但是，在疫情和低碳经济转型的双重挑战下，不同的西亚国家的经济表现出差异性的特点，也改变着跨国投资的流向与平衡。

---

\* 周密，商务部国际贸易经济合作研究院研究员，主要研究对外投资合作、服务贸易、国际规则与协定。

# 一 西亚国家整体的国际投资变化态势

2020年，西亚国家的双向国际投资继续呈现流出好于流入的态势。面临新冠肺炎疫情导致的全球投资下降，在能源价格出现跳水的情况下，西亚国家企业以扩大对外投资维系经济的稳定增长。受此影响，西亚国家外资流入的全球占比有所回升，使得其比重在2015年到达谷底后保持了上升势头。

## （一）外资流入总量继续下降

疫情冲击下，全球跨国投资持续明显收缩，企业更趋向于持有现金，以应对外部不确定性带来的未来支出。类似的，2020年西亚国家[1]的外资流入为365.5亿美元，比2019年下降了20.8%。外资流入量连续第二年出现下滑。如图1所示，2020年西亚国家的外资流入量已经低于此前10年的低点（2014年的376.9亿美元）。在过去10年里，西亚国家的外资流入量整体承压较为明显，2014年之后的复苏动力较弱，但两次下滑降幅大、速度快。受此影响，2011~2020年，西亚国家的外资流入量从614.5亿美元降至365.5亿美元，降幅达到40.5%，年均下降5.1%。不过，西亚国家外资流入量的下降并非独有的现象，全球外资流入降幅更为明显。2020年，全球外资流入量比上年下降了35.1%，降幅高于西亚国家的20.8%。外资流入量的下降在发达经济体表现更为明显。2020年，发展中国家外资流入量只下降了3.2%，而亚洲发展中经济体甚至因中国等国的突出表现增长了13.0%，凸显出西亚国家在疫情冲击下的外资流入受到的显著冲击。

## （二）外资流出量再次超过外资流入量

疫情对跨国投资的冲击明显。2020年，全球外资流出量同比下降了43.7%，降幅近一半。发展中国家的对外投资下降幅度更达到了57.8%。与之类似，西亚

---

[1] 包括发展中西亚国家和以色列。

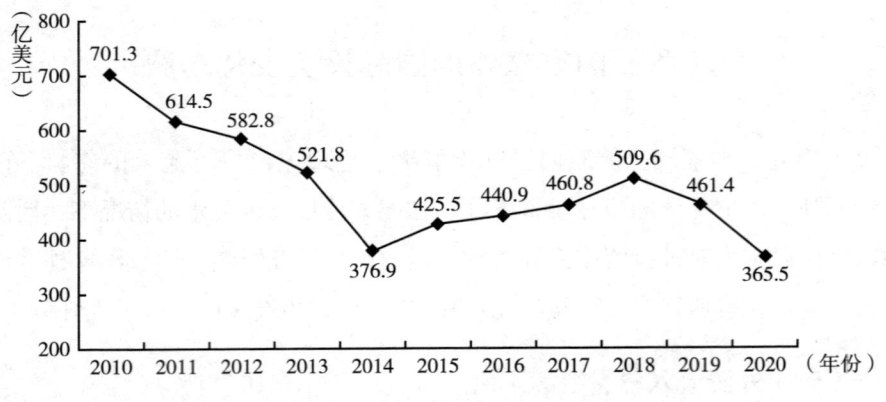

图1 2010~2020年西亚的外资流入量

资料来源：联合国贸易和发展会议：《世界投资报告2021》。

国家的对外投资同样受到了疫情的显著冲击。如图2所示，2020年，西亚国家的外资流出量为393.6亿美元，同比下降10.7%，降幅比上年缩小了11.3个百分点。西亚的外资流出量超出外资流入量28.1亿美元。可以看出，与前几年的升降波动不同，西亚国家2020年的外资流出量在上一年下降的基础上出现了再次下降。对比图1和图2可以发现，虽然外资流入量和流出量都下降了，但2020年的外资流入量下降加速，而外资流出量的降速有所放缓。

将外资流入量和流出量加在一起，西亚国家的跨国投资也出现了连续第二年下滑（见图3）。2020年西亚国家的双向跨国直接投资合计为759.1亿美元，在过去10年中仅比2014年的水平高。双向跨国投资的萎缩反映出西亚国家面临的内外部挑战叠加。新冠肺炎疫情对双向投资形成的制约显著增加了跨境资本流动的压力，降低了企业开展跨境投资的意愿与动力。从结构来看，西亚国家的外资净流入量从近500亿美元到基本实现平衡。丰富的油气资源在西亚国家双向外资活动中的作用正在发生变化，财富因素推动西亚企业以其经济实力开拓国际市场，对外投资规模上升。事实上，西亚国家的外资结构性变化也在其他发展中经济体出现，工业化的推进加快了发展中国家利用全球资源和市场、保持稳定发展动力的进程。

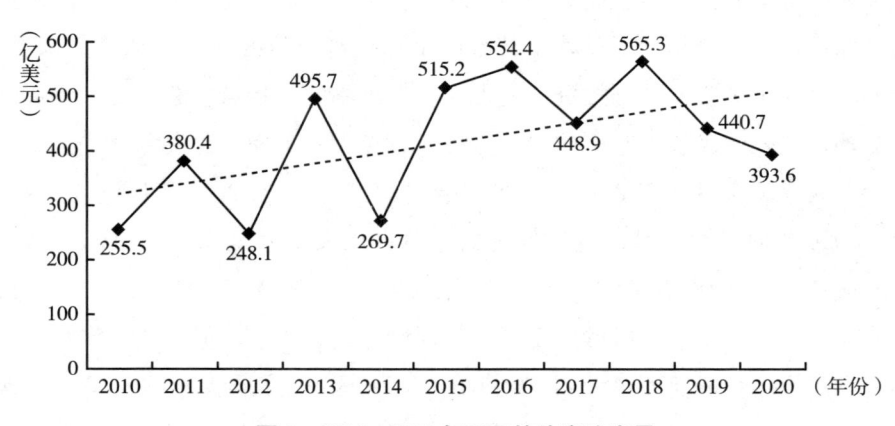

**图 2　2010~2020 年西亚的外资流出量**

资料来源：联合国贸易和发展会议：《世界投资报告2021》。

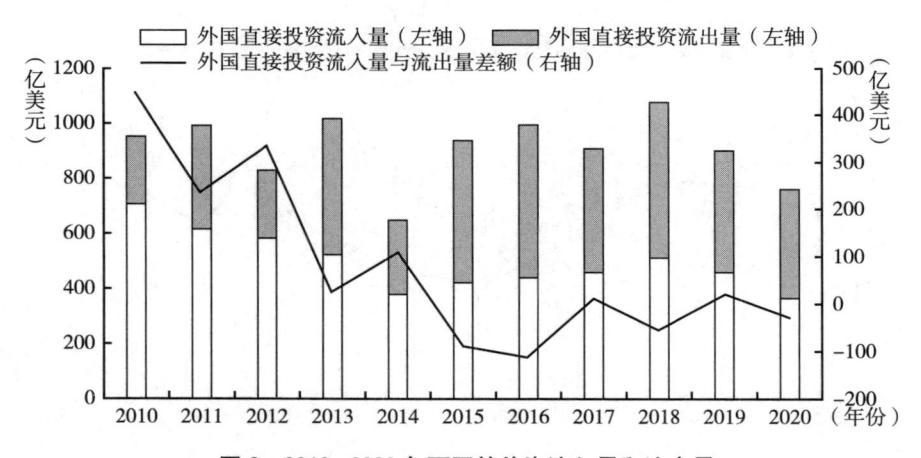

**图 3　2010~2020 年西亚的外资流入量和流出量**

资料来源：联合国贸易和发展会议：《世界投资报告2021》。

## （三）西亚国家全球跨国投资占比回升

西亚国家的经济体量大多不大，国家的资源禀赋和产业结构决定着跨国双向投资的发展空间与潜力。伴随经济实力的上升，企业开展对外投资的意愿和能力都会更强。西亚国家近年来对外投资的全球占比高于其外资流入量的全球占比在一定程度上反映出其整体全球经济地位的变化。从趋势来看，西亚国家在全球双向跨国投资中的占比呈现出不同的特点。总体上，西亚国家对外资流入的吸引力有所减弱，但对外直接投资的重要性持续上升。图4显示，西亚国家对外直接投资的全球占比曲折向上，在2019年降到3.4%以后，2020年西亚国家对外直接投资的全球占比又回升至5.3%，接近10年来的最高值（2018年的5.7%），说明西亚国家在全球跨国资本的供应上扮演着较为重要的角色。虽然出现了外部环境的重大挑战，但西亚国家在对外投资中的作用可能反而更大。与之相比，西亚国家外资流入量的全球占比保持较为平稳的态势，占比从10年前的5.0%逐步降至2015年2.1%的谷底后开始逐渐回升。2020年西亚国家的外资流入量全球占比已经恢复至3.7%，呈现出增长态势。

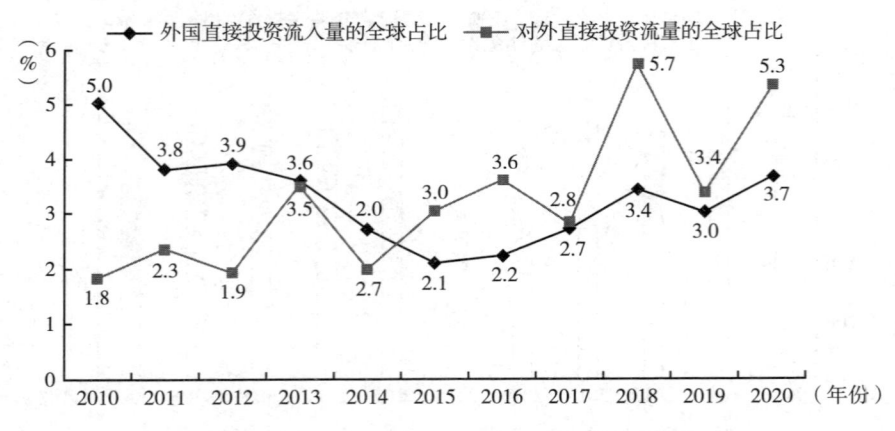

图4 2010~2020年西亚的外资流入量和流出量全球占比

资料来源：联合国贸易和发展会议：《世界投资报告2021》。

### （四）西亚国家的双向国际投资年末存量波动变化

与投资流量相比，投资存量的变化幅度相对更小，能够排除一些冲击因素对整体发展的影响，展现投资长期变化的趋势性特点。从图5可以看出，外资的流入和流出对西亚国家的年末外资存量的影响不同。其中，外资流出的年末存量保持了持续较快的增长，年增速最低也有6%。尽管伴随存量规模的增加，外资流出存量的增长压力更大，但自2018年以来保持了加速增长，2018~2020年的同比增速分别达到8.4%、9.7%和10.3%。较高的外资流出存量增速为西亚国家的企业把握全球发展机会、分享经济利益提供了更好的基础。相比而言，西亚的外资流入年末存量呈现出较大的波动，2011~2020年的10年里，同比下降的年份有3年，2015年的增速为0，其余年份中增速最高达到15.7%。较为剧烈的波动说明西亚国家的外资流入较为不稳，即便扣除年度的流量影响，存量也因各类因素而发生变化。不过，2019年末和2020年末，西亚国家的外资流入存量依然保持了增长，部分由新增的外资流入支持，也有一部分由已有投资的利润再投资所支持。

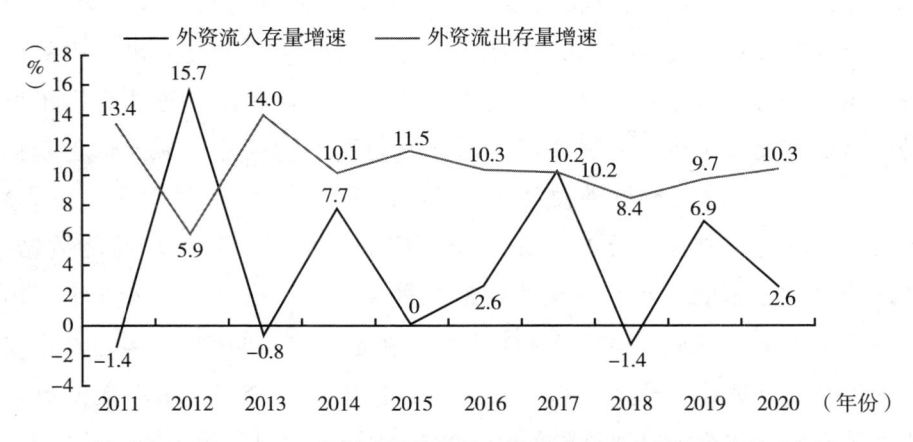

图5 2011~2020年西亚的外资流入和流出年末存量同比变化率

资料来源：联合国贸易和发展会议：《世界投资报告2021》。

## 二 西亚国家吸收国际投资的特点

从国别来看，西亚国家的外资流入呈现较大的差异。石油资源仍是外国投资者关注的重点，但石油输出国对非油经济的重视和推进也吸引了不少外资，其中以色列表现突出，反映出投资者在进行投资决策时对科技创新等资源和环境的重视。

## （一）西亚石油输出国对外资吸引力较强

对于以石油输出国组织（OPEC）成员为代表的资源型国家，外国投资者在投资时考量的因素除了其资源的规模和市场价格之外，还包括投资环境与风险。2020年，西亚国家的外资流量呈现分化态势。西亚的4个石油输出国吸引外资的水平差异较大。阿联酋和沙特的外资流入量同比增长。2020年，阿联酋的外资流入量为198.8亿美元，比上年增长了44.2%；另一个主要产油国沙特也实现了20.3%的外资流入量增长。阿联酋和沙特对外资吸引力的上升还部分由其经济政策所支撑。两国都没有过度依赖其油气资源，而积极鼓励非油产业的发展。阿联酋在2021年通过启动联邦黄金交易平台，提高其在国际黄金和珠宝交易市场中的地位，黄金交易额是迪拜对外贸易商品清单之首。阿联酋还正式启用了贸易融资数字交易平台——阿联酋交易通，为数字领域的贸易投资创新提供了新的生态环境。阿联酋总统于2021年颁布法令，对《商业公司法》进行重大调整，减少了本地股东要求等限制。根据迪拜FDI监测数据，2020年迪拜的新投资项目（包含绿地投资和并购）数量达到455个，超过了此前5年的年平均项目数441个。沙特也提出将自2024年起停止与未在沙特设立地区总部的外国公司和商业机构签订合同，从而促使更多跨国公司扩大和稳定对沙特的投资。2020年初，面对新冠肺炎疫情冲击，印度和美国对沙特的投资依旧兴趣浓厚，除制造业、信息技术、物流运输、零售、电子商务、能源和水资源之外，教育、金融、旅游和朝圣等新兴领域的投资发展迅速。相比而言，西亚其余两个OPEC成员伊拉克和科威特的外资流入量却表现不佳。2020年伊拉克的外资流入量从上年的-30.8亿美元变为-29.0亿美元，外资依旧在外撤，反映出外资对其投资的信心不足。

表1　2020年西亚国家外资流入量和年末存量

单位：亿美元，%

| 序号 | 国别 | 投资流量 | 占比 | 投资存量 | 占比 |
|---|---|---|---|---|---|
| 1 | 巴林 | 10.1 | 1.6 | 316.90 | 3.3 |
| 2 | 伊拉克 | -29.0 | -4.7 | 0.00 | 0.0 |
| 3 | 约旦 | 7.3 | 1.2 | 365.56 | 3.8 |
| 4 | 科威特 | -3.2 | -0.5 | 141.38 | 1.5 |
| 5 | 黎巴嫩 | 30.7 | 5.0 | 177.52 | 1.8 |
| 6 | 阿曼 | 40.9 | 6.7 | 354.25 | 3.6 |
| 7 | 卡塔尔 | -24.3 | -4.0 | 286.27 | 2.9 |
| 8 | 沙特阿拉伯 | 54.9 | 8.9 | 2418.62 | 24.9 |
| 9 | 巴勒斯坦 | 0.5 | 0.1 | 27.17 | 0.3 |
| 10 | 叙利亚 | — | — | 107.43 | 1.1 |
| 11 | 土耳其 | 78.8 | 12.9 | 2115.73 | 21.7 |
| 12 | 阿联酋 | 198.8 | 32.4 | 1508.96 | 15.5 |
| 13 | 也门 | — | — | 19.42 | 0.2 |
| 14 | 以色列 | 247.6 | 40.4 | 1889.52 | 19.4 |
|  | 合计 | 613.10 | 100.0 | 9728.73 | 100.0 |

资料来源：根据联合国贸易和发展会议《世界投资报告2021》测算。

## （二）土耳其经济环境恶化影响外国投资者意愿

2020年，作为西亚国家外资流入量第三大国，土耳其的外资流入量为78.8亿美元。尽管这一流入量同比下降了6.6%，但在西亚国家外资流入总量中的占比仍达到12.9%。如表1所示，截至2020年末，土耳其在西亚国家的外资存量中排名第二，外资存量占西亚国家外资总存量的21.7%，仅次于沙特的比重24.9%。2020年以来，土耳其的通胀率保持在10%以上的水平，疫情对经济的冲击显著增加了经济运行的成本，降低了包括外资在内的市场经济主体的投资意愿。高通胀带来更高的融资成本，加之土耳其大量借入外债用于基础设施投资，修建铁路、机场、运河，开采能源，从而进一步增加了还款压力。通货膨胀导致土耳其经济出现高通胀和本币贬值的双重问题。2021年，土耳其里拉对美元贬值近半，成为全球对美元贬值幅度最

大的货币之一。尽管贬值有利于外国投资者降低投资成本，但持续贬值的预期降低了投资者对其未来收入保值增值的预期，对于扩大投资心存疑虑。受此影响，土耳其延续了从贸易投资双顺差向双逆差转变的态势，而这一问题在美联储退出量化宽松的过程中可能变得更为严峻。

### （三）以色列吸引了更多外国投资

2020年，在新冠肺炎疫情的冲击下，以色列继续保持了西亚地区外资流入量第一大国的地位，外资流入量再创新高。从历史来看，2017年，以色列才首次成为西亚外资流入量最多的国家。2020年，以色列的外资流入量为247.6亿美元，占西亚国家外资流入总量的40.4%，同比实现了35.9%的增长。事实上，2020年以色列对外资的吸引不仅在西亚表现突出，也是当年全球第十三大外资流入国或地区，排在巴西之后。遍布全球的犹太企业为以色列的外资提供了重要来源。而相对领先的科技能力、发达的高科技行业、相对稳定的社会治安也为外资在中东地区的发展创造了较好的投资环境。以色列政府以研发支持基金支持企业在全球竞争中获得自身的科技优势，也为其与国外企业开展合作提供了更多可借用的优势资源。这些外资企业在以色列的投资反过来又为当地科技资源的培育和积累提供了更为充足的动力。

### （四）其他西亚国家的外国直接投资情况

除此以外，2020年实现外资流入量增长的西亚国家还有黎巴嫩、阿曼和巴林。2020年，上述3国外资流入量分别实现了44.1%、31.0%和6.9%的增长，外资流入量分别为30.7亿美元、40.9亿美元和10.1亿美元。黎巴嫩的投资环境较为自由，政府还通过减免设备关税、土地政策等方式鼓励旅游业的投资，但新冠肺炎疫情使旅游业投资骤减，很多投资计划无法按期推进。2020年8月4日发生大爆炸后，黎巴嫩贝鲁特港口瘫痪，全国60%以上的海运无法继续完成。黎巴嫩政府在2021年2月与法国达飞海运公司签署了期限10年的集装箱码头管理和运维合同，对码头进行翻新，复杂的进程使黎巴嫩大量企业只能以较低的开工率运转。同时，受叙利亚战争影响，超过百万名难民进入黎巴嫩，在增加其经济社会运转负担的同时也提供了更多的廉价劳动力，有利于劳动密集型产业的发展。2019年阿曼苏丹批准并颁布新的《外商投资法》《公私合营法》《企业破产法》《私有化法》等法律，为外资提供了更多的行业领域选择和支持。2020年，阿曼修订了《所得税法》，对征税范围和方式予以进一步规范，减少了纳税申报频率，在一定程度上有利于外国投资者降低税收合规成本，为个人独资公司提供了被认定为小规模纳税人的可能性。2020年，巴林修改了《商业公司法》，允许公司采用员工持股计划并通过可转换票据等方式筹集资金，有利于降低初创企业和成长型企业的融资难度，同时有利于巴林在营商环境上与国际最佳实践保持一致步调。相比而言，叙利亚和也门的形势依旧复杂，战乱和疫情交织，使得投资者望而却步，而两国也不具备收集和发布相关统计数据的能力。

## 三 中国与西亚国家间的双向直接投资

2020年，中国企业对西亚国家的投资表现较好，在亚洲国家中尤为突出。同时，西亚国家也更重视中国市场的发展机会，通过对华投资有效发挥其优势，推动双方的互利共赢与共同发展。中国与西亚国家间的双向投资为各自资源的有效使用和创新能力的提高创造了条件，成为双方经济发展中的重要助推力量。

### （一）中国企业对西亚国家的投资规模扩大和重要性有所增强

近年来，受美欧等国的一些限制，中国企业对外投资的国别流向呈现出结构性变化。中国企业在决定投资方向时，对东道国投资环境的稳定性、市场机会的选择更为谨慎。西亚国家成为中国企业的重要选项之一。《2020年度中国对外直接投资统计公报》的数据显示，2020年，伴随中国对外直接投资的增长，中国企业对西亚国家的直接投资也出现增长。值得注意的是，2020年中国企业对西亚的投资为32.0亿美元，比上年增长11.8%，仅比当年中国对外直接投资流量的增幅（12.3%）略低，比中国企业对亚洲国家的投资流量增速（1.4%）要快得多。这种趋势说明，尽管中国企业在2020年的对外投资中对亚洲的关注度不高，但西亚国家吸引了更多中国企业的关注和投资。其实，2020年，中国企业一举扭转了上两年对外投资额下降的趋势，在对外投资上迈出了更大的步伐。如图6所示，中国企业对西亚国家的投资额在2019年达到最高值之后再次实现突破。不过，从中国企业对西亚投资额占全球对外投资总额的比重来看，2020年比上年略有下降，从2.09%微降至2.08%，而这一数据在过去10年里处于相对较高的水平。如果把中国对西亚国家的直接投资与西亚国家的外资流入量进行对比，可以发现，中国投资所占比重也呈现上升态势。照此计算，中国的投资占西亚投资流入量的比重达到了8.8%，是过去10年的最高值，此前的高点是2015年的6.51%，而2011年的比重仅为1.06%。这种趋势似乎也说明中国投资正日益成为西亚国家越来越重要的外资来源。

**图6　2011~2020年中国对西亚国家的投资流量和全球占比**

资料来源：根据《2020年度中国对外直接投资统计公报》测算。参见中华人民共和国商务部、国家统计局、国家外汇管理局《2020年度中国对外直接投资统计公报》，中国商务出版社，2021。

### （二）中国对西亚投资多集中于资源型国家

西亚国家的资源禀赋吸引了包括中国企业在内的外国投资者的关注。在激烈的竞争格局下,中国企业并未将开展投资的行业领域局限于能矿资源,而是以东道国企业能力与市场发展需求为基础,在多行业领域探索投资合作的空间。西亚国家中,中国企业对阿联酋的投资关注度最高。如表2所示,2020年,中国企业对阿联酋的投资流量为15.5亿美元,占中国企业对西亚国家投资总流量的48.5%。伊拉克紧随其后,2020年中国企业的投资流量为4.1亿美元,占比为13.0%。中国企业对沙特阿拉伯和土耳其的投资流量接近,都是3.9亿美元,占当年中国企业对西亚国家投资总流量的比重都是12.2%。与之相似,从年末投资存量来看,阿联酋也是中国企业在西亚的第一大投资目的地。截至2020年末,中国企业在阿联酋的投资存量为92.8亿美元,占中国对西亚国家年末投资总存量的41.2%。较大的投资规模和较高的占比反映出中国与阿联酋的良好经贸合作关系和彼此的信任关系。在2020年末中国企业投资存量上排名第2位和第3位的西亚国家分别是以色列和沙特,金额分别为38.7亿美元和29.3亿美元,占比分别为17.2%和13.0%。对比流量和存量的排名可以发现,伊拉克在近年来吸引了更多中国企业的关注,相比而言,中国企业在以色列的投资有长期沉淀,但2020年并未排在前面。如前所述,在西亚国家中,以色列在创造良好的营商环境和吸引外资方面表现突出,而中国企业由于各种因素制约,2020年并未在以色列投入更多的资源,因此可能在投资目标和收益实现上也与对石油资源丰富的国家投资有着较大的差别。相比而言,一些外资流入规模不大的西亚国家对中国外资的需求更高。以黎巴嫩为例,2020年中国企业虽然并未增加对黎巴嫩的投资,但年末投资存量连续3年保持在222万美元的水平。阿曼有较为丰富的油气等矿产资源、渔业资源,但并不是OPEC成员。2020年,中国企业对阿曼投资整体规模不大,只有8710万美元。

表2 2020年中国对西亚国家投资流量和年末存量

单位:万美元,%

| 序号 | 国别 | 投资流量 | 占比 | 投资存量 | 占比 |
| --- | --- | --- | --- | --- | --- |
| 1 | 阿联酋 | 155195 | 48.5 | 928324 | 41.2 |
| 2 | 阿曼 | 8710 | 2.7 | 23698 | 1.1 |
| 3 | 巴勒斯坦 | — | — | — | — |

续表

| 序号 | 国别 | 投资流量 | 占比(%) | 投资存量 | 占比(%) |
|---|---|---|---|---|---|
| 4 | 巴林 | 19 | 0.0 | 7094 | 0.3 |
| 5 | 卡塔尔 | 9467 | 3.0 | 61851 | 2.7 |
| 6 | 科威特 | 12221 | 3.8 | 84923 | 3.3 |
| 7 | 黎巴嫩 | — | — | 222 | 0.0 |
| 8 | 沙特阿拉伯 | 39026 | 12.2 | 293091 | 13.0 |
| 9 | 土耳其 | 39126 | 12.2 | 215187 | 9.6 |
| 10 | 叙利亚 | 49 | 0.0 | 1406 | 0.1 |
| 11 | 也门 | -292 | -0.1 | 54127 | 2.4 |
| 12 | 伊拉克 | 41458 | 13.0 | 173789 | 7.7 |
| 13 | 以色列 | 26710 | 8.4 | 386913 | 17.2 |
| 14 | 约旦 | -11951 | -3.7 | 20372 | 0.9 |
|  | 合计 | 319738 | 100 | 2250997 | 100 |

资料来源：根据《2020年度中国对外直接投资统计公报》测算。参见中华人民共和国商务部、国家统计局、国家外汇管理局《2020年度中国对外直接投资统计公报》，中国商务出版社，2021。

## （三）中国企业以多种形式在西亚多行业领域进行投资

中国企业在西亚国家的投资与双边的相互信任和良好关系有着密切的联系，企业把握西亚国家经济发展的机遇，响应市场需求变化，力争通过对西亚国家的投资更好地发挥自身的优势，并实现平台打造与投资环境的优化。在项目选择上，中国企业积极用好自身的技术、经验、市场优势，通过投资项目实现与东道国合作企业的互利共赢。2020年，在新冠肺炎疫情的冲击下，中国与阿联酋开启了新冠疫苗的三期临床试验。国药集团中国生物新冠灭活疫苗国际临床（Ⅲ期）试验在阿联酋启动，也是中国新冠疫苗首次海外临床试验，从一个侧面说明了中阿双边经贸关系所具备的坚实基础。2020年，中国中车中标阿联酋铁路二期项目，提供货车和长期维护保养服务。中国企业在以色列的投资广泛涉及化学品、医疗产品、化妆品、游戏、通信、大型港口和地下铁路等领域，两国在生物科技、农业技术和汽车等领域都有合作的需求和基础。重要的地理位置和相对较好的制造业基础成为土耳其吸引中国企业投资的优势。近年来,中国企业在能源、通信、基础设施、金融、科技、家电等诸多领域加大了对土耳其的投资。2020年,中国手机生产商OPPO、小米、TCL和Vivo等纷纷在土耳其开始生产或扩大生产制造能力,为当地规模庞大的消费者需求提供贴近式服务。阿里巴巴在2020年4月宣布对土耳其电商平台Trendyol增资3.3亿美元,在推动电商平台整合的同时为技术、标准的对接提供更好的支持。2020年,上海上港集团建设的以色列海法新港竣工,借鉴了洋山四期自动化码头的技术和经验,拥有25年特许经营权。阿里巴巴也在以色列建立了研发中心,重点推进在计算机视觉、人工智能和机器学习等领域的科技合作。黎巴嫩在遭受贝鲁特港口大爆炸冲击后,对于吸引中国企业发挥其优势、帮助黎巴嫩改善电力系统、破解交通瓶颈的需求进一步增加,有望为企业投资创造更多机会。中国国家电网有限公司与那玛控股公司在2020年3月完成阿曼国家电网公司49%的股权收购协议的交割,中国国家电网有限公司得以充分利用其大电网运营管理经验,持续提高阿曼电网的安全运行水平和资源配置能力,为阿曼的制造业和社会经济正常运行提供安全可靠的供电保障。

## (四)西亚国家积极把握中国市场发展机遇

2020年,在新冠肺炎疫情冲击下,中国经济仍保持增长,完整的产业链、强韧的供应链和持续增强的市场需求吸引了西亚国家的关注,西亚投资者在政府、行业组织的支持下,在华拓展包括投资在内的商业利益。但是,西亚国家的在华投资规模和数量仍相对有限。根据《2021年度中国对外直接投资统计公报》,西亚国家尚未进入2020年中国主要投资来源地前15位国家(地区)榜单,而来自榜单上来源地的新设企业占当年中国新设外商投资企业总数的80%,实际投资额占比更是高达94.3%。由此可见,西亚国家在中国的投资尚有较大的发展空间。2020年11月14日,由阿布扎比国际金融中心和阿联酋中央银行联合主办的"2020中国-阿联酋创新投资大会"在北京开幕。作为中东地区最大的金融科技和创新盛会"阿布扎比金融科技节"的一部分首次在阿布扎比和北京举行。该项会议围绕"一带一

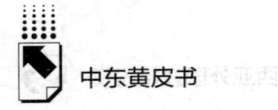

路"建设投融资、医药创新、人工智能赋能、金融科技、数字货币等20余个议题展开，促进阿联酋对华投资，也帮助中国企业与行业展示创新产品和服务，为阿联酋和中东北非市场提供世界级解决方案。在上海普陀区设立的中以创新园于2019年12月正式开园，为以色列企业在华投资合作提供了平台和环境。在中以正式建交30周年之际，以色列在华投资的势头发展迅速。沙特阿拉伯国家石油公司（简称"沙特阿美"）是全球顶尖的一体化能源和化工品企业，近年来在参与中国本土石油炼化项目上表现积极，在大型炼油化工一体化联合装置建设上发挥持股优势，加大投资力度，以巩固其作为原油化学制品领域全球领导者的地位。沙特阿美与中国石化签署谅解备忘录，双方围绕中国石化现有炼油化工和未来扩张项目进行合作。与之相比，包括土耳其在内的其他西亚国家的企业对外投资规模较为有限，还未能通过对华投资合作从中国国内市场的发展和经济产业基础中获得充分的发展利益。

## 四 聚焦全球新形势，提高中国与西亚国家合作能级

新冠肺炎疫情对全球经济的冲击仍在延续，各国在采取措施降低疫情传播风险的同时，也在积极促进经济复苏。中国应与西亚国家加强在多领域的合作，为加快适应进程、减少疫情冲击创造更为有利的环境和条件。

加快推进双方经贸机制性合作平台建设。中国与海湾阿拉伯国家合作委员会在自贸协定谈判上有着进一步推动的空间和需求。作为国家间的经贸协定，自贸协定不仅可以有效减少商品进出口的成本，而且可以为包括资金、人员、服务、知识产权等各类要素资源的跨境流动和优化配置创造条件。韩国与海合会也在推动重启2010年中断的协定。在《区域全面经济伙伴关系协定》（RCEP）正式生效之后，中国与周边国家的市场一体化程度进一步提高，对西亚国家的吸引力也随之增强。通过自由贸易协定，将有助于中国与海合会国家为双方投资者提供更好的营商环境，在制造业、氢能、医疗、生物科技等领域进一步夯实合作基础。

加大绿色经济领域合作环境建设。西亚作为全球最为典型的油气资源富集地区，在地缘政治局势不稳而引起能源价格飙升的条件下，可能获得更多的出口收入。近年来，西亚的石油输出国大多加大了在非油领域的发展力度，以环境建设、制度建设和标准建设相结合的方式，降低对碳氢产业的依赖。中国正在积极推动实现双碳目标，经济产业发展空间大，企业在创新实践和探索上既需要加大力度，又有着开展对外合作的更广泛需求。中国企业可以将较为成功的经验和成熟的技术与西亚合作伙伴共享，也应该积极学习西亚国家在此领域好的做法，少走弯路，提高效率，同时为双方经济社会的可持续发展提供新的动力。

有效促进数字经济发展和互联互通。在新冠肺炎疫情的冲击下，数字经济发展明显提速。在防疫限制措施下，应用数字技术降低病毒传播的风险，对于各国都有着现实意义。中国在电子商务发展上取得了较好的成绩，西亚国家在部分领域有着较为独特的特点。双方的互利合作可以更好地为技术应用创造条件。以新一代互联网、5G 等技术为支撑的数字基础设施需要对原有硬件环境加以改进。中国与西亚国家可以特殊经济区域为窗口探索开放对接的有效方式。双方可以加大对中小企业参与和享受数字经济发展红利能力的培养，尽量缩小数字鸿沟，为数字经济发展在硬件基础设施和规则环境上创造更良好的条件，使各方都可以从数字经济的发展中获益。

鼓励企业用好各种工具降低风险。西亚国家营商环境的国别差异明显，但安全风险对投资的威胁巨大。企业为获得更高的利润，有时也愿意承担更高的风险。未来一段时间，西亚国家作为投资东道国，可能面临政治、经济、社会等多重风险叠加，给企业的投资可能带来较大的不确定性。应引导和鼓励企业在投资前做好充分的了解，除了增强自身的风险意识和防范能力之外，还要积极使用包括保险在内的各种风险防范工具，一旦风险发生可以获得一定的补偿。也应该看到，风险随环境的变化而持续发展。企业需要关注相关风险指标动态，相应制订合理的投资方案，并在可能的情况下通过分散投资、合理确定投资周期、开展组团协作等方式降低投资活动的不确定性。

# 文献资料
Documentation

# Y.20
# 2021年国内外中东研究新进展

刘林智[*]

2021年，中东地区的地缘政治格局和安全态势呈现出"缓和"与"紧张"交织的复杂面相。一方面，地区主要竞争国家间关系出现缓和趋势，主要区域大国间的良性互动增加，长期热点问题有所降温；另一方面，新冠肺炎疫情继续冲击主要中东国家的经济发展和社会治理体系，域外大国对中东政治和安全事务的介入也从未停歇，区域矛盾和冲突的根源并未消除，部分地区国家在多重因素的作用下出现治理危机，地区安全稳定仍面临诸多变数。

面对复杂的地区局势，国内外中东学界聚焦中东政治、经济、国际关系、安全、社会文化等各领域的重要问题和新动向，发表了大量学术论文，并出版了一批兼具深度、广度和创新性的研究专著，取得了可观成果。

---

[*] 刘林智，中国社会科学院西亚非洲研究所助理研究员，主要从事中东地区军事和战略研究。

# 一　国外中东研究新进展

2021年，国外中东学界密切关注新冠肺炎疫情影响下中东国家政治、经济、对外关系的发展情况和安全形势、社会态势的变化，产生了一系列重要学术成果。但国外学界特别是西方学者仍未摆脱"西方中心主义"的影响，很多研究的科学性、客观性因此受到削弱。

## （一）中东政治研究

2021年，国外中东政治学界的研究主要集中于新冠肺炎疫情下的国家治理、中东剧变以来中东国家政治形势和社会意识形态的变化。

2020~2021年新冠肺炎疫情蔓延加剧了中东大多数国家的政治治理危机。因提萨尔·法基尔等人指出，疫情下马格里布地区国家治理的内在缺陷凸显出来，欧盟及其成员国可为这些国家提供治理支持。[1] 罗伊·叶林尼克以食利者国家理论为分析框架，指出疫情加剧了中东地区民众对政府的不信任，民众对政府信任度下降可能会对疫情后地区和个别国家的稳定造成严重负面影响。[2] 侯赛因·所罗门等学者从不同方面探讨了西亚北非地区国家危机的性质以及政策制定者如何应对这些危机。[3]

西亚地区政治意识形态方面，《重构阿拉伯政治身份：正义、妇女权利和阿拉伯国家》一书从多种视角分析了阿拉伯政治认同的演变，认为数百年来阿拉伯文化遭受压制，恢复阿拉伯文化对其当下社会政治有所

---

[1] Intissar Fakir, Werenfels Isabelle, "The Pandemic and Governance in the Maghreb: A Moment of Truth—The COVID-19 Pandemic Tests the Sustainability of Different Governance Approaches", *SWP Comment*, No. 15, 2021.

[2] Roie Yellinek, "Questions on Public Policy and Trust during COVID-19 in the Middle East and North Africa", *Middle East Policy*, Vol. 28, No. 2, 2021.

[3] Hussein Solomon, Arno Tausch, *Arab MENA Countries: Vulnerabilities and Constraints against Democracy on the Eve of the Global COVID-19 Crisis*, Springer, 2021.

裨益。①

"阿拉伯之春"方面，阿姆鲁·阿兹利指出，2013年以来埃及采取新自由主义经济措施来融入全球秩序。② 尼尔·基思利等学者指出，"阿拉伯之春"之后，在埃及，抗议持续越久，地区民众对民主的追求意愿越低。③ 玛丽亚·乔书亚等学者称，除突尼斯外，其余阿拉伯国家都进一步加强了对民众的控制。④ 伊蕾妮·魏佩特－芬内尔指出，民众与政府间的非线性矛盾与其他地区的抗议活动有共通性。⑤

安德烈·班克等人对"阿拉伯之春"发生后十年来中东和北非政治科学研究进行了梳理，认为学界已形成应用理性主义-结构主义方法、社会运动理论与政治经济学方法进行研究的趋势。⑥ 马克·林奇展示了政治学家对2011年"阿拉伯起义"反应的维度，例如抗议动员、镇压、教派主义和国际联盟等。⑦

### （二）中东经济研究

2021年，国外中东经济学领域研究主要集中在新冠肺炎疫情的经济影响、资源经济国家的转型、市场化改革与国家经济发展等方面。

马雷克·达布罗夫斯基和马尔塔·多明格斯-希门尼斯分析认为，21世

---

① Salam Hawa, *Reimagining Arab Political Identity: Justice, Women's Rights, and the Arab State*, Routledge, 2021.
② Amr Adly, "Authoritarian Restitution in Bad Economic Times Egypt and the Crisis of Global Neoliberalism", *Geoforum*, Vol. 124, 2021.
③ Neil Ketchley, Thoraya El-Rayyes, "Unpopular Protest: Mass Mobilization and Attitudes to Democracy in Post-Mubarak Egypt", *Journal of Politics*, Vol. 83, No. 1, 2021.
④ Maria Josua, Mirjam Edel, "The Arab Uprisings and the Return of Repression", *Mediterranean Politics*, Vol. 26, No. 5, 2021.
⑤ Irene Weipert-Fenner, "Go Local, Go Global: Studying Popular Protests in the MENA Post-2011", *Mediterranean Politics*, Vol. 26, No. 5, 2021.
⑥ André Bank, Jan Busse, "MENA Political Science Research a Decade after the Arab Uprisings: Facing the Facts on Tremulous Grounds", *Mediterranean Politics*, Vol. 26, No. 5, 2021.
⑦ Marc Lynch, "Taking Stock of MENA Political Science after the Uprisings", *Mediterranean Politics*, Vol. 26, No. 5, 2021.

纪第一个十年石油和其他大宗商品价格下跌是中东和北非地区国家政局动荡、区域内冲突不断的重要诱因，因此应警惕当前疫情对社会、经济稳定的消极影响。①

石油出口国转型发展方面，贾科莫·卢恰尼等学者指出，随着全球对气候问题的关注和国际合作议程的推进，海合会国家经济发展过度依赖石油将导致发展模式不可持续，也将面临新的转型发展压力。②

国际货币基金组织报告认为，中东国家国有企业规模巨大，对社会发展的影响力突出，在当前疫情下，应该通过国有企业的发展来寻求能源转型、减贫与债务方面的突破。③

哈扎勒·阿卜杜拉·奥泽尔等人的研究认为，中东石油输出国经济、政治和社会机制的效率低下是因为制度因素在石油部门的治理中并没有很好地发挥作用。如果有好的制度，资源就会很好地服务于国家的发展，因而也可以避免所谓的"资源诅咒"。④

## （三）中东国际关系研究

2021年，国外学者在中东国际关系领域取得丰硕研究成果，对域外大国与西亚北非地区的交往以及地区内大国关系的研究更加深入，角度新颖，并且对中东地区热点问题进行了追踪研究。

大国与中东关系方面，侯赛因·塔拉勒·马克拉德分析了美国退出伊核协议如何影响地区稳定以及如何改变海湾国家和其他地区国家的立场。⑤ 伊玛

---

① Marek Dabrowski, Marta Domínguez-Jiménez, "Economic Crisis in the Middle East and North Africa", *Policy Contribution*, Bruegel, 2021.
② Giacomo Luciani, Tom Moerenhou, *When Can Oil Economies Be Deemed Sustainable?*, Palgrave Macmillan, 2021.
③ IMF, "State-Owned Enterprise in Middle East: North Africa and Central Asia", IMF Working Paper, No. DP/2021/019, September 2021.
④ Khazal Abdullah Auzer et al., *Perspectives on Development in the Middle East and North Africa (MENA) Region*, Springer, 2021.
⑤ Hussein Talal Maklad, "Security of the Middle East in Light of the Iranian Nuclear Deal", *Contemporary Arab Affairs*, Vol. 14, No. 2, 2021.

德·曼苏尔指出，科威特与中国不断扩大交往，反映出科威特满足社会经济需求和应对海湾地区对抗性政治的战略。[1]

中东地区国家间关系方面，罗伯特·梅森分析了自1979年伊朗革命以来，尤其是在2011年叙利亚冲突爆发后，伊朗对叙利亚的战略政策。[2] 沙赫拉姆·阿克巴尔扎德等人基于深度访谈和网络调研，分析了巴基斯坦民众对伊朗的看法，指出尽管许多人消极看待德黑兰的政策，但大多数人仍以正面方式看待伊朗。[3] 艾瑞克·洛布分析了叙利亚政权与伊朗和俄罗斯结盟的复杂性和紧张关系。[4]

热点问题方面，特马特沃西探讨了现有的对亚美尼亚与土耳其关系的解释中存在的方法论问题和错误认识，并分析这些方法论问题对当前两国关系僵局的影响。[5] 穆贝拉·丁莱尔和阿里·巴尔西分析了鲁哈尼的个性对伊朗核协议的影响和作用。[6]

### （四）中东安全研究

2021年，国外学者对中东安全形势的变化和各类传统、非传统安全问题进行了深入研究，取得了一些较为重要的学术成果。

传统安全方面，费德里科·多内利和阿里埃尔·冈萨雷斯-莱瓦吉指出中东各博弈方之间的利益冲突及其与非洲之角国家的不对称权力关系加强了两个地区的安全相互依赖，中东的介入一方面增加了非洲之角的区域不稳定

---

[1] Imad Mansour, "The BRI Is What Small States Make of It: Evaluating Kuwait's Engagement with China's Belt and Road Initiative", *The Middle East Journal*, Vol. 74, No. 4, 2021.
[2] Robert Mason, "Strategic Depth through Enclaves, Iran, Syria, and Hezbollah", *Middle East Policy*, Vol. 28, No. 2, 2021.
[3] Shahram Akbarzadeh, Zahid Shahab Ahmed, Niamatullah Ibrahimi, "Iran's Soft Power in Pakistan", *Asian Politics & Policy*, Vol. 13, No. 3, 2021.
[4] Eric Lob, "Iranian Reconstruction, Development, and Aid in Syria", *The Middle East Journal*, Vol. 75, No. 2, 2021.
[5] Vahram Ter-Matevosyan, "Deadlocked in History and Geopolitics: Revisiting Armenia-Turkey Relations", *Digest of Middle East Studies*, Vol. 30, No. 3, 2021.
[6] Müberra Dinler, Ali Balci, "When Leadership Traits Meet Historic Success: Hassan Rouhani and the Nuclear Deal of 2015", *Digest of Middle East Studies*, Vol. 30, No. 1, 2021.

因素，也成为非洲之角的安全供给者，阿联酋、沙特、土耳其和以色列扮演了重要角色。①

非传统安全方面，劳伦斯·A.库兹那和杰弗里·戴认为，区域恐怖活动的主要驱动力是腐败、战争、弱势民主和失业率，能源出口、种族和宗教分化、青年群体扩大和国家内部人员的流动不是恐怖活动的主要诱因，可以通过特定因素预测以上区域恐怖主义的发展态势。② 路易丝·福塞特指出，中东和北非地区需依靠集体行动来应对新冠肺炎疫情带来的安全威胁，相关行动可以促进区域国家在其他重要领域的安全合作。③

### （五）中东民族、宗教与社会文化研究

中东地区民族、宗教和社会问题的演变一直是国外学界高度关注的领域。

中东民族问题方面，阿里夫·阿可古等人的文章以民族学的方法聚焦叙利亚难民问题，研究了叙利亚难民在土耳其遭受的安全威胁。文章指出，叙利亚难民遭受暴力、流离失所等安全威胁，但未得到土耳其政府的重视，土耳其政府未能保护叙利亚难民的安全，很多叙利亚难民被迫从土耳其移民到西方国家。④

国外中东地区宗教研究主要集中在犹太教方面，菲利普·利伯曼主编的《剑桥犹太教史（第5卷）：犹太人在中世纪伊斯兰世界》研究了从6世纪早期伊斯兰教兴起到15世纪末犹太人被驱逐出西班牙期间犹太教在伊斯兰世界的历史，指出伊斯兰的征服和扩张影响了犹太社区的形态，远距离贸易

---

① Federico Donelli, Ariel Gonzalez-Levaggi, "Crossing Roads: The Middle East's Security Engagement in the Horn of Africa", *Global Change, Peace & Security*, Vol. 33, No. 1, 2021.
② Lawrence A. Kuznar, Jeffrey Day, "Hunting for Gray Rhinos and Terrorism in the Middle East, North Africa, and Central Asia", *Dynamics of Asymmetric Conflict*, Vol. 14, 2021.
③ Louise Fawcett, "The Middle East and COVID-19: Time for Collective Action", *Globalization & Health*, Vol. 17, No. 1, 2021.
④ Arif Akgul, Cuneyt Gurer, Hasan Aydin, "Exploring the Victimization of Syrian Refugees through the Human Security Model: An Ethnographic Approach", *Studies in Ethnicity and Nationalism*, Vol. 21, No. 1, 2021.

机会的增加促使散居犹太人在多地建立了繁荣的犹太社区。① 来拉·乌卢汗利的著作《犹太会堂：犹太教的奇迹》介绍了世界各地60多个标志性犹太教堂的建筑风格和历史演变。② 克伦-克拉茨（Keren-Kratz）指出，19世纪初，在犹太人中，正统派犹太人哈瑞迪（Haredi）占绝对多数，此后，城市化、启蒙运动和世俗化使正统派逐渐减少而成为少数派，正统派尤其是极端正统派犹太人的比例下降。③

社会与文化方面，贝弗利·梅特卡夫等人编著的著作扩展并增加了对中东妇女创业理论的新见解；④ 马里恩·卡茨的著作对数世纪以来妇女在清真寺的存在进行了非常详细、准确的描述；⑤ 内尔明·索亚尔普的著作阐释了安纳托利亚地区相关民族所遭受的集体创伤及对他们所产生的重大社会心理影响；⑥ 梅利斯·哈菲兹探索利用"懒惰"来理解新兴的公民文化及其排他性做法，探讨了奥斯曼人在生产力上的持续焦虑。⑦

## （六）国外学术交流活动

由于新冠肺炎疫情持续在全球肆虐，2021年国际中东学界的学术交流活动仍受到明显影响，一些重要学术会议改为以线上方式举行。7月23~24日，由海湾研究中心主办的第11届海湾研究学术年会在线上举行，来自亚、非、欧等地区国家的专家学者、外交官和媒体人士出席年会。11月13~15

---

① Phillip I. Lieberman, eds., *The Cambridge History of Judaism Vol.5: Jews in the Medieval Islamic World*, Cambridge University Press, 2021.
② Leyla Uluhanli, *Synagogues: Marvels of Judaism*, Rizzoli International Publications, 2021.
③ M. Keren-Kratz, "Post-Truth Politics and Invented Traditions: The Case of the Haredi Society in Israel", *Jewish Political Studies Review*, Vol.31, No.3/4, 2021.
④ Beverly Dawn Metcalfe, Bettina Lynda Bastian, Haya Al-Dajani, ed., *Women, Entrepreneurship and Development in the Middle East: Gender, Race, and Diversity in Organizations*, Routledge, 2021.
⑤ Marion Holmes Katz, *Women in the Mosque: A History of Legal thought and Social Practice*, Columbia University Press, 2021.
⑥ Nermin Soyalp, *Historical Traumas among Armenian, Kurdish, and Turkish People of Anatolia: A Transdisciplinary Perspective toward Reconciliation*, Sussex Academic Press, 2021.
⑦ Melis Hafez, *Inventing Laziness: The Culture of Productivity in Late Ottoman Society*, Cambridge University Press, 2021.

日，第14届美国中东与非洲研究学会年会在华盛顿以线上方式举行，来自美国、欧洲国家、中国和中东国家的数百名学者参加了此次活动。此外，国外学界还组织了一系列线上专题研讨会和讲座，如全球伊斯兰研究中心（The Center for Global Islamic Studies）邀请知名学者就国际伊斯兰问题举办了多场线上讲座，此类活动促进了学界的观点交流和知识的互通。

## 二 国内中东研究新进展

2021年，国内中东学界高度关注中东国家国内政局和对外关系的新态势，并重点聚焦"阿拉伯之春"十周年之际中东各国社会局势和思潮的新变化，在中东政治、经济、国际关系、安全、民族和宗教、社会文化等各领域研究的深度和广度皆有所扩展，产生了一批高质量成果。

### （一）中东政治研究

2021年，中东国家政治发展和政局稳定受到新冠肺炎疫情、国内社会力量竞争、域外力量介入等因素的多重影响，国内学界密切关注中东国家政治发展态势和国家治理情况的变化，取得一系列重要研究成果。

中东国家治理方面，钱雪梅指出，阿富汗四十年政治和解进程中缺乏政治互信及外部干预使得其政治生态"利战"而不"利和"。[①] 江琪及张宏两位学者认为，摩洛哥政府以提供社会经济资源、经济改革与镇压的方式维护国家整体稳定。[②] 佘纲正、景嘉伊利用"工具-人-内容"的三重分析维度，审视了社交媒体传播工具在近十年两场阿拉伯社会运动浪潮中独特而重要的作用。[③]

---

① 钱雪梅：《阿富汗政治和解的困局与前景》，《外交评论》2021年第1期。
② 江琪、张宏：《当代摩洛哥维护社会稳定的国家治理实践》，《阿拉伯世界研究》2021年第6期。
③ 佘纲正、景嘉伊：《阿拉伯社会运动中社交媒体的特征、演化及影响》，《西亚非洲》2021年第4期。

中东政治发展方面，蒋真以西亚北非几个国家的困境和危机为线索，解读了当前中东地区政治变革的关键因素。① 马晓霖从社会政治思潮、国家政治形态视角观察冷战后中东政治发展的变与不变。② 赵娟娟认为土耳其政党的政治再建构能力表明，政党政治的发展深刻影响着土耳其政治多元化和政治制度民主化的走向与国家能力建构。③ 魏敏指出，在中东剧变带来的内外影响下，土耳其不断推动政治改革进程，国内政权得以巩固，其在地区事务中的影响力和主导权也明显提高。④ 王金岩指出，2021年利比亚在联合国斡旋下再次建立起统一的行政机构，国家逐渐走向稳定和统一，但外部干预仍然持续，其未来的发展之路仍面临多方面的挑战。⑤ 余国庆分析了2021年5月巴以冲突对巴勒斯坦和以色列政局的影响以及给地区格局带来的新变化。⑥

## （二）中东经济研究

2021年，国内中东经济研究主要集中于中国与中东国家经贸合作和中东国家经济发展与改革研究两个方面，其他研究成果涉及能源、金融、对外援助、知识产权、跨国经济合作等诸多方面。

姜英梅回顾了"阿拉伯之春"十年后的中东经济发展历程，指出中东仍处于艰难的政治、经济和社会转型期，主要原因包括中东国家的粮食对外依赖度高、经济结构不合理、劳动生产率低、创新创业艰难以及地区政治不稳定等。⑦

中国与中东国家合作方面，姚磊指出中海自贸区成员国之间在产业上的互补性较强，以产业间贸易为主体，中海自贸区的建立将释放双边贸易潜

---

① 蒋真：《西亚北非地区政治发展的困境与危机研究》，中国社会科学出版社，2021。
② 马晓霖：《冷战后三十年中东国家政治发展管窥》，《西亚非洲》2021年第5期。
③ 赵娟娟：《土耳其政党制度与国家能力的建构》，《阿拉伯世界研究》2021年第4期。
④ 魏敏：《中东剧变与土耳其的政治和外交转型》，载西北大学中东研究所编《中东研究》2021年第2期，社会科学文献出版社，2021。
⑤ 王金岩：《试析利比亚战后的国家重建与政治发展》，载西北大学中东研究所编《中东研究》2021年第2期，社会科学文献出版社，2021。
⑥ 余国庆：《停火后的巴以政局走向与中东地区格局新变化》，《世界知识》2021年第12期。
⑦ 姜英梅：《"阿拉伯之春"以来的中东经济发展问题：困境与应对》，《当代世界》2021年第4期。

力。① 张楚楚的研究认为，基础设施领域的合作已经成为中国与中东国家合作的重要内容，这对当地可持续发展和深化中非合作意义显著。② 张晓阳等人认为，在"一带一路"倡议框架下，中国与阿拉伯国家在旅游领域深化合作可有效促进双方的人文交流、社会交流、经济交流。③ 蔺陆洲认为中国与阿拉伯国家在共同建设"天基丝绸之路"带动下的航天合作呈现出机制化、模式化和多样化的特点，合作成效开始显现。④

能源转型方面，刘冬指出，国际油价下跌推动了海合会国家的经济转型，其主要方向是去石油化、私有化、市场化、国际化。⑤ 唐恬波认为中东能源转型体现出以油气资源为主线、政府主导加强和受到地缘政治明显影响等特征。未来，中东能源转型会负重前行，相关各国的分化和分歧将加剧。⑥

新冠肺炎疫情对经济的影响方面，朱兆一认为新冠肺炎疫情造成的冲击可能引发中东国家新的变动。疫情不仅对中东国家经济造成较大冲击，也促使中东国家思考新的发展及对外合作路径。⑦

国际经济合作方面，陈沫指出，沙特阿拉伯已经成为世界主要援助国之一，其背后发挥作用的因素包括君主制、石油经济、阿拉伯民族和伊斯兰文化等多重政治、经济和文化属性以及独特的地区安全环境。⑧ 魏敏指出，在第四次工业化浪潮下，南南合作应以传统工业与数字经济融合为基础加快工业化进程并完善合作机制、创新合作模式、扩大合作领域。⑨ 杨永平等人指出，以色列希望通过天然气贸易与合作获取经济利益，提升地区政治地位；埃及则欲借助自产及进口的天然气，将自身打造为地区能源枢纽，扩展政治

---

① 姚磊：《中海自贸区贸易效应研究》，华东理工大学出版社，2021。
② 张楚楚：《以实正名：中国与中东国家的基础设施合作》，《西亚非洲》2021年第4期。
③ 张晓阳、温科、徐晓肆：《"一带一路"背景下中国与阿拉伯国家旅游合作路径》，《社会科学家》2021年第8期。
④ 蔺陆洲：《中阿共建"天基丝路"：现状、问题与对策》，《西亚非洲》2021年第1期。
⑤ 刘冬：《试论海合会国家的经济转型》，《现代国际关系》2021年第6期。
⑥ 唐恬波：《中东能源转型的新进展》，《现代国际关系》2021年第8期。
⑦ 朱兆一：《新冠肺炎疫情对中东国家经济的冲击与地区应对》，《学术探索》2021年第5期。
⑧ 陈沫：《沙特阿拉伯对外援助的特点、动因与效应》，《西亚非洲》2021年第3期。
⑨ 魏敏：《第四次工业革命下南南合作的新特点和新路径》，《人民论坛》2021年第5期。

影响力。以埃两国实现了天然气生产、货贸的分工协作，加深了经济联系，稳固了政治关系，提升了在地区和世界的影响力，并将对中东地区稳定乃至政治格局变化产生影响。①

国别经济问题方面，邓燕平认为，以色列社会群体分化比较明显，贫困问题逐渐凸显。长期存在的宗教群体与世俗群体、犹太人与阿拉伯人之间的鸿沟制约着贫困问题的有效解决。② 王凤指出，突尼斯政治转型的不成熟性依旧非常突出，政府施政能力严重受挫，宏观经济环境较难进一步改善，该国经济要走出困境、实现可持续发展尚需时日。③

### （三）中东国际关系研究

2021年，国内对中东国际关系的研究继续稳步推进，既涉及域内国家间关系、域外国家与中东国家的关系，还重点关注了地区热点问题。

王林聪指出，应对全球性问题及其对中东的冲击需要提高地区国家的治理能力，构建人类命运共同体是促进中东实现有效治理、繁荣、稳定的重要路径。④ 田文林认为，政治伊斯兰仍是塑造中东国家政治格局的重要因素，但其影响力下降或为大势所趋。⑤

美国是中东地区事务最为重要的参与者，也是对中东地缘安全格局影响最大的域外大国，2021年国内学者对美国与中东关系的研究取得丰硕成果，代表性成果有金良祥的《从平衡到整合：拜登政府兼顾亚太和中东的战略展望》⑥、唐志超的《拜登政府的中东政策发展趋向》⑦、钮松的《美国的中

---

① 杨永平、杨佳琪：《以色列和埃及的天然气合作：动因、问题及影响》，《阿拉伯世界研究》2021年第3期。
② 邓燕平：《以色列贫困问题的治理路径及其困境》，《阿拉伯世界研究》2021年第5期。
③ 王凤：《中东剧变以来突尼斯的经济状况及前景分析》，《中东研究》2021年第2期。
④ 王林聪：《全球性问题对中东地区发展的影响》，《当代世界》2021年第6期。
⑤ 田文林：《中东格局变动中的政治伊斯兰运动》，《当代世界》2021年第4期。
⑥ 金良祥：《从平衡到整合：拜登政府兼顾亚太和中东的战略展望》，《西亚非洲》2021年第2期。
⑦ 唐志超：《拜登政府的中东政策发展趋向》，《当代世界》2021年第4期。

东和平政策及其未来走向》[1]等。魏敏认为,美土战略同盟关系不会发生根本性变化。[2]范鸿达指出,未来美伊关系有望好转。[3]孟君指出,"阿拉伯之春"爆发后,俄罗斯及时推出了整体性的中东战略。[4]王晋指出,美国的压力与威胁是俄罗斯和伊朗的合作动力,对美国的认知差异是两国关系进一步发展的重要障碍。[5]牛新春认为,中国迫切需要形成相对稳定、独立和具有内在一致性的"总体中东政策"。[6]魏亮指出,印度秉持务实、平衡和不干涉内政的基本原则,主动推进与中东地区国家的关系,未来印度对中东的关注和投入将只增不减。[7]

中东国家对外关系方面,余国庆指出,以色列近年与非洲阿拉伯国家关系取得新突破,将对阿以冲突格局和地区局势带来多重影响,也为以色列进一步拓展非洲和阿拉伯国家市场创造了条件。[8]田小惠认为,尽快结束叙利亚战争才是解决叙利亚难民问题的根本之道。[9]张玉友指出,犹太社区通过多种路径影响摩洛哥对以色列外交政策,摩洛哥王室则通过国际犹太社区为摩洛哥获取以色列的战略资源援助。[10]

热点问题方面,马晓霖主编的《动荡中东与库尔德问题》对库尔德问题进行了全面分析。[11]另外,学者们重点关注了阿富汗问题,重要成果有王凤的《历史转折与阿富汗塔利班的选择》[12]、闫伟的《身份政治与阿富汗国

---

[1] 钮松:《美国的中东和平政策及其未来走向》,《亚太安全与海洋研究》2021年第1期。
[2] 魏敏:《中东变局下美国与土耳其关系变化及前景》,《当代世界》2021年第3期。
[3] 范鸿达:《伊朗核问题全面协议视域下的美伊关系分析》,《当代世界》2021年第3期。
[4] 孟君:《"阿拉伯之春"与俄罗斯的中东外交战略》,《阿拉伯世界研究》2021年第3期。
[5] 王晋:《美国影响下的俄罗斯与伊朗关系》,《阿拉伯世界研究》2021年第2期。
[6] 牛新春:《想像与真相:中国的中东政策》,《西亚非洲》2021年第4期。
[7] 魏亮:《当前印度的中东政策:背景、定位与外交实践》,《中东研究》2021年第2期。
[8] 余国庆:《以色列对非洲阿拉伯国家外交战略的演进——兼论阿以关系新突破及影响》,《西亚非洲》2021年第2期。
[9] 田小惠:《应对叙利亚难民危机:土耳其与德国的政策分野及博弈》,《西亚非洲》2021年第2期。
[10] 张玉友:《摩洛哥对以色列"接触政策"中的犹太人因素考察》,《西亚非洲》2021年第2期。
[11] 马晓霖主编《动荡中东与库尔德问题》,中国民主法制出版社,2021。
[12] 王凤:《历史转折与阿富汗塔利班的选择》,《当代世界》2021年第10期。

家建构的难题》①、钱雪梅的《阿富汗塔利班再度执政后的政治和解》② 等。

### (四) 中东安全研究

2021年,中东地区安全形势的变化和域内复杂的安全问题持续受到国内学界的高度关注,国内学者对中东安全局势、中国与中东国家安全合作、区域传统与非传统安全问题进行了深入研究,产生了一批高质量的研究成果。

在中国与中东国家的安全合作方面,李一冰通过分析中国和阿联酋非传统安全合作框架的性质,梳理构建中阿非传统安全合作框架的现实基础、法律意义和法律风险,探讨了构建中阿非传统安全合作新框架的可行性,并对这一框架的形成和深化提出建议。③ 王一帆深入剖析了中土开展反恐合作的战略价值、内外环境与制约因素,并提出了深化中国与土耳其反恐合作的具体对策。④

地区安全形势方面,仝菲指出,中东剧变已十年有余,中东国家面临的军事和政治等传统安全危机尚未解除,国际油价下跌和新冠肺炎疫情使中东地区原本动荡的安全局势雪上加霜,域外大国的干涉使中东地区的安全局势愈加复杂、混乱,安全问题成为中东地区国家稳定和发展的绊脚石。⑤ 朱泉钢指出,萨利赫下台后也门的政治转型以失败告终,国家逐渐滑向代理人战争,代理人战争又进一步恶化了也门与海湾地区的安全形势,其安全困境难解。⑥

大国博弈与地区能源安全问题方面,魏亮认为,国际能源价格波动、

---

① 闫伟:《身份政治与阿富汗国家建构的难题》,《当代世界》2021年第10期。
② 钱雪梅:《阿富汗塔利班再度执政后的政治和解》,《当代世界》2021年第10期。
③ 李一冰:《大变局时代中国与阿联酋非传统安全合作新框架的构建》,硕士学位论文,北京外国语大学,2021。
④ 王一帆:《中国与土耳其反恐合作研究》,博士学位论文,中国人民公安大学,2021。
⑤ 仝菲:《中东剧变与地区安全困局及前景》,载西北大学中东研究所编《中东研究》2021年第2期,社会科学文献出版社,2021。
⑥ 朱泉钢:《从治理危机到代理人战争:也门冲突的流变轨迹与安全困境》,载西北大学中东研究所编《中东研究》2021年第2期,社会科学文献出版社,2021。

中东油气供应链、海上通道安全和印度能源"增储"基础设施建设落后等因素给未来印度与中东能源合作带来诸多挑战。① 曹毓峰分析了石油通道控制权的脆弱性，认为霍尔木兹海峡的特殊地缘政治环境是中东地区安全形势持续动荡的主要原因。美伊关系仍是该问题的重要决定因素，局部战争仍然是主要威胁来源，新型安全威胁也在日益显露。②

非传统安全问题方面，张帅指出，中东是世界粮食安全体系的"短板"，其实质是中东地区发展、中东国家治理和粮食安全面临的威胁和应对威胁的困境与挑战。中东国家应从提高粮食仓储量和减少粮食损失两个维度增强农业治理能力。③ 章捷莹分析了中东地区水资源分配不均的原因，以及流域内水资源分配不均引发争端与冲突的机制。④ 丁梓越等学者指出，恐怖主义指数是评估恐怖主义风险的重要指标，剖析中东地区恐怖主义指数时空演变及其影响因素的时空异质性，对推理及解析恐怖主义发展趋势和成因的时空分异具有重要意义。⑤

### （五）中东民族、宗教与社会文化研究

近年，国内学界对中东民族、宗教和社会文化问题的关注度不断提高，中国学者2021年在相关领域产出了一批具有影响力的学术成果。

中东民族问题方面，少数族群问题的研究成果较为丰富。肖文超梳理了16~20世纪奥斯曼帝国库尔德问题的历史变迁。⑥ 隆娅玲、马晓霖认为，以色列阿拉伯人被犹太复国主义者视为潜在安全威胁而受到长期压制与管

---

① 魏亮：《能源安全视角下的印度与中东能源关系》，《西亚非洲》2021年第6期。
② 曹毓峰：《论中东能源地缘政治中的海上通道问题——对霍尔木兹海峡安全问题的再思考》，《当代世界与社会主义》2021年第2期。
③ 张帅：《民生为先：当代中东粮食安全问题及其治理》，《世界经济与政治论坛》2021年第5期。
④ 章捷莹：《安全化理论视域下的中东地区水资源争端》，硕士学位论文，上海外国语大学，2021。
⑤ 丁梓越、刘海砚、陈晓慧、麻洪川：《中东地区恐怖主义指数时空演变及其影响因素的时空异质性》，《世界地理研究》2021年第2期。
⑥ 肖文超：《奥斯曼帝国时期境内库尔德问题的历史演变》，《世界民族》2021年第1期。

控。[1] 王楠分析了 1987~1993 年巴勒斯坦起义的背景。[2] 王铁铮指出，非洲阿拉伯国家的氏族、部落、部族与民族国家认同等问题对于非洲阿拉伯国家的历史进程都具有重大影响。[3]

国内中东宗教研究以伊斯兰教研究为主。陈丽蓉分析了穆斯林兄弟会与沙特关系的演变及影响。[4] 严天钦研究了伊斯兰民粹主义对土耳其的社会矛盾和土耳其与西方盟友关系的影响。[5] 王宇洁、黄麟认为伊斯兰与现代性的关系成为当代西亚北非伊斯兰国家现代化过程中的一个关键性问题。[6] 李福泉、王昕祎认为，本土化是历史上宗教发展传播的基本规律和普遍现象，伊斯兰教成为全球性宗教的过程就是在各个地区本土化的过程。[7] 黄民兴认为，近代以来伊斯兰教对中东民族国家构建的影响经历了一个"U"形的发展历程。[8] 朱文珊、苏世天分析了突尼斯逐步形成开放、多元、平等、温和的伊斯兰文化的历程与原因。[9] 蒋真、李小娟认为美国传教士以实现新教在奥斯曼帝国最大限度的传播为目标，其本质是谋求自身国家利益。[10] 林友堂梳理了摩洛哥苏非派的历史演进，分析当代苏非派活跃的原因。[11]

国内学者对中东国家社会治理问题、文艺事业的发展及中国与中东国家的文化交流进行了深入研究和探讨。韩志斌认为，部落自治是中东地区社会治理的特色，更是深入理解中东地区社会体系的关键。[12] 龚颖元回顾了早期

---

[1] 隆娅玲、马晓霖：《以色列阿拉伯人族群身份与国家认同的历史变迁及现实困境》，《世界民族》2021 年第 5 期。
[2] 王楠：《1987~1993 年巴勒斯坦起义：背景、特点与影响》，《世界民族》2021 年第 2 期。
[3] 王铁铮：《非洲阿拉伯民族国家构建中的部落因素》，《光明日报》2021 年 1 月 18 日，第 14 版。
[4] 陈丽蓉：《穆斯林兄弟会与沙特关系的演变及影响》，《阿拉伯世界研究》2021 年第 1 期。
[5] 严天钦：《土耳其正义发展党的伊斯兰民粹主义》，《世界宗教文化》2021 年第 4 期。
[6] 王宇洁、黄麟：《反思伊斯兰与现代性研究的几种理论范式》，《世界宗教研究》2021 年第 1 期。
[7] 李福泉、王昕祎：《伊朗伊斯兰教本土化的流变与特点》，《中国穆斯林》2021 年第 1 期。
[8] 黄民兴：《试析伊斯兰教与近现代中东民族国家构建的关系》，《外国问题研究》2021 年第 1 期。
[9] 朱文珊、苏世天：《突尼斯伊斯兰教本土化历程及其特点》，《中国穆斯林》2021 年第 5 期。
[10] 蒋真、李小娟：《美国传教士在奥斯曼帝国的传教活动及其影响》，《阿拉伯世界研究》2021 年第 3 期。
[11] 林友堂：《摩洛哥苏非派的历史演进及当代影响》，《阿拉伯世界研究》2021 年第 6 期。
[12] 韩志斌：《中东部落：概念认知、类型演化及社会治理》，《史学月刊》2021 年第 5 期。

中国作品在土耳其译介的被接受情况，并提出中国作品在土耳其译介的思考与展望。① 梁宇、王太炎指出，中国与中东六国之间的友好关系和密切经贸往来促进了中文教育发展。② 张楚楚对阿拉伯各国推动本地教育国际化的举措进行了分析。③ 王子健描述了 2010~2019 年阿拉伯世界电影的美学、题材与风格。④ 王亭亭从后殖民视角对阿加莎以中东为背景的侦探小说进行了解读。⑤ 宋毅等学者介绍了中国影视节目在埃及的传播现状，并提出了改进建议。⑥ 章洁颖、苏九兰阐释了中国影视在阿拉伯国家的跨文化传播现状，并提出未来中国影视在阿拉伯国家的跨文化传播策略。⑦ 梁道远的《古代阿拉伯史学家及其著作目录》整理了大量古代阿拉伯史学文献，利用分期方法梳理了约 1500 名阿拉伯史学家及其主要著作，填补了国内阿拉伯史学史研究的学术空白。⑧

## （六）中东区域和国别研究报告

2021 年，国内研究机构和高校出版了一系列中东地区和中东国家的发展报告，包括中国社会科学院西亚非洲研究所主办的《中东发展报告 No.23（2020~2021）》、余泳主编的《中东地区发展报告（2020~2021）》、罗林主编的《阿拉伯发展报告（2020）》、张倩红主编的《以色列发展报告（2020）》、王新刚主编的《叙利亚发展报告（2020）》、中国-阿拉伯国家博览会秘书处所编《中阿经贸关系发展进程 2020 年度报告》。以上研究报告

---

① 龚颖元：《中国作品在土耳其的译介回顾、反思与展望》，《民族翻译》2021 年第 3 期。
② 梁宇、王太炎：《中东六国中文教育比较研究》，《民族教育研究》2021 年第 3 期。
③ 张楚楚：《后疫情时代阿拉伯国家高等教育国际化的政策走向》，《复旦教育论坛》2021 年第 5 期。
④ 王子健：《战争、革命与跨国电影：阿拉伯世界电影十年回顾（2010~2019）》，《北京电影学院学报》2021 年第 2 期。
⑤ 王亭亭：《"侦探女王"的帝国书写——阿加莎·克里斯蒂中东小说的后殖民解读》，《杭州电子科技大学学报》（社会科学版）2021 年第 5 期。
⑥ 宋毅、李梦涵、孔令严：《中国影视节目在埃及的传播现状与改进策略》，《青年记者》2021 年第 16 期。
⑦ 章洁颖、苏九兰：《中国影视在阿拉伯国家的跨文化传播》，《今传媒》2021 年第 4 期。
⑧ 梁道远：《古代阿拉伯史学家及其著作目录》，社会科学文献出版社，2021。

对中东整体政治、经济、社会、安全的发展态势和主要地区国家的政治和经济形势、外交政策、社会发展情况进行了详尽介绍和深入分析，得到了学界的高度评价。

### （七）国内学术交流

尽管受新冠肺炎疫情影响，国内中东学界在2021年仍通过线上、线下以及线上和线下相结合的方式举办了一系列学会会议和交流活动。4月24日，第二届长三角中东学论坛在浙江外国语学院举行，与会学者就中东局势、中国和中东的合作与互动等议题进行了深入探讨。7月17日，"一带一路"语境下中国与中东关系高端学术研讨会在长治学院举行。8月17日，中国社会科学院国际合作局、中国社会科学院西亚非洲研究所和阿联酋沙迦大学、沙特费萨尔国王伊斯兰研究中心等学术机构共同举办第二届中国与中东合作论坛。10月15~16日，第五届上海中东学论坛在上海外国语大学举办。11月13日，2021年中国中东学会年会暨"构建中国中东研究的知识体系"学术研讨会以线下和线上相结合的方式举行，线下主会场分别设在陕西师范大学和中国社会科学院西亚非洲研究所。11月27~28日，第七届"亚洲与中东"国际论坛——"从东方和西方的视角看中东和世界"学术研讨会在上海外国语大学举行。12月10日，中国社会科学院西亚非洲研究所、社会科学文献出版社、中国社会科学院海湾研究中心共同主办了"2021年中东形势回顾与展望"学术研讨会。

此外，中东学界还举办了一些具有影响力的区域国别问题专题研讨会，较具代表性的会议包括：5月14日，土耳其研究共同体举办"面向未来的中土关系——纪念中土建交50周年"首届研讨会，与会学者就中土两国关系的发展历程、现状、前景以及影响两国关系的地区性因素和国际环境进行了深入探讨；6月21日，中国社会科学院西亚非洲研究所举办"大选后伊朗局势走向及影响"研讨会，与会学者从多角度解读伊朗总统大选，并对未来伊朗内政和外交走向进行研判；10月9日，中国社会科学院西亚非洲研究所和北京语言大学土耳其研究中心共同举办"土耳其与亚洲关系"学术研讨会，研讨会聚焦土耳其的亚洲政策，深入探讨了土耳其"向东看"

战略的定位和意义，为推动国内土耳其研究的深入发展提供助力。

总体来看，国内外中东学界在2021年都取得了丰富成果，但相关研究仍存在一定局限性。在研究问题选取上，国内外学界都展现出一定广度，在中东政治、经济、国际关系、社会文化、安全等领域都产出了重要研究成果，但对跨越多个学科的交叉性问题关注较少；国内学界对热点问题和重大现实问题展现出较大热情，但对重要基础理论性问题则用力较少。在研究方法上，国外学界较为重视对田野调查、定量研究、比较研究等方法的综合运用，中国学者则更偏向于运用案例法、经验研究法和历史研究法，田野调查和定量研究相对较少，对新研究方法和新研究范式的探索较为不足。同时，国内学界在研究成果深度、国际影响力和人才队伍建设等方面同国外学界仍存在一定差距。未来，国内学界需要进一步拓展学术视野，同步促进基础理论问题和热点问题研究，创作更多原创性强、高质量的研究成果；进一步加强人才队伍建设，吸引不同学科背景的人才加入中东研究行列，加大力度培养通晓阿拉伯语、波斯语、土耳其语、库尔德语等中东民族语言的外语人才，努力建设研究中东问题的高端智库和学术联合体，并继续推进中外学界的交流活动与合作。

# Y.21
# 2021年中东地区大事记

成 红[*]

## 1月

**1月2日** 埃及卫生与人口部部长哈拉·扎耶德表示，埃及正式批准紧急使用中国国药集团研发的新冠病毒灭活疫苗。

**1月4日** 据也门官方通讯社报道，此前遭到爆炸袭击的也门亚丁国际机场当天重新开放，也门内政部长易卜拉欣·哈伊丹和亚丁市长艾哈迈德·拉姆勒斯到机场迎接从苏丹首都喀土穆抵达的新年第一架商用班机。

**1月5日** 第四十一届海湾阿拉伯国家合作委员会首脑会议在沙特西部城市欧拉闭幕。会议签署了《欧拉宣言》，强调海湾各国应团结一致，共同应对外部挑战；呼吁各国共同努力，加快一体化进程，尽早完成海湾各国关税同盟和共同市场建设。

**1月6日** 据《人民日报》报道，沙特阿拉伯与中国华为公司近日签署谅解合作备忘录，加强沙特数字经济发展以及信息与通信技术人才培养，助力沙特实现"2030愿景"。

据《人民日报》报道，埃及中央公众动员和统计局日前发布的数据显示，2019~2020财年，埃及贫困率从两年前的32.5%下降至29.7%。这是自1999年以来埃及贫困率首次下降，其中极端贫困率从两年前的6.2%下降到4.5%。

**1月12日** 埃及正式向卡塔尔民航航班开放领空，标志着埃及结束了为期3年多的针对卡塔尔航班的禁令。

---

[*] 成红，中国社会科学院西亚非洲研究所科研处处长，研究馆员。

由中建中东公司和韩国 SKE & C 公司联合承建的阿联酋联邦铁路项目日前如期完成重要节点，正式进入铺轨阶段。

**1月18日** 以色列国防军发表声明说，以军当天凌晨对巴勒斯坦伊斯兰抵抗运动（哈马斯）位于加沙地带的军事目标进行了轰炸。

**1月20日** 埃及外交部发表声明，埃及和卡塔尔当天同意恢复外交关系。

据伊朗国家电视台报道，伊朗总统鲁哈尼呼吁美国新一届政府重返伊朗核问题全面协议并恢复履约。

**1月22日** 摩洛哥卫生部发布公报，摩洛哥正式批准紧急使用中国国药集团研发的新冠灭活疫苗。

**1月24日** 叙利亚中央银行宣布，为适应国内经济形势变化，自当天起发行面值 5000 叙利亚镑新纸币。

埃及卫生与人口部部长哈拉·扎耶德宣布，埃及将自 1 月 25 日开始为医护人员接种中国国药集团研发的新冠灭活疫苗。

**1月25日** 中国全国人大常委会委员长栗战书在北京以视频方式同伊朗议长卡利巴夫举行会谈。

**1月27日** 中国国务委员兼外长王毅在北京以视频方式会见第七十五届联合国大会安理会改革政府间谈判机制共同主席、波兰常驻联合国代表维罗涅卡和卡塔尔常驻联合国代表阿勒萨尼。

**1月31日** 中国国务委员兼外长王毅同沙特外交大臣费萨尔通电话，双方就两国关系、中东海湾局势以及地区热点问题交换了意见。

中国国务委员兼外长王毅应约同叙利亚外长米格达德通电话。

以色列总理办公室发表声明，以方同意向巴勒斯坦提供 5000 剂新冠疫苗。

# 2月

**2月1日** 据《人民日报》报道，沙特阿拉伯王储穆罕默德近日宣布，未来 5 年，沙特主权财富基金——公共投资基金每年将在本国投资至少 400 亿美元；2025 年实现基金资产超 1.07 万亿美元，为沙特非石油经济增长累计贡献3200亿美元，同时创造180万个就业机会。

**2月10日** 中国国务委员兼外长王毅同阿尔及利亚外长布卡杜姆通电话。

**2月17日** 为期两天的第十五轮叙利亚问题阿斯塔纳会谈在俄罗斯城市索契结束。会后发布联合声明，表示伊朗、俄罗斯与土耳其支持叙利亚主权、独立、统一与领土完整，支持叙利亚人民主导该国政治对话。俄罗斯、土耳其、伊朗三国分别派代表团参加会谈，约旦、伊拉克、黎巴嫩三国政府代表以及联合国和红十字国际委员会代表团以观察员身份参会。

**2月18日** 美国国务院发言人普赖斯在一份声明中指出，美国将接受欧盟高级代表的邀请，与联合国安理会常任理事国、德国、伊朗等伊核协议参与方讨论通过外交途径解决伊核问题。伊朗方面在对美国相关表态予以肯定的同时，再次强调美国应该首先解除对伊朗制裁。

**2月19日** 据《人民日报》报道，近日，阿联酋迪拜政府宣布设立疫苗物流联盟，将整合阿联酋航空、迪拜环球港务集团的全球港口和物流网络、迪拜机场等，重点帮助那些疫苗进口和分发最困难的地区，保证疫情严重区域的民众尽快获得疫苗，协助世界卫生组织实现在2021年底向全球分发至少20亿剂新冠疫苗的目标。

**2月20日** 卡塔尔埃米尔塔米姆在多哈会见中共中央政治局委员、中央外事工作委员会办公室主任杨洁篪。

**2月21日** 国际原子能机构总干事格罗西在德黑兰会见伊朗官员，双方达成一项最长三个月的临时技术协议，在此期间，国际原子能机构将继续对伊朗核活动开展必要的核查和监督活动。

**2月22日** 中国国家主席习近平同埃及总统塞西通电话。

**2月23日** 据伊朗媒体报道，由于美国在规定时间内没有采取伊朗认可的解除制裁措施，伊朗当天开始中止自愿履行《不扩散核武器条约》附加议定书，限制国际原子能机构对伊朗核活动的部分监督与核查工作。

科威特埃米尔纳瓦夫在科威特城会见来访的中共中央政治局委员、中央外事工作委员会办公室主任杨洁篪。

# 3月

**3月10日** 中国国家主席习近平致电叙利亚总统巴沙尔，就巴沙尔总统夫妇感染新冠病毒致以慰问。

**3月12日** 中国国务委员兼外长王毅应约同伊拉克外长侯赛因通电话。双方就两国关系和中伊合作抗疫等问题交换了看法。

中国国务委员兼外长王毅应约同约旦副首相兼外交与侨务大臣萨法迪通电话。双方就两国关系和合作抗疫交换了看法。

**3月18日** 据《人民日报》报道，土耳其总统埃尔多安日前正式公布了一份全面经济改革方案，涉及从金融市场到实体经济、从资本市场到家庭消费等经济发展的各个领域。在纾困方面，该方案将重点放在遏制通货膨胀上，宣布成立金融稳定委员会，以评估通胀风险并制定干预政策，承诺年内将通胀率降至个位数，并计划到2023年将通胀率降至5%以下。

**3月22日** 中国国家主席习近平同科威特埃米尔纳瓦夫互致贺电，庆祝两国建交50周年。

**3月23日** 一艘悬挂巴拿马国旗的重型货船在苏伊士运河新航道搁浅，造成航道堵塞。

**3月24日** 以色列国防军发表声明，以军当天凌晨轰炸了巴勒斯坦伊斯兰抵抗运动（哈马斯）位于加沙地带的军事目标。

**3月24~30日** 中国国务委员兼外长王毅应邀对沙特、土耳其、伊朗、阿联酋、巴林进行正式访问并对阿曼进行工作访问。

**3月29日** 埃及苏伊士运河管理局发布声明，在苏伊士运河搁浅的重型货轮已经完全移动至正常航道。

中国外交部副部长马朝旭同阿拉伯国家联盟首席助理秘书长扎齐以线上方式共同主持中阿数据安全会议，双方共同发表了《中阿数据安全合作倡议》。

**3月30日** 由中共中央对外联络部主办的中国-阿拉伯国家青年政治家

论坛以视频会议方式举行。来自17个阿拉伯国家的60多个政党和政治组织的领导人及青年政治家、青年代表等参加。

中国国务委员兼外长王毅以视频致辞方式出席阿富汗问题伊斯坦布尔进程第九次外长会。王毅提出三点建议和期待：一是要维护阿富汗和谈和解势头；二是要增强阿富汗重建发展动力；三是要坚持涉阿富汗反恐合作大方向。

**3月31日** 中共中央政治局委员、中央外事工作委员会办公室主任杨洁篪在北京会见科威特驻华大使赛米赫。

## 4月

**4月2日** 据《人民日报》报道，日前，苏丹主权委员会主席布尔汉与反政府武装苏丹人民解放运动北方局赫卢派领导人在南苏丹首都朱巴签署原则性宣言，双方同意开展和平谈判，消除分歧。

**4月4日** 位于埃及首都开罗的埃及文明博物馆正式向公众开放。此前一天，在联合国教科文组织总干事阿祖莱和联合国世界旅游组织秘书长波洛利卡什维利的见证下，埃及总统塞西宣布埃及文明博物馆正式启用。

**4月6日** 伊朗核问题全面协议相关方会议在奥地利首都维也纳举行，讨论美伊恢复履约问题。

**4月7日** 中国全国人大常委会委员长栗战书在北京以视频方式同摩洛哥众议长马勒基举行会谈。

**4月12日** 据《人民日报》报道，沙特阿拉伯政府近日宣布启动一项投资计划，即在2030年前投入12万亿沙特里亚尔（1美元约合3.8沙特里亚尔）促进经济多元化发展，以降低对石油产业的依赖。这项名为"伙伴"的计划由沙特王储穆罕默德提出，旨在鼓励私营部门投资国内经济。

**4月13日** 伊朗外长扎里夫与到访的俄罗斯外长拉夫罗夫共同呼吁美国解除对伊朗制裁，以恢复履行伊朗核问题全面协议。

**4月14日** 在中国驻突尼斯大使馆协调推动下，为海外中国公民接种新冠疫苗的"春苗行动"在突尼斯正式开启。突尼斯军事医院在全国安排6

个接种点，14 日、15 日两天共为包括港澳台同胞在内的 139 名在突中国公民免费接种中国科兴新冠疫苗。

美国总统拜登宣布，驻阿富汗美军将从 5 月 1 日开始有序撤离，并于 9 月 11 日前完全撤出。当天，北约成员国外交部长和国防部长举行线上会议，决定从 5 月 1 日起在几个月内从阿富汗撤出全部军队。

**4 月 20 日** 中国国家主席习近平同沙特王储穆罕默德通电话。

中国全国人大常委会委员长栗战书在北京以视频方式同埃及众议长贾巴利举行会谈。

**4 月 21 日** 中国科兴公司与埃及 VACSERA 公司的代表分别在北京和开罗举行关于中国新冠疫苗在埃及本地化生产合作协议签署仪式。埃及总理马德布利和中国驻埃及大使廖力强在埃及总理府分会场以线上方式见证签署仪式并举行会见，埃及卫生与人口部部长哈拉·扎耶德等出席。

**4 月 27 日** 伊朗核问题全面协议联合委员会新一轮政治总司长级会议在奥地利维也纳举行，中国常驻维也纳联合国代表王群出席。

**4 月 30 日** 中国国务委员兼外长王毅同塞浦路斯外长赫里斯托都里迪斯通电话。

# 5 月

**5 月 8 日** 中国国务委员兼外长王毅同苏丹外长玛利亚姆通电话。

**5 月 10 日** 伊朗外交部发言人哈提卜扎德在例行新闻发布会上证实，伊朗与沙特阿拉伯日前举行了会谈，重点讨论双边关系和地区问题。

巴勒斯坦民众与以色列警察在耶路撒冷老城圣殿山（穆斯林称"尊贵禁地"）爆发严重冲突，致 300 余人受伤。

据埃及《金字塔报》日前报道，埃及考古学家近期在尼罗河三角洲一处遗址挖掘出 110 座古墓，最古老墓穴距今已有 8000 余年。

中国全国政协主席汪洋在北京以视频方式会见埃及参议长阿卜杜拉齐格。

**5月11日** 中国国家文物局同阿富汗信息与文化部、巴基斯坦国家遗产和文化署分别签署《关于协同开展"亚洲文化遗产保护行动"的联合声明》。根据联合声明，中国与阿富汗、巴基斯坦将在"亚洲文化遗产保护行动"框架下，在联合考古、文化遗产保护修复、世界遗产、博物馆展览交流、防止文物非法贩运和人才培养等领域开展务实合作。

埃及总统塞西批准了苏伊士运河南段航道拓宽计划，该计划主要涵盖苏伊士运河苏伊士市至大苦湖段约30公里航道，将在此前基础上加宽40米，最大深度从约20米加深至约22米。该计划预计在两年内完成。

**5月12日** 在"中国+中亚五国"外长第二次会晤期间，中国和中亚五国外长就阿富汗问题进行全面深入交流并发表联合声明。

**5月15日** 中国国务委员兼外长王毅同巴基斯坦外长库雷希通电话。

埃及苏伊士运河管理局发表声明，苏伊士运河南段航道已开始挖泥作业，以拓宽该段航道，使其拥有双向通航能力。

**5月16日** 中国国务委员兼外长王毅主持联合国安理会巴以冲突问题紧急公开会，会议以视频方式举行。

**5月17日** 中国国务委员兼外长王毅应约分别同阿富汗总统国家安全顾问莫希卜和阿富汗外长阿特马尔通电话。

**5月20日** 巴勒斯坦伊斯兰抵抗运动（哈马斯）与以色列方面当晚分别宣布，双方达成停火协议。停火从21日凌晨开始。

**5月23日** 阿拉伯联合酋长国外交与国际合作部和中国驻阿联酋大使馆联合宣布，为海外中国公民接种新冠疫苗的"春苗行动"在迪拜正式启动。

**5月24日** 中国国家主席习近平同伊朗总统鲁哈尼通电话。

**5月26日** 第七十四届世界卫生大会以公开投票方式通过了"巴勒斯坦被占领土（包括东耶路撒冷）和叙利亚被占戈兰的卫生状况"决议草案。

**5月31日** 据《人民日报》报道，埃及政府日前与沙特可再生能源开发商签署协议，计划于今年下半年正式启动当地最大的光伏项目建设，助力经济绿色增长。

中国国家主席习近平致电巴沙尔·阿萨德总统，祝贺他当选连任阿拉伯叙利亚共和国总统。

## 6月

**6月1日** 石油输出国组织（欧佩克）和俄罗斯等非欧佩克产油国举行部长级会议，重申将继续按原定计划增加石油产量。

**6月3日** 中国外长王毅、阿富汗外长阿特马尔、巴基斯坦外长库雷希以视频方式举行第四次中国-阿富汗-巴基斯坦三方外长对话。三国外长重点围绕阿富汗和平和解进程、三方务实合作与反恐安全合作等议题深入交换意见并发表联合声明。

**6月8日** 中国国家主席习近平致电伊萨克·赫尔佐格，祝贺他当选以色列国总统。

**6月12日** 中国政府援助阿富汗新冠疫苗交接仪式在阿富汗总统府举行。

**6月21日** 中国国家主席习近平致电易卜拉欣·莱希，祝贺他当选伊朗伊斯兰共和国总统。

中国国务院总理李克强致电纳夫塔利·贝内特，祝贺他就任以色列国总理。

**6月23日** 利比亚问题国际会议在德国首都柏林召开，与会各方呼吁外部势力停止干预利比亚局势、要求外国武装及雇佣军撤出利比亚，以推动该国实现和平稳定。

**6月25日** 中国国务委员兼外长王毅应约同埃及外长舒凯里通电话，双方就双边关系、合作抗疫交换了意见。

## 7月

**7月7日** 伊朗外交部发表声明，阿富汗政府与塔利班代表当天在伊朗首都德黑兰举行对话会。

中国全国人大常委会委员长栗战书在北京以视频方式同阿联酋联邦国民议会议长萨格尔举行会谈。

**7月8日** 据《人民日报》报道，筹划长达10余年的土耳其伊斯坦布尔运河项目近日正式开建。按照规划，伊斯坦布尔运河全长45公里，将连接黑海与马尔马拉海，预计每天可容纳160艘船通行。运河上将架起6座桥梁，两岸还将建设两座城市。项目预算为750亿新土耳其里拉（1美元约合8.7新土耳其里拉），预计6~7年完工。

**7月9日** 中国国家主席习近平同南苏丹总统基尔互致贺电，庆祝两国建交10周年。

**7月13日** 中国国家主席习近平同土耳其总统埃尔多安通电话。

**7月15日** 中国以视频方式在线上举办巴以和平人士研讨会，中国国务委员兼外长王毅发表致辞，中国政府中东问题特使翟隽主持会议，巴勒斯坦解放组织执委会委员、人民斗争阵线总书记马吉达拉尼，以色列前司法部长、巴以民间和平组织"日内瓦倡议"发起人贝林率双方和平人士与会。

**7月16日** 中国国家主席习近平同阿富汗总统加尼通电话。

**7月17日** 叙利亚总统巴沙尔·阿萨德在大马士革宣誓就职，开启他的第四个总统任期。

**7月17~20日** 中国国务委员兼外长王毅应邀对叙利亚、埃及和阿尔及利亚进行正式访问。

**7月18日** 阿拉伯国家联盟秘书长艾哈迈德·盖特在埃及阿拉曼同中国国务委员兼外长王毅举行会晤，双方就中阿关系及地区和国际问题深入交换意见并发表联合声明。

阿富汗政府与塔利班在卡塔尔首都多哈结束新一轮和平谈判，双方就继续进行高级别和谈并加快谈判进程达成一致。

石油输出国组织（欧佩克）与非欧佩克产油国第十九次部长级会议以视频形式举行，与会国就从8月起逐步提高石油产量达成一致。

**7月20日** 据《人民日报》报道，第五十二届开罗国际书展日前在埃及首都开罗闭幕。今年书展以"阅读就是生活"为主题。

**7月28日** 中国国务委员兼外长王毅在天津会见来华访问的阿富汗塔利班政治委员会负责人巴拉达尔一行。

# 8月

**8月2日** 以色列总理办公室发表声明，政府当日批准2021年和2022年国家财政预算案。

**8月4日** 中国国家主席习近平同土耳其总统埃尔多安互致贺电，庆祝两国建交50周年。

**8月15日** 阿富汗塔利班发言人扎比乌拉·穆贾希德在社交媒体上宣布，塔利班已控制了首都喀布尔，阿富汗的战争已经结束。当日，阿富汗总统加尼在社交媒体上发表声明，他已离开阿富汗，此举是为了避免流血冲突。

**8月16日** 中国国家主席习近平同伊朗总统莱希互致贺电，庆祝两国建交50周年。

**8月17日** "第二届中国与中东合作论坛：深化友谊与创新发展"以线上和线下结合的方式举办。

**8月18日** 中国国家主席习近平同伊朗总统莱希通电话。

中国国家主席习近平同伊拉克总统巴尔哈姆通电话。

中国国务委员兼外长王毅应约同土耳其外长恰武什奥卢通电话。双方重点就阿富汗局势交换了意见。

**8月19日** 中国国务委员兼外长王毅应约同英国首席大臣兼外交发展大臣拉布通电话，就阿富汗局势及中英关系交换意见。

**8月19~22日** 第五届中国-阿拉伯国家博览会在宁夏银川市举办，中国国家主席习近平致贺信。

**8月20日** 中国国务委员兼外长王毅应约同意大利外长迪马约通电话。

双方重点就阿富汗局势交换了意见。

**8月23日** 以色列军方宣布,以军战机当天深夜轰炸了加沙地带的多处目标。

**8月24日** 中国国务委员兼外长王毅应约同荷兰外交大臣卡格通电话。双方重点就阿富汗局势交换了意见。

**8月25日** 由中共中央对外联络部主办的新冠病毒溯源吹风会以视频会议方式举行。来自埃及、突尼斯、巴勒斯坦、伊拉克等13个阿拉伯国家的28个政党和政治组织领导人出席。

中国国家主席习近平同俄罗斯总统普京通电话,双方就阿富汗局势深入交换意见。

**8月28日** 由伊拉克政府主办的巴格达合作与伙伴关系会议在伊拉克首都巴格达举行。

**8月29日** 巴勒斯坦总统阿巴斯在拉姆安拉会见了以色列国防部长甘茨。

中国国务委员兼外长王毅应约同美国国务卿布林肯通电话,就阿富汗局势及中美关系等交换意见。

**8月30日** 为期两天的利比亚及邻国外长会议在阿尔及利亚首都阿尔及尔开幕。利比亚、阿尔及利亚、突尼斯、埃及、苏丹、乍得、尼日尔的外长,以及联合国、阿拉伯国家联盟、非洲联盟的代表参加会议。与会人员围绕利比亚大选前建立法律框架、所有外国军队和雇佣军从利比亚撤出、统一利比亚各派武装等问题进行讨论。

美国总统拜登发表声明,美军已完成从阿富汗撤出的任务,美国已结束在阿富汗的军事存在。

# 9月

**9月3日** 中国国务委员兼外长王毅同伊朗新任外长阿卜杜拉希扬通电话。双方就中伊关系及阿富汗问题交换了意见。

**9月4日** 据叙利亚通讯社报道，应黎巴嫩要求，叙利亚同意经叙利亚领土向黎巴嫩输送来自埃及的天然气和来自约旦的电力，以缓解黎巴嫩能源短缺问题。

**9月8日** 应巴基斯坦政府倡议，阿富汗邻国外长会以视频方式举行，中国国务委员兼外长王毅、伊朗外长阿卜杜拉希扬、巴基斯坦外长库雷希、塔吉克斯坦外长穆赫里丁、乌兹别克斯坦外长卡米洛夫、土库曼斯坦副外长哈吉耶夫出席会议并发表联合声明。

**9月16日** 中国国务委员兼外长王毅在杜尚别同俄罗斯外长拉夫罗夫、巴基斯坦外长库雷希、伊朗外长助理穆萨维举行阿富汗问题四国外长非正式会议。

**9月17日** 中国国家主席习近平在北京以视频方式出席上海合作组织成员国元首理事会第二十一次会议并发表题为《不忘初心 砥砺前行 开启上海合作组织发展新征程》的重要讲话。会议启动接收伊朗为成员国的程序，吸收沙特阿拉伯、埃及、卡塔尔为新的对话伙伴。

中国国家主席习近平在北京以视频方式出席上海合作组织和集体安全条约组织成员国领导人阿富汗问题联合峰会并发表重要讲话。

**9月20日** 中国国家主席习近平就阿尔及利亚前总统布特弗利卡逝世向阿尔及利亚总统特本致唁电。

**9月22日** 中国国务委员兼外长王毅同阿联酋外长阿卜杜拉通电话，双方就双边关系、合作抗疫及气候变化等问题交换了看法。

**9月23日** 中国国务委员兼外长王毅出席二十国集团（G20）阿富汗问题外长视频会议。

**9月24日** 中国国务委员兼外长王毅在联合国大会一般性辩论召开期间应约同利比亚总统委员会主席曼菲通电话。

**9月27日** 中共中央对外联络部以视频方式举办"为了更好的明天"——中国共产党与阿拉伯国家青年"面对面"交流会暨"我眼中的中国共产党"——阿拉伯国家青年征文颁奖活动。14个阿拉伯国家的100多名青年政治家代表等参会。

# 10月

**10月1日**　中国国家主席习近平为阿联酋迪拜世博会中国馆做视频致辞。

**10月12日**　《生物多样性公约》第十五次缔约方大会领导人峰会在昆明以线上、线下结合的方式举行，联合国秘书长古特雷斯、俄罗斯总统普京、埃及总统塞西、土耳其总统埃尔多安、法国总统马克龙、哥斯达黎加总统阿尔瓦拉多、吉尔吉斯斯坦总统扎帕罗夫、巴布亚新几内亚总理马拉佩、英国王储查尔斯等以视频方式出席。中国国家主席习近平出席峰会并发表主旨讲话。

中国国家主席习近平特别代表、国务委员兼外长王毅在北京以视频方式出席二十国集团阿富汗问题领导人特别峰会。

**10月15日**　中国国务委员兼外长王毅同伊朗外长阿卜杜拉希扬通电话，双方就两国关系、伊核问题及阿富汗问题交换了意见。

**10月16日**　第二届"中国电影周"活动在伊朗首都德黑兰开幕。

**10月17日**　中国国务委员兼外长王毅同沙特外交大臣费萨尔通电话，双方就两国关系、伊核问题及双方共同关心的国际和地区问题深入交换了意见。

**10月25日**　中国国务委员兼外长王毅在访问卡塔尔期间在多哈会见阿富汗塔利班临时政府代理副总理巴拉达尔。

**10月26日**　卡塔尔埃米尔塔米姆在多哈会见中国国务委员兼外长王毅。同日，王毅外长还同卡塔尔副首相兼外交大臣穆罕默德举行会谈。

巴林国家防治新冠病毒医疗工作组宣布，从27日开始，巴林所有3~11岁儿童可以登记接种两剂中国国药集团研发的新冠灭活疫苗。

**10月27日**　中国国务委员兼外长王毅以视频讲话方式出席第二次阿富汗邻国外长会。会议在伊朗首都德黑兰召开，采取线上和线下结合的方式。

## 11月

**11月3日** 据《人民日报》报道，埃及总统塞西近日表示，他决定不再延长国家紧急状态。2017年4月，埃及北部城市坦塔和亚历山大分别发生针对教堂的大规模爆炸袭击，造成至少45人死亡。极端组织"伊斯兰国"宣称对这两起事件负责。此后，埃及开始在全国范围内实施为期3个月的紧急状态，之后紧急状态被多次延长。

**11月5日** 中国国家主席习近平同叙利亚总统巴沙尔通电话。

**11月6日** 中国国务委员兼外长王毅应约同伊朗外长阿卜杜拉希扬通电话，就两国关系交换了看法。

**11月9日** 中国国家主席习近平同黎巴嫩总统米歇尔·奥恩互致贺电，庆祝两国建交50周年。

**11月17日** 中国国家主席习近平同以色列总统赫尔佐格通电话。

**11月23日** 中国国务委员兼外长王毅同巴勒斯坦副总理阿姆鲁通电话。

**11月24日** 中国国务委员兼外长王毅同伊朗外长阿卜杜拉希扬举行视频会晤，双方就两国关系、伊核问题及阿富汗形势交换了意见。

中国全国人大常委会委员长栗战书在北京以视频方式同塞浦路斯议长迪米特里乌举行会谈。

**11月29日** 联合国举行"声援巴勒斯坦人民国际日"纪念大会，中国国家主席习近平向大会致贺电。

**11月30日** 在中国和塞浦路斯即将迎来建交50周年之际，中国国家主席习近平同塞浦路斯总统阿纳斯塔夏季斯通电话。

## 12月

**12月6日** 中国全国政协副主席陈晓光在北京同约旦参议院副议长穆

阿什尔举行视频会晤，双方就进一步加强经贸、抗疫等领域合作，高质量共建"一带一路"，深化中阿战略伙伴关系等进行了交流。

第五届中国、阿拉伯国家广播电视合作论坛以线上、线下结合的方式在北京开幕。

中国援南苏丹教育技术二期项目启动仪式在南苏丹首都朱巴举行，南苏丹副总统阿卜杜勒巴吉在启动仪式上发表讲话。

**12月16日** 中国国务委员兼外长王毅同伊朗外长阿卜杜拉希扬通电话，双方重点就伊朗核问题交换了意见。

**12月17日** 伊朗核问题全面协议相关方在奥地利首都维也纳结束第七轮美伊恢复履约谈判。在此轮谈判中，伊方就解除制裁和核问题提交了两份提案，作为下一步谈判的基础。伊方要求美方解除制裁，放弃特朗普政府时期实施的极限施压政策，并保证以后不会单方面退出伊核协议。

**12月21日** 中共中央对外联络部部长宋涛同"一带一路"智库合作联盟国际顾问委员会委员社会党国际主席、希腊前总理帕潘德里欧，伊拉克前总理阿拉维和泰国前国会主席颇钦举行视频通话，就高质量共建"一带一路"、全过程人民民主等交换意见。

**12月29日** 埃及财政部长马伊特发表声明，埃及将加入金砖国家新开发银行，这意味着埃及经济发展得到充分肯定，埃及期待与其他新兴经济体和发展中国家加强合作。

# Abstract

Since 2021, the competition among great powers has become increasingly fierce. The pandemic unseen in a century is interacting with regional conflicts, and the world has entered a new period of turbulence and change. In the world, instability and uncertainty have risen significantly. Competition among great powers is the norm in the Middle East. Under the background of competition among great powers, the situation and development of the Middle East have emerged many new changes.

Firstly, the competition among major powers in the Middle East is growing fierce, and the position of the Middle East in global strategic competition is further highlighted. The conflict between Ukraine Crisis spills over, and the game between the United States and Russia extends to the Middle East. In order to maintain its global hegemony, the United States readjusts its Middle East policy and launches a strategy of great power competition in the Middle East. Meanwhile, the Middle East countries have strengthened their strategic autonomy and increased their participation in regional issues and even international affairs. Minilateral, flexible multilateral as well as sub-regional integration have become new models for shaping the Middle East.

Secondly, regional countries have tended to de-escalate, with a new trend of transition from the "turbulence wave" since the upheaval in the Middle East to the "reapproachment tide" for seeking stability and development at this stage. Specifically, Turkey heads to Israel, Saudi Arabia, the United Arab Emirates, Egypt and other countries to ease tensions. Israel has normalized diplomatic relations with the United Arab Emirates, Bahrain, Morocco, Sudan and other Arab countries. Saudi Arabia and other Sunni countries have eased with the Shiite camp led by Iran. However, the reapproachment of relations among the Middle East countries does not equal to "reconciliation". It is uncertain whether this "reapproachment" will last. At the same time, the hot issues surrounding Palestine–Israel, Syria, Yemen and Libya have not cooled down. Fundamental contradictions and differences among regional actors have not been tackled, and regional conflicts are frequent. The security dilemma in the Middle East is serious, and the future regional situation is still full of uncertainties.

Thirdly, the Middle East countries accelerate the implementation of development plans, explore new paths for innovative and independent development in order to strive to solve the livelihood problems, change the development predicament, and embark on the path of sustainable development. On the one hand, under the influence of global issues such as the COVID-19, climate change and food crisis, the development of the Middle East countries is facing severe challenges. The reconstruction process of countries plagued by war is full of difficulties, and no substantial progress has been made in these countries. On the other hand, some Middle East countries have improved their national strength and status through the implementation of development plans. They have gradually emerged in the turbulent region and changed the face of the Middle East to a certain extent, and thus become important regional force to reshape the Middle East order.

Under the new historical conditions, new progress has been made in the strategic synergy between the development plans of the Middle East countries and the "Belt and Road" initiative. The Middle East countries also responded positively to the "Global Development Initiative" and the "Global Security Initiative" proposed by China, accelerating the pace of comprehensive cooperation between China and regional countries. It has become the common vision of China and the Middle East countries to overcome difficulties, promote development and build security together, and further promote the relations between them to a new stage.

In the long run, the gradual reapproachment of relations among the Middle East countries, the accelerated implementation of the development plan by the Middle East countries and the enhanced strategic autonomy of the Middle East

## Abstract

countries not only have brought new opportunities for the development and stability of the Middle East, but also shape a "new Middle East" different from the past.

**Keywords**: Middle East; National Development Plan; Strategic Autonomy

# Contents

## I  General Report

**Y.1** The Development Planning of Middle East Countries and the Development Prospects of the Middle East    *Wang Lincong* / 001

**Abstract**: The development plan of the Middle East countries is an attempt to explore the path of independent development under the new historical conditions. It is not only an independent choice in response to the United Nations' 2030 Agenda, but also a strategic response to strive to get rid of the whirlpool of upheaval and development predicament. The development plan of the Middle East countries in the new era is targeted, innovative and forward-looking. However, in the turbulent Middle East, the implementation and effectiveness of development plans differ significantly in different countries due to their differences in national conditions and governance. Through the implementation of development plans, some countries have improved their national strength and status, become important regional forces to reshape the Middle East, and change the face of the Middle East to a certain extent. In the long run, the implementation of the development plan of the Middle East countries is conducive to promoting national economic and social transformation, boosting the overall development of the Middle East, and thus shaping a "new Middle East" different from the past.

**Keywords**: Middle East Countries; National Development Plans; Strategic Autonomy

## II Sub Report

**Y.2** Review and Prospect of the Security Situation
in the Middle East in 2021-2022  *Tang Zhichao / 028*

**Abstract**: Since 2021, the turbulent ME region has shown a positive trend of détente: the three major regional conflicts in Syria, Libya and Yemen have cooled down; Turkey took the initiative to ease tensions with regional countries; Reconciliation among GCC countries; Iran began to talk with Saudi Arabia; Negotiations for the U.S. to rejoin the JCPOA began. The trend of regional détente is driven by a variety of internal and external factors, and its sustainability remains uncertain. In response to the regional security vacuum created by the accelerated withdrawal of the United States, countries in the region are speeding up the restructuring of alliances, and several small multilateral security mechanisms have emerged. The Ukraine Crisis has spilled over into the Middle East, exposing countries in the region to multiple security crises, including the epidemic, food, energy, financial and bloody conflicts. This has seriously jeopardized the political, economic and social stability of countries in the region, and brought new uncertainties to the resolution of regional crises, including the Iranian nuclear issue and the Syrian war.

**Keywords**: The Middle East; Regional Détente; Regional Countries Relation; The United Nations of America

**Y.3** The Political Situation in the Middle East
and Its Prospects (2021-2022)  *Zhu Quangang / 043*

**Abstract**: Since 2021, with the long wave of upheavals and the COVID-19 epidemic, the political unrests in the Middle East have increased. The unrests in republic countries occurred usually, while the unrests in monarchies had increased significantly. The battlefield situation in Syria, Libya and Yemen has gradually stabilized, but there is still a great vulnerability, and the political reconciliation process of the three countries is very difficult. Several Middle Eastern countries held parliamentary elections and presidential elections, showing that the basic power structure of the countries has not changed fundamentally, but there are some new features. In the short term, political instability risks remain high in many Middle East countries. In the long term, modernization of system and capacity for governance is the fundamental way for Middle East countries to achieve lasting peace and stability.

**Keywords**: Middle East; Political Unrest; War-Torn Countries; Electoral Politics; Political Governance

**Y.4  The Economic Situations and Prospects of Middle East in 2021-2022**　　　　　　　　　　*Jiang Yingmei* / 059

**Abstract**: Owing to strong domestic demand, the momentum of global economic recovery and the rise of international oil prices, Middle East economic growth rose better than expected in 2021 and maintained the growth momentum after entering 2022. Benefiting from high vaccination rates and high oil prices, the economic growth of oil exporting countries is significantly better than that of oil importing countries. However, the high inflation rate and the rebound of the epidemic in early 2022 led to the economic slowdown. The Russia-Ukraine Conflict has had a significant impact on Middle East through global and direct channels. Due to different resource endowments, the impact on various groups of countries is also different. Oil importing countries have been hit by rising commodity prices and tighter financial conditions, exacerbating inflation and deteriorating external and fiscal accounts. In contrast, oil exporting countries will benefit from higher energy prices, far offsetting the impact of tighter financial conditions and lower tourism revenue. The future economic prospects of Middle

East are highly uncertain, with downside risks dominating, and the recovery prospects are extremely uneven.

**Keywords**: Middle East Economy; Economic Recovery; International Oil Price

**Y.5** The Situation and Prospect of International Relations in the Middle East in 2021-2022　　　　　*Yu Guoqing* / 079

**Abstract**: The general characteristics of international relations in the Middle East from 2021 to 2022 appear: the policies of major powers are further adjusted, the relations between regional countries are significantly eased, and the Middle East countries actively carry out independent and active diplomacy to meet the challenges of external factors. After Biden became the president of U.S., he corrected the deviation of his predecessor Trump's Middle East policy, but the actual effect was limited. The Middle East Strategy of the U.S. is still in the process of strategic contraction. The Iranian nuclear issue has become the focus of U.S.' Middle East policy, but the Biden administration wavered in its determination to sign a new Iranian nuclear agreement. On the issue of peace in the Middle East, U.S. supports Israel and some Arab countries to improve relations but does nothing to promote negotiations between Israel and Palestine. For a time, Russia lacked strong diplomatic stamina in the Middle East. It showed some performance on the Syrian issue and the Iranian nuclear issue, but the results were limited. Instead, it focused on improving bilateral relations with Turkey, Iran, Israel and other countries. Among the EU countries, the German has changed the presidency, and Macron has been reelected as French president. Both German and French lack the motivation to cooperate on the Middle East issue, which makes the EU more willing than able on the hot issues in the Middle East. Relations between countries in the Middle East have been further eased, relations between Israel and Turkey have improved significantly, relations with Gulf Arab countries such as the United Arab Emirates have further heated up, and relations between Saudi Arabia and Iran has also slowed down, indicating that the endogenous factors of the changes in international relations in the Middle East have increased significantly.

**Keywords:** The Middle East; International Relations; Major Power's Middle East Policy; Situation in the Middle East

# Ⅲ National Report

Y.6 Turkey's Vision 2023: Paths, Achievements and Prospects for China-Turkey Cooperation  *Wei Min, Li Weiyi* / 095

**Abstract:** The Justice and Development Party put forward Turkey's Vision 2023 in 2011, and set the Centennial Development Goal of the Republic of Turkey in terms of politics, economy, society and diplomacy. Turkey will be the "hub" and eventually become a global power. To this end, Vision 2023 has become a strategic guidance document for national development. Both the national five-year development plan and the development plans of various industrial sectors take this strategy as the axis, and a detailed phased implementation plan has been designed. A policy framework characterized by an investment-driven economic development mode, a social and cultural prosperity mode focusing on population growth, culture, education, and medical care, and an aggressive diplomacy has been formed, which has continuously expanded and enriched the connotation of the "Turkish Model", meanwhile also greatly enhanced Turkey's national influence. China and Turkey have made great efforts to seek the connection between the "Belt and Road" initiative and the "Middle Corridor" plan, and the cooperation between the two countries in the fields of bilateral trade, investment, project contracting and finance has yielded fruitful results. China and Turkey are both developing countries and manufacturing countries. They all attach great importance to the importance of manufacturing, trade, industrial policy and economic growth to national development and progress. At present, Turkey has completed most of the strategic goals of the "Vision 2023", the "Energy Hub" construction layout and the "2053 Transport and Logistics Construction Master Plan" have been completed, but in the context of the pandemic and the Ukraine Crisis, Turkey has also achieved realization. In the final sprint stage of Vision 2023, the two countries should deepen political mutual trust, consolidate the foundation of cooperation, realize complementary advantages, and jointly explore the development path of emerging economies and developing countries.

**Keywords**: Turkey; "Vision 2023"; Development Plan

**Y.7 The Development Plan and Prospects of Iran's 2025 Vision: Achievements and Disadvantages**

*Lu Jin, Xiao Ruiang / 114*

**Abstract**: "2025 Vision" file is a 20-year national development strategic guide introduced by Iran's Supreme Leader Ayatollah Ali. Its core target is to become a developed country, ranking first in economy and science technology fields in the Middle East. The "2025 Vision" emphasizes sustainable development by using knowledge efficiency and resource, marking the shift in the Islamic regime's development philosophy. To reach the targets in the file, some sectors and industries have laid different plans. In the past ten years, due to the complex internal and external factors, some sectors have completed their targets, making great achievements, while some have not progressed well and fallen far short of the set goals. When China brought out the "Belt and Road" Initiative, Iran was one of the first countries to throw their weight behind China. The year 2016 witnessed the establishment of a comprehensive strategic partnership between China and Iran. The two countries signed 17 cooperation documents under the "Belt and Road" Initiative framework, but due to domestic polity and sanctions imposed by Donald Trump, the cooperation documents did not get implemented effectively. China and Iran signed "Comprehensive Cooperation Plan" in March, 2021. With the agreement entering the implement stage, strategic cooperation between China and

Iran has deepened constantly. Judging from current overall situation, challenges will outweigh opportunities in realizing the goals of "2025 Vision" on schedule.

**Keywords:** Iran; "2025 Vision"; Development Plan; Comprehensive Cooperation Plan

## Y.8 Saudi Arabia's Development Plans and Prospects: Breaking through under Economic Pressure  *Liu Dong* / 131

**Abstract:** Marked by Vision 2030, Saudi Arabia launched its economic transformation in 2016 with the main goals of "decarbonization", privatization, marketization and internationalization. Since the launch of the economic transformation strategy, although Saudi Arabia has achieved some reform achievements, there are still many transformation goals behind the established plan. The economic transformation of Saudi Arabia has also provided new opportunities for China and Saudi Arabia to cooperate under the "Belt and Road" initiative. The two sides have deepened policy communication, infrastructure connectivity and unimpeded trade since Saudi Arabia launched its economic transformation. However, despite Saudi Arabia's strong will to promote national economic transformation, the lack of financial funds, the shortage of human resources supply and the lack of attraction of foreign investment will still be an important obstacle to the implementation of Saudi Arabia's economic transformation strategy.

**Keywords:** Saudi Arabia; "Vision 2030"; Economic Transformation

## Y.9 Main Strategic Development Plannings, Practices and Tendencies of the United Arab Emirates  *Tong Fei* / 147

**Abstract:** Since the founding of the UAE, it has been committed to reducing its dependence on oil resources and realizing diversified economic development. It has gradually developed into a center of finance, commerce, logistics, exhibition and tourism, a center of commodity distribution in the Middle East. In recent years, the UAE government has formulated classified strategic development plans around the fields of economic diversification and sustainable development, energy and green economy, water resources and food security, education and high technology, and made efforts to implement them. From 2021 to 2030, the UAE's economy will grow at an average annual rate of 3.5%, and the economy will recover from the severe recession caused by the COVID-19 pandemic. In the context of the UAE's national development strategy of "post epidemic era", the UAE is constantly accelerating the pace of innovation and opening up, boosting foreign investors' confidence in the development of the country. In the next few years, the UAE will continue to maintain convenient business conditions, give priority to protecting and strengthening trade relations in diplomacy, and its foreign policy is obviously guided by economic diplomacy. The implementation of a series of strategic plans of the United Arab Emirates not only faces the problems of international and regional security situation and the deficiencies of its own resource endowment, but also deals with the homogeneous competition among regional countries.

**Keywords:** United Arab Emirates; Strategic Development Planning; Economic Diversity

**Y.10** Development Plan and Prospect of Israel: Science and Technology Leads National Innovation Development  *Ma Yiming, Yu Guoqing* / 164

**Abstract:** Israel is a country that leads development by technology and innovation. In Israel's national development strategy, science, technology, and innovation are placed at the core and priority position. On the one hand, the natural conditions of Israel are lackluster which its land space lacks deep geostrategic depth. Therefore, Israel's national security environment depends on its strong scientific and technological and military strength, and the driving force for national development also comes from its scientific and technological innovation capabilities. On the other hand, Israel has not promulgated any comprehensive and long-term national development vision. But Israel has firmly grasped the development trend of science and technology, formulated effective industry development plans for technological innovation at different stages, and gave full play to the role of market entities and financial capital in promoting the industrialization of science and technology that these measures provide a steady stream of impetus for technological development and innovation to ensure Israel's leading position in the Middle East.

Keywords: Israel; Technology & Innovation; Industrial Development Plan

## Y.11 Egypt's 2030 Vision and Its Prospects: Uneven Implementation  *Zhu Quangang* / 178

**Abstract**: After reflecting on the lessons of Egypt's modernization process, the Egyptian government officially announced Egypt's Vision 2030 in 2016. Economic prosperity, social justice, and environmental friendliness are its three pillars. The Egyptian government attaches great importance to the implementation of Vision 2030 and regards it as a fundamental plan for national development. According to *Egypt's 2021: Voluntary National Review*, which published by the Egyptian Ministry of Planning and Economic Development, the overall implementation of Egypt's Vision 2030 is good, but the implementation of social and environmental dimensions is not as good as the economic dimensions. Egypt's 2030 Vision and "Belt and Road" initiative are coordinated well, and both countries have gained. Looking forward to the future, the implementation of Egypt's Vision 2030 will still be advanced, but it also faces challenges such as lack of funds, rapid population growth, and uneven implementation, which the Egyptian government needs to deal with seriously.

**Keywords**: Egypt; Vision 2030; Imbalance

Y.12　Morocco's Development Strategy and Its Prospects:
　　　Towards a New Development Model for Sustainable
　　　Development　　　　　　　　　　　*Zhang Yuyou, Sun Degang* / 194

**Abstract**: Since King Mohammed VI of Morocco took the throne in 1999, he successively proposed a mixed development model combining neoliberalism and state intervention and a new development model characterized by sustainable development. The common feature of the two models is that the state promotes the comprehensive development of politics, economy and society by constantly formulating strategic plans. Since 2010, Morocco has formulated detailed medium and long-term development strategies in four aspects: industrial development, infrastructure, digital economy and sustainable development. Under the framework of China-Arab and China-Africa cooperation platforms, the "Belt and Road" initiative, and the Global Development Initiative, China and Morocco has formed a strategic connection with many national development plans, and also has carried out large-scale construction projects and the development of sectors such as agriculture, production capacity transfer, digital economy and tourism economy. In the post-epidemic era, Morocco will vigorously develop key industries and comprehensively promote sustainable development strategies while reducing new large-scale projects.

**Keywords**: Morocco; New Development Model; Digital Economy; Industrial Acceleration Plan


Y.13　Algeria's Development Plan and Its Prospects:
　　　Promoting Pluralistic Development
　　　and Economic Recovery　　　　　　　　　*Wang Jinyan* / 216

**Abstract**: During 1999-2019, the former president Abdulaziz Boutflika was in power, he launched four five-year plans. The country has achieved stability and development politically economically and socially. The cooperative level between

China and Algeria significantly improved. Algeria has become one of the biggest markets for China's overseas construction contractors, China has become Algeria's largest source of imports since 2014. President Abdelmadjid Tebboune came to power from the turbulent situation at the end of 2019. He launched "New Algeria plan" in 2021 with the targets "promoting diversified development and economic growth". Algeria is considered as an important partner under the "Belt and Road" Initiative. Both of the two countries pay attention to synergizing development strategies, further tap into potential for cooperation, so as to advance the China-Algeria comprehensive strategic partnership for new progress.

**Keywords:** Development Plan Belt and Road Initiative, "New Algeria plan", Strategic docking

## Ⅳ Hot Issue

**Y.14** The Constant in Change: Counterterrorism in the Middle East in 2021 *Zhang Jinping, Zhang Fan* / 233

**Abstract:** In 2021, violent and terrorist activities in the Middle East show a shrinking trend, which is actually in the process of turning. In the three types of active areas, Syria and Iraq are the areas where violent and terrorist attacks occur frequently, but these attacks have been reduced to a certain extent. Egypt, Turkey and Yemen have seen a slowdown in extreme violence. The security situation in Libya, Tunisia and other new hotspots of violent attack is also improving. International terrorist organizations continue to adjust their strategies in the Middle East, "ISIS" and "Al Qaeda" accumulate their strength and wait for new opportunities with low-power activities. The violence in the Middle East has a radiating effect on other regions, looking for more space in Africa. Radiation to Europe and the United States has eased for the time being, but long-term pressure is still severe. In the transition period, the three main bodies continue to strengthen the fight against extreme violence in different dimensions, and the major powers outside the region focus on supporting local armed forces and providing intelligence support. Countries in the Middle East continue to strike terrorist activities precisely. Social forces especially tribal forces in the Middle East have been involved in the fight against extreme violence as local order keepers. Fighting extreme violence in the Middle East requires vigilance against the ups and downs of the transitional process.

**Keywords**: Middle East; Violent and Terrorist Activity; Counter-terrorism Strategy; Secure Environment

**Y.15  New Changes and Trends of Nuclear Program of Iran**　　　　　　　　　　　　*Xiao Ruiang, Lu Jin / 255*

**Abstract**: The year 2021 witnessed the successive changes of both governments in Iran and the U. S. After taking power, the Raisi administration implemented a new strategy called "Nullifying U. S sanctions" to deal with the issue. Iran adjusted the status of Vienna Negotiation in its foreign policies, strengthening its nuclear ability greatly, reducing its cooperation level with IAEA, actively engaging so called "Peripheral Diplomacy" and "Economic Diplomacy" to impair the Impact of U. S. sanctions and meet the challenges in regional competition, as well as to get fully prepared for the restart of Vienna Negotiation. In addition to the long-standing interference factors like domestic politics in both Iran and the U. S. and geopolitical games, the Ukraine Crisis is a new complicated variable. The year 2022 is decisive for the negotiation. There are two prospects for reviving the deal, a new agreement may be dealt or else the negotiation may be broken.

**Keywords**: Iran; The United Nations of America; Raisi Administration; Nuclear Program of Iran; Vienna Negotiation

**Y.16  Iraq: Trudging along in a Difficult Situation**
　　　　　　　　　　　　　　　　　　　　　　*Wei Liang / 269*

**Abstract**: Since 2021, Iraq has completed its sixth parliamentary election, expanded oil exports and promoted active and pluralistic diplomacy. However, these achievements have not changed the backward status and predicament of the country. From the international point of view, the United States and Iran are still the main players affecting the situation in Iraq, the neighboring Arab countries are also increasing their investment in Iraq year by year to enhance their influence. Domestically, old problems such as factional fighting, political deadlock, security risks, economic stagnation and lack of social governance are piling up. Moreover, affected by the Ukraine Crisis and climate change, food security, water security and environmental security have become new challenges that Iraq must face. The road ahead for reconstruction and development in Iraq will be more difficult.

**Keywords**: Iraq; Parliamentary Election; Political Deadlock; The United Nations of America; Security Situation

**Y.17  Actions and Prospects for Climate Governance in GCC Countries**　　　　　　　　*Li Zixin* / 286

**Abstract**: GCC countries have generally developed systematic climate governance action plans. Considering the multiple adverse factors such as the deterioration of geographical environment due to climate change, the development crisis caused by the current economic structure, and social conflicts exacerbated by non-traditional security threats, GCC countries are paying more attention to climate governance and green economy transformation to achieve sustainable development, and are aware of the huge economic benefits of the new green economy model, thus forming an important driving force to promote climate governance. The GCC countries are taking economic diversification as an important basis for climate governance, setting specific emission reduction plans and targets in various fields such as energy, industry, transportation, construction, water resources and ecological conservation, using the technology of Carbon Capture Utilization & Storage, increasing the use of renewable resources and green energy, and improving ecological conservation in order to ultimately achieve carbon neutral goals. Climate governance has been deeply integrated into the national development plans of GCC countries and has become medium and long-term national strategies; however, due to multiple internal and external factors such as policy inertia, weak economic recovery, COVID - 19 pandemic, and international conflicts, GCC countries may face multiple challenges in their future economic reforms, and climate governance still faces uncertainties.

**Keywords:** GCC Countries; Climate Governance; Nationally Determined Contributions; Carbon Emission; Economic Diversification

## V  Foreign Economic Cooperation

**Y.18**  The West Asia's International Trade       *Xu Qiang* / 306

**Abstract:** Under COVID - 19's impact, the export/import value growth rates of most West Asia (WA) nations, are weaker than the average rates of the world; whereas the trade values of the nations in turbulent situations decreased remarkably. As to the trends of the Export/Import Value Ratios (EVRs/IVRs) of the 3 WA groups', their nations' values to those of the whole world, the ratios of 8 Fuel-Dominating-Nations (FDN) group had ascended before 2014 and declined after 2014, the ratios of 4 Non-Fuel-Dominating-Non-Turbulent-Nations (NFDNTNs) group had ascended before 2014 and relatively stabilized after 2014, whereas the ratios of the group of 4 Turbulent-Nations (TNs) had decreased continuously to a very low level. The partner ratios of West Asia in China Export/Import Values had ascended before 2014 and descended moderately after 2014. The paper suggest following measures to consolidate and expand Sino-WA trade: exploring mechanical and electrical product trade opportunities; attending the WA's renewable energy development; Promoting the Sino-WA trade low-carbonization and digitalization.

**Keywords:** Western Asian Countries; International Trade; Crude Oil Trade; Security Situation; Mechanical and Electrical Product

Y.19　Foreign Direct Investment of West Asia　　　*Zhou Mi* / 328

**Abstract**: In 2020, the COVID-19 Pandemic has heavy impact on the FDI in the world. The performance of the western Asian countries is better than the global average level, showing the strong attractiveness of these countries. Israel, UAE, Saudi Arab and Turkey are outstanding among all western Asian countries in attracting FDI. While UAE is the most attractive country for Chinese investors. They invested in wide range from the traditional to the emerging areas. The investors in the western Asian countries also want to grasp the opportunities of Chinese market and invest. As the impact of the pandemic will still last, to promote the bilateral investment of Chinese and Western countries, the negotiation between the Gulf Cooperation Committee (GCC) and China should be resumed to provide a stable and better mechanism for the economic cooperation, and both sides should create better environment for the companies to enhance the cooperation in the green economy and digital economy. More information should be provided to guide the enterprises on using different financial tools to lower the risks of investment cooperation.

**Keywords**: Western Asian Countries; International Direct Investment; Chinese Investor

## Ⅵ　Documentation

Y.20　New Progress of the Middle East Study in 2021

*Liu Linzhi* / 344

Y.21　Chronology of the Middle East Study in 2021

*Cheng Hong* / 362

**权威报告·连续出版·独家资源**

# 皮书数据库
## ANNUAL REPORT(YEARBOOK) DATABASE

**分析解读当下中国发展变迁的高端智库平台**

### 所获荣誉

- 2020年，入选全国新闻出版深度融合发展创新案例
- 2019年，入选国家新闻出版署数字出版精品遴选推荐计划
- 2016年，入选"十三五"国家重点电子出版物出版规划骨干工程
- 2013年，荣获"中国出版政府奖·网络出版物奖"提名奖
- 连续多年荣获中国数字出版博览会"数字出版·优秀品牌"奖

皮书数据库　　"社科数托邦"微信公众号

### 成为会员

登录网址www.pishu.com.cn访问皮书数据库网站或下载皮书数据库APP，通过手机号码验证或邮箱验证即可成为皮书数据库会员。

### 会员福利

- 已注册用户购书后可免费获赠100元皮书数据库充值卡。刮开充值卡涂层获取充值密码，登录并进入"会员中心"—"在线充值"—"充值卡充值"，充值成功即可购买和查看数据库内容。
- 会员福利最终解释权归社会科学文献出版社所有。

数据库服务热线：400-008-6695
数据库服务QQ：2475522410
数据库服务邮箱：database@ssap.cn
图书销售热线：010-59367070/7028
图书服务QQ：1265056568
图书服务邮箱：duzhe@ssap.cn

社会科学文献出版社　皮书系列
卡号：153388635321
密码：

# S 基本子库
## SUB DATABASE

### 中国社会发展数据库（下设12个专题子库）

紧扣人口、政治、外交、法律、教育、医疗卫生、资源环境等12个社会发展领域的前沿和热点，全面整合专业著作、智库报告、学术资讯、调研数据等类型资源，帮助用户追踪中国社会发展动态、研究社会发展战略与政策、了解社会热点问题、分析社会发展趋势。

### 中国经济发展数据库（下设12专题子库）

内容涵盖宏观经济、产业经济、工业经济、农业经济、财政金融、房地产经济、城市经济、商业贸易等12个重点经济领域，为把握经济运行态势、洞察经济发展规律、研判经济发展趋势、进行经济调控决策提供参考和依据。

### 中国行业发展数据库（下设17个专题子库）

以中国国民经济行业分类为依据，覆盖金融业、旅游业、交通运输业、能源矿产业、制造业等100多个行业，跟踪分析国民经济相关行业市场运行状况和政策导向，汇集行业发展前沿资讯，为投资、从业及各种经济决策提供理论支撑和实践指导。

### 中国区域发展数据库（下设4个专题子库）

对中国特定区域内的经济、社会、文化等领域现状与发展情况进行深度分析和预测，涉及省级行政区、城市群、城市、农村等不同维度，研究层级至县及县以下行政区，为学者研究地方经济社会宏观态势、经验模式、发展案例提供支撑，为地方政府决策提供参考。

### 中国文化传媒数据库（下设18个专题子库）

内容覆盖文化产业、新闻传播、电影娱乐、文学艺术、群众文化、图书情报等18个重点研究领域，聚焦文化传媒领域发展前沿、热点话题、行业实践，服务用户的教学科研、文化投资、企业规划等需要。

### 世界经济与国际关系数据库（下设6个专题子库）

整合世界经济、国际政治、世界文化与科技、全球性问题、国际组织与国际法、区域研究6大领域研究成果，对世界经济形势、国际形势进行连续性深度分析，对年度热点问题进行专题解读，为研判全球发展趋势提供事实和数据支持。

# 法律声明

"皮书系列"（含蓝皮书、绿皮书、黄皮书）之品牌由社会科学文献出版社最早使用并持续至今，现已被中国图书行业所熟知。"皮书系列"的相关商标已在国家商标管理部门商标局注册，包括但不限于LOGO（ ）、皮书、Pishu、经济蓝皮书、社会蓝皮书等。"皮书系列"图书的注册商标专用权及封面设计、版式设计的著作权均为社会科学文献出版社所有。未经社会科学文献出版社书面授权许可，任何使用与"皮书系列"图书注册商标、封面设计、版式设计相同或者近似的文字、图形或其组合的行为均系侵权行为。

经作者授权，本书的专有出版权及信息网络传播权等为社会科学文献出版社享有。未经社会科学文献出版社书面授权许可，任何就本书内容的复制、发行或以数字形式进行网络传播的行为均系侵权行为。

社会科学文献出版社将通过法律途径追究上述侵权行为的法律责任，维护自身合法权益。

欢迎社会各界人士对侵犯社会科学文献出版社上述权利的侵权行为进行举报。电话：010-59367121，电子邮箱：fawubu@ssap.cn。

社会科学文献出版社